发展新质生产力

——建设现代化产业体系的新实践

长江产发院研究报告选编（2024）

张月友　陈　柳　编著

中国财经出版传媒集团
中国财政经济出版社
北京

图书在版编目（CIP）数据

发展新质生产力：建设现代化产业体系的新实践：长江产发院研究报告选编：2024 / 张月友，陈柳编著. 北京：中国财政经济出版社，2024.8. -- ISBN 978-7-5223-3387-8

Ⅰ. F120.2

中国国家版本馆CIP数据核字第2024E35G85号

责任编辑：王　芳　　　　　责任校对：张　凡
封面设计：陈宇琰　　　　　责任印制：张　健

发展新质生产力——建设现代化产业体系的新实践
FAZHAN XINZHI SHENGCHANLI
——JIANSHE XIANDAIHUA CHANYE TIXI DE XINSHIJIAN

中国财政经济出版社 出版

URL：http://www.cfeph.cn

E-mail：cfeph@cfeph.cn

（版权所有　翻印必究）

社址：北京市海淀区阜成路甲28号　邮政编码：100142

营销中心电话：010-88191522

天猫网店：中国财政经济出版社旗舰店

网址：https://zgczjjcbs.tmall.com

中煤（北京）印务有限公司印刷　各地新华书店经销

成品尺寸：170mm×240mm　16开　26印张　453 000字

2024年8月第1版　2024年8月北京第1次印刷

定价：92.00元

ISBN 978-7-5223-3387-8

（图书出现印装问题，本社负责调换，电话：010-88190548）

本社质量投诉电话：010-88190744

打击盗版举报热线：010-88191661　QQ：2242791300

理解现代化产业体系：
战略地位、建设内容、主要挑战与对策

(代序)

从20世纪五六十年代开始，我国在欠发达的二元经济结构中推进实现"四个现代化"战略，一直强调要以工农业现代化为核心实现赶超战略目标。改革开放40多年来，随着中国经济在全球的崛起，解决实体经济基础弱化、产业结构不优等产业发展中的失衡问题也显得日益紧迫和重要，由此在供给侧结构性改革中提出夯实产业发展基础的命题。党的十九大报告从要素协同的角度，首次提出要建立实体经济、科技创新、现代金融和人力资源相互协同的产业体系，在此基础上，党的二十大报告进一步提出了要建设现代化产业体系的目标。目前，对于现代化产业体系建设的内容，我国形成了框架性、方向性的阐述，但尚没有对其内涵作出明确的定义。这为日后因技术进步而动态化地调整现代化产业体系的建设内容留出了空间。

理论界一般认为，构建现代化产业体系，就是以实体经济为基石，以科技创新为引领，以资金、人才等关键要素为保障，打造自主可控、安全可靠、竞争力强的现代产业体系，实现全要素生产率和经济效益持续提升。当然，我们也可以从结构要素入手，把现代化产业体系定义为在结构、组织、技术、金融、政策等层面具备全球竞争力的新兴产业体系；或从产业升级入手，把现代化产业体系界定为是对传统产业体系的生产模式和技术经济范式进行颠覆性重构的现代化产业模式和组织运行系统等。其实，无论是从什么角度来界定现代化产业体系这个范畴，都是指现代知识技术密集、创新能力强、附加值率高的产业系统，因此现代化产业体系就是国家现代化的物质基础和载体。

全面理解现代化产业体系以及相关的基础问题，是实现中国式现代化战略目标中最重要的问题之一。当前国内理论界对现代化产业体系的研究日益重视，但是现有的研究成果大多限于对政策文件的解释和解读，实践中迫切需要从基础理论方面对现代化产业体系及其相关问题作进一步的深化分析，如：为什么说建设现代化产业体系是构建新发展格局的基础？提出从实现工农业现代化到建设现代化产业体系，具有什么样的时代背景、现实约束和政策含义？现代化产业体系的目标和建设内容究竟是什么？面临复杂的国内外政治经济形势，我国建设现代化产业体系的过程中将会遇到哪些严重的挑战，如何克服这些困难？等等。不认真地回答这些问题，在实践中就很难真正地理解建设现代化产业体系的含义及其重要性、迫切性，更难以实质性地抓住全球产业结构和产业链重塑的机会。

一、现代化产业体系：构建新发展格局的基础

如果说，过去我们在二元经济结构中推进工农业现代化，是为了以此为核心加快实现经济赶超战略目标，在供给侧结构性改革中提出建立要素相互协同的产业体系，是为了扭转经济结构失衡和巩固实体经济发展基础，那么，在进入高质量发展阶段提出建设现代化产业体系的实践背景，主要包含两个方面：一是国际政治经济形势变化、中美贸易冲突、全球产业链重组对我国产业安全造成了严重的冲击；二是因种种原因造成国内经济循环的产业基础不够扎实牢靠，严重影响高质量发展。显然，建设现代化产业体系就是为了全面构建新发展格局奠定坚实的基础。正如习近平总书记所强调的：新发展格局以现代化产业体系为基础，经济循环畅通需要各产业有序链接、高效畅通。要继续把发展经济的着力点放在实体经济上，扎实推进新型工业化，加快建设制造强国、质量强国、网络强国、数字中国，打造具有国际竞争力的数字产业集群。现代化产业体系之所以是构建新发展格局的基础，从理论上看，主要是因为现代化产业体系所体现的自主性、开放性、协调性三个方面的现代性特征，完全符合并支撑了形成新发展格局的基本要求。

首先，现代化产业体系的自主性，符合新发展格局内在的、高水平自立自强的最本质要求。这里，自主性指的是产业体系可以独立自主地运行，虽然在市场、技术、资源和管理等方面密切地参与国际产业分工，但

是它对体系外部这些要素的依赖性比较低。在过去外循环主导国内国际双循环的发展格局下，中国的产业体系虽然也很系统完整，但是它却是深度嵌入国际产品内分工的，对西方国家跨国企业的依赖性较高。这表现为中国企业嵌入发达国家主导的全球价值链，成为其跨国公司的供应商，利用西方市场、技术和资源进行国际代工。虽然中国经济的生产能力在全球供应商的角色下得到了迅速提升，经济规模也越来越大，但是本质上我们还是一个学习模仿者，是"世界工厂"和加工制造"车间"，是超级生产能力的提供者。为了避免在复杂的国际政治经济环境下被别人威胁和"卡脖子"，构建新发展格局就要求我们利用庞大的国内市场和科教资源促进科技创新和产业创新，更加强调独立自主和产业安全，把关键的技术、工艺、设备、材料掌握在自己手上，以摆脱或减轻对西方国家的过度依赖，或者在遇到"卡脖子"威胁时可以进行有效反制。显然，在当今世界产业发展中，当效率与公平的平衡问题被安全与效率的平衡问题所取代时，自主性就保证了现代化产业体系的安全性，没有自主性就不可能有安全性。

其次，现代化产业体系的开放性，是确保新发展格局下商品要素资源自由流动、充分竞争、循环畅通无阻的最关键力量。这里，开放性指的是产业体系可以与世界交换各种能量（商品、服务、资本、人员），吸收来自本体系之外的各种力量，同时克服系统内部的各种内卷和熵增现象，使产业体系可以在保持稳定的基础上不断向前演化。在过去外循环主导国内国际双循环的发展格局下，中国的产业体系虽然也具有较强的开放性特征，但是开放进程并不均衡和对称，如：出口与进口不均衡，主要是出口导向；"引进来"与"走出去"不均衡，主要是"引进来"；利用本国市场与利用外国市场不均衡，主要是利用外国市场；要素型开放与制度型开放不均衡，主要是要素型开放；等等。这些开放的不均衡和不对称现象会对产业体系运行和经济循环过程产生重要的影响。如为服务于出口导向战略，需要以各种优惠政策的形式创造各种出口加工区，吸引内外资企业在区内集聚起巨大的加工制造能力，这些生产能力的技术设备和原材料来源取决于进口，由此形成"为出口而进口"的生产体系。在过去稳定安全的国际环境中，适应这种国际产品内分工的产业体系，当然可以取得巨大的全球化红利，但是在当今复杂的世界格局中，却非常容易受到来自全球价值链"链主"的伤害，如被强制"脱钩"、被"卡脖子"等。新发展格局强调以国内市场主导国内国际双循环，但是如果政策不当的话，这种以国内循环主导双循环的发展格局，也很容易在产业运行上变成单纯的内循环，从而丧失发挥比较优势、争取优势的国际分工地位的机遇。因此保持现代化产业体系的开放性，就是要基于内需实施经济全球化战略，构建基于内需的、以"我"为主的全球价值链：一方面，通过全国统一大市场鼓励商品、服务、资本、人员的自由流动和充分竞争；另一方面，依托以"我"为主的、内需主导的全球价值链吸引全球先进的生产要素，尤其是人力资本、技术资本和知识资本等生产要素，发展各种高技术产业和战略性新兴产业。

最后，现代化产业体系的协调性，是确保新发展格局下实现结构均衡和取得高质量发展的最重要的机制。这里，协调性指的是在产业体系的运行中，其内部的各个组织、结构、单元等，在时空分布、作用方向及运行速度等方面能实现恰当的配合，从而有效地实现产业发展的总体目标。一个具有现代化属性的产业体系，其协调性表现在多个方面：从产业与要素的关系看，表现为产业链、创新链、资金链、人才链的协调；从结构看，表现为一、二、三次产业的协调，或实体经济与虚拟经济的协调等；从产业联系看，表现为产业链的不同节点上，投入品供应商与产出品生产者之间的有机协调；从空间看，表现为不同区域的产业链集群之间的战略部署和良性竞争；等等。对这些处于不同形态的产业之间关系进行有效的协调，是新发展格局下实现发展的结构均衡的具体体现，也是取得高质量发展的基本保障。如，只有围绕产业链部署创新链、围绕创新链布局产业链，才能真正使产业进入内生增长阶段；只有让实体产业经济部门获取社会平均或以上的收益率，才能引导资源进入实体经济。

此外，现代化产业体系还具有主体之间的竞争性、平等性等现代化特征，它们都是保证新发展格局下经济高质量运行的内在机制。产业的平等进入权保证了现代产业的竞争性和公平发展权，是防止产业垄断、提高运行效率的基础机制。

二、现代化产业体系建设的目标和主要内容

对现代化产业体系的内涵界定不同，建设现代化产业体系的背景、目标、内容和途径也会有很大的差别。过去我们在生产力低下、二元经济结构特征突出的条件下提出工农业现代化，出发点是为了运用政府的力量迅

速改变落后的产业结构,其内涵和目标就是要建立农业基础稳固、制造业尤其是装备制造业发达、技术水平和产业规模不断赶超发达国家的产业体系。其实,在这种欠发达的经济体系中,推进产业体系现代化的主要困难是商品要素资源匮缺、市场无法有效地配置资源。为了实现快速发展,只能由政府主导选择以追赶战略为特征的产业政策,集中资源重点发展产业关联性强的战略部门,以拉动整个国民经济迅速成长。实践证明,从产业结构转变出发制定实现现代化产业体系的产业政策,可以突出某些需要重点发展的部门,但是也容易忽视其他非战略性部门,造成顾此失彼的结果。需要重点指出的是,即使在工业化已经取得巨大成就的今天,单纯从产业结构角度确定现代化产业体系的建设方向和目标,也容易出现结构失衡、配置效率低下等严重问题。如前些年一些地方看到了发达国家服务业已经达到了国民经济70%以上的事实,开始偏好"去工业化"战略,追求现代服务业占据主导地位的、具有发达国家特征的现代化产业体系,结果直接导致我国制造业地位不稳、实体经济不振、泡沫经济现象严重等诸多问题。

党的十九大报告提出,要建立实体经济、科技创新、现代金融和人力资源相互协同的产业体系。这其实是建设高标准要素市场,推进要素资源商品协同,从而建设现代化产业体系的战略思路。之所以提出以要素协同推进现代化产业体系,一是因为从高速度经济发展阶段进入高质量经济发展阶段,需要降低资源消耗占用,使粗放型经济增长方式向集约型经济增长方式转变,把"汗水经济"转变为"智慧经济",使经济增长更多地依靠科技创新和人力资本;二是为了克服科技创新与产业发展长期处于"两张皮"的脱节现象,需要围绕产业链部署创新链,围绕创新链布局产业链;三是为了解决实体经济不振、虚拟经济自我膨胀等问题,这些问题严重地危及了制造业的基础地位和国家安全。

以要素协同推进现代化产业体系建设,有以下三个鲜明的特点。

一是以要素协同来建设现代化产业体系,其最根本和核心的问题就是现代经济增长中生产要素究竟应该按照什么样的机制来进行有效的配置。我国改革开放40多年来的实践经验一再证明,坚持市场取向的改革、让市场机制起决定性作用是根本的遵循。目前,我国商品市场体系已经基本形成,并趋于完善,市场对商品的调节机制充分而且有效,但是高标准要素市场的建设仍然任重道远。由于按竞争规则进行自由流动存在许多障碍，极大地影响了我国产业结构的转型升级和要素配置效率，未来这方面的主要任务是必须破除一切妨碍全国统一大市场建设的体制机制因素，为建设现代化产业体系提供机制支撑。

二是以要素协同建设现代化产业体系的根本目标，就是要在高质量发展阶段，尽快形成创新驱动力，促进以科技和人力资本为主导的内生增长。现在我国在这方面存在的主要问题是一般性科技创新人才供给充沛，而顶尖的人才稀少，由此影响我国高精尖产业的国际竞争力，很多关键技术、设备、工业、材料和软件被发达国家"卡脖子"。根据现代经济增长理论，提升国家的教育水平、提倡自主思考和开放性思维，是解决顶尖人力资本缺乏问题的根本的、长远的战略措施。如果没有相对宽容、自由的创新环境和氛围，没有鼓励大胆自主独立思考、与众不同的教育体系做保障，就不可能出现科学大家和技术巨匠。

三是以要素协同建设现代化产业体系的前提或基础，就是要明晰划分市场与公共问题的边界，并在此基础上决定好政府与企业的职能。坚持市场取向的改革，在市场发育不良的领域加大市场化改革，在市场改革过度的领域如人才培养、大学科研机构产业化等方面进行纠偏，加大政府投入的介入力度。同时，要按照市场原则大力发展各种中介机构，尤其是连接科学创新与技术创新的中介组织和市场组织，这是真正解决要素融合与协同困难的主要途径。

当前，推进现代化产业体系的经济政策可能在建设思路上忽视了一个重要的途径或方法，就是如何建设现代化产业体系所需要的产业组织形式问题。现代化产业组织是现代化产业体系的市场基础，其内涵从横向看，就是要实施进入（退出）自由政策，鼓励产业内企业通过充分竞争来提高效率；从纵向看，就是要推进产业链上的上下游企业关系的合理化。根据产业经济学的基本原理，实践中一个现代产业运行的最佳状态是在进入（退出）有充分自由的前提下，一个产业内形成了由若干巨大规模企业具有支配性地位，同时存在众多专精特新企业与之配套的多元竞争市场格局。为达到这一现代产业组织的建设目标，政府的竞争政策就要走到前台，充分发挥其在现代产业组织形成中的基础工具作用。具体来说，就是既要鼓励企业间竞争，又要在竞争基础上进行兼并和合作，实现市场充分的出清以及兼并式成长。这样的市场组织既可以发挥巨大规模企业的稳定市场和竞争秩序的作用，又可以为广大的"隐形冠军"企业提供自主创新的市场或应用场景。

发展中国家在建设现代化产业体系的过程中，最容易在遇到不佳的外部环境时，产生强烈的自我设限、自我循环甚至自我封闭现象，如为了应对地缘政治的外部冲击，往往以产业安全为由，在发展思路上主张以建设国内价值链主导产业布局。大国经济必须以国内市场主导国内外经济循环，这是毫无疑问的，这是实现效率与安全的平衡要求。但是，这并不意味着国内市场与国际市场的封闭，也不意味着要排斥参与国际分工，而是要以大国经济中国内市场的优势和力量去打通国内国际双循环。单纯以国内市场布局产业链和价值链，国内产业因此与外部市场阻隔，既感受不到全球竞争的压力，也吸收不到国际生产者的技术和管理效益溢出，长此以往发展中国家就会处于严重的后进状态，而且自己对此浑然不知。因此，在遭遇外部恶劣的发展环境时，有效的办法不是闭关自守、自我封闭，而是要实施独立的自我开放战略，让自己的规则、政策和制度更多地接轨和靠拢全球先进体系，这样才能瓦解某些不友好联盟，争取自己的战略主动。

为了与实现国家现代化的总体目标及步骤的有效衔接，当前建设现代化产业体系还需要以战略性时间眼界形成动态化的产业发展层次，在宏观层面谋划好支柱产业、主导产业、未来产业之间的递进性、接续性以及竞争力。对作为具有"现金牛"功能的支柱产业，如当前占据制造业主要比例的机械、电子、石化等支柱产业，要通过技术进步和提升生产率，加快推动转型升级，千方百计地降低成本、延续生命周期、提高竞争力；对那些目前虽然没有占据经济的主要份额，但已经显示出具有强大的产业关联效应和发展带动作用的主导产业，如信息科技产业、人工智能产业、生物技术产业、新能源产业、新材料产业、高端装备产业、绿色环保产业等，要通过市场化的投融资机制，让社会资源、要素等能够最大限度地流入，争取使其早日成为支柱产业；对虽然现实中还没有出现，但是随着技术进步的加快很快会到来的未来产业，要在基础研究上及早谋划，为技术创新做好准备。应该看到，随着城镇化、信息化、消费升级、内循环、碳中和及老龄化等宏观需求端的驱动趋势越来越明显，各种供给端具有"发动机"性质的未来产业也日益显现，生命科技、网络信息、人工智能等领域必将涌现更多前途光明的未来产业。

当前，我国建设现代化产业体系的重点是要顺应产业发展大势，推动短板产业补链、优势产业延链、传统产业升链、新兴产业建链。在空间上,要优化产业的生产力布局,推动产业在国内外的有序转移,形成国内产业链、价值链主导全球价值链的循环格局。在开放发展上,要坚决支持企业深度参与全球产业的垂直分工和横向合作,促进内外产业深度融合,打造自主可控、安全可靠、竞争力强的现代化产业体系。

三、建设现代化产业体系面临的挑战与对策

现代化产业体系是高质量发展的重要基础,决定现代化产业体系的主要因素是科技创新、资金投入、人力资本以及融合于内部的体制机制。结合现实考察,我们不难发现阻碍现代化产业体系建设的因素,除了复杂的地缘政治、中美冲突等外部因素外,从国内看还有以下几个方面的因素。

(一) 科技创新与产业发展脱钩的挑战与对策

当前中国科技创新追赶速度很快,与世界先进国家的差距不断缩小,但也呈现出矛盾和不协调的特点:一方面中国科技投入、论文数量、专利数量等排名不断靠前,另一方面产业部门发展却严重依赖西方国家的技术供给。这说明某些科技创新部门脱离产业部门自成体系,陷入自我循环、自我膨胀、自我娱乐的误区,一些产业部门对技术的需求不能引起科技创新部门的注意,科技创新成果并没有完全满足产业部门提升生产率水平的要求。把科技创新与产业部门很好地连接在一起应该是一个世界性难题。科研部门的市场化和产业化并不是解决这个问题的"灵丹妙药",因为并不是所有的科研活动尤其是基础科研活动都可以市场化。从国际经验尤其是美国的经验来看,融合产业链与创新链,需要注意三个方面问题:一是要分析"科技创新"这个模糊的概念。"科技创新"包括两种活动——科学创新与技术创新。前者是探索基本原理、创造基础知识,是把财富变成知识的活动;后者是把已知的科学知识转化为技术和财富的活动。评价前者的标准是知识的边际增加,评价后者的标准是财富的边际增加。二是要在界定不同的创新活动的基础上,界定好政府与企业的职能。科学创新活动应该由政府财政支出和社会资金承担,科学家创造知识的劳动绝对不能市场化;技术创新活动需要以企业家为主体,必须坚决市场化。三是要建立科技成果市场化的平台、中介和桥梁机制,一方面为产业界提供研究成

果的供给信息，另一方面为科研部门提供来自实践需要的信息。同时，通过平台的交易撮合功能，顺利地把大学科研机构创造的知识变成财富。

（二）虚拟经济泡沫化、实体经济基础不牢的挑战与对策

21世纪以来，随着我国经济发展从商品短缺、资本短缺时代不断推进到商品过剩和资本过剩时代，实体经济与虚拟经济发展脱节的问题也越发严重，这不仅影响了虚拟经济的健康发展，而且危及了实体经济的根基。一方面，由于商品部门长期处于买方市场格局，尤其普通商品的生产能力严重过剩，实体经济部门难以获得社会平均利润率，从而不仅导致资源要素流入困难，还促使其不断流向虚拟经济部门，以致我国制造业比重不断降低，制造技术水平难以有本质性突破。另一方面，由于资本长期处于过剩状态，资本市场功能不完善，虚拟经济部门不能为这些资金找到更为有效的投资理财途径，不能有效地将其转化为实体经济部门所需要的资本，结果使资本把房地产作为理财的标的，大量资金追逐有限资产，持续不断地推高房地产价格，并导致虚拟经济与实体经济之间严重失衡，金融部门扩张规模大大超过实体经济发展水平，造成中国的金融业增加值占GDP（国内生产总值）的比重不仅超过了发展中国家的水平，甚至超过美国、英国、日本等金融发达国家的水平。再如，我国实体企业的利息支出已经超过了GDP增量，意味着实体经济创造的产值不足以弥补利息支出，其实际负担十分沉重。在资本短缺的时代，巩固实体经济的基础，其政策选择不是压制虚拟经济发展，而是要大力发展和培育优质资产，以抑制虚拟经济的过高价格，同时引导实体经济部门的技术创新。具体来说就是要大力实施资本市场助推高质量发展战略，通过资本市场把社会闲散资金引入实体经济进行创新：一方面，通过资本市场，广泛地吸收社会资金进入实体企业，支持其技术创新；另一方面，通过资本市场的金融创新，增加全社会的优质资产供给，抑制不断上涨的资产价格，使部门间利润率平均化。

（三）实体产业部门缺乏吸引力、优秀人才不愿意做实业的挑战与对策

实体经济要振兴，就是要增加实体经济对人才的吸引力。当前，新一代劳动者不愿意去实体经济部门就业。过去是人才倾向于地产、金融等收益高的部门，现在是许多人才倾向于选择"体制内"，甚至宁愿打零工、做骑手，也不愿意去工厂上班。如果我们的年轻人都不愿意去实体经济部

门就业，那么实体经济就不会有未来。实体经济缺乏吸引力的根本原因是劳动者收入和福利待遇低。因此，要消除实体经济与虚拟经济的冲突，最核心的办法就是要以提高劳动者收入为中心来协调产业链与人才链的关系：一是提高劳动者收入占GDP的比例，以有利于扩大内需，壮大国内市场，并为形成新发展格局奠定物质基础。国内市场主导国际市场的新发展格局的形成主要取决于全国统一大市场。二是让产业工人过上体面的生活，以避免青年劳动者一窝蜂地涌进"体制内"和金融部门，要吸引他们学技术，继承和发扬我国优秀的大国工匠精神，巩固和稳定实体经济的基础。

（四）科技创新缺乏长期资本来源的挑战与对策

现实经济生活中一些企业创新能力弱与其缺少长期发展力量直接相关。一些企业缺少长期发展理念，短期主义思想观念比较突出。一些企业内部缺少代表长期发展的力量，短期变现思想经常占据上风。在科技创新方面，表现为缺乏长期可执行的规划，尤其缺少长期资金对企业科技创新的坚定支持，导致资金使用上出现严重的错配。如，要求短期的商业化资金支持长期的科技创新活动，或把长期的财政资金拿去支持可以市场化的技术创新活动，最终要么可能使商业信贷资金面临极大的市场风险，要么使政府对企业科技创新支持不力。不同层次的技术创新所需要的时间因其性质不同而异，面临的风险也各不相同，因此，需要在不同时间上匹配不同的资金。科学创新活动由于其公共知识的外溢性，决定了它只适合于使用政府的公共财政资金支持，或者使用基于社会责任而捐献的公共基金，而不适合于营利性的金融资金进入。对技术和产业类的创新活动，在它们处于初期或种子期的时候，最适合的是让具有长期抗风险能力的资本市场的风险资金进入，而不适合于银行信贷资金进入；但是对于处于成熟期或生产能力扩张阶段的产业和技术创新活动，则完全可以交给银行信贷资金。

这个制度安排直接关系技术创新的效率。处于基础研究与商业化应用之间的工程化研究问题，因处于知识转化为财富的关键环节，需要资金、技术、设备、基础设施等多方面的支持，难度大、风险高。所以，从战略上看，攻克高技术制造大门的工程化研究的薄弱环节，需要由政府主导或者吸纳风险投资基金参与，要使这种市场化运作的、承担风险程度和能力最高的风险投资基金成为促进我国产业技术进步的重要力量。

(五) 科技创新中顶尖人才稀缺的挑战与对策

国家科技实力主要来源于顶尖科技和一流国际竞争力的产业, 如芯片、人工智能的研发制造水平就成为当前衡量一个国家科技和产业发展水平的重要依据, 顶尖科技成为国家自主安全的代名词。国家科技实力需要顶尖人才的努力。由于高中教育和高等教育的发展, 中国当前享受巨大的工程师红利, 但是, 中国目前短缺的是处于宝塔尖上的顶尖的科技和产业创新人才, "卡脖子" 技术领域的人才则更是凤毛麟角。这个问题其实与当前的教育体制和教育方式密切相关。当前教育体制对创新性和批判性思维强调不足, 考试制度的设计往往有利于 "平均" 水平人才的成长, 而不利于顶尖人才的成长。由于今后国际竞争越来越取决于极少数关键的高精尖技术和产业, 因此顶尖技术人才的供给直接决定一国的国际竞争力。有鉴于此, 要提高创新链与人才链的融合水平, 关键就是要完善教育体制和教育方式, 为顶尖人才的成长提供宽容的环境和空间。

四、结论与建议

理解现代化产业体系的重点在于理解 "现代化" 以及 "体系" 两个范畴的特有含义。其中, "现代化" 的主要含义是指从传统向现代转变的历史过程, 这一过程将产生很多的现代特征, 产业体系的自主性、安全性、开放性、协调性、竞争性、平等性等。这些基本特征使现代化产业体系成为内循环主导双循环的新发展格局的基础和支撑。"体系" 则强调了现代化产业的系统性、完整性和自我循环性, 表明它能够在遇到外部环境冲击时, 可以独立自主地、不依赖于外部要素而进行正常循环的特征。中国的产业能够自成体系而不完全依赖于国际分工, 根本原因在于人口基数庞大和与之相匹配的日益增长的人均收入水平, 这种巨大的市场需求规模决定了达到规模经济或者特殊情况下即使达不到最小最佳规模条件的企业也能生存下来, 因而决定了国内各产业链之间可以相互耦合, 共同服务于庞大规模人口各方面的市场需求。在国际政治经济等竞争中, 这是大国经济的比较优势, 甚至是绝对的优势。但这也是一把 "双刃剑", 大国经济的劣势也是显而易见的, 就是容易陷入自我循环。因缺乏来自国际竞争的压力，某些大规模企业最终会成为低效率的垄断者，不仅有损于成本为主导的竞争，也难以获得因参与全球产品分工而得到的技术和管理技能的溢出效应。

对发展中大国经济来说，建设现代化产业体系就是要形成农业基础牢靠、工业技术和装备制造业发达、服务业知识技术人力资本密度大的现代化产业。在现代化产业体系发展的早期，其内在含义是要运用产业结构政策，突出重点产业，并给予非均衡性支持。从要素协同的角度看，推进现代化产业体系的建设就是实现产业链、创新链、资金链和人才链之间的无缝对接和有机融合。建设现代化产业体系的政策含义是建设高标准的要素市场体系，鼓励商品、服务、资本、人员自由流动和充分竞争，实现以技术人员知识为主体的内生增长。从产业组织上来看，就是要让新竞争者可以动态地进入（退出）产业，形成上游供应商（专精特新企业，或"隐形冠军"企业）与下游具有竞争实力的大企业集团之间合作共赢的现代化产业链，这种产业链可以为上游"隐形冠军"形态的专精特新企业提供创新的商业化场景。从时间眼界看，建设现代化产业体系要形成动态化的产业发展层次，谋划好支柱产业、主导产业、未来产业之间的递进性、接续性和竞争力。对当前的产业政策来说，就是要推动短板产业补链、优势产业延链、传统产业升链和新兴产业建链。

当前，我国的现代化产业体系建设面临复杂的国内外形势和许多问题的挑战。除了有美国为代表的西方联盟的技术和产业"卡脖子"等外部因素外，从国内看主要在于科技创新脱离实体经济、实体经济基础不牢、企业创新缺乏长期资本来源、顶尖人才稀缺等几个方面。解决国内产业发展中的这些问题，关键是要在政府与市场职能界定清晰的基础上，加快高标准要素市场体系的建设，鼓励要素资源按照规则自由流动，充分竞争，提高配置效率。

2024 年 6 月

目　录

第一部分　时代背景和重点任务：新质生产力的呼唤

第一章　发展新质生产力：新时期改革与发展的根本性目标与任务……… 3
　一、新质生产力的提出背景 ……………………………………… 3
　二、新质生产力的关键创新 ……………………………………… 5
　三、发展新质生产力的核心内容 ………………………………… 7

第二章　全球产业链供应链变迁态势及应对策略 ……………………… 8
　一、全球产业链供应链变迁的背景 ……………………………… 8
　二、全球产业链供应链变迁的特征 ……………………………… 9
　三、全球产业链供应链的新态势：中—美平行产业链 ………… 13
　四、中—美平行产业链下我国重点产业链供应链变迁态势 …… 23
　五、中—美平行产业链对中国产业发展的影响 ………………… 29
　六、中—美平行产业链下的中国应对策略 ……………………… 30

第三章　全球 FDI 最新趋势与我国的应对策略 ………………………… 34
　一、全球 FDI 发展现状 …………………………………………… 34
　二、全球 FDI 变化原因和未来演变趋势 ………………………… 47
　三、我国新形势下吸引 FDI 的对策 ……………………………… 52

第四章　提升产业链供应链韧性和安全水平 …………………………… 56
　一、产业链供应链韧性的基本内涵及表现维度 ………………… 56
　二、中间产品贸易是影响产业链供应链韧性和安全的关键 …… 60
　三、"卡脖子"是当前我国产业链供应链韧性和安全面临的主要挑战
　　　……………………………………………………………… 66

四、提升我国产业链供应链韧性与安全的对策思路 …………………… 72

第五章 发展新质生产力要统筹推进"三大任务" …………………… 77
 一、"智改数转"焕新传统产业 …………………… 78
 二、发展壮大新兴产业 …………………… 79
 三、超前投入培育未来产业 …………………… 81

第二部分 科技创新发展新质生产力：新质生产力核心

第六章 数据要素收益分配规则研究 …………………… 87
 一、数据要素收益分配规则构建的理论基础 …………………… 87
 二、数据要素收益分配规则的目标和原则 …………………… 95
 三、设置数据要素收益分配规则的政策建议 …………………… 98

第七章 推动"科技—产业—金融"良性循环 助力专精特新中小企业高质量发展 …………………… 112
 一、"科技—产业—金融"良性循环的理论阐释 …………………… 112
 二、"科技—产业—金融"良性循环对专精特新中小企业的重要意义及当前主要问题 …………………… 118
 三、"科技—产业—金融"良性循环助力专精特新中小企业高质量发展的路径及建议 …………………… 121

第八章 亚太自贸区的设立基础与发展前景研究 …………………… 125
 一、设立亚太自贸区应具有的前期条件 …………………… 126
 二、亚太国家（地区）间的贸易依存度分析 …………………… 127
 三、亚太自贸区产业合作的潜力与前景 …………………… 140
 四、"有限政府"原则在亚太自贸区试用 …………………… 143
 五、设立亚太自贸区的具体政策建议 …………………… 145

第九章 优化全国流通网络布局 建设高效畅通的流通体系 …………………… 148
 一、全国流通网络布局的现状与基本事实 …………………… 149
 二、流通网络布局优化面临的挑战与问题 …………………… 159
 三、优化全国流通网络布局，建设高效顺畅的流通体系的政策建议 …………………… 170

第三部分　产业创新发展新质生产力：新质生产力支撑

第十章　将新能源汽车产业"弯道超车"经验应用于其他五个重点产业 …… 183
  一、中国新能源汽车"弯道超车"战略取得阶段性成果 …… 183
  二、中国新能源汽车产业"弯道超车"的成功经验 …… 184
  三、对其他重点行业科技创新的启示和借鉴意义 …… 187

第十一章　未来产业发展研究 …… 190
  一、未来产业的内涵、分类与特征 …… 190
  二、国内外未来产业布局现状 …… 197
  三、培育发展未来产业的路径 …… 204

第十二章　中小企业特色产业集群高质量发展路径研究 …… 208
  一、我国中小企业特色产业集群发展的新形势与意义 …… 208
  二、中小企业特色产业集群高质量发展的理论与各国产业集群政策 …… 209
  三、中小企业特色产业集群高质量发展的实践路径 …… 215

第十三章　推动传统制造业改造升级路径研究 …… 221
  一、传统制造业的现状 …… 221
  二、新时期传统制造业面临的问题 …… 224
  三、新时期推动传统制造业改造升级路径 …… 230
  四、传统制造业改造升级的措施及建议 …… 235

第四部分　改革创新发展新质生产力：新质生产力动力

第十四章　美西方产业政策动向、对我国影响与对策 …… 245
  一、美国产业政策新动向及其呈现的涉华新特征 …… 245
  二、美西方产业政策对我国影响及其走向判断 …… 248
  三、对策建议 …… 252

第十五章　城乡居民基本养老保险筹资、待遇确定和调整机制研究 …… 255
　　一、城乡居民基本养老保险制度建设：主要进展与成绩 ………… 256
　　二、现行保险制度在运行中发现的突出问题与明显不足 ………… 260
　　三、深化保险制度改革、优化制度运行机制的总体思路 ………… 269
　　四、深化保险制度改革、优化制度运行机制的政策建议 ………… 275

第十六章　发挥国债对基础货币投放的锚定作用 ………………… 281
　　一、世界主要经济体基础货币投放的历史沿革及主要方式 ……… 281
　　二、我国基础货币投放的变迁历程及存在的问题 ………………… 284
　　三、国债发行、使用和流通与基础货币投放 ……………………… 287
　　四、以国债为"锚"投放基础货币的主要优势 …………………… 290
　　五、政策建议 …………………………………………………………… 293

第十七章　工业和信息化领域国际标准化形势分析及对策研究 … 296
　　一、我国工业和信息化领域国际标准化面临的形势 ……………… 296
　　二、我国国际标准化建设的现状与不足 …………………………… 298
　　三、发达国家国际标准化的经验 …………………………………… 304
　　四、推进国际标准化的对策建议 …………………………………… 306

第五部分　因地制宜发展新质生产力：新质生产力实践

第十八章　江苏社科数字化建设的思路、问题及对策 …………… 313
　　一、社科数字化的本质及内涵 ……………………………………… 313
　　二、江苏社科数字化建设的现状 …………………………………… 317
　　三、江苏社科数字化的设计框架、重点内容与重要场景 ………… 320
　　四、高质量建设江苏数字社科的建议 ……………………………… 326

第十九章　产业项目招引政策的风险与化解 ……………………… 329
　　一、我国产业项目招引政策的变迁历程 …………………………… 329
　　二、地方政府产业项目招引政策的主要手段 ……………………… 333
　　三、各地产业项目招引政策竞争面临的风险分析 ………………… 337
　　四、对策建议 …………………………………………………………… 340

第二十章　江苏省重大项目对固定资产投资支撑作用研究 …………… 343
一、江苏名义固定资产投资规模 …………………………………… 343
二、名义固定资产投资适度规模决策的综合分析 ………………… 365
三、省重大项目投资适度规模分析 ………………………………… 367
四、省重大项目的规模与结构对稳投资的支撑分析 ……………… 370
五、持续强化省重大项目稳投资支撑作用的建议 ………………… 374

第二十一章　"小园区"如何展现"大作为"：来自江苏基层园区的调查研究 …………………………………………………………………… 377
一、江苏基层产业园区高质量发展分析：现状、特征与瓶颈 …… 377
二、国内外中小产业园区发展的经验与借鉴 ……………………… 388
三、加快基层产业园区高质量发展的政策建议 …………………… 392

第一部分

时代背景和重点任务：
新质生产力的呼唤

第一章　发展新质生产力：新时期改革与发展的根本性目标与任务

新质生产力概念由习近平总书记于2023年首创。所谓新质生产力，概括地说，就是适应数字经济时代需要，遵循新发展理念，创新起主导作用，摆脱传统经济增长方式、生产力发展路径，具有高科技、高效能、高质量特征，符合新发展理念的先进生产力质态。它由技术革命性突破、生产要素创新性配置、产业深度转型升级而催生，以劳动者、劳动资料、劳动对象及其优化组合的跃升为基本内涵，以全要素生产率大幅提升为核心标志，特点是创新，关键在质优，本质是先进生产力。

一、新质生产力的提出背景

一是治理经济减速需要发展新质生产力，这是由发展在当前的重要性和构成生产力的要素发生新的变化决定的。从发展的重要性看，一方面，2023年是新冠疫情管控放开后的第一年，也是全面贯彻党的二十大精神的开局之年，把握中国经济运行的两个关键期，发展是第一要务。另一方面，推进中国式现代化实现人均国内生产总值达到中等发达国家水平，迫切需要重申以经济建设为中心，防止社会生产由"生产中心论"全面转向"分配中心论"倾向，也要求继续解放和发展生产力。从生产要素变化看，与工业时代主要依靠投入劳动力和资本等传统生产要素发展传统生产力不同，进入数字经济时代，知识、技术和数据对发展的贡献日益增加，从而探索和发挥数据等新质生产要素力量，发展新产业，打造经济增长新引擎，成为治理新时代经济减速和推动经济社会发展的核心议题。

二是发展新质生产力是推动传统产业在一定程度上成为新兴产业的必然要求，这是由发展传统生产力不可持续性决定的。随着中国经济进入高质量发展的新时代，社会主要矛盾发生转变，生产力发展的主要任务从满足物质生活需求升级为满足美好生活的需求，要求我们对传统产业进行创新和提升。过去为改变落后的生产状态，发展传统产业曾以技术成熟、生产稳定、市场饱和、资源消耗型和政策依赖性为特征。然而，面对人们日益增长的美好生活需求，这些产业需要更多地展现创新性、个性化、高质量、环保可持续和智能化等新特征。为适应新时代人们对美好生活的向往，必须转型升级传统产业，使其焕发新的活力和生机。

三是"锻长板""补短板"构建新发展格局要求发展新质生产力，这是由大国博弈背景下应对国际环境不确定性变化所使然。改革开放以来，中国经济增长的奇迹，从产业发展的角度看，主要发生在低端制造业加入全球价值链进行国际代工的过程中。理论界将这一进程形象地称为"嵌入微笑曲线底部"，也叫"出口导向工业化战略"。这种工业化驱动经济增长的最大特点是，生产的"两头在外"：需求端依赖欧美国家市场，供给端受制于发达国家先进技术。在中美关系处于蜜月期的经济全球化全盛时期，这种经济增长方式问题不突出。但在美国推动"去中国化"之后，尽管中国国内市场正日益壮大，"中国组装"也正走向"中国制造"和"中国创造"，但由于支持国际化的国家多是发展中国家和欠发达国家，技术不发达，消费能力也小于欧美发达国家，中国经济正常循环将遇到出口动能减弱和技术来源受阻等困难。为应对这一冲击，一方面要求锻造长板，继续发展"新三样"填补"旧三样"，增加出口动能；另一方面，要求创新动力补短板，加快建设科技强国，实现高水平科技自立自强。

四是确立新质生产力基准对于衡量和推动高质量发展至关重要。在工作推进中，实现思想统一和增强执行力的关键在于确定一个清晰的主要目标维度。近年来，一些基层领导干部出现了"不愿干、假装干和不会干"的"躺平"现象。究其原因，除了基层机构职责界限不清、岗位职责设置不明等体制机制问题外，更主要的是高质量发展所要求的"既要、又要、还要"的多维目标让干部们感到无所适从。为了进一步明确推进高质量发展的目标，统一思想，并增强正向激励的可执行性，有必要借鉴过去高速增长时代确立生产力标准的做法，对官员的有为行动提出新指示、新要求。具体而言，应将是否有利于新质生产力的发展作为评价一切工作是非得失的衡量标准，以此检验高质量发展时代推进现代化事业各项工作的成效。相较于推进高质量发展，发展新质生产力的目标更为单一，这有助于我们集中力量，明确方向，确保各项政策和措施能够精准发力，有效推动经济社会的全面发展。

二、新质生产力的关键创新

作为一种生产力新理论，新质生产力理论是对马克思生产力理论的继承和发展，区别于其他西方生产力理论流派。

其他西方生产力理论流派，包括最初的古典生产力理论和后来的新古典生产力理论以及现在的现代增长理论讲的生产力要素，无论是开始强调资本、劳动和土地，还是后来外生地加入管理、技术和科学，抑或是继续加入教育，甚至进一步将外生的科学技术假设内生化进而寻求其实现机制，其基本的"资本、劳动和土地"生产三要素不变，特别是资本不变。而马克思生产力理论中生产力要素，指劳动力、劳动对象和劳动资料。这与"资本、劳动和土地"提法不同，特别是抽象掉了资本，这是因为着眼点不同。西方经济学着眼于资本主义制度，所以要突出资本的作用。而马克思生产力理论以人民的立场为前提基础，特别强调服务于全体劳动人民，着眼于整个社会历史的发展，旨在揭示社会形态演变的规律。

习近平总书记关于新质生产力的重要论述不仅提到"以劳动者、劳动资料、劳动对象及其优化组合的跃升为基本内涵"，在生产力简单要素的提法上与马克思一致，还指出"生产力是人类社会发展的根本动力，也是一切社会变迁和政治变革的终极原因"，在着眼点上也明确强调自己与马克思一脉相承，表明新质生产力是马克思生产力理论中国化的产物，是中国式先进生产力，从而区别于其他西方生产力理论流派。但新质生产力又是对马克思生产力理论的创新和发展。体现在四个方面。

1. 新质生产力概念的提出，将中国式生产力发展划分为两个阶段。一个阶段是传统生产力阶段，对应于高速增长时期，特点是满足人民基本的物质文化需求；另一个阶段是先进生产力阶段，它与新时代相契合，标志着我国转向高质量发展，目标是满足人民对美好生活的更高需求。很显然，如果说，发展中国式传统生产力是对马克思生产力理论的继承，现在发展中国式先进生产力的新质生产力，就是对马克思生产力理论的创新。这可以从新质生产力对生产力要素的扩展（不仅是知识、技术、信息等替代土地、劳动和资本，更重要是出现了数据这类复杂的新质生产力要素）、发展模式的转变（注重可持续发展、创新驱动和质量效益替代强调生产规模的扩大和效率的提高）和社会需求的升级（满足基本物质需求到满足美好生活的发展型、享受型需求）

三个方面来理解。

2. 新质生产力遵循的是新发展理念，这是对传统生产力理论遵循的旧发展理念的超越和发展。具体而言：发展目标上，旧发展理念更侧重于经济增长的速度和规模，强调物质财富的积累；新发展理念强调高质量发展，注重经济、社会、环境的协调发展。发展方式上，旧发展理念注重发挥资源承载能力强和人口红利等比较优势，倾向于粗放型增长，依赖资源消耗和低成本劳动力；新发展理念倡导创新驱动、集约型增长，强调科技进步和提高生产效率。发展重点上，旧发展理念时期，我国发展加工型经济，生产处在全球价值链的底部，更关注传统产业和制造业的发展；新发展理念着重于新兴产业、高技术产业和服务业，推动产业结构的优化升级。人与自然的关系上，旧发展理念时期，中国大量承接发达国家转移的烟囱产业，牺牲了环境保护和可持续发展；新发展理念强调绿色发展，倡导生态文明建设，注重环境保护和资源节约。社会公平与共享上，旧发展理念提出让一部分人先富起来，发挥先富带动后富的涓滴效应，并推行不平衡工业化发展战略，使地方发展有先有后和制造业比重大幅提高导致劳动收入占比下降。新发展理念注重社会公平正义，推动共享发展和平衡发展，实现共同富裕，要求发展要直接落实到大力促进农村和中西部落后地区经济发展和收入提高上，落实到区域经济一体化上。开放与合作上，旧发展理念实施出口导向型经济下的开放，开放注重外联忽视内联，出现国际市场重于国内市场的扭曲现象；新发展理念要求推动构建新型经济全球化，同时强调建立双循环新发展格局，实现内外联动。

3. 新质生产力理论体现了多因素并重型创新的思想。在生产力系统四因素之中，新质生产力理论不再单一强调实体性因素（如劳动力、资本、土地等），而是将运筹性因素（管理和组织）、渗透性因素（知识和技术）、准备性因素（教育和培训）与实体性因素并重，体现了对生产力系统中各个因素综合作用的重视。

4. 新质生产力理论强调数字生产力这一全新生产力形态，而且关注制度创新，并倡导全要素生产力的提升。这不仅意味着对人力资本的投资变得尤为关键，也意味着要创新生产关系，还强调了企业和社会进行数字化改造的必要性。而传统生产力理论，不仅更侧重于物质资本的积累，而且传统的马克思主义生产力理论对人力资本、制度创新也关注不足，更重要的，数据要素是马克思那个时代无法想象的新事物。总之，新质生产力理论认为，通过创新生产关系、提升劳动力的技能和促进数字化转型，可以更有效地推动经济增长，这与过去强调依赖劳动力数量和劳动参与率的增长模式形成了鲜明对比。

总之，生产力理论随着经济和社会的发展而不断演进，每一代理论都在特定的历史背景下对生产力的理解和推动经济发展的方式作出了新的贡献。同时，这些理论之间也存在着相互影响和融合，共同构成了丰富多彩的经济学生产力理论体系。

三、发展新质生产力的核心内容

作为一种生产力理论，新质生产力理论的首要任务应用于指导中国经济实践。发展新质生产力的核心内容有三。

一是加大创新力度，提升全要素生产率，这是关键。这种发展模式可以称之为科技创新模式，要求加快推进教育强国、科技强国、人才强国战略。

二是发掘新质生产要素，加快发展新产业，这是抓手。这种发展模式可以称之为产业创新模式。新产业是指使用新要素，应用新技术发展壮大的新兴产业和未来产业，具有创新活跃、技术密集、发展前景广阔等特征。发展新产业有助于发展中国家和落后地区避免被发达国家和发达地区在供应链上"卡脖子"，从而成为后发国家和地区实现产业技术追赶，并在高技术产业领域抢占一席之地的重要机会，也称为"换道超车"产业。

三是改革生产关系，改善资源配置，推动产业链供应链优化升级，改造提升传统产业，这是重点。这种发展模式可以称之为改革创新模式。传统产业是相对新兴产业而言的，具有时间性、地域性和民族性特点。不同时间维度，同一产业在现在是传统产业，在当时却可能是新兴产业。当然，传统产业通过引入新技术和创新理念，也可以实现转型升级，从而在市场竞争中获得新的发展机遇。

但是，各地区在发展新质生产力的操作上，具体应该选择哪一类，或者选择哪一类中的哪个点，或者对哪几类进行组合，却要根据各地的自然条件、资源禀赋、文化背景、经济发展阶段和水平、产业基础、技术科研能力、市场前景和容量等各种因素的具体情况而定，而不能"一刀切"、一哄而上、泡沫化地不顾当地实际情况发展新质生产力，从而造成新兴产业的低水平重复和产能过剩。

作者：
张月友　南京大学长江产业发展研究院研究员

第二章　全球产业链供应链变迁态势及应对策略

一、全球产业链供应链变迁的背景

世纪疫情、地缘冲突、大国博弈等多重因素的相互作用下，全球产业链供应链出现了新的发展态势，对各国产业链供应链安全产生了深远的影响。产业链供应链安全包含企业层面的供应链安全和国家层面的产业链安全两个方面。从微观视角看，产业链供应链安全主要指企业供应链安全，这是产业安全发展的微观基础。《2021年供应链弹性报告》指出，2020年，62个国家173家企业中，超过25%的企业经历了10次或更多的供应链中断，而2019年这一比例低于5%。从国家层面看，产业链供应链安全主要是产业上下游环节联系紧密地促进产业发展，不仅包括更深度地融入全球产业链，还包括构建自主可控安全高效的国内产业链。

以美国为首的发达国家认为，产业链供应链安全是维持其在全球产业中的主导控制地位并避免在供应链上被强大的中国制造能力反制。因此，美国不断打压遏制中国产业，在核心技术和关键零部件以及重大装备等方面限制对中国出口，使中国断供风险增加，这也是中国产业链供应链安全面临的最严峻挑战。

Wind产业链数据库资料显示，在芯片产业链细分的通用型器件、无线通信设备、光通信设备、手机终端、数据通信设备、与业内设备商有业务往来公司6个环节共128家企业中，技术门槛较高的通用型器件以及部分生产环节无一家中国企业能涉足，芯片产业链断供风险非常大。中国企业创新创业调查数据也显示，2170家企业中有570家企业表示出现过断供行为，其中83

家企业表示断供来自海外。

事实上,即使同一国家,基于国家层面和基于企业对产业链供应链安全问题的看法也存在差异。企业强调供应链运行的平稳,对策就是确保一定的多元化和供应能力冗余,本质上仍是在追求效益最大化,因为断供风险也是企业需要考虑的成本之一。国家则更多地基于地缘政治视角而不一定追求短期经济效率。如当前美国政府推行的政策目标之一就是确保美国在重要科技领域对中国的领先地位[①],美国财长耶伦2023年4月在霍普金斯大学的演讲中也指出,"即使对华采取的措施可能在经济方面造成影响,美国在这些问题上不会妥协"。这种负和博弈的政策行为显然超出了企业关于供应链安全的考虑范畴。

本章首先总结当前全球产业链供应链的特征,分析美国构建中—美平行产业链的主要措施,在对东盟、墨西哥和印度等主要竞争国家基础条件分析的基础上,探讨中美平行产业链的特征事实;其次选取初级产业以及制造业重点产业来分析产业链供应链的变迁态势;最后探讨全球产业链供应链变迁对中国产业发展的影响,在此基础上提出中国的应对策略。

二、全球产业链供应链变迁的特征

(一) 区域化

地缘冲突和疫情双重压力下,当前产业链供应链越来越区域化、越来越趋于向本土接近,即企业更倾向于在其母国周边或者邻近国家采购以及销售商品,从而形成了产业链供应链的区域性特征。如以美国为核心形成了更短且更趋于横向集聚的产业链。

早些年,美国将大量制造生产环节转至海外,专注于研发、设计等高端环节,虽然从全球化中获得了大量收益,但是也产生了产业空心化、失业率高等问题。2009年(Lindon、Dedrick和Kraemer)一份对iPod关于国别和门类的研究报告中指出,iPod创造的4.1万就业机会中,只有30个在美国本土。因此,美国前总统特朗普在竞选时的口号就是"让制造业回归美国"。加

---

① 《2021美国创新与竞争法案》。

之日本大地震、新冠疫情以及俄乌冲突等导致全球产业链断供，使得本地化、区域化成为全球产业链供应链成为新的发展趋势。全球产业链地理上的本土或邻近国家，既有企业供应链安全考虑的因素，也有国家层面寻求产业链回归本土的政治需求。美国奥巴马、特朗普、拜登三任总统期间，形成了以抑制中国崛起为主要目的的经济战略和政策方向，就是"国内外包—近岸外包—友岸外包"三阶段的供应链重组战略与策略。通过实现生产的盟友化，进一步打造所谓安全的供应链。2023年4月，美国财长耶伦在霍普金斯大学的演讲中指出，在美国国内增加"现代供给侧投资"。

当前全球产业链供应链演变趋势是"纵向缩短、横向区域集聚"。一是在纵向分工上趋于缩短。就是原先分包给跨越国境的不同企业生产、以工序、环节为对象的纵向分工体系，现在可能要收回，缩回到跨国企业内部进行，结果一个企业内部可能包含了不同的工序和环节。这种逆"产品内分工"的行为倾向，是一种"纵向一体化"。它可能并不符合比较优势和规模经济的原则，但是却符合缩短供应链的自主可控的要求。二是在横向分工上趋于区域化集聚。就是原先被拆散到不同国家的不同企业生产的工序和环节，现在被回缩到一个国家或若干邻近的国家边境进行集中和集聚化生产，如汽车零部件生产回归美加墨自贸区。毫无疑问，这将在一个特定的区域内形成产业空间集聚化的趋势。中长期内逆全球化浪潮和经济全球化倒退可能会干扰现有产品内分工体系，从而影响我国产业链供应链安全。

麦肯锡的研究报告显示，在2009年全球金融危机结束和2020年新冠疫情大流行开始之间，商品贸易总额的区域份额增加了3.7个百分点，而新冠疫情期间大范围的供应链中断则进一步加强了区域化趋势：麦肯锡在2022年初对供应链领导者进行的调查中发现，44%的受访者表示他们在过去一年增加了区域采购，51%的受访者表示他们预计区域采购将持续。关于制造业回流的主要驱动因素中，前两个最重要原因为地缘政治风险、供应链弹性，占比分别为48%和34%。对美国企业CEO的调查数据显示，在美国以外地区开展业务的公司中，有58%正在考虑回流，18%考虑遭返3/4以上的业务。

受《芯片和科学法案》补贴的鼓励，Intel、Global Foundries和一些外国制造商已宣布在美国开展大型新芯片制造项目。2022年3月，大众汽车宣布计划投资71亿美元扩建田纳西州查塔努加和墨西哥的工厂。

（二）"去中国化"

"去中国化"主要是以美国为首的发达国家的政治诉求。美国借由人权、价值理念等理由，推行产业链尤其是科技领域的"去中国化"。2017年以来，特朗普政府利用关税政策，对中国大概价值3700亿美元的产品征收7.5%—25%的惩罚性关税，大大削弱中国的生产优势。企业为"避税"可能会将产业链迁移至其他国家，如苹果耳机的重要供应商——歌尔股份，为躲避高达25%的关税，已将生产线迁至越南[①]。与特朗普主要利用关税措施等传统贸易手段不同，拜登政府利用多项产业政策旨在实现降低对中国经济依赖以及科技上打压中国。如美国通过强化原产地规则，对进口产品增加值比重提出更高要求，迫使企业将产业链转移至中国以外的其他国家；对于科技行业利用出口管制等手段，将中国许多科技公司列入美国商务部的实体清单，对这些企业依赖的关键零部件断供，为美国及其盟友提供扩大关键技术领先地位的空间。中国作为"世界工厂"、世界第二大经济体，已经深度融入全球产业链，因此全面"去中国化"也被认为是较为困难的，美国及其战略同盟也多次公开强调并不寻求与中国脱钩。

英国《经济学人》杂志2023年2月的一份研究提出了"亚洲替代供应链"（Altasia, alternative Asian supply chain）的设想。这些地区从日本的北海道，穿过韩国、中国台湾、菲律宾、印度尼西亚、新加坡、马来西亚、泰国、越南、柬埔寨、孟加拉国，一直延伸至印度西北部，呈月牙状包围中国东南沿海。还通过对比出口总量、劳动力数量等，指出Altasia各国加总起来与中国相比毫不逊色。不过文中也指出，Altasia存在诸如基础设施落后以及一体化程度不强等劣势，短时期内不可能替代中国。但随着时间的推移，中国的吸引力可能会下降。

日本的一家数据显示，2020—2022年，在华经营的日本企业数量从约13600家减少至12700家。自2013年以来，韩国三星公司已将其在华员工人数削减了2/3以上。根据荣鼎咨询（Rhodium）2023年5月发布的研究报告显示，欧盟对华投资已连降3年（如图2-1所示），从2018年的104.2亿美元降至2021年的63亿美元。德国作为对华投资金额和项目最多的欧盟国家，占中国所有欧洲外商直接投资（FDI）的43%。然而，德国在近些年显著削减了对华的投资担保：2013年德国联邦经济部总共批准了37项德企在华投资担保，2022年只批准了9项，而2023年上半年仅批准了5项，这导致2022年初至2023年6月德企对华投资政府担保额削减了近50亿欧元。此外，根据

---

① 参见中国贸易救济信息网 https://cacs.mofcom.gov.cn/cacscms/article/cgal?articleId=173888&type.

"欧洲经济安全战略"罗列的行动计划,欧盟预计将与其成员国进一步研究对外投资可能带来的安全风险,这在一定程度上将影响欧盟企业未来在中国投资的领域及规模。

此外,外商投资企业出口增速自2022年5月至2023年5月一年的时间内,均同比下降,2023年1月同比增速低至-28.4%,2023年2月至5月降速均保持在15%以上。

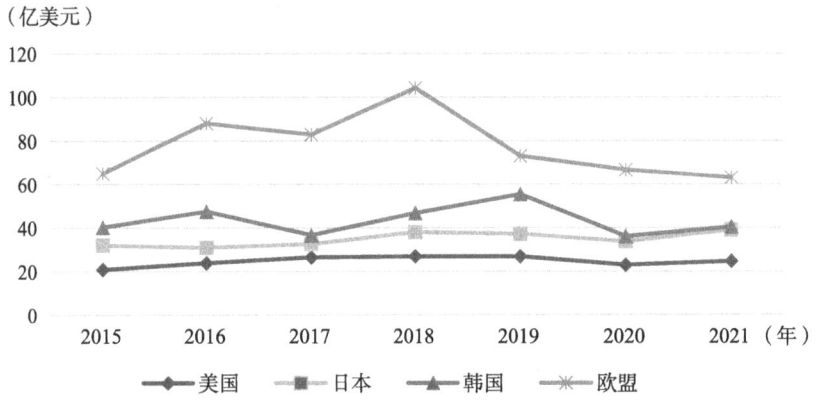

图2-1 主要发达国家对中国实际外商投资金额

注:数据来自历年《中国外资统计公报》,由于2020年以后英国不被纳入欧盟统计数据,出于可比性考虑,本章在2020年以后数据中将英国数据加入欧盟统计。

(三)多元化

供应链多元化更多是企业出于规避生产风险的战略考虑。为保证供应链的韧性,降低外部冲击对生产的影响,跨国公司将在产业链布局上实施多元化战略。多元化可以分散风险,即把鸡蛋放到不同篮子里,是企业将"风险冲击"纳入生产函数中得出的最大化总体收益的决策。

新冠疫情以及俄乌冲突等事件使得产业安全问题凸显出来:过去只考虑经济效益生产模式,即将生产环节在全球范围内无限细分;而在今后的产业布局中,可能在考虑经济效益的同时,会把追求产业安全可控性作为生产环节、片段和工序区域配置的重要考量。商业连续性研究所(BCI)2021年供应链弹性报告显示,在62个国家中的173家企业调查,发现超过四分之一的企业在2020年经历了10次或更多的中断,而2019年,该指数低于5%。

此外,日本在21世纪初提出的"中国+1"战略,也被更多国家纳入产业链布局考虑范畴。"中国+1",指的是跨国企业将 20 世纪 90 年代起集中投资在中国的产业分散至中国以外的其他经济合作伙伴,以规避产业链过于集中在中国带来的风险。越来越频繁的贸易争端也在一定程度上加剧了企业寻求供应链多元化的考量。不管是政府的政治考虑(如保持美国科技领域领先地位)还是企业规避风险的经济考量(高额关税、地缘政治风险以及获取美国政府补贴等),多方面原因导致全球产业链呈现区域化、多元化、"去中国化"的发展趋势。

图 2-2 是利用 2016—2022 年连续披露前五大供应商(或客户)的上市公司数据,计算得出的中国上市公司供应商及客户集中度。可以看出,中国供应商集中度以及客户集中度均有所上升,其中客户集中度上升较为明显。鉴于中国"世界工厂"的定位,客户集中度的上升在一定程度上是发达国家追求产业链"多元化"的反映。

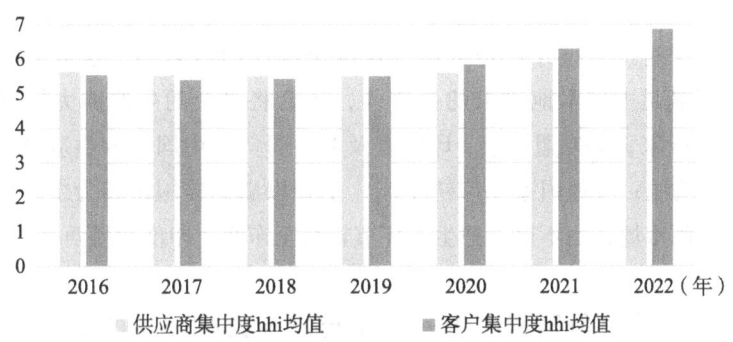

图 2-2　中国上市公司前五大供应商、客户集中度

注：数据来自国泰安供应链数据库。

三、全球产业链供应链的新态势：中—美平行产业链

(一) 中—美平行产业链的形成

美国对中国产业的遏制手段根据不同的产业技术特性而有较大差异。在高科技领域,重点是限制核心技术和关键零部件以及重大装备的出口,增加中国断供风险,并且对人工智能、集成电路等产业进行打压,限制中国这些高技术产业发展。在中等技术领域,一方面,通过"制造业回流"政策,利用美国大规模市场优势吸引日韩企业投资美国排斥中国产业链;另一方面,

针对性选择支持与中国具有产业重叠的国家，如越南等东盟成员国、印度以及墨西哥等，促进中国产业向这些国家转移，进而形成了全球产业链的新态势，即中—美平行产业链并存。

在制造业回流政策方面，美国政府在2023年开始给新能源汽车的生产和组装企业（包括动力电池生产和矿产原材料）进行补贴。中国企业要么承担进入美国投资的风险，要么在与日韩企业竞争中需要承担更高的成本，美国的政策意图就是将我国新能源汽车、动力电池等产业链的长板优势范围限制在中国国内，并且压制核心企业的成长机会和研发能力。而在支持与中国存在竞争关系的国家层面，美国实施"近岸外包"和"友岸外包"，长期搁置了中美投资协定，选择性与墨西哥、越南、印度等国加强贸易联系，通过关税、清洁能源支援、意识形态等显性和隐形的工具，支持苹果等在华重要跨国公司整合产业链，加速企业组团产业转移。

中—美平行产业链并存是全球产业链供应链的新态势，这也意味着跨国公司除保留满足中国本地需求的投资外，还会将多余的生产能力转移到美国要求的其他国家，如东盟国家、印度以及墨西哥等。中国境内供应链，主要满足中国市场为主；其他国家供应链生产，主要以满足美国市场为主，中国企业如要获得美国市场，也不得不把生产环节转移至东盟、印度和墨西哥等国家。

（二）主要竞争国家在中—美平行产业链构建中的优势与不足

以越南为代表的东盟国家以及印度、墨西哥等相较于中国，竞争最大的优势是美国的政策优势。美国作为世界上最大的消费市场，由于近年来中美关系的日益紧张，中美经贸关系也受到很大影响。仅从关税政策来说，中国出口至美国需缴纳高额的关税，而东盟、印度所纳关税较低，墨西哥、加拿大等符合规定的产品出口至美国甚至是零关税。且美国还通过原产地规则等多重政策引导产业链向东盟、美墨加等"友岸""近岸"转移。墨西哥、印度以及以越南为代表的东盟国家接受美国产业链转移的深度与广度，在一定程度上取决于这些国家的基础条件①，既有优势也有不足。

1. 以越南为代表的东盟国家。

第一，越南劳动力较为廉价，但劳动力素质不高。越南统计局数据显示，2022年第一季度胡志明市劳动力人均收入345—390美元/月，为全国最高。

---

① 此部分分析内容部分参考了商务部发布的《对外投资合作国别（地区）指南》。

对比中国2022年城镇私营单位就业人员平均工资约808美元/月①，是越南工资的2倍多。但是越南平均劳动力素质较低，受过良好教育和职业技能培训的劳动力仅占20%左右，劳动效率相对较低。

第二，除海运外，公路铁路等交通基础设施配套较为落后。2021年越南有海港49个，其中一类港口17个，二类港口23个，三类港口9个。2020年，越南港口货物吞吐量为6.92亿吨，占越南港口运输总量的78.7%。越南共有海运船只1600余艘，总吨位620万吨，世界排名第31位。但是公路、铁路等交通基础设施较为落后。越南全国公路总里程66.8万公里，其中国道里程仅2.46万公里，85.8%为农村交通道。截至2021年底，公路货运量占越南国内货物运输总量的65%以上。铁路基础设施也十分落后，全国63个省（包含直辖市）中仅34个省有铁路经过，平均时速在60公里以下，由于运力十分有限，越南铁路运输被边缘化，铁路客运量及货运量占比均不到全国交通运输量的1%。

第三，对外开放程度高，投资法较为完善。目前，除部分敏感产品外，越南所处的东盟内部几乎所有商品均实现零关税。东盟与中国、日本、印度、韩国等多国签订自贸协定，绝大部分商品实行零关税。2022年11月，东盟—美国确认全面战略伙伴关系。投资者可利用区域全面经济伙伴关系（RCEP）、中国—东盟自贸区等自由贸易平台开拓更广阔的国际市场。越南还为外国投资者提供了较为全面的基础法律保障和较大力度的优惠政策。

第四，越南电力供应不足，产业基础落后。在越南，限电情况时有发生，生产所需机械设备和原材料大部分依赖进口，外汇管制严格等给越南投资带来一定困难。

2. 印度。

第一，印度人力资源丰富，劳动力价格低廉。联合国数据显示，2022年印度人口约14.12亿人，并预测2023年印度将超过中国成为世界第一人口大国，这也意味着印度广阔的消费市场。印度汽车工业协会数据显示，2022年印度超过日本，成为继美国、中国之后的全球第三大汽车消费市场。且印度青壮年人口占比较大，2020年印度15—64岁人占总人口67%，印度外交部数据显示，2021年印度人口平均年龄为29岁。印度平均劳动力成本低于中国，2020年印度熟练产业工人最低工资不得低于506卢比/日，按照22天工作日

---

① 国家统计局数据显示，2022年中国城镇私营单位就业人员年平均工资为65237元，通过换算成月工资并按照当年平均汇率转化成美元得出。

计算，折合人民币不到1000元/月，低于中国任何一档最低工资标准。但印度劳动力素质与中国相比较低，世界银行数据显示，2018年印度成人识字率仅为74.37%，同期中国这一数据是96.84%。

第二，印度信息通信设施较为先进，公路、铁路等基础设施相对落后。印度拥有全球第二大电信网络，国有、民营和外资运营商之间竞争激烈，通信资费相对低廉。根据印度交通运输部统计，截至2022年，印度公路总长约637.18万公里，公路承运量占全国客运总量的90%和货运总量的64.5%，但是印度道路路况较差，道路运输能力不足。印度铁路轨道总长12.65万公里，居世界前列，但铁路设施相对老化，铁道标志和车辆老旧。与中国相比，印度铁路平均速度相对较低，全国长途快车平均速度为50公里/小时，普通客运和通勤列车几乎不超过32公里/小时。由于征地困难等原因，印度高铁建设进展缓慢。印度国际及国内航班班次频繁，是当今世界上发展速度最快的民航市场之一。印度拥有12个主要港口和205个非主要港口。水运是印度外贸运输的主要方式，全印度95%的外贸通过水运完成。近年来，印度港口吞吐量稳步增长，年增长率为10%—12%。

第三，印度电力供应不足。仍然面临较大缺口，除部分经济发达地区可以保障24小时供电外，其他地区用电高峰期间断电情况时常发生。其中南部、东北部以及北部地区电力缺口较为明显，西部地区与东部地区电力供应较为充沛。投资体量较大的产业园区大多计划自备电站，部分企业特别是制造业企业需配置小型发电机组和断电保护系统等。

第四，印度服务业十分发达，工业体系较为完善。印度医药、汽车零配件、钢铁、化工等产业水平较高。2021年印度工业品出口额3493.1亿美元，占货物出口总额的88.3%。印度服务业是其支柱产业，包括信息技术、金融等，也是外商直接投资流入最多的行业。2021年，印度服务业增加值占GDP比重为47.7%，工业产值占比25.9%。随着服务外包的发展，印度形成了班加罗尔、金奈、海德拉巴、孟买等一批著名的软件服务业基地。

3. 墨西哥。

第一，墨西哥政策较为优惠。政府制定了一系列吸引外资的政策，包括减税、提供土地、简化行政程序等措施，以吸引更多的外国企业投资并扩大其制造业规模。墨西哥制造、加工和出口服务业（IMMEX）计划是其中一项重要政策，该计划允许外国制造企业将原材料和零部件以递延缴税的形式进口至墨西哥，条件是所有制成品必须在规定的时间内从墨西哥出口。对于符合一定认证标准的公司，甚至可以免除临时进口的增值税。

第二，墨西哥贸易自由化程度较高，是世界上签订自由贸易协定最多的国家之一。2020年7月1日，《美墨加协定》（USMCA）正式生效，为促进汽车厂商在北美地区投资生产，《美墨加协定》要求北美地区所产汽车75%的组成部件产自本地区才可享受零关税优惠。该协定还要求北美地区所产汽车40%的零部件由时薪不低于16美元的工人生产，以削弱墨西哥的低劳动力成本优势，推动部分汽车生产从墨西哥转移回美国本土。墨西哥相比美国、加拿大具有成本优势，因此成为许多企业投资的目的地。

第三，墨西哥制造业基础雄厚，拥有较完整且多样化的工业体系。以汽车产业为例，墨西哥是全球第七大汽车生产地（数量）、全球第四大汽车零部件出口国。2021年，墨西哥汽车产量达315万辆，其中90.9%用于出口，主要供应美国。墨西哥目前共有14个品牌（均非墨西哥本土品牌）共计22家汽车制造厂商，10家发动机生产工厂和7家变速器生产工厂。

第四，墨西哥劳动力资源丰富，劳动力价格与印度及部分东盟国家相比不占据优势。墨西哥为拉美国家第二人口大国，且劳动力结构年轻，平均年龄为27.5岁，64岁以下人口占比约92%。2022年平均最低日薪为172.87比索，以22天工作日计算，折合226.35美元/月，同期中国大陆31个省份中有17个省份最低工资（最低一档）低于这一数值。

第五，投资受制于当地电力短缺，电力配套与投资购买土地面积挂钩。墨西哥由于电力短缺，用电实行定额配给，具体方法是企业电力配套与购买土地面积挂钩，配给电量较少，而配给之外的用电价格较高。但是由于墨西哥土地价格较为低廉，对于用电需求较大的企业很多选择额外购买生产之外的多余土地。

（三）中—美平行产业链的发展趋势

中—美平行产业链并存主要表现为中国对美国贸易投资地位下降，尤其是在高技术领域贸易增幅下降，而中国的主要竞争对手，如墨西哥、印度以及以越南为代表的东盟国家，在对美贸易以及投资地位提升。

1. 投资方面，中国FDI增速低于主要竞争国家。过去"大进大出"的贸易模式，使得中国深度嵌入全球产业链。祝坤福等（2022）的研究表明，在中国FDI相关的全球价值链活动中，2/3以上是外资企业与内资企业之间的生产关联活动，其中外资对上游内资企业的拉动更为明显，外资企业在中国内循环中发挥着重要作用。2023年上半年，中国实际使用外资金额7036.5亿元，占GDP比重仅1.2%，而2017年这一比重大于10%。外商投资在中国经济总量上比例的大幅缩水，一方面可能是中国内循环发展的结果，另一方面也反映了跨国公司在中国投资热情的降低，即将产业链逐渐从中国转移至东盟、印度、墨西哥等其他国家。

由图2-3、图2-4可以看出，2022年中国FDI增速低于东盟、印度、墨西哥。东盟自2017年至今吸引FDI数额一直超过中国，且保持较高增速，2022年东盟FDI接近2016年的2倍，由于2020年极低的FDI流入，东盟2021年FDI同比增幅高达77%。印度2020年FDI出现峰值后，2022年FDI数值略低于2019年水平。墨西哥经济部数据显示，2023年上半年，墨西哥吸引外资290.41亿美元，同比增长41%，其中美国是其FDI最大来源国，占比43%，其次分别为西班牙、阿根廷、德国和日本，以上5国对墨西哥投资占比达80%，中国占比约1%，不在所列前十大投资国家名单。但是中国对墨西哥投资增长幅度很大：墨西哥国立自治大学的一份报告显示，2022年中国对墨西哥的直接投资比2021年增长48%，是墨西哥增长最快的外国投资来源国。

图2-3 中国及主要竞争国家FDI流入金额

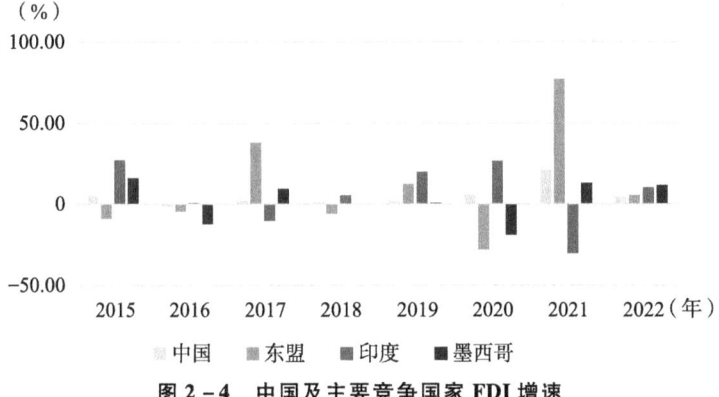

图2-4 中国及主要竞争国家FDI增速

注：东盟数据来自https://data.aseanstats.org，其余国家数据来自联合国贸发会议发布的《世界投资报告2023》。

2. 进出口贸易方面，美国对东盟、印度、墨西哥进出口贸易增幅远超中国。图 2-5 为 2015—2022 年美国对中国、东盟、印度、墨西哥等主要市场的出口增长。可以看出，受中美贸易争端影响，2018—2019 年美国对中国出口连续两年分别下降 7.43 个和 11.25 个百分点。2020 年较高的同比出口增幅可能来自 2019 年较低的基数以及中国的关税排除。2021 年，美国对中国出口达到 1490 亿美元的历史新高，这不仅得益于新冠疫情后全球贸易的复苏，也部分来源于疫情导致 2020 年美国对中国服务出口大幅萎缩[①]。2022 年美国对中国出口虽然仍同比增加，但高通胀和其他因素表明中美双边贸易关系正在动摇：2022 年美国对其他主要外国市场如东盟、印度、墨西哥等地的出口增长远超中国，如图 2-6 所示，2022 年美国对中国出口增幅仅为 1.8%，而东盟、印度、墨西哥同比增幅均在 17% 以上。

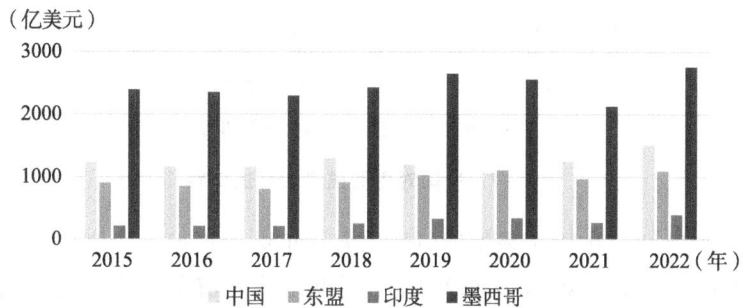

图 2-5 美国对主要国家货物出口额

图 2-6 美国对主要国家货物出口增速

注：图中数据来自 UN Comtrade 数据库，其中东盟数据为东盟十国数据加总得到，图 2-7、图 2-8 同。

---

① 美中贸易全国委员会发布的"US Export Report 2022"中披露由于疫情对教育、旅行等造成的破坏性影响，2020 年美国对中国服务出口同比收缩 33%。

由于美国"消费国"的定位，美国进口贸易伙伴关系的变化可能更能反映中—美平行产业链的发展趋势。中国自2007年超越加拿大成为美国第一大进口国，至2022年一直保持这一地位。但是数据显示，2023年1—5月，中国对美国的出口低于墨西哥和加拿大，变为美国第三大进口国。从图2－7可以看出，自2017年开始，美国自中国进口额与墨西哥、印度、东盟差距开始缩小：2017年美国自中国进口额分别是印度、东盟、墨西哥的10.4倍、3.67倍和1.67倍，这一差距在2022年分别缩小至6.33倍、1.97倍和1.25倍。

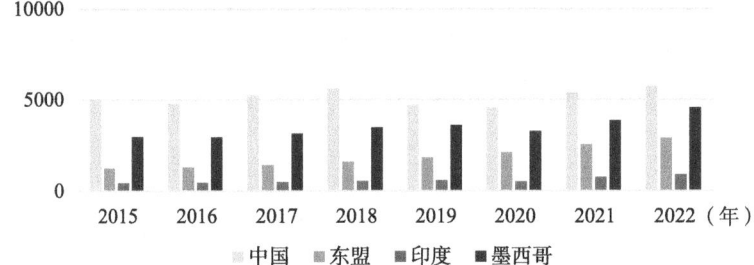

图2－7 美国对主要国家货物进口额

进入2023年，中国贸易处境似乎比前几年更加艰难，即使在人民币汇率贬值的背景下，出口数据仍较2022年同期下降。海关总署公布数据显示，2023年上半年中国进出口总额29182亿美元，同比降低4.7个百分点。其中出口16634亿美元，增速－3.2%；进口12547亿美元，增速－6.7%。中国进口也在不断收缩，2023年3—6月连续4个月进口金额同比下降，赵伟[①]指出，进口收缩背后折射的是两重需求的不足：一是内需不足，主要是进口最终品以及用于制造内销产品的上游产品的需求不足；二是再出口需求的不足，主要是用进口原材料及零部件生产产品再出口的需求，这部分需求不足多半反映了加工贸易和外资企业运转的低迷。

2018年中美贸易争端开启，随着关税税率的大幅提高以及包括强化原产地规则等多项针对中国产业政策的实施。加之《美墨加协定》的签订、美国—东盟确定全面战略伙伴关系，美国旨在降低经济上对中国的依赖，寻求更"安全"的伙伴关系。中国过去出口导向的发展模式，使得中国外贸依赖程度较高，中—美平行产业链发展趋势虽然也会给美国带来一定负面影响，如增加进口成本以及通胀风险。但是由于全球产业链主导权仍掌握在以美国

---

① https://mp.weixin.qq.com/s/nzFhVVcw9R3ralxNllTUsg.

为首的发达国家手中，因此中—美平行产业链发展总体来说对中国产业链以及经济风险更大。

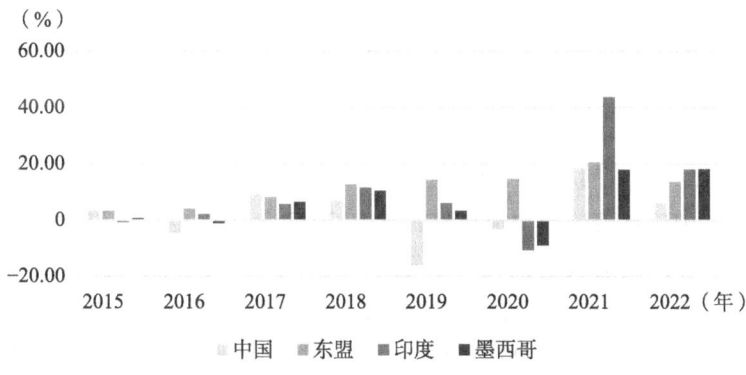

图2-8 美国对主要国家货物进口增速变化

3. 产业转移方面，外资企业进行业务重组等方式，将中国业务与全球业务隔离。贸易争端虽然给中美双方带来了巨大经济损失，但是另外一些国家如越南却可能从中受益。中美贸易争端开始后，越南逐渐取代中国成为亚洲电子产业新工厂，2022年成为美国第三大贸易逆差国。这是中国产业链外迁的直接证据表现。徐奇渊、东艳（2022）通过对中国、越南双边进出口数据分析发现，2019年中国向越南的出口中约14.5%与中美贸易争端有关，其中集成电路相关中间品占比最高。

美国商会于2023年3月左右进行的一项调查从企业层面显示中—美平行产业链趋势，调查的480家会员企业中有27%于过去两年实现总部与中国业务脱钩，较前一年上升7个百分点。《华尔街日报》报道，越来越多外国企业以将中国业务与其全球其他营运区隔开来的"孤立"策略，来应对与中国政治关系紧张的风险。如2022年8月，企业软件供货商Salesforce宣布解雇中国与中国香港特区员工，关闭香港办公室，并扩大与中国最大云端服务商阿里云的伙伴关系，以在阿里云上提供中国更多在地化产品与服务。这一举动形同将其全球业务与中国业务隔离开来，以免问题外溢至全球业务。大众汽车计划将其与一家中国芯片制造商研发的技术留在中国境内，一旦美国政府实施技术审查或制裁，将不致遭受严重冲击。日本卫浴产品制造商骊住（LIX-IL）正重组其供应链，在中国生产供应中国市场的产品，美国市场产品则主要在北美生产。不管从美国贸易伙伴的变化来看，还是从外资企业重组供应链行为来看，越来越多的迹象表明中—美平行产业链趋势日益明显。

4. 中美以集成电路为代表的高技术产业贸易下降。由于中美博弈对不同产业影响不同，本章从中美贸易的产品结构变化发现，中—美平行产业链趋势在集成电路等高技术产业表现较为显著。

中国集成电路进口受限，2022—2023年上半年进口额持续走低。由于集成电路高端技术仅掌握在少数几个发达国家手中，美国联合其他国家对中国集成电路进口展开限制，对中国集成电路领域实行严格的出口管制等措施，中国较难从美国获得集成电路相关产品的进口。2022年，中国集成电路进口下降了15亿美元，同比降低15.3%。

此外，进口自美国的集成电路占比自2022年开始也在下降。美国对先进半导体和半导体制造设备的出口管制于2022年10月生效，抑制了对中国的进口。2023年上半年，中国自美国集成电路进口占总进口12.06%，分别低于2021年、2022年的16.93%和15.69%。越来越频繁地使用出口管制导致中国客户在有国内或第三国供应商的情况下不再优先考虑美国产品。然而，即使美国实施新的出口管制，集成电路仍然是中国对美的第二大进口商品。

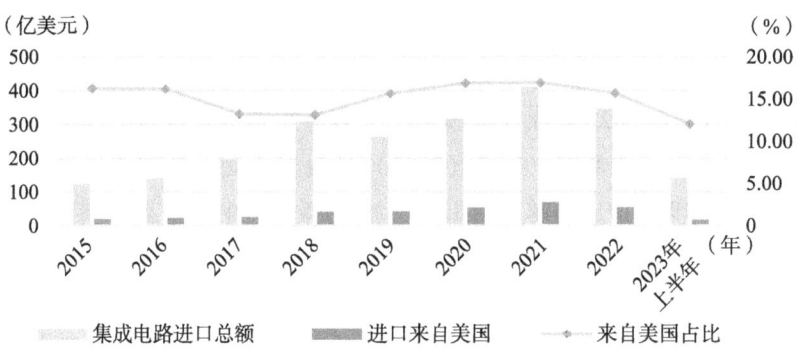

图2-9 中国集成电路进口额及来源美国占比

注：数据来自海关总署，由以8486开头的海关4位码数据计算得到。

5. 中—美平行产业链并存的案例。江苏省丹阳市常诚汽车部件有限公司是一家从事车灯制造的企业，通用（北美）汽车是其主要客户之一，由于通用汽车要求，目前已经准备在美国建厂，预计2025年11月底建成投产。大部分中国企业选择在墨西哥建厂，但是因为墨西哥当地电力不足，电力配套是与购买土地挂钩，且配给电量较少，额外配给价格较高。由于该企业对电力要求较高，所以选择在美国建厂。美国对通用公司每台车补贴1000美元，前提是必须75%以上零部件在美墨加生产，虽然常诚等零部件供应商赴美生产会造成成本上升，但是加上政府补贴的1000美元，通用公司表示接受零部件成本上涨。并表示当地另一家汽车零部件企业——新泉汽车饰件股份有限公司（上市公司）已经在墨西哥建成投产，以供应特斯拉的配件需求，但是为获得更多电力配额，额外多购买了很多土地。墨西哥平均劳动力成本高于中国，该企业在墨西哥建厂工人工资约 6000 元/月，对比中国同岗位同工作时长，劳动力工资只有 3000 多元，但是管理人员工资与中国相差较小。

四、中—美平行产业链下我国重点产业链供应链变迁态势

（一）粮食和关键矿产等初级产品产业链

初级产品包括粮食、能源、矿产等，由于附加值低、技术水平要求有限，研究中往往忽视其重要性。但是，初级产品作为生产和生活的重要投入，往往在国际产业链中拥有更重要的地位。未来如果"去中国化"趋势进一步加深，对外依存度较高的初级产品可能会成为新的掣肘环节。俄乌冲突凸显了能源危机：全球能源及粮食供给冲击导致大宗商品价格产生较大波动，欧洲国家对俄罗斯天然气等能源过分依赖。因此，为规避上述风险，西方国家拟对关键矿产等资源供应重新布局。

1. 美国寻求构建关键矿产供应链，中国部分关键矿产国内供给不足。关键矿产作为装备制造、低碳转型等领域不可或缺的原材料，受到越来越多国家的重视。美国寻求拉拢富矿国家，构建关键矿产供应链。围绕镍、钴、锂、锌、锡等关键矿产，美国寻求关键矿产"去风险"动作较为频繁。2022 年，美国和澳大利亚、加拿大、芬兰、法国等多国建立"矿产安全伙伴关系"，旨在共同部署关键矿产供应链。2023 年 2 月，美国寻求与欧盟及 G7（七国集团）盟友建立"关键矿产买方集团"，确保可靠地获取关键矿产；3 月，美国和日本就镍、钴、锂等动力电池制造关键矿产达成贸易协议；3 月和 4 月，美国分别和欧盟达成两项涉及美欧关键矿产供应链的合作协议，美国将对欧盟提供优惠待遇并围绕 G7 国家建立一个矿产金属供应链网络，以保障关键矿产的稳定供应。

中国钴、镍、锂等关键矿产对外依存度较高，稀土领域具有较强控制权。国际能源署指出，影响矿产供应链稳定性的几个风险因素：地理集中度、资源质量下降、气候风险、环境社会和治理问题、衍生的新基础设施的需求。相比于生产企业地理上的控制权，矿产企业的实际股权控制权掌握在哪个国

家手中可能更为重要。中国是关键矿物供应的主要市场参与者，是镁、钪、钛、稀土等关键矿物的主要生产国。中国在关键的矿物加工、中游和下游市场也占据着主导地位。彼得森研究所 Luc Leruth 等人 2022 年发布的一篇报告显示，通过梳理钴、铜、锂、镍以及稀土等资源的全球最大几家相关矿产企业发现，关键矿产的地理分布与实际控制国家有很大不同。以钴为例，虽然刚果是世界上最大的钴生产国，以 69% 的全球生产份额对排名第二的俄罗斯遥遥领先。但是通过梳理全球最大几家钴生产企业的实际控制源发现，所列 9 家钴生产企业仅 1 家完全由刚果政府控制，其他 8 家均掌握在其他经济体手中。但是中国对于稀土具有很强的控制权，除了莫利矿业公司（Molycorp Minerals）和莱纳斯（Lynas）两家最大的生产商外，其余稀土主要生产商均是中国企业。中国稀土资源具有绝对优势，但是钴、镍等关键矿产资源对外依赖程度较高。2020 年我国钴、镍、锂对外依存度分别为 97%、92% 和 79%，主要从美国的关键矿产同盟国或从刚果等国家进口。且受中美贸易争端等因素的影响，中资企业境外矿业投资或并购进程受阻，拓展境外权益弥补国内矿产短缺存在困难。

2. 俄乌冲突增加了玉米、小麦等主要粮食产业链的风险。俄罗斯、乌克兰两国均为全球粮食生产和出口大国，2021 年初俄乌冲突的爆发给全球粮食安全带来一定风险。根据 UN Comtrade 数据，2021 年俄罗斯出口小麦（HS 代码 1001）2735 万吨，乌克兰小麦出口 1939 万吨，分别占全球 13.5% 和 10%。2022 年初俄乌冲突爆发，导致两国谷物出口不畅引发全球粮价飙升。在各方斡旋下，俄罗斯和乌克兰就黑海港口农产品外运问题分别与土耳其和联合国签署协议，于 2022 年 7 月 22 日签署黑海港口农产品外运协议。据联合国黑海粮食倡议联合协调中心统计的数据显示，从 2022 年 7 月 22 日协议生效至 2023 年 7 月 17 日协议效力中止，乌克兰通过"黑海粮食走廊"共向全球 45 个国家出口 3286 万吨粮食。其中，玉米是最主要出口作物，出口量约 1690 万吨，占比约 51%；小麦运输量约为 891 万吨，占比约 27%。2023 年上半年中国玉米进口总量为 1203 万吨，同比下滑 11.5%。其中，自美国进口 470 万吨，占比 39%；自巴西进口 221.5 万吨，占比 18.4%；自乌克兰进口 433.5 万吨，占比 36%。

2023 年 7 月 17 日，俄罗斯宣布将不再继续执行黑海协议。玉米、小麦等粮食的供应不确定性增加，黑海协议效力中止带来的进口成本提升，对中国粮食进口有所不利。但是俄罗斯、乌克兰不是中国小麦主要进口来源地，因此对中国小麦供应影响较小。2023 年上半年，中国累计小麦进口量 802 万吨，同比提高61%。其中，自澳大利亚进口505.95万吨，占比63.9%；自加拿大进口133.2万吨，占比16.8%；自法国进口81.49万吨，占比10.3%；自美国进口54.7万吨，占比6.9%；自俄罗斯仅零星进口1.36万吨。

此外，由于各粮食作物之间较强的替代性，因此可以通过改变进口品类，降低俄乌冲突及其他因素对粮食进口的冲击。海关总署数据显示，2023年上半年我国粮食进口量8340万吨，同比增长4.5%。分品种来看，大米、玉米进口数量同比减少，小麦进口增加。联合国粮农组织2023年8月4日公布数据显示，大米价格指数上涨2.8%，为2011年9月来最高水平。印度是全球最大的大米出口国，2021年印度大米出口量达2150万吨，占全球大米总出口量的40%以上，2023年7月20日印度政府宣布，禁止除印度香米外的大米出口，这项出口禁令将影响印度80%的大米出口。此外，俄罗斯从2022年7月1日起开始临时禁止出口大米，初始有效期为半年，后经两次延期将禁令有效期延至2023年底。受全球大米价格上涨和印度、俄罗斯禁止大米出口政策影响，中国2023年大米进口数量大幅减少。2023年上半年中国进口大米179万吨，同比下降49.6%。

大豆是中国粮食进口的最主要品种，对外依赖度很高，且多依赖巴西、美国两个国家。2018年中国国产大豆2000万吨，进口大豆8000多万吨，自给率不足20%。海关数据显示，2023年上半年，中国进口大豆①5257万吨，其中巴西进口2968万吨，美国进口1971万吨，分别占比56.45%和37.49%，其余国家进口仅占6.06%。美国曾是中国大豆进口主要来源地，但2013年后巴西取代美国，成为中国大豆最大来源地，且从巴西进口大豆地位在不断上升，2016年中国从巴西、美国进口大豆比例分别为45.53%和40.72%。

（二）制造业重点产业链

美国声称在一个"狭窄的领域"对中国实施实体清单制裁而不是要全面脱钩，即所谓在高科技领域构建"小院深墙"。作为应对，中国企业也开始寻求"走出去"，以应对美国对中国重点制造业的管制。光伏、锂电池等领先型产业链以及集成电路等赶超型产业链有较大的代表性。

1. 光伏产业：中国优势产业，因成本低廉出口逆势增长。光伏发电是目前成本最低的发电技术之一，对全球实现绿色发展具有较大意义。光伏产业

---

① 以129010开头的海关八位码数据查询结果。

链由上游的多晶硅材料、中游多晶电池和晶硅组件,以及下游的光伏发电系统等细分产业环节构成。新疆是中国上游光伏材料多晶硅的主要产能来源地,2021年占中国总产能的一半以上。2021年6月,美国以当地存在强迫劳动为由,将中国四家新疆光伏企业列入实体清单。同年12月,美国通过《维吾尔强迫劳动预防法案》,对涉疆光伏企业开展全面制裁,禁止美国企业进口任何与新疆有关的光伏产品。2022年3月,美国以怀疑使用中国组件为由,对越南、柬埔寨、马来西亚、泰国等国家光伏产品发起调查。

美国对产自越南、柬埔寨等东南亚国家的光伏产品给予了两年的关税豁免。美国针对中国的光伏贸易政策使东南亚地区受益,该地区已经发展了成熟的供应链和大量的出口产能。中国制造商占该地区光伏制造能力的55%,因为该地区的光伏制造能力需要建立在中国生产的组件之上。并且印度、美国等国家也在积极利用各种产业政策手段,寻求实现光伏产业链本地化。印度陆续发布光伏产业激励政策,大力投资建设光伏综合制造厂,提高本国光伏产能。2022年,印度政府批准生产制造激励(PLI)计划,承诺在5年内投入2400亿卢比(约30亿美元)以支持建立10GW的光伏综合制造厂,推动光伏组件的本土化生产如表2-1所示。

表2-1　　　　　　　　　　印度主要光伏政策手段

光伏政策手段	具体表现
产业政策及财政激励	太阳能振兴计划 屋顶光伏激励计划 生产制造激励计划
认证限制	"印度制造"优先采购 BIS认定限制(印度标准局认证)
贸易保护	反倾销调查 关税保护

注:根据网上公开资料整理。

但是欧盟、印度等地在推行光伏产业限制贸易、本地化生产的努力并未取得预期效果,中国凭借成本优势仍在国际市场上占据主导地位。如欧盟虽然主张限制贸易以确保其国内光伏制造业的安全,但缺乏推动能力建设和取代进口的具体政策。印度也由于国内缺乏更大容量的太阳能电池组件,于2023年4月暂停了《型号和制造商批准清单》的规定一年,让位于更多的中国进口产品。

国际光伏资讯机构 PV Tech 统计称，美国有 40 家光伏组件生产商，其中只有 12 家可以同时制造电池和组件，6 家拥有全产业链。而只有 3—4 家美国企业可以做到关键零部件不依赖中国。拜登授权美国能源部利用《国防生产法》加强光伏组件技术等 5 个关键能源技术的美国制造，计划在 2024 年将国内光伏制造能力提高 2 倍，至 22.5GW。光伏组件出货量前十名中唯二两家海外企业 First Solar 和韩华集团均宣布在美国扩产。

虽然美国对中国光伏产业设置较高关税，但由于中国光伏成本优势，光伏组件出口仍然逆势增长。据统计，2022 年中国光伏组件出口额 423.6 亿美元，同比增长 72.1%。中国太阳能热水器以及光伏制造业出口增加。分析表明，由于晶圆和电池生产严重不足，美国到 2026 年生产 100% 美国制造模块的目标将很艰巨。即使是美国政府推出的激励措施也无法完全弥补与中国制造的模块之间的制造成本差距。

欧盟、美国是中国光伏产品的最终需求国，为了减少因高额关税、出口管制等原因造成的出口困难，中国光伏企业正在加快海外建厂，多选择在东南亚、墨西哥建厂出口至美国。中国几大龙头光伏企业均在海外建厂：隆基绿能 2022 年在美国的俄亥俄州建设年产能 5GW 的组件厂；晶澳科技 2023 年第一季度海外出货量占比约 58%，2022 年在东南亚布局生产基地，到 2023 年形成 4GW 的硅片、电池、组件垂直一体化生产能力，并在美国亚利桑那州凤凰城投资 6000 万美元建设年产能 2GW 组件的工厂。此外，晶科能源也宣布了 5200 万美元的美国工厂扩建计划。

2. *锂电池产业：存在产业链转移的风险*。锂电池是新能源汽车等产品的上游产业，中国在全球锂电池市场中占主导地位。2022 年全球锂电池市场规模超过 1100GW·h，其中，我国锂电池市场规模 750GW·h，占全球比重近七成。但是中国锂电池上游原材料还大量依赖进口，《2022 年中国锂产业报告白皮书》数据显示，2022 年中国进口锂辉石精矿约 284 万吨，锂行业对外依存度约 55%。

但是也需要注意，锂电池行业存在向外转移的风险。由于前文提到的美国等国家的政策补贴、地缘政治等多方面原因，中国与美国两条平行产业链正在形成，除了保留满足中国本地市场需求的生产外，跨国公司可能会将多余生产力转移至满足美国要求的其他国家。虽然在供给端，我国锂电池产业链生产风险较小，但是需求端的收缩无疑会促使企业不得不"外出"谋出路。

以中国锂电池产业的龙头企业宁德时代为例。2020 年中华人民共和国工业和信息化部（以下简称"工信部"）公布的 6800 余款注册的新能源车型，其中使用宁德时代配套动力电池的有 3400 余款车型，占比达 50%，是配套车型最多的汽车厂商。但是，宁德时代也在谋求海外布局：2023年1月，宁德时代在德国投资建厂，这是海外第一家工厂。2月，宁德时代确认与福特合作，计划投资35亿美元在美国密歇根州建一座磷酸铁锂电池工厂。同年7月，有报道称，宁德时代将计划在墨西哥建厂以为特斯拉、福特供应电池。

3. 集成电路：可选供应商少，发达国家（地区）对中国出口管制的重点行业。集成电路产业是美国等经济体对中国进行出口管制的重点产业。集成电路因其高技术门槛全球仅有几家企业拥有生产芯片的能力，关键生产环节只能依赖几家特定的供应商。如中国台湾拥有全球约22%的半导体集成电路晶圆制造能力和超过一半的代工能力，台积电（TSMC）一家公司就占据台湾地区产能的67%左右，在最先进的芯片制造工艺方面拥有全球最大的市场份额。但其先进的光刻系统仍依赖于荷兰供应商阿斯麦（ASML），而阿斯麦的光学发动机则依赖德国的一家工厂。因此集成电路领域开发替代供应来源十分困难。正因如此，美国才能够构建同盟，对中国的集成电路关键环节进行断供，希望借此手段达到扼制中国在此领域的发展。

中美之间紧张的地缘政治关系使中国集成电路产业链有较大风险。美国拜登政府颁布《芯片和科学法案》后，2023年7月欧盟颁布《欧洲芯片法案》①，指出欧洲在全球半导体生产能力中份额低于10%，该法案拟通过提供33亿欧元资金用于支持欧洲芯片相关研究和创新。

2022年6月29日，在美国商务部与产业安全局召开的出口管制政策年会上，美国商务部部长和副部长表示，美国出口管制措施会持续关注中国，对半导体领域进行管制政策的更新，并与盟国之间继续加强出口管制协同执法。2022年10月7日，美国发布出口管制新规，禁止美国人从事任何支持中国开发或生产特定集成电路的活动，包括但不限于提供运输、资金、仓储等行为。并列出了包含28个中国实体的实体清单。2023年1月，美国与日本、荷兰达成协议，将对半导体或半导体制造设备实施类似管控。中国不仅无法进口最先进的芯片，还无法获得自主研发先进半导体所需投入，甚至不能获取可用于生产半导体制造设备的美国原产零部件、技术及软件。可见，美国在集成电路、半导体领域全方位打压中国，对中国发展高科技产业进行限制。

从上述三个代表行业的产业链变动情况可以看出，中—美平行产业链的相对地位最终取决于中美之间产业链效率的竞争。针对处于赶超地位的产业

---

① https：//www.europarl.europa.eu/news/en/press－room/20230707IPR02418/semiconductors－meps－adopt－legislation－to－boost－eu－chips－industry.

而言（以集成电路产业为代表），中国在平行产业链中只能处于被动地位。但是对于光伏等中国具有显著优势的产业而言，即使美国、欧盟等国家对中国实行管制措施，但是由于中国存在显著的成本优势，使其试图通过产业政策等手段寻找替代产业链这一目标变得困难。因此，在中美博弈中中国需要不断寻求在产业链中保持效率优势。

五、中—美平行产业链对中国产业发展的影响

目前全球产业链供应链内向化趋势明显，尤其是美国联合其他国家推行的针对中国的"去风险"战略，对中国产业链安全产生较大影响。不同于美欧等发达国家在全球价值链中的主导地位，中国大部分产业目前还处于全球价值链的中低端环节，因此产业链外迁必然会带来许多负面影响。

（一）高科技产业直接面临产业链的"断供"与"断链"

高科技行业是中国产业链供应链面临风险较大的行业，对于集成电路等技术门槛较高的高科技行业，关键环节的关键技术只掌握在全球少数几家公司手中。美国与日本、荷兰等国家组成战略同盟，通过"实体清单""出口管制"等手段，限制中国获取集成电路相关零部件、技术及软件，直接导致中国集成电路产业断供断链。最典型的就是华为，本来已经上升为国际主流芯片设计企业，但是由于美国制裁芯片设计后无法实现代工生产，其手机等消费者业务大幅萎缩。半导体是通信和数字经济的底层和基础技术，现在美国始终围绕半导体产业链挥舞制裁大棒，随时打压我国崭露头角的企业，试图以此为切入点获得限制我国整个数字经济产业链的主动权。

Chat GPT 模型诞生之后人工智能领域的竞争更成为焦点，美国限制英伟达向我国出口高演算能力的 GPU，并将我国从事 GPU 产品研发的上市公司景嘉微纳入实体名单，严重制约我国人工智能企业的算力能力建设。此外，先进制程芯片供给的不稳定，也将影响我国工业机器人等智能制造发展，进而制约中国产业升级以及向新兴领域拓展延伸的能力。

（二）长板产业参与国际市场受到限制

美国利用大规模的市场优势排斥中国领先的光伏、动力电池等产业进入

国际市场。例如，美国的新能源汽车，包括动力电池等，如果在美国生产组装则可以获得美国政府补贴，此外，还通过关税、进口限制等贸易政策导致中国新能源汽车、动力电池以及光伏产业等具有成本优势的产业出口受限。

一个典型的案例是光伏上市公司东方日升。该企业通过转道马来西亚基地向美国出口太阳能电池组件，组件正常成本在1.5元/瓦左右，而按照美方要求追溯上游非新疆产的硅料，不仅使用国产硅料受到限制，需要追溯的直接法律文件成本就需要0.2元/瓦左右，使中国光伏企业参与国际市场丧失比较优势。

（三）出口导向型产业链供应链受到冲击

在美国构建中—美平行产业链的大趋势下，跨国公司将其供应链在以越南为代表的东盟国家、印度和墨西哥等与中国具有直接竞争关系的国家和地区重新布局，进而引发其他国家的跨国公司跟随性投资。甚至是中国本土企业，为了获取美国市场，也需要在海外布局，加速产业向东南亚等国家转移。当前越南、印度尼西亚、孟加拉国、印度等东南亚国家已逐渐成为轻纺品的重要产地，此外，电子消费品供应链正加速重构，其集聚效应比轻纺品更显著。苹果公司自2017年开始往越南和印度布局组装加工厂，2019年后，其组装企业富士康、和硕和纬创都相继加大印度投资，带动了三星等电子企业的供应商跟随到印度设厂。下一波产业链转移可能是机电产品。目前轻纺、电子消费品和机电产品出口额占我国货物出口额的比例超过了80%，虽然目前其供应链较为完备，但国际竞争压力将通过外需转移对其产生冲击，这对中国出口导向型的传统优势产业链供应链安全形成较大的挑战。

六、中—美平行产业链下的中国应对策略

当前美国联合其战略同盟降低经济上对中国的依赖，推动形成中—美两条平行产业链。针对不同产业特性，美国采取不同产业措施：以集成电路为代表的高技术战略性产业，由于关键技术掌握在发达国家手中，美国与荷兰、日本等国家形成战略同盟，在高科技领域构建"小院高墙"；光伏、锂电池等中国优势产业，美国采取高额关税等传统贸易手段，以降低中国成本优势。面对这种产业链调整趋势，中国可能的应对措施有以下几个方面。

（一）促进国内经济发展，以更强的国内经济底气应对外部冲击

要做好自己国内的事情，促进国内经济发展，努力消除影响国内经济运行效率的重大梗阻，决战于国内，决胜于国外。首先是抓紧时间窗口期，加快探索解决地方平台债务、房地产业新发展模式等长效机制，排除国内经济中存在的重大风险和隐患。其次是通过建设国内统一大市场畅通国内循环。数字经济时代，可以利用大数据等数字技术畅通国内产业链循环，帮助企业寻找供应商或客户。实际上，中国已有利用数字技术帮助企业提升供应链韧性的案例，2023年第一季度，全国税务部门利用增值税发票税收大数据，累计收集原材料短缺企业信息1988户，匹配供应商8307户，帮助1499家企业实现购销对接，成交金额达到41.1亿元。因此，可以充分发掘数字潜力，实现供应链上下游畅通。

（二）鼓励自主创新，在产业链关键环节有所突破

美国针对中国集成电路等高端科技行业关键产业链环节的"断供"，在中—美经济对峙过程中是较为难以突破且打击最强烈的一种手段。但是，正如没有任何一个国家能掌握集成电路行业产业链全部环节一样，中国也不可能做到。但是，中国必须在至少某一关键环节有所突破。中国虽然利用部分芯片材料（如镓、锗等）的总量优势，对其进行出口管制，但是由于不属于完全"垄断产品"，芯片企业也可以转向其他国家进口。除了发挥政府推动作用外，还需要设计、利用高效的市场化运作机制寻求集成电路领域的创新发展。渠慎宁等（2023）通过情景模拟，设计出"以ASML为帮手，以三星为首要突破口，与英特尔、三星、台积电三巨头开展研发合作"的市场化突破路径。中国需要优化激励措施，真正发挥新型举国体制优势，集中力量办大事，在产业链关键环节争取有所突破。

（三）确立底线思维，在半导体等关键产业链中实现中低端的全产业链国产化

当前美国时刻盯住我国的重点企业的技术进展，一旦有赶超的苗头就以借口进行制裁打压，大大增加了关键环节独立赶超的难度。同时需要认识到，

半导体产业的中低端产品还是占大多数,这部分是保产业运转的关键。在半导体高端设备被禁运的情况下,需要做好长期打算,先通过中低端全产业链的国产化守住安全底线,积累突破"卡脖子"技术的能力基础。

(四) 坚决抵制产业链脱钩,加强与美国以外发达经济体的产业联系

首先要推进部分高科技领域进一步开放,加深高科技产业之间的联系。半导体等领域不是我们不开放,而是发达国家和跨国公司自身的限制进不来,但生物医药、农业科技等高科技领域我国还有扩大开放的空间,并且这些领域的高水平外资进入有利于对我国的技术溢出。其次是重点加强日、德、法、荷等与我国产业正面竞争少、互补性强的国家的产业链联系。多进口这些国家的高科技设备、材料等工业品,利用好这些国家呼应对华制裁时与美国政策的微妙差异。

(五) 适当主动布局东盟等国家,迂回加强我国与主要发达经济体之间的产业联系

积极鼓励东部沿海产业转移到中西部地区的同时,辩证看待对外投资的问题,避免在全球分工体系中被边缘化。应客观认识,当前环境下某些产业进入美国市场只有"走出去"投资,我国一些数字经济企业将数据中心设立在爱尔兰、新加坡等地也属于无奈之举。一些特定产业链可以借鉴在华跨国公司"地产地销"("In China, For China")的策略,到欧洲包括东欧等营商环境比较规范、受到制裁可能小的国家投资,迂回进入欧美终端市场。如中国具有生产优势的光伏产业,由于中国显著的成本优势,光伏行业出口增速依然较高。但是,随着欧洲、美国等发达经济体对光伏产业的重新布局生产,中国的生产优势可能会减弱。中国应加快在东盟以及美墨加等地区的海外布局,规避美国高额关税。

(六) 加强统筹协调,规避美国产业链制裁措施

充分研究美国对我国产业链制裁的规则,尽最大可能减少由于规则不清造成不必要的损失。如出于降低碳排放的广泛共识,除实施关税等传统贸易

政策外，部分发达国家还对某些行业制定了一系列碳足迹标准，以全周期碳排放量等指标对进口产品进行划分，设置贸易壁垒。2023年6月，欧盟通过《欧盟电池法规》，规定对于电动汽车电池、轻型运输工具电池以及容量大于2kW·h的可充电电池等需要披露碳足迹。但是由于我国电力排放因子的更新较为滞后，而国际上在招标时难以准确计算我国光伏产品碳排放量的电网排放因子，计算值往往远高于实际值，因此我国一些产品碳排放等级往往较低，限制了我国产品的出口。而由相关部门建立具有国际认可度的数据库，及时精准更新我国的电网排放因子，由产业链整体配合准确计算产品全生命周期的碳排放量，对于我国出口以及产业链发展至关重要。

建议有关部门为企业提供相关公共服务和方向性援助。可以由行业协会等机构出面委托专业法律团队，对行业信息、美国政策动向等进行持续完善的收集追踪和整理预警，作为公共服务内容提供给相关企业，并引导企业在中美法律法规监管的"交叉红线"之下合理发声。加强信息安全管理，对于敏感行业的国有企业，通过分设子公司等方式形成两类主体，分别参与国际循环和国内循环，对重点民营企业也可按照此类原则进行引导。

（七）优化国内营商环境，落实各类企业享受平等待遇

虽然美国等国家拟降低对中国产业链上的依赖，但是由于企业与政府思考逻辑不一定一致，中国仍可以通过优化营商环境吸引外资企业。如通过降低制造业企业税费等，吸引外资企业"留下来"，同时也可以在一定程度上增强国内制造产品的国际竞争力。全球营商环境最好的国家税收仅占企业利润的25%左右，但是2005—2018年中国税收平均占企业利润70%。优化营商环境也利于国内企业的发展，此外需真正落实外资、民企、国企等各类企业享受平等待遇。

作者：
江静，南京大学长江产业发展研究院研究员
丁春林，南京大学商学院智库方向博士研究生
陈柳，南京大学长江产业发展研究院研究员

第三章 全球 FDI 最新趋势与我国的应对策略

一、全球 FDI 发展现状

（一）全球 FDI 总量和结构变化

1. 疫情后全球 FDI 有所回暖，但长期来看仍然增长乏力。自 2008 年至今，除个别年份出现较大波动外，全球 FDI 流量总金额基本呈现发展停滞的状态。全球 FDI 流量在 2015 年达到顶峰，在 2020 年出现新低，FDI 流量接近 1 万亿美元。2021 年全球 FDI 流量达到了 15823.1 亿美元，相较于 2020 年而言，增长率达到了 64.29%，是自 2008 年以来最大的增幅。同时，2021 年 FDI 流量也超过了 2019 年和 2018 年，全球 FDI 规模恢复到疫情前水平。但 2022 年全球 FDI 流量相较于 2021 年下降了 12% 至 12950 亿美元，未能延续 2021 年 FDI 的大幅提升势头，长期来看，全球 FDI 仍然面临增长乏力的潜在趋势。

从 2008—2022 年的数据来看（见图 3-1），全球 FDI 流量总金额的变化可以分为以下五个阶段。第一阶段，2009 年的全球 FDI 较上年出现明显下降，这主要是因为 2007 年下半年的金融危机对全球 FDI 造成了持续性的严重负面影响。第二阶段，2009—2014 年，世界进入后金融危机时代，全球 FDI 流量总金额略有回升，但与 2008 年的水平基本持平。第三阶段，2015—2016 年，全球 FDI 流量发展迅猛。2015 年，全球 FDI 与上年相比增长 47%，自 2008 年起达到最高水平。2016 年，全球 FDI 较上年出现下降，但总金额仍保持高位。

这一大幅提升主要来自跨境并购数量的大幅增加，造成企业的资本结构和金融账户变动，并不带来资源的实际流动，这一动力不足以维持全球 FDI 持续发展。第四阶段，2017—2019 年，由于全球经济的脆弱性，总需求不足等因素，全球 FDI 流量大幅下降，跌至后金融危机时代的水平。第五阶段，2020 年受到新冠疫情影响，世界经济形势更加不确定，投资信心衰减，全球 FDI 流量大跌 34%，跌破万亿元大关，为 2008 年后最低水平。其中，绿地投资受到严重影响。根据英国金融时报发布的 fDi Markets 数据库，2020 年绿地投资项目数同比下降 29%，远超跨境并购和国际项目融资。2021 年，全球 FDI 流量大幅提升，回升至疫情前水平。但同时，受乌克兰危机等全球地缘政治冲突等影响，FDI 良好增长态势未能得到有效保持。2022 年，全球 FDI 下降 12%至约 1.3 万亿美元。总体而言，2008—2022 年，全球 FDI 流量总金额在 1.5 万亿美元上下波动，全球 FDI 增长乏力。

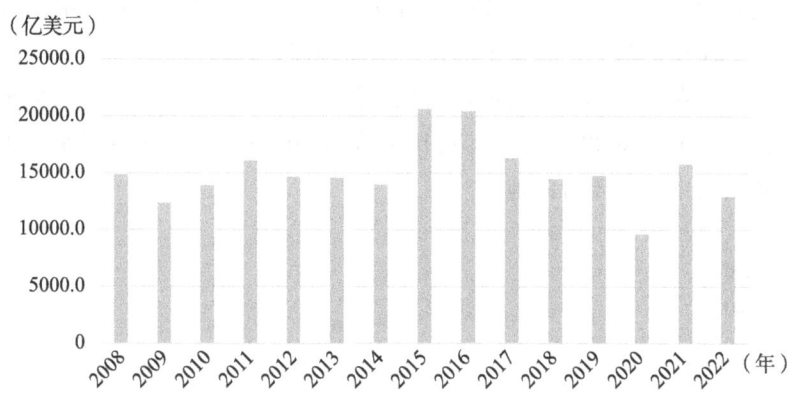

图 3-1　2008—2022 年全球 FDI 流量

数据来源：联合国贸易和发展会议投资政策监测（UNCTAD, Investment Policy Monitor）。下同。

2. 发展中国家逐步替代发达国家成为全球 FDI 主要目的地。流向发达国家和发展中国家的 FDI 流量和占比存在较大差异。从流量来看（见图 3-2），2022 年，发达国家吸引 FDI 流量为 3783.2 亿美元，相较于 2021 年，发达国家的 FDI 大幅下降，下降率为 49.27%；发展中国家的 FDI 流量为 9164.2 亿美元，相较于 2021 年增长 9.54%。因此，从流量和增速来看，发展中国家在吸引全球 FDI 上占据更高地位和增长潜力。

从占比来看（见图 3-3），发展中国家逐步替代发达国家成为吸引全球 FDI 的主力。2008—2019 年，发达国家吸引 FDI 均高于发展中国家，尤其是在 2016 年，发达国家的 FDI 流量为 13848.1 亿美元，大约为发展中国家的 2

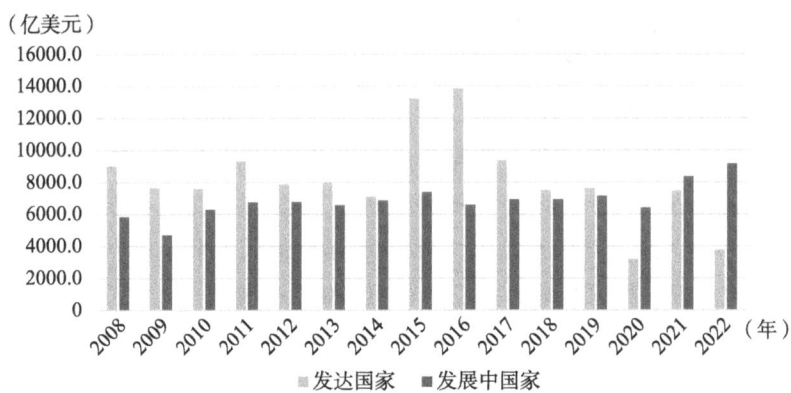

图 3-2　2008—2022 年发达国家和发展中国家 FDI 流量

数据来源：联合国贸发会议（UNCTAD）。

倍，占比超过 67%。2020—2022 年，由于发展中国家宽松的融资条件和重大基础设施刺激计划，其吸引的 FDI 流量开始超过发达国家，发展中国家近年来吸引的 FDI 在全球 FDI 总量中的占比不断提高，2020 年占比 66.86%，2021 年发展中国家在全球 FDI 中的占比出现回落，为 52.87%，但这一数值依然高于疫情前的水平，在 2022 年，其占比又升至 70.78%，发展中国家逐步成为全球 FDI 格局中的主要目的地。

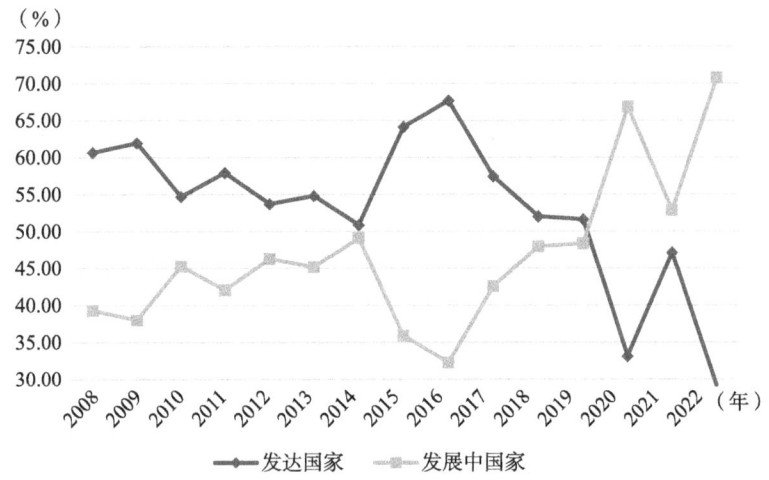

图 3-3　2008—2022 年发达国家、发展中国家 FDI 流量占比

数据来源：联合国贸发会议（UNCTAD）。

3. 亚洲、北美洲及拉丁美洲和加勒比海地区构成吸引 FDI 的"三足鼎立"格局。从各区域来看，各区域吸引的 FDI 流量排名由高到低：亚洲、北美洲、拉丁美洲和加勒比海地区、非洲、大洋洲，且流向亚洲、拉丁美洲和加勒比海地区的外国直接投资在不断增加。综合图 3-4 和图 3-5 可以发现：吸引外资排名第一位的是亚洲地区，由于东南亚、南亚以及西亚等国家吸引的外国投资大幅增长，亚洲的 FDI 流量在全球 FDI 中的占比不断提升。2021 年，亚洲在全球 FDI 中的占比为 39.12%，2022 年占比进一步上升，增长至 51.12%。吸引外资排名位居第二的是北美洲地区，由于美国是吸引全球 FDI 最大的目的地，北美洲吸引的 FDI 在近两年也处于世界前列，2022 年北美洲吸引 FDI 3376.9 亿美元，在全球 FDI 中的占比为 26.08%。吸引外资排名第三位的是拉丁美洲和加勒比海地区，2022 年拉丁美洲吸引 FDI 达到 2084.5 亿美元，在全球 FDI 中的占比为 16.10%。

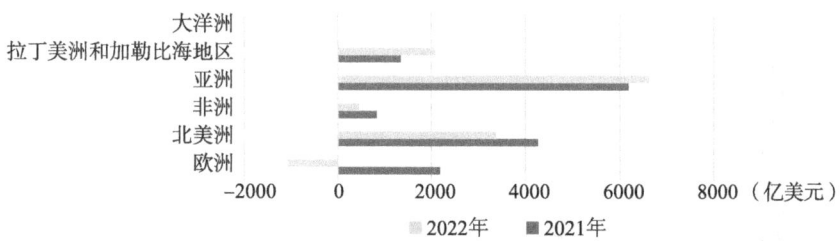

图 3-4　2021—2022 年全球不同区域 FDI 流量

数据来源：联合国贸发会议（UNCTAD）。

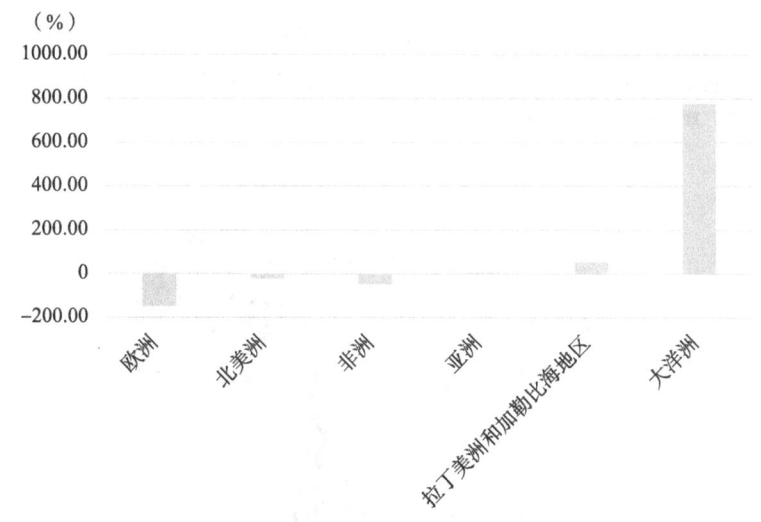

图 3-5　2022 年全球不同区域 FDI 流量增长幅度

数据来源：联合国贸发会议（UNCTAD）。

从比较变化趋势来看，2022 年相较于 2021 年，亚洲、拉丁美洲和加勒比海地区的 FDI 均有增长，增幅分别为 6.92% 和 55.03%；而欧洲、北美洲和非洲的 FDI 均有所下降，降幅分别为 -148.75%、-20.92% 和 -45.86%，其中，由于对欧洲地区的撤资较多，导致2022年欧洲地区吸引FDI为负值，由2021年位居世界第三到2022年退居末尾，对外资吸引力受到明显影响。

4. 形成以中美为超级大国，全球FDI向头部经济体集中的"二超多强"全球引资格局。结合图3-6和图3-7来看，当前，全球吸引FDI最多的国家仍为美国和中国，2022年美国仍是最大的全球FDI流入国，在全球FDI中占比22.02%。紧随其后的是中国，外资流入量为1891.3亿美元，占比14.61%，中国与美国吸引全球FDI占比超过三分之一。在当前全球引资格局中，中美占据两大超级大国的地位。

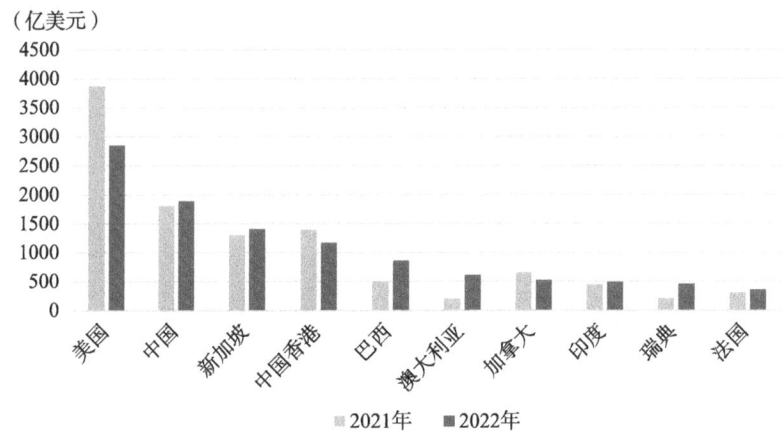

图3-6　2021—2022年全球引资前十位国家（地区）的FDI流量
数据来源：联合国贸发会议（UNCTAD）。

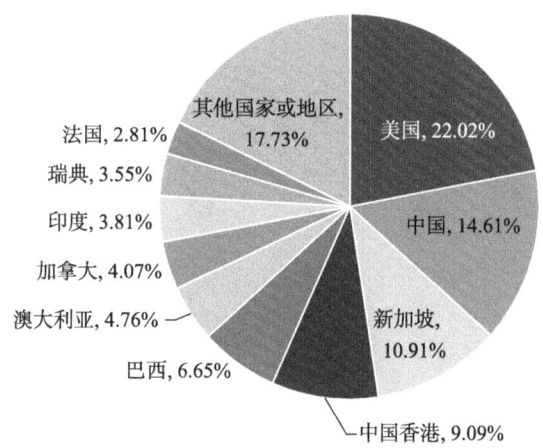

图3-7　2022年全球引资前十位国家（地区）的FDI占比
数据来源：联合国贸发会议（UNCTAD）。

同时,全球 FDI 的流向出现向头部经济体集中的趋势。2022 年吸引 FDI 流量前十名的国家和地区分别为:美国、中国、新加坡、中国香港、巴西、澳大利亚、加拿大、印度、瑞典、法国。前十大的经济体吸引的 FDI 超过了全球 FDI 流量的 70%。以 2021 年为例,当年吸引 FDI 前十位的经济体吸引的 FDI 占全球 FDI 总量的 72.66%,2022 年占比继续上升,达到了 82.27% 的水平,这一集中趋势未来或将进一步保持。

5. 第三产业逐步替代第二产业,占据吸引全球 FDI 的主要地位。在产业视角,当前全球 FDI 主要流向第三产业,其次是第二产业,第一产业居于最末。首先,从引资规模来看(见图 3-8),2022 年,第一产业、第二产业和第三产业吸引的 FDI 分别为 1223.25 亿美元、1423.13 亿美元和 4419.34 亿美元,第三产业引资规模远超第一、第二产业。其次,从引资占比的变化情况来看(见图 3-9),在后疫情时代,第一产业占比有所提升,从 3.63% 增长

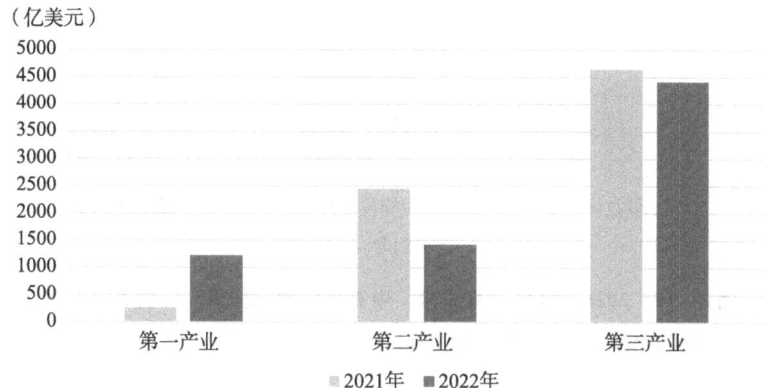

图 3-8 2021—2022 年第一、第二、第三产业的 FDI 流量
数据来源:联合国贸发会议(UNCTAD)。

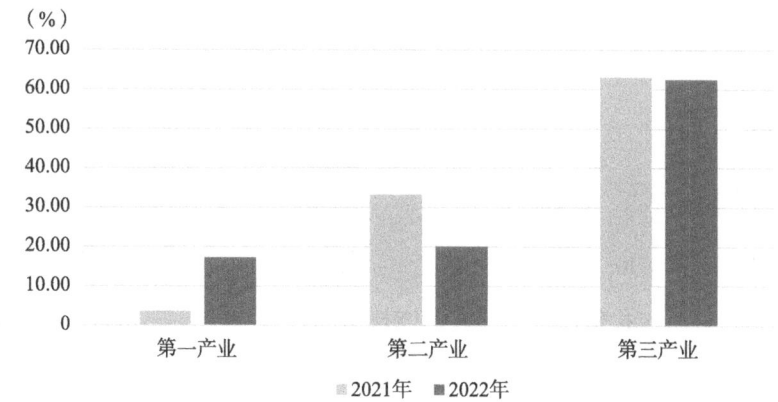

图 3-9 2021—2022 年第一、第二、第三产业的 FDI 占比
数据来源:联合国贸发会议(UNCTAD)。

至17.31%；第二产业占比出现明显下滑，从33.30%下降为20.14%；第三产业减少幅度较小，从63.08%下降至62.55%，基本维持2021年水平，且保持全球吸引FDI最大的产业地位。

6. 中等技术行业吸引全球FDI最多。当前，全球FDI体现为以中等技术行业为第一位，高技术行业和低技术行业基本一致的引资格局。其中，根据图3－10和图3－11，以煤炭、非金属矿物制品、基本金属制品、机械电子电气设备和汽车业等为代表的中等技术行业吸引全球FDI最多，2022年吸引FDI流量为664.20亿美元，但相较于2021年金额下降20.64%。2022年，以

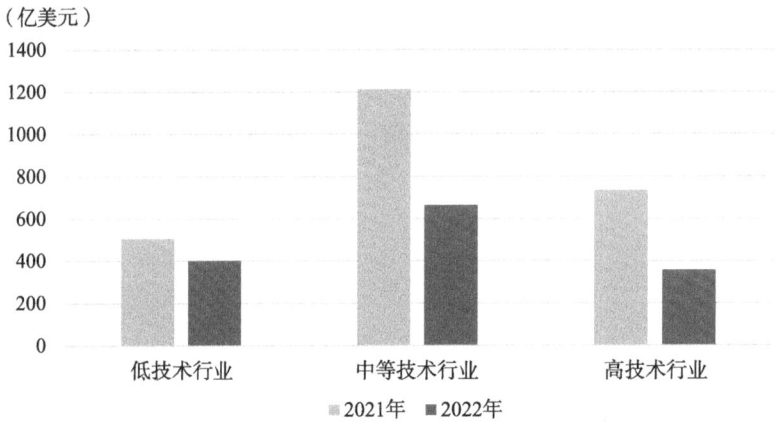

图3－10　2021—2022年高技术、中等技术和低技术行业的FDI流量

数据来源：联合国贸发会议（UNCTAD），高技术、中等技术和低技术行业的识别来自OECD，图3－11与此保持一致。

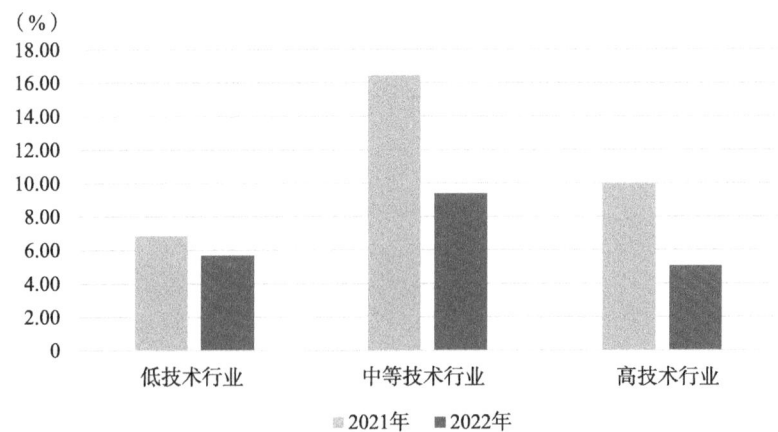

图3－11　2021—2022年高技术、中等技术和低技术行业的FDI占比

数据来源：联合国贸发会议（UNCTAD）。

食品饮料烟草、纺织服装皮革、木材及木制品为代表的低技术行业吸引 FDI 流量总计为 401.45 亿美元,相较 2021 年下降了 104.46 亿美元,占比也从 6.86% 下降至 5.69%。以药品为代表的高技术行业吸引 FDI 流量在 2021 年超过 700 亿美元,2022 年这一数值约为 357.08 亿美元,其占比从 9.96% 下降至 5.05%。

(二) 各国吸引 FDI 政策动向

1. 基于投资政策视角。

(1) 后疫情时代全球投资政策从消极趋向于积极。根据联合国贸易和发展会议投资政策监测(UNCTAD, Investment Policy Monitor)发布的相关数据, 2008—2022 年各国签署的国际投资政策数量(见图 3-12)呈现波动状态, 且后疫情时代有利政策占比有所增加,投资政策逐步从消极转向积极。可以看出,2022 年签署的投资政策为 146 项,比 2021 年增加了 37 项,增长幅度为 35%。其中,2022 年出台的更不利的投资政策仅比 2021 年下降了 1 项,但其占比却比 2021 年下降了 14 个百分点(见图 3-13)。2022 年各国出台更有利的投资政策达到 102 项,相比 2021 年增加了 47 项,占全球投资政策的比重也从 58% 增长至 72%,逐步回归至疫情前水平。这种情况可能是由于全球经济增长乏力,不确定性风险较高,在地缘政治冲突迭起和欧美等发达国家高通货膨胀的背景之下,许多国家试图通过吸引外资等举措来应对预期中的经济衰退,提振本国经济。

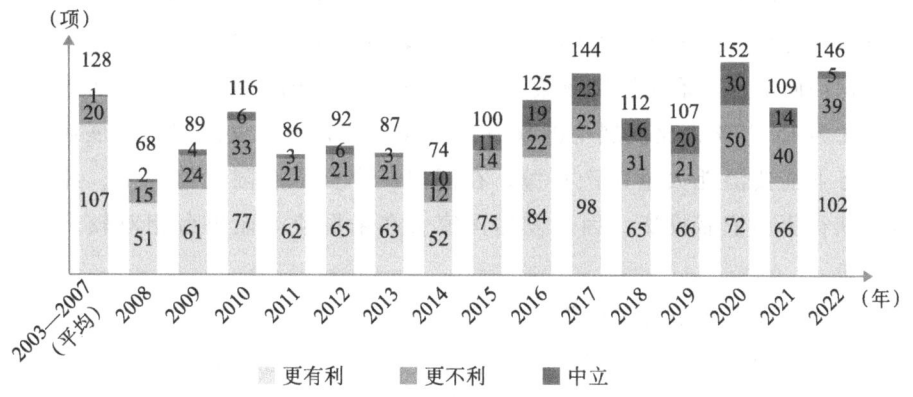

图 3-12 2008—2021 年国家投资政策数量的变化

数据来源:联合国贸发会议(UNCTAD)。

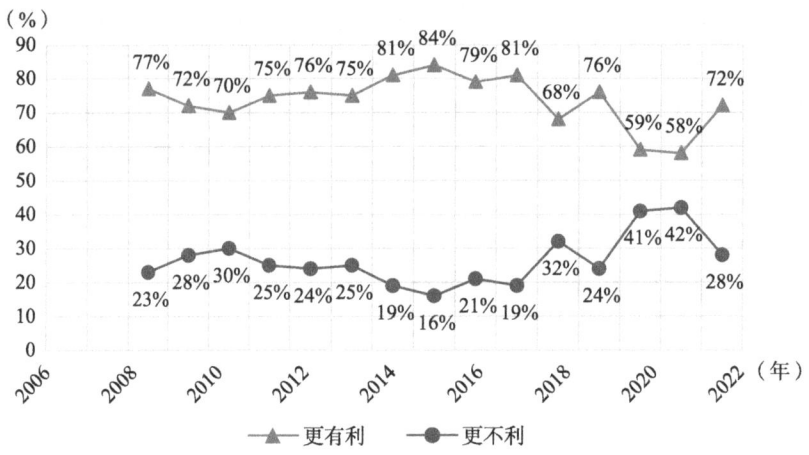

图 3-13　2008—2021 年国家投资政策的占比变化

数据来源：联合国贸发会议（UNCTAD）。

（2）服务业成为投资政策主要领域，同时发达国家和发展中国家在农林渔业和采矿业上的投资政策差距较大。通过对比发达国家和发展中国家在不同部门发布投资政策的数量和占比，可以发现如下两条结论：其一，2022 年发达国家和发展中国家所出台的有关服务业的投资政策的数量是四类部门中最多的（见图 3-14），可见，世界各国目前对服务业发展的重视程度，以及促进产业结构转型升级的力度都较高。其二，通过比较发达国家和发展中国家 2022 年各类投资政策的占比（见图 3-15），发达国家和发展中国家在制造业和服务业上的投资政策比重相差不大，在农业、渔业和林业部门，发展中国家的投资政策比例比发达国家高 3.25%，这是由于发展中国家农业、渔业和林业占比高，机械化程度相对发达国家较低，出于对本国农业、渔业和林业的保护而出台一系列投资政策。在采掘业，发达国家所出台的相关投资政策占比为 15.75%，比发展中国家高 7.13%，这是由于发达国家发展制造业和服务业需要消耗大量矿产资源，在国内矿产资源有限的情况下，此类资源的获得更多依靠投资，因此发达国家会在采掘业方面出台相对较多的投资政策。

2. 基于国际投资协定视角。

（1）近 10 年"南南"型国际投资协定替代"南北"型成为最主要模式，发展中国家逐步成为参与和主导国际投资协定的主要角色。根据联合国贸发会议国际投资协定导航（UNCTAD，International Investment Agreement Monitor）所获得的数据，1961—2022 年发展中国家之间（或称为"南南"）、发达国家

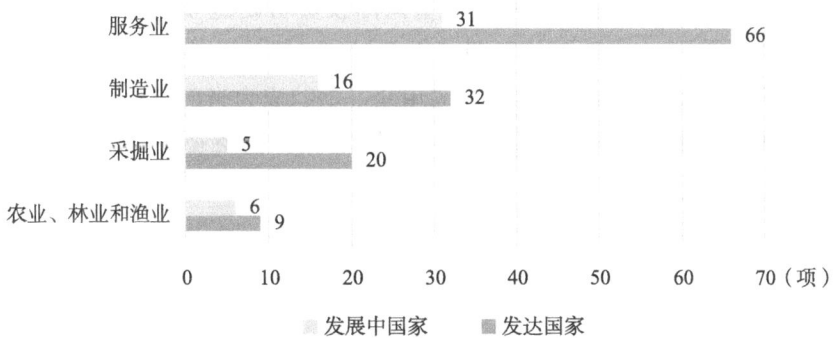

图 3-14　2022 年发达国家和发展中国家各类投资政策的数量

数据来源：联合国贸发会议（UNCTAD）。

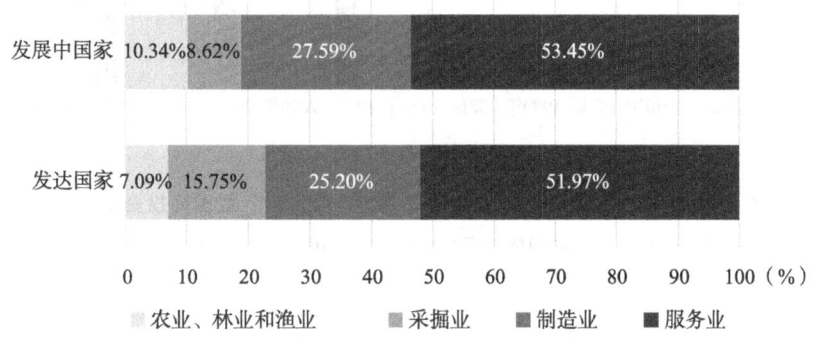

图 3-15　2022 年发达国家和发展中国家各类投资政策占比

数据来源：联合国贸发会议（UNCTAD）。

与发展中国家（或称为"南北"）、发达国家（或称为"北北"）之间，都签署了大量国际投资协定。图 3-16 显示，2010 年前，国际投资协定布局长期以"南北"型国际投资协定为主，近 10 年"南南"型逐步替代"南北"型成为国际投资协定格局的最主要模式，"南北"型投资协定的占比有所下降。

2010 年以前，"南北"型国际投资协定的数量远超其他两类协定，这是因为，一方面，发达国家的投资与经济发展需要发展中国家提供大量矿产原料以及低价劳动力；同时，伴随着全球经济发展，发展中国家也拥有广阔的市场。另一方面，发展中国家为了吸引投资以及促进经济结构转型升级，也推出了大量优惠政策来与发达国家签订国际投资协定。另外，值得关注的是，自 1991 年以来，发展中国家之间签订的"南南"型国际投资协定也大量增加，1991 年后随着中国、印度、巴西等经济体的崛起，发展中国家开始在世界投资舞台上崭露头角,"南南"型国际投资协定逐步超过"北北"型;2011—2022年,"南南"型国际投资条约达到263项,比这一期间"南北"型国际投资协定多62项,逐步替代"南北"型,成为当前国际投资协定格局的最主要模式,同时发展中国家在参与和主导国际投资合作方面逐步发挥着更大作用。

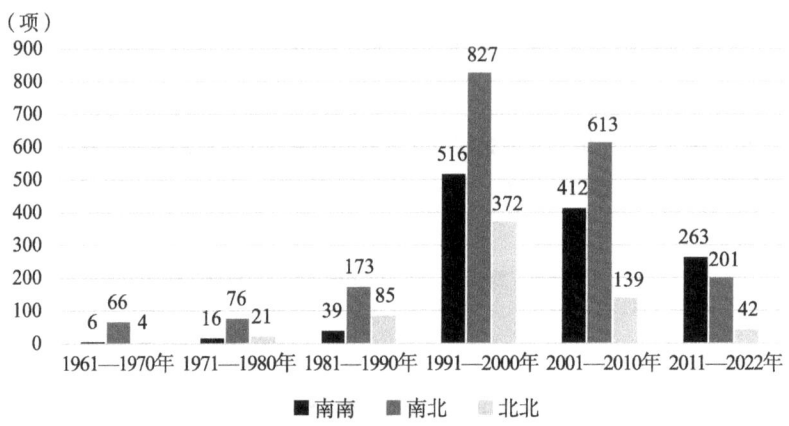

图3-16 1961—2022年"南南""南北""北北"型国际投资协定数

数据来源:联合国贸发会议的国际投资协定导航(UNCTAD,International Investment Agreement Monitor)。

(2)基于国际投资协定的国际投资争端解决不断增多。2022年,全球发起了46起公开的投资者—国家争端解决案件。截至2022年12月31日,公开的投资者—国家争端解决索赔案件已达到1257件。由于一些仲裁可以保密,2022年和前几年的实际争端数量可能更高。过去,至少有30起针对国家的投资者—国家争端解决案件是由于战争、武装冲突、军事行动和内乱对投资造成破坏或损害而引起的,乌克兰危机也使得过去和未来潜在的与武装冲突有关的投资者—国家争端解决成为各国以及国际组织关注的焦点。

3. 基于税收激励措施视角。

(1)税收激励政策以促进地区发展和促进就业为主。根据联合国贸发会议的投资政策监测板块(Investment Policy Monitor,UNCTAD)的相关数据,在2011—2021年所采取的税收激励措施中,有60%以上是为了实现一个或多个政策目标。例如,在一个国家内发展特定区域(如优先发展地区或农村地区)、促进出口、减少失业或提高技能、促进研发与创新以及转让创新技术。其中,图3-18显示,旨在促进地区发展的税收激励政策是在全球最常见的,其在税收激励政策中占比为24%,在这类税收激励措施中,70%旨在促进经

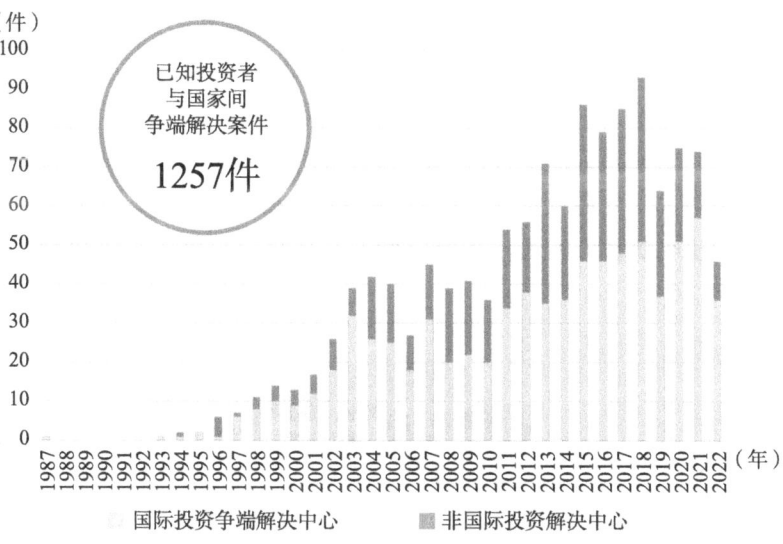

图 3-17　1987—2022 年已知基于条约的投资者与国家间争端解决案件数量

数据来源：联合国贸发会议的国际投资协定导航（International Investment Agreement Monitor, UNCTAD）。

济特区的发展，30%针对国内特定地区的发展。促进就业政策数量次之，这类目标是欧洲、北美以及拉丁美洲和加勒比海地区与税收激励措施有关的最常见的政策目标。研发与创新促进政策以及旨在促进出口的税收激励政策占比相对较低，占比分别为19%和12%，列于第四、第五位。

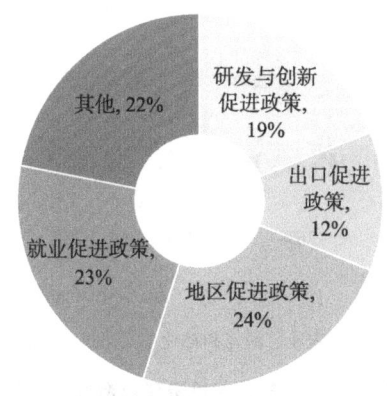

图 3-18　2011—2021 年全球投资税收激励措施的各类政策目标占比

数据来源：联合国贸发会议的投资政策监测板块（Investment Policy Monitor, UNCTAD）。

（2）制造业和服务业为税收激励措施的主要实施部门，亚洲以制造业为主，其他区域以服务业为主。根据联合国贸发会议中的国际投资政策监测板块（Investment Policy Monitor，UNCTAD）的数据，2011—2021年实行的大多数针对特定部门的投资税收激励措施都以制造业和服务业为目标行业（见图3-19），分别占比37%和32%。如图3-20所示，对服务部门的税收激励措施在欧洲和北美洲、拉丁美洲和加勒比海地区以及非洲特别重要，在投资激励政策中的占比分别为53%、38%和28%。相比之下，亚洲地区对制造业投资采取的税收激励措施远远多于对所有其他部门投资的税收激励措施，占比达到53%。

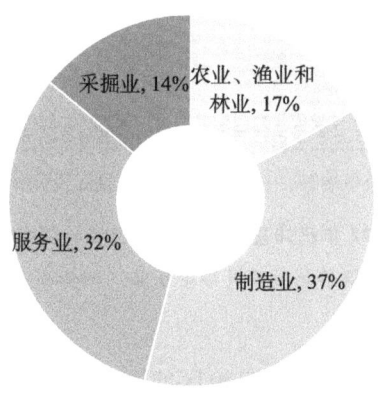

图3-19　2011—2021年全球投资税收激励措施的部门分布情况

数据来源：联合国贸发会议的投资政策监测板块（UNCTAD, Investment Policy Monitor）。

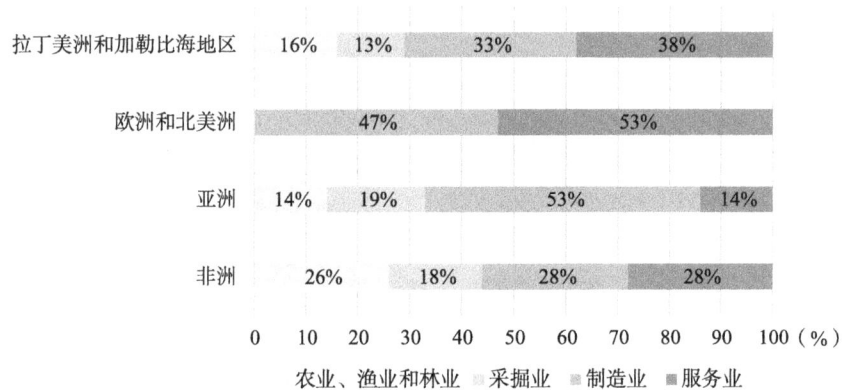

图3-20　2011—2021年各地区投资税收激励措施的部门分布情况

数据来源：联合国贸发会议的投资政策监测板块（UNCTAD, Investment Policy Monitor）。

（3）基于公司所得税的激励措施应用最普遍，非洲、亚洲施行税收激励措施最多，欧美最少。由图3-21可知，在公司所得税、间接税/关税、其他税和财政四类财政税收激励政策中，基于公司所得税的激励措施是2011—

2021年全球采用的最普遍的投资激励措施，它在所有激励措施中占比为49%。同时，在各个地区之间，它在所有投资激励措施中所占的份额相对平均，例如欧洲和北美洲为51%、拉丁美洲和加勒比海地区为51%，非洲为48%，亚洲为47%。

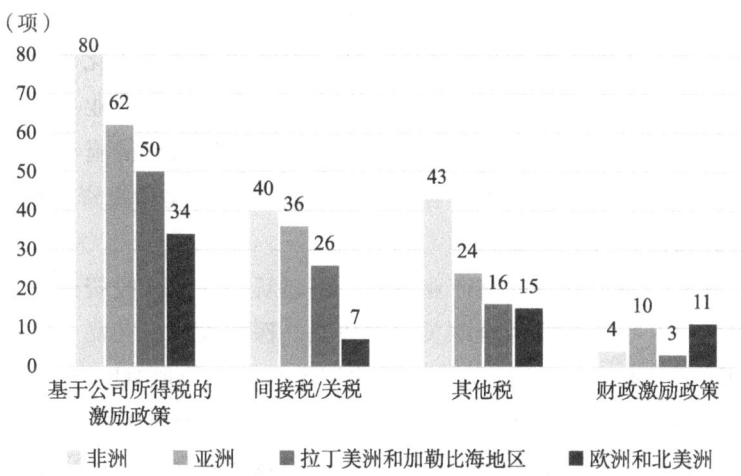

图3-21 2011—2021年全球各类型投资税收激励措施的区域分布情况

数据来源：联合国贸发会议的投资政策监测板块（UNCTAD, Investment Policy Monitor）。

从地区的角度来看，出台投资税收激励措施数量最多的地区是非洲。作为世界上最不发达的一个地区之一，非洲地区为了促进本地区的发展，一般通过税收激励措施来达到吸引投资和开发的目的。位居第二的亚洲同样拥有大量发展中国家，也需要通过税收激励措施来吸引投资，以发展高新技术产业，摆脱依靠廉价劳动力的"世界代工厂"的名号。

二、全球FDI变化原因和未来演变趋势

（一）全球FDI变化原因

1. 新冠疫情多维度影响全球FDI布局。

（1）疫情防控封锁和隔离措施导致投资促进活动及服务业活动受到严重限制。为更好防控疫情，各国政府都采取了不同程度的隔离措施，包括封锁边境、减少或禁止航班等措施，导致全球产业链供应链陷入延误、停滞，全

球价值链和全球投资受到较大影响。其中，人员隔离和社交距离的措施可能导致投资促进活动受限。为了更好地做好疫情防控，大量投资者会议、展览会和商务考察等线下活动被取缔，信息交流、商务谈判、项目调查等活动无法进行，企业高层管理人员的国际出行被迫取消，远程办公也导致审计、监督等工作难以开展，使得投资者无法与潜在的投资目标进行面对面的交流和洽谈，对外国市场的了解和信心不足，倒逼投资活动的本土化和近岸化。其次，服务业是FDI的重要领域之一，很多服务业企业的自身业务要求与人有近距离接触，如餐饮业、娱乐业、旅游业等，而人员隔离措施对服务业的活动产生严重限制，从而降低投资者对该行业的投资兴趣和投资规模，使FDI被迫搁置或撤回。

（2）医疗、数字化等战略产业兴起，引起新一轮FDI投资热潮。新冠疫情的爆发使得医疗产业成为全球关注的焦点。医疗设备、药品、医疗技术和疫苗等领域的需求迅速增加，这促使许多国家和企业增加对医疗产业的投资，跨国医药公司、医疗设备制造商和疫苗生产企业等选择在其他国家建立生产基地或加大对现有基地的投资，以满足全球市场的需求。同时，新冠疫情的冲击加速了数字化转型的需求。远程办公、在线教育、电子商务和数字健康等领域的发展潜力受到关注，许多企业和投资者对数字化技术和创新的投资兴趣增加，寻求在数字化基础设施、云计算、人工智能、物联网等领域的投资机会。

疫情的不确定性和风险增加了投资决策的复杂性，许多投资者更加谨慎，在考虑投资时更加关注风险管理和回报预期，他们可能更倾向于投资在疫情期间表现良好的行业，例如医疗保健、数字化技术和电子商务等。为了吸引更多的投资，许多国家还实施了针对医疗和数字化等战略产业的支持和激励政策，包括减税优惠、研发资金支持、产业园区建设等，以吸引投资者在相关领域进行投资。

2. 地缘政治冲突不断发酵，全球投资环境恶化。地缘政治冲突和恐怖主义活动的爆发会增加投资环境的不确定性和风险，投资者通常会对高风险地区持谨慎态度，进而选择降低或暂停对该地区的投资，以保护其投资回报。同时，地缘政治冲突和恐怖主义活动还会伴随着相关国家的法律和政策环境发生变化，包括贸易限制、资本控制、安全审查等，从而增加跨国投资的法律和政策风险，使得投资者难以预测和评估投资环境，这种不确定性会阻碍投资决策。此外，地缘政治冲突和恐怖主义活动还会导致资产价值下降和基础设施受损，战争、恐怖袭击和政治动荡等事件可能破坏基础设施、企业设施和供应链，增加投资的风险和成本，因此投资者对受冲突和恐怖主义影响的地区往往持较为保守的态度，从而影响 FDI。

2022 年 2 月，骤然升级的乌克兰危机是近年来地缘政治冲突影响全球产业链供应链布局和全球投资的代表性事件。乌克兰因战争爆发导致经济活动停滞，基础设施受损严重。同时，美欧等发达国家宣布对俄罗斯实行"毁灭性制裁"，给俄罗斯经济、世界金融市场、能源、粮食、半导体芯片、汽车等供应链带来重大冲击，世界经济随之震荡。与此同时，叙利亚问题、巴以冲突、也门问题等各种地区性地缘政治冲突也层出不穷，给世界政治、经济格局带来较大影响。由图 3-19 可以看出，随着地缘政治问题越来越突出，企业迁移回本土的收益正在不断增加，这将严重影响全球投资活动。

此外，恐怖主义事件多发也成为近年来严重影响外商投资安全性的因素。由于武装冲突仍然是恐怖主义的主要驱动因素，而 FDI 往往也需要派遣母国高层管理人员及有关技术人员，致使人员安全难以得到有效保障。国际局势的不稳定导致地缘冲突多发，恐怖主义借机滋事更是雪上加霜，国际投资环境整体恶化，FDI 相应减少。

3. 全球经济增长放缓，投资不确定性风险持续走高，跨国公司投资意愿削弱。当前世界经济正进入宏观经济周期中的大调整期，出现低增长、低贸易、低投资，高债务、高通胀、高风险的整体运行特征，全球经济增长持续放缓，复苏乏力，增长动能不足，压力不断凸显。据国际货币基金组织（IMF）预测，2023 年全球经济增速进一步下滑至 3%；联合国（UN）《2023 年中期世界经济形势与展望》报告预测，全球经济增速将下降至 2.3%；世界银行 2023 年 6 月发布的半年度《全球经济展望》对 2023 年的全球经济增长预期为 2.1%。

同时，受乌克兰危机的持续发酵、全球通胀压力企居高位、发达国家的货币紧缩政策导致全球流动性收紧等多重因素叠加的影响，全球经济增长预期还将面临较高的不确定性风险，短期内经济增速持续放缓的压力仍持续存在。全球经济的下行压力将削弱跨国公司的海外投资预期，不确定性环境将增大跨国公司的决策风险，对新市场和新项目的投资意愿也会大打折扣，例如对扩大生产能力、开设新分支机构或并购其他公司的投资计划的削减，不确定性的增加使得他们更加谨慎和保守。

4. 以增强本国产业链韧性为目标，各国推动产业链供应链多元化、本土化。新冠疫情的爆发，进一步暴露了传统全球分工体系下局部链条断裂带来的风险传染效应，各国逐步将维持产业链韧性作为全球生产布局战略导向的核心内容。为了增强产业链的韧性，各国和跨国公司放缓全球投资步伐、收缩全球链条至本国或某区域，还通过提高供应来源的多元化水平，降低对某一来源导致的过度依赖风险。

一方面，各个国家和地区都在不断提供政策支持和激励措施以鼓励企业本土化生产、加强本土供应商网络，从而减少对进口和外国供应链的依赖，这种本土化和供应链缩短的趋势可能导致外商投资的减少。如以美、日、欧为代表的发达经济体通过高额补贴等举措吸引高端制造业回流本国；如日本政府 2020 年拨款 2200 亿日元，用以支持日本企业回流本土；美国总统拜登 2022 年 8 月签署《芯片与科学法案》，为美国半导体研究和生产提供高额补贴；欧盟也同样针对半导体、芯片领域加大资金支持力度，用以发展本土芯片供应链。

另一方面，美、日、欧等发达经济体纷纷出台多元化政策。如日本 2020 年 5 月出台"海外供应链多元化支援"政策，对生产高度集中和关乎国民健康的关键产品，支持企业进行多元化布局；欧盟 2021 年 5 月出台"供应链多元化计划"，以解决在半导体等战略领域对外国供应商的依赖。后疫情时代跨国公司加速推动供应来源多元化，降低对单一国家（地区）或少数供应商的依赖，从而分散风险。如疫情爆发后，苹果公司的供应链从中国向东南亚地区转移，降低在中国的过度集中化，推动供应商在全球的多元化布局。与 2019 年相比，2021 年苹果公司供应链工厂在中国的产能分布下降 6%，而在东南亚地区布局增加了 4%。

5. 可持续发展和环境保护成为重要议题，投资者倾向于投向清洁技术等可持续发展领域。伴随全球气候变化和影响的进一步加剧，加快绿色转型，以绿色增长作为推动长期经济增长和经济社会变革的持久动力逐步成为国际共识。当前，全球已有 130 多个国家提出"零碳"或"碳中和"目标，推动全球产业链绿色化转型成为全球产业链重构的新方向。同时，各国纷纷出台相关绿色转型政策，积极对接"双碳"目标。随着全球对可持续解决方案的需求不断增长，可持续和清洁技术领域目前仍一直处于不断创新和技术进步的前沿，呈现出巨大的市场潜力，投资者倾向于抓住这些具有长期增长和回报潜力的市场机会；而许多国家和地区采取了可再生能源配额制度、减排目标、环境税收和补贴措施等政策措施，为该领域提供了市场机会及稳定的环境。在全球范围内，可持续发展和环境保护已成为重要议题，投资者越来越关注环境、社会和治理（ESG）问题，推动了部分海外投资从高碳行业转向可持续和清洁技术领域。

（二）全球 FDI 未来演变趋势

1. FDI 面临不确定性风险带来的下行压力。从全球 FDI 整体趋势图可以看出，2021 年全球 FDI 达到 1.6 万亿美元，已经超过疫情前 2018 年和 2019 年的规模，但 2022 年未能有效保持 2021 年的良好增长势头，长期来看面临着复苏乏力的潜在风险。同时，在未来的发展过程中，仍然伴随着多方面因素可能会导致投资环境恶化，这给全球 FDI 带来了较大的下行压力。当前，乌克兰危机等地缘政治冲突持续发酵、全球流动性不断收紧，全球经济增长复苏乏力，多重不利因素可能导致全球 FDI 的下滑。

2. 全球 FDI 将维持"二超多强"的引资格局。当前全球 FDI 体现为以中美为超级大国、向头部经济体不断集中的"二超多强"的全球引资格局。面对当前全球经济复苏乏力等多重不利因素，发达国家以及大型发展中经济体能相对更有效地应对风险，从而能够较好提振全球投资者的信心，降低吸引外资的波动性。相比之下，部分不发达经济体，特别是最不发达经济体对于风险的承受能力有待提升，吸引外资将面临较大不确定性。因此，在未来很长一段时间内，当前全球 FDI 的"二超多强"格局或将继续保持。

3. FDI 倾向于投向绿色化、低碳化行业。可再生能源的热潮推动了对可持续发展目标的投资，绿色化、低碳化行业的投资持续增长，且主要集中在可再生能源领域。2015 年以来，可再生能源的国际投资总额增长了近两倍，同时 2022 年与可持续发展目标相关的所有部门的投资缺口已经从 2015 年的 2.5 万亿美元增加到每年 4 万亿美元以上。2021 年，国际社会对发展中国家可持续发展目标相关部门的投资水平大幅度提高，增幅高达 70%。根据英国《金融时报》发布的 fDi Markets 数据库，可持续发展项目的绿地投资数量与投资规模较疫情爆发前增长了接近 20%。2021 年投资价值排名前六的项目的总价值超过 100 亿美元。其中，最大的可持续发展项目是由洲际能源公司（美国）、CWP Europe SARL（卢森堡）和 Mirning Green Energy（澳大利亚）达成的一项可再生能源项目，该项目价值 740 亿美元。

当前，全球已有 130 多个国家提出"零碳"或"碳中和"目标，推动 FDI 低碳化、绿色化是未来的新方向。在推动绿色转型的过程中，各国正在开发新的政策工具，如分类标准、可持续金融产品标准、气候披露和碳定价等，积极对接"双碳"目标。如 2023 年 8 月 17 日，欧盟委员会对外公布欧盟碳边境调节机制（CBAM）过渡期实施细则。该细则从 2023 年 10 月 1 日起生效，一直持续到2025年底。日本推出了《2050碳中和绿色增长战略》，通过税收优惠、建立金融体系等推动国内能源和工业部门等绿色转型升级，以带动经济持续复苏。中国将"双碳"目标作为牵引，建立"碳达峰""碳中和""1+N"政策体系，并部署"十大行动"。得益于政府的鼓励政策、有利的融资条件、基础设施的刺激方案，以及金融市场投资者对需要多个供资者共同参与的大型项目的偏好，在未来的一段时间内，对于绿色和低碳项目的投资将继续保持当前的增长态势。

4. 高科技行业投资倾向于本土化。《2022年世界投资报告》指出，2021年在电力和电气设备领域等高科技行业出现了大型的撤资记录。例如，PPL（美国）将其位于布里斯托尔的电力分销商以200亿美元出售给国家电网公司（英国）。《美国制造业回流指数》报告显示，2022年，美国从亚洲14个低成本国家或地区进口的制成品总额占美国国内制造业总产值的比例从2021年的14.49%下降到14.1%。这标志着自2019年以来，美国国内制造业增长首次超过从亚洲低成本国家或地区进口的增长。

为了实现产业链韧性的提升和对关键产业链环节的自主控制，尤其在新冠疫情后，各国更倾向于在本国内完成生产，因此出现了从海外撤资、在国内建设工厂以取代海外投资的现象，进而引起高科技行业投资的本地化。以美、日、欧为代表的发达经济体通过高额补贴等举措吸引高端制造业回流本国，如日本政府2020年拨款2200亿日元，用以支持日本企业回流本土；美国总统拜登2022年8月签署《芯片与科学法案》，为美国半导体研究和生产提供高额补贴；欧盟也同样针对半导体、芯片领域加大资金支持力度，用以发展本土芯片供应链。

三、我国新形势下吸引 FDI 的对策

当前，全球经济增速放缓、俄乌冲突等地缘政治冲突、全球引资竞争格局等多重因素叠加，给我国稳外资带来诸多外部挑战。尽管全球经济持续低迷，跨国企业对外投资乏力，但我国经济长期向好的基本面没有变。我国经济的强大韧性和广阔的市场潜力，为我国稳外资奠定了坚实基础。为更好地实现全球产业链重构下的稳外资目标，我们提出以下建议。

（一）推进制度型开放，构建高水平对外开放新格局

通过稳步扩大规则、规制、管理、标准等制度型开放，实施更大范围、

更宽领域、更深层次对外开放，从而打造我国高水平对外开放新格局，是助力我国更好稳外资的关键支点。与基础的商品和生产要素流动的开放相比，制度性开放是更深层次、更高水平的开放。制度性开放要求我们对接国际高标准，更深入参与国际竞争。其一，积极主动对接高标准国际经贸规则，完善国内制度体系。以区域全面经济伙伴关系（RCEP）、"全面与进步跨太平洋伙伴关系协定"（CPTPP）等高水平自由贸易协定为抓手，对标包括环境、科技、知识产权标准在内的更高水准的国际经贸规则，推动国内制度规则优化、变革，逐步形成与国际标准相衔接的国内基本制度体系。在降低关税、扩大服务贸易开放部门、在非投资业领域采用负面清单等方面体现对接国际高标准。其二，以自贸区、自贸港等对外开放平台和共建"一带一路"倡议为重心的国际合作平台为重要载体，推进规则标准等的先行先试与制度创新，加快高水平对外开放新格局建设。从 2013 年上海自贸试验区建立以来，如今全国已有 21 个自由贸易试验区和海南自由贸易港，实现沿海省份全覆盖。

（二）加快建设全国统一大市场，优化营商环境，为稳外资提供保障

面对严峻复杂的国际环境，以及全球产业链重构呈现近岸化、本土化、区域化的多重特点，我国经济体现出强韧性、高潜力，长期向好的基本面没有变，同时超大市场规模优势和良好的营商环境也将继续为来华外资提供更加广阔的空间和投资环境。为此，一是应加快建设全国统一大市场，破除影响资源顺畅流动的体制机制障碍，打破市场分割、地方保护、行业垄断等桎梏。依靠有为政府，系统协同，在坚持市场在资源配置中具有决定作用的基础上，明确"立足内需，畅通循环""立破并举，完善制度"的工作原则。同时，有效降低制度性物流成本，强化流通体系对国内大市场的支撑作用，充分释放超大市场规模优势对外商投资的吸引力，持续优化国内产业结构，进一步保持和扩大我国大市场的优势。二是推动营商环境市场化、法治化和国际化。注重营商环境的比较优势和综合最优情况，坚持系统观念，坚持问题导向。同时，落实好外资企业国民待遇，保障内外资企业的公平竞争，提高知识产权保护力度，通过为外资提供更好的投资环境，增强吸引外资的"向心力"。把营造一流营商环境作为稳增长稳预期、推动高质量发展的先手棋，以营商环境的确定性应对变化、变局和各种不确定性。

(三) 推动产业链供应链体系逐步完善，形成链条协同引资优势

目前，在全球疫情、国际局势动荡等因素影响下，国际产业链供应链加快重塑，稳外资面临的挑战增多。为吸引更多种类、更高水平的外资，必须依托更完善的产业配套体系，在原料、信息、销售等方面全面贯通。在高水平对外开放的基础上，优化产业链供应链，打通供应链中的堵点，接续供应链中的断点，提升弱项，增强韧性，巩固供需衔接，加速产业链供应链重构、完善和提升，从而促进生产要素自由高效集聚，优化资源配置，帮助企业有效集聚社会资源，激发运营活力，并切实释放产业链合作和协同优势以助力吸引外资。

(四) 推动数字经济赋能产业链升级，打造稳外资新增长点

以数字为代表的新生产要素成为新时期吸引外资的重要驱动力。过去我国以廉价劳动力要素和土地要素优势，作为吸引外资来华的关键因素。随着数字技术爆发式增长，数字经济加速重塑全球分工结构、改变全球竞争格局，逐步成为吸引外资进入我国市场的关键动因。为此，一是要加快数字基础设施建设，协同推动数字赋能传统产业转型升级和驱动数字产业化发展，加强数字经济与实体经济融合发展。二是要聚焦集成电路、高端装备制造等战略前沿领域。利用外资在这些领域的技术优势和管理经验，积极导向外资向这些前沿领域投资。着力推进重点领域数字产业发展，以数字化为牵引打造世界级数字产业集群，从而有效助推我国高质量发展，以数字经济为抓手增强对吸引外资来华和留住高质量外资的辐射效果。但同时应意识到外资在数字经济投资中可能存在的风险，如数据流失等，避免造成安全隐患。

(五) 推动全产业链绿色化进程，引导外资投向绿色清洁领域和环节

加快推动我国产业发展和经济增长的绿色化转型，为外资来华创造绿色发展新空间。当前全球产业链趋于绿色化，在此背景下，我国一方面应坚持推进"碳达峰""碳中和"，通过持续优化能源使用结构和效率、加大清洁能源和技术使用的技术研发创新以及加快建设节能环保基础设施等，助力"双

碳"目标的实现,为吸引外资来华发展提供绿色发展的新机遇。另一方面,引导外资对我国新能源、节能环保等绿色清洁领域和环节加大投资力度,积极鼓励国内企业与外资企业在应对气候变化和推动低碳绿色发展领域的技术交流与投资合作,从而推动外资积极参与我国的清洁化、绿色化发展。

作者:

吕越,南京大学长江产业发展研究院特聘研究员、对外经济贸易大学全球创新与治理研究院执行院长

第四章 提升产业链供应链韧性和安全水平

一、产业链供应链韧性的基本内涵及表现维度

韧性（resilience）一词源于拉丁文"resilio"，被译为"恢复到原始状态"，表示系统或个体在受到外来冲击或扰动后是否能够恢复回弹的能力。随着时代的不断演进，学术界对韧性的认识也不断深化，韧性这一概念逐渐被应用到物理学、生态学、工程学、社会学等不同学科领域。当"韧性"一词被应用于经济学领域后，不同细分领域、不同研究学者基于特定的研究对象或者自身的理解，给出了不同的概念界定。如在相对宏观的层面，谈及较多的是经济韧性和城市韧性，前者主要指经济系统抵御外部冲击的能力；后者主要指城市系统在应对外来冲击时表现出来的适应能力、恢复能力和学习能力。在相对中观的产业层面，使用较多的主要有"产业集群韧性""产业链韧性"等概念。所谓"产业集群韧性"，较为一致的观点认为主要指产业集群在受到外部冲击后，所具有的冲击吸收能力、冲击适应能力以及恢复更新能力。关于"产业链韧性"的概念界定，多数学者认为其是指产业链各环节在应对内外部风险与挑战时表现出的维持自身系统稳定、防止断裂和抗冲击的能力。也有研究认为，产业链韧性不仅体现在上述几个方面，还包括"化危为机"实现链条升级的能力。从唯物辩证法的哲学思想角度看，这无疑有一定的道理，但这种思想其实强调的主要是"危"中蕴含"机"的因素，已经超越了"危"带来冲击本身的讨论。因此，就经济学意义上的韧性而言，学术界其实更倾向于讨论外部冲击带来的负面影响以及经济体对负面影响的自适应情况。

物理学概念中的韧性，主要指物体受压轧、锤击、弯曲或拉引等力作用

时，所呈现的抵抗能力，一般分为脆性、延展性、挠性、弹性和柔性等，即物体在受到外力冲击时遭遇的变形程度，以及当外力冲击消失后，物体能够恢复到原始状态的程度。从经典物理学关于韧性的内涵界定出发，基于现有相关研究并联系经济发展的实际，我们认为，产业链供应链的韧性可以定义为产业链供应链在遭受外部冲击时的有效应对和适应。具体而言，产业链供应链在遭受诸如来自国际市场需求波动、供给变化、贸易摩擦、疫情传播乃至局部战争等引发的产业链供应链外部扰动时，产业链供应链能够在生产、分配、交换和消费等环节，保持链条稳定和畅通的程度、防止断裂的能力，以及在遭受一定程度受损后的适应能力和恢复能力。与较为普遍的观点和理解保持逻辑一致性，此处对产业链供应链韧性的内涵界定不涉及所谓"化危为机"实现链条升级的能力。显然，基于上述内涵界定，产业链供应链韧性越好，也就意味着在遭遇外部冲击时，无论这种外部冲击是经济性因素，如供给和需求等层面因素的变化，还是非经济性因素，如自然灾害、突发大面积疫情或者地缘政治格局变化等（包括前述分析指出的产业链供应链调整新趋势引发的变化），产业链供应链受损的程度恢复性越高，产业链供应链的安全性也就越高。通常而言，受到外部冲击后，一方面，产业链供应链会受到一定程度的损伤，或者说生产、分配、交换和消费的某一或某些环节会发生一定程度的梗阻和不畅，我们可以将之称为产业链供应链的扭曲或者变形程度，或者称为抗压度；另一方面，产业链供应链招致扭曲或者变形后，经过一段时间调整和适应，能够恢复到原始状态的程度，其中又有两个重要的衡量指标，即速度和程度。因此，更细致地理解产业链供应链韧性问题，其实应该包括三个维度，即产业链供应链遭受外部冲击后，呈现的扭曲程度、恢复程度以及恢复速度。

（一）扭曲程度层面

这一维度的产业链供应链韧性较为容易理解。在受到同等的外力冲击下，如果物体或材料的扭曲程度或者说变形程度越小，通常意味着物体或材料的韧性越强。反之，如果在同等的外力冲击下，物体或材料的扭曲程度或者说变形程度越大，通常意味着物体或材料的韧性越差。遵从同样的逻辑，产业链供应链的韧性问题同样可以置于外部冲击下可能发生的扭曲程度和变形程度进行考察。在同样的外部冲击下，如果产业链供应链在生产、分配、交换和消费的某一或某些环节发生的梗阻现象越严重，甚至发生了断裂，那么意味着产业链供应链的韧性相对较差；反之，如果因此发生的梗阻现象越轻，那么意味着产业链供应链的韧性相对较强。从这一角度对现实情况进行观察，容易发现，不同产业链供应链在不同的外生冲击下，其韧性确实会有明显的差异性。如在疫情的冲击下，服务业尤其是消费型服务业受到的冲击程度相对较高，表现出相对较高的脆弱性；而制造业尤其包括基于数字化转型的制造业，所受冲击程度相对较低，表现出相对较强的韧性。与之不同的是，在2008年国际金融危机期间，全球货物贸易出现了所谓"大崩溃"现象，与之相比，服务贸易虽然也呈现了一定程度的下滑，但并没有到崩溃的程度。

针对扭曲程度的测度，实践中可以通过构建如下指标进行具体测算。假设冲击发生年份为第 t 年，i 表述产业，Y 表示产出水平，那么 $Y_{i,t+1}$ 即表示受到外生冲击后的次年该产业产出水平，$Y_{i,t}$ 为产业尚未受到冲击时的正常产出水平。则扭曲程度的测算公式具体如式（4-1）：

$$resi_{i,t} = (Y_{i,t+1} - Y_{i,t})/Y_{i,t} \tag{4-1}$$

式（4-1）$resi$ 值就是产业的扭曲程度，其测度的是产业的风险抵御能力，即产业 i 的产出水平在遭受冲击后，其产出水平较未受外生冲击下正常产出水平的偏离程度，如果偏离程度越大，说明扭曲程度越严重，抵御外部冲击风险的能力越弱，反之，则说明扭曲程度越轻，抵御外部冲击风险的能力越强。

（二）恢复程度层面

仅仅从外力冲击导致的扭曲程度或者说变形程度角度观察，并不能客观、完整地反映产业链供应链的韧性。俗话所说的"刚则易折"和"绕指柔"，其实反映的就是两种不同特性的韧性问题。越具刚性的材料和物体，虽然在抵御外力冲击从而发生扭曲和变形方面有优势，但是其却有"脆弱性"的特征。也就是说，一旦遭遇了不可承受的外力冲击，其会发生折断或者断裂，并且在外力消失后也难以恢复到原始状态。与之不同的是，具有"绕指柔"特性的物体或材料，虽然在遭遇外力冲击时极易发生扭曲和变形，但却不容易发生折断或者断裂，并且在外力冲击消失后，更容易恢复到原始状态。对于后者而言，这显然也是一种韧性表现。上述例子虽然是一个较为极端的情况，但却能揭示这样一个道理，即恢复性或者说恢复程度，同样应该成为测度韧性的另一重要维度。产业链供应链的韧性同样遵循上述原理，换言之，在受到外部冲击后，产业链供应链能够实现的恢复程度，理应成为衡量产业链供应链韧性的另一重要指标。与外部冲击发生前的原始状态相比，冲击后恢复的程度越高，或者说越是接近原始状况乃至超出原始状况的程度越高，说明产业链供应链的韧性越强，反之则说明产业链供应链的韧性相对较差。

针对恢复程度的测度，实践中可以通过构建如下指标进行具体测算。遵循与前述研究一致的逻辑，仍然假设冲击发生年份为第 t 年，i 表述产业，Y 表示产出水平，那么 $Y_{i,t+1}$ 即表示受到外生冲击后的次年该产业产出水平，$Y_{i,t}$ 为产业尚未受到冲击时的正常产出水平。如果在 $t+1$ 年之后的产出水平为 $Y_{i,t+n}$（其中 $n > t+1$），则恢复程度的测算公式具体如式（4-2）：

$$rec_{i,t} = (Y_{i,t+n} - Y_{i,t+1})/Y_{i,t} \tag{4-2}$$

式（4-2）测度的是产业受冲击之后的恢复速度，其含义是明显的，即产业 i 的产出水平在遭受冲击后，其产出水平由于受外生冲击导致其在第 $t+1$ 年产出水平下降至 $Y_{i,t+1}$，那么在此之后的第 $t+n$ 年产出为 $Y_{i,t+n}$，$Y_{i,t+n} - Y_{i,t+1}$ 表示恢复期产出增长的绝对额，其与为未受危机冲击时正常产出水平之比即 $(Y_{i,t+n} - Y_{i,t+1})/Y_{i,t}$ 表示恢复的程度，显然，该比值越大说明恢复的程度越高，反之，则说明恢复的程度越低。

（三）恢复速度层面

恢复的程度固然能够反映产业链供应链的韧性，但是对于同等恢复程度的不同产业链供应链而言，其韧性可能仍然存在差异，这是因为，在恢复的过程中，不同产业链供应链所需要的恢复时间不同。正如经济学将生产要素划分为可流动生产要素和不可流动生产要素一样，其区别实际上主要在于给予的时间差异，因为只要给予的时间足够长，几乎所有的生产要素都是可流动的，因此，所谓不可流动的生产要素只是短期而言。也可以说，所谓长期和短期的划分，实际上主要基于生产要素实现跨部门流动所需要的时间而定。从这一意义上理解，产业链供应链在外部冲击下表现出的韧性，显然不能仅从恢复程度层面进行观察，因为只要给予的时间足够长，排除一般的经济规律作用和产业结构变迁因素外，几乎所有产业链供应链同样也能够恢复到原始状态甚至好于原始状态。关键在于，实现同样的恢复程度，不同产业链供应链所需要的时间几何？或者，在同样的时间范围内，不同产业链供应链所能实现的恢复程度有何差异？即产业链供应链受到外部冲击后的恢复速度问题。显然可以认为，恢复的速度越快，产业链供应链的韧性就越强，反之则可以认为产业链供应链的韧性相对较差。就如同不同体质的人患了相同的感冒一样，体质好的可能只需要三五天即可完全康复，而体质相对较差的则可能需要一周乃至更长时间。

恢复的速度在实践中同样可以通过构建相应指标进行测度，在前述式（4-2）的基础上，如果我们进一步考虑到恢复所用的时间，那么便可以测度恢复速度，具体测度公式如式（4-3）：

$$recv_{i,t} = \frac{Y_{i,t+n} - Y_{i,t+1}}{Y_{i,t}}/(n-t) \qquad (4-3)$$

式（4-3）的含义也是十分明显的，也即是说，如果 i 产业的产出水平恢复至正常产出水平所需的时间 n 越小，说明恢复的速度越快；反正，则说明恢复得越慢。

需要指出的是，虽然产业链供应链韧性和安全并非完全等同，但开放条件下的产业链供应链的安全性问题，本质上在很大程度上可以体现为产业链供应链韧性，因为所谓的外部冲击，如前所述，不仅包括自然的、客观的因素变动，同样也包括人为的、主观的行为影响，比如西方国家采取的"卡脖子"等举措，从本质上看必然会引发产业链供应链在上述三个方面的变化，只是程度上会有所差异而已。至于经济意义之外的产业链供应链安全性，不在本章理解和讨论范围。基于这一考虑，本章对产业链供应链安全的理解和界定，保持与学术界研究的观点一致，即所谓产业链供应链安全，是指在全球产业分工中，一国产业链供应链在受到外部冲击后仍能保持生产、分配、流通、消费各个环节畅通，维持产业链上下游各环节环环相扣，供应链前后端供给需求关联耦合、动态平衡的状态。而这一点，正可以通过上述三个维度的"韧性"加以体现。

二、中间产品贸易是影响产业链供应链韧性和安全的关键

不可否认，影响产业链供应链韧性和安全水平的因素有很多，既有内部的因素，如一国产业发展状况或者企业自身发展状况等，也有外部因素，比如国际市场需求疲软、贸易保护主义冲击等；既有客观因素，也有主观因素；既有宏观因素，也有微观因素；既有周期性因素，也有结构性因素；包括前述分析指出的当前全球产业链供应链演变新趋势等。但是，不论何种因素冲击了产业链供应链，从最直接也最根本的表现看，均与中间产品贸易有关。

换言之，引发产业链供应链韧性和安全的根本在于，危机冲击会直接导致中间产品贸易"中断"或者"滞缓"，进而影响产业链供应链的正常运行和运转。

（一）产品内分工下中间产品贸易成为主导

伴随着投资和贸易的自由化深度演进，以全球生产网络为载体的产品内分工和贸易得到了较快发展。在当今的国际贸易中，对于某些特定产业而言，从观念设计到产品的最终组装，不再由某一个单独企业独自完成，而是不断地表现为将产品生产的不同阶段、工序或环节分布在不同的国家和地区进行，从而形成所谓全球产品内分工或价值链分工。在全球产品内分工背景下，生产过程分散化特别是在诸如化工、电子、金属制品等加工制造业是非常普遍的事情。显然，由于不同生产环节和阶段被布局在不同国家和地区，由此决定了在最终产品生产完成之前，中间产品必须经过跨境流动乃至多次跨境流动。也正是在这一机制逻辑的作用下，伴随全球产品内分工的不断演进，中间产品贸易占全球贸易总额的比重不断上升。反过来，我们也可以从全球中间产品出口贸易的发展状况，大致判断全球产品内分工演进的状况，因为两者如同是一个硬币的两面。

以全球中间产品出口贸易在全球出口贸易总额中所占比重表示全球产品内分工现实状况的话，那么从图4-1报告的数据容易看出[①]，中间产品出口占全球货物出口总额的比重近年来一直较高。在所选取的2011—2022年的样本期间，最高年份的比重高达58.83%，之后虽然有所下降，但比重最低也维持在55%左右。实际上，自20世纪80年代以来，伴随全球产品内分工的深度演进，全球中间产品出口贸易所占全球出口贸易总额一直呈现上升趋势，直到2008年全球金融危机的爆发，致使全球产品内分工受到一定程度冲击，从而全球中间产品出口贸易所占全球出口贸易总额呈现出波动中下降之势。众所周知，2008年爆发于美国进而波及全球的金融危机，本质是世界经济长周期规律作用的结果，是前一轮科技革命和产业革命所能形成的推动国际分工演进的动能逐步消逝的必然逻辑。受此影响，全球产品内分工速度减缓、停滞，乃至呈现一定程度的收缩。更为重要的是，诸如美国等部分西方国家

---

① 根据联合国Comtrade数据库统计数据整理计算而得。按照联合国《广义经济类别分类》（Broad Economic Categories，BEC）的分类标准，其中第111、121、21、22、31、322、42以及第53基本类为中间产品。本研究包括如无特别说明，所使用的中间产品贸易数据均来自UN Comtrade数据库。

兴起的逆全球化思潮，也对全球产品内分工形成了一定的破坏作用。总之，分工演进的客观因素变化叠加美西方采取的贸易保护主义措施的主观因素影响，导致近年来全球产品内演进受到一定的负面冲击，在贸易层面即表现为全球中间产品出口占全球货物出口总额的比重有下降趋势，尽管如此，中间产品贸易的主导地位并未发生实质性改变。由此也说明了单边主义、民粹主义、贸易保护主义势头上升、"退群""废约""脱钩"等"逆全球化"思潮和行径，的确破坏了全球产业链、价值链的稳定性，但并不能改变历史发展的规律和大势，伴随新一轮信息技术的快速发展和产业革命的推进，全球产品内分工深度演进仍将是不可阻挡的历史潮流，中间产品贸易仍将是未来全球贸易的主体和主导。

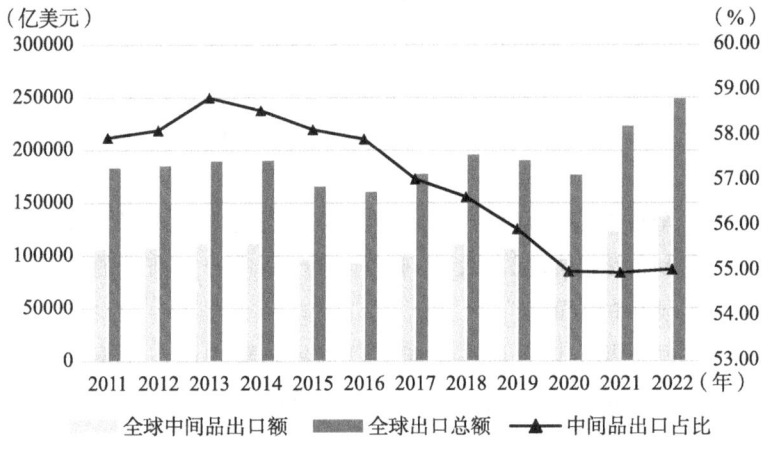

图4-1　2011—2022年全球中间产品出口占比情况

（二）全球中间产品贸易的中国地位日益重要

改革开放以来，尤其是中国加入WTO以来，由于以开放和积极的姿态融入全球产品内分工体系，承接产业和产品生产环节的国际梯度转移，中国已经成为全球产业链供应链中的重要节点。对此，不仅可以从中国出口贸易占国际市场中的份额不断上升看出，从融入全球产品内分工体系角度而言，更表现为中间产品贸易的快速增长。需要指出的是，在特定发展阶段，从出口贸易层面看，可能无法揭示中国在全球产品内分工体系中的深度参与和重要作用，因为出口贸易中可能大多为最终产品而非中间产品。尤其是考虑到中国作为加工贸易大国，进口中间产品、原材料等进行组装加工然后完成最终产品生产进行出口，显然从出口层面看，无法较好地显示参与产品内分工的情况，无法揭示其在全球生产网络中的重要节点乃至枢纽的作用。但是参与国际分工的上述模式决定了，中国融入全球产品内分工体系具有"大进大出"的特点，也就是说，为"出口而进口"是过去几十年中国出口贸易实现高速增长的关键。因此，从中间产品进口角度看，可以更好地揭示中国在全球产品内分工中的地位。为此，我们可以从中国进口中间产品贸易额及其占全球中间产品出口额比重角度，做一简要分析。

图 4-2 绘制了 2011—2022 年中国进口的中间产品贸易额，以及中间产品进口额在货物出口总额中所占比重情况。从中可见，长期以来，中国进出口贸易的确具有"大进大出"的典型特征，即样本期间内中间产品进口额一直较高，其中在 2022 年达到了 21848.47 亿美元，占货物出口总额 35936.02 亿美元的比重为 60.80%。需要指出的是，虽然中间产品进口并非完全用于出口品的生产，即部分中间产品进口可能是满足国内生产的需要，但是不论其用于最终流向是国内还是国外的产品生产，进口的中间产品作为中间投入，至少大体反映了中国参与"产品内"分工的状况。

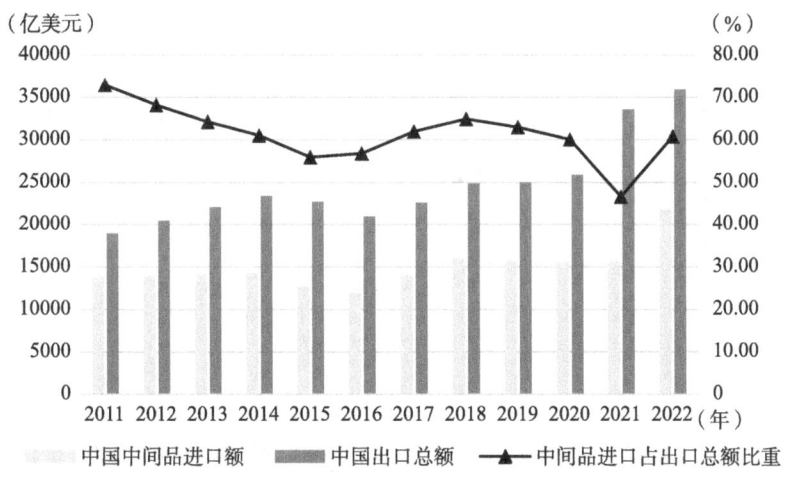

图 4-2　2011—2022 年中国中间产品进口及其占出口总额比重

进一步地，如果我们将中国进口的中间产品与全球出口的中间产品进行比较分析，可更加清楚地揭示中国在全球生产网络中的重要地位，或者说，揭示中国在全球中间产品贸易中的作用。为此，我们将 2011—2022 年，中国中间产品出口额从全球中间产品出口额中予以剔除，仅计算不包括中国在内的全球中间产品出口额，并在此基础上，进一步计算全球中间产品出口额中有多少流向了中国。即计算 2011—2022 年中国中间产品进口额占不包括中国在内的全球中间产品出口额的比重，具体结果绘制如图4-3所示。基于图4-3绘制的结果可见，全球中间产品出口额流向中国的份额，在样本期内一直较高。2011年全球（不包括中国）中间产品出口额为106251.47亿美元，其中流向中国的份额为10210.77亿美元，占比高达9.61%；2022年全球（不包括中国）中间产品出口额为137049.94亿美元，其中流向中国的份额为15568.87亿美元，占比高达11.36%。在2011—2022年的样本期间内，其中在2020年全球中间产品出口额流向中国的份额达到了高峰值，即97035.02亿美元的全球中间产品出口额中，有11820.41亿美元流向了中国，占比高达12.18%。从变化趋势看，尽管2020年全球中间产品出口额较以往有所下降，但流向中国的份额比重却有所上升，由此说明中国在稳定全球产业链供应链方面具有举足轻重的地位。总而言之，全球中间产品出口额流向中国的比重如此之高，一方面说明中国在全球中间产品贸易中的地位的重要，或者说在全球生产网络中具有重要的节点和枢纽功能；另一方面也说明了，中国对中间产品进口的依赖程度较高，可能蕴含"断供"引起产业链供应链"断裂"的风险。

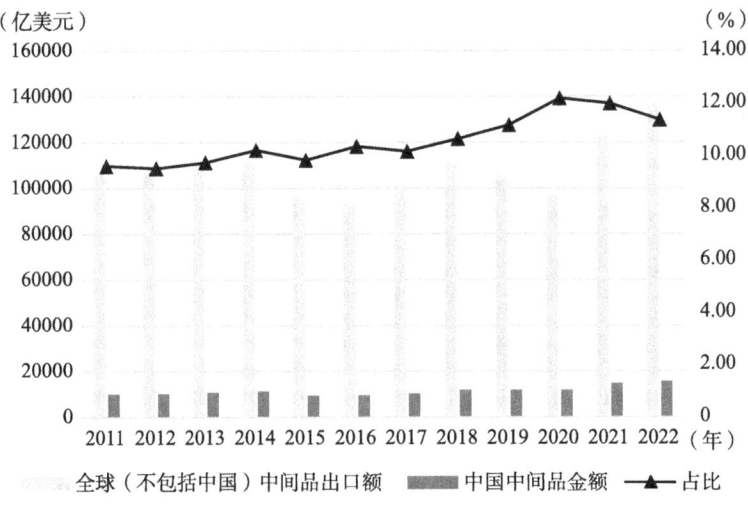

图4-3　2011—2022年全球中间产品出口及其流入中国的份额

（三）产业链供应链韧性和安全依赖中间产品贸易的畅通稳定

在全球产品内分工条件下，贸易的性质和功能已经发生了深刻变化。如果说，以往以最终产品为主要内容的全球贸易，其作用和功能主要是链接位于不同国家和地区的生产和消费的话，那么全球产品内分工条件下的贸易，已经从传统意义上的流通过程演变为生产过程的延续，其突出表现就是前文分析指出的中间产品贸易已经成为全球贸易中的"主体"，占据着主导作用。中间产品贸易成为全球产业链供应链正常运转不可或缺的环节和部分，从这一意义上说，中间产品贸易的稳定和畅通，对实现产业链供应链韧性和安全具有根本性作用。这里的畅通稳定至少包括三个方面的内涵。一是中间产品供给的可持续性，即中间产品供给是否会发生中断和停滞；二是中间产品供给和流通的速度或者说流通效率；三是中间产品供给的质量保证。上述三个方面的稳定畅通，对于实现全球产业链供应链韧性和安全水平提升，都具有极为重要的作用和意义。对此，我们可做一简要分析。

就第一个方面而言。中间产品供给发生中断和停滞，是影响产业链供应链韧性和安全稳定的最严重外生冲击。也就是说，在没有可替代选择条件下，中间产品供给发生中断和停滞，直接会导致使用进口中间产品的生产减产乃至停产。对此，外生冲击的历史实践经验已经充分说明了这一点。比如泰国的洪水、日本海啸引发的大地震，以及本轮全球新冠疫情的大爆发等，均在一定程度上引发了中间产品生产的停滞，从而引发全球产业链供应链正常运转的困难。其中，2011 年 3 月日本海啸引发的大地震，对中国产业链供应链韧性和安全带来的冲击效应，尤为能够说明问题。一个不争的事实是，中、美、日的分工格局可以归纳为，"从日本进口核心元件—中国进行加工组装—向美国市场出口最终品"的价值链模式。在这一模式下，中国出口企业大量从日本进口中间投入品和零部件，在中国内地进行加工、组装和再生产后出口到美国。然而，在大地震的强烈冲击下，特别是地震灾区恰好又是大量日本中间投入品生产企业与零配件供货商的集聚地，由于中国出口企业高度依赖日本中间投入品，从而出现了"中间产品进口停滞"并引发生产和出口停滞，出现了产业链供应链暂时中断的现象。

第二个方面而言。如果说中间产品供给发生中断和停滞，是影响产业链供应链韧性和安全水平的一种较为极端状况的话，那么即便排除上述极端情况不论，中间产品供给和流通的速度或者说流通效率，同样也会影响产业链供应链韧性和安全水平。因为在全球产品内分工条件下，不同生产环节和阶段的正常运转，或者其运转的效率和成本，通常取决于其"对接"的程度，"无缝对接"的程度越高，其运转的效率也就相对越高，运转的成本也就相对越低，表现为产业链供应链越有韧性和安全性；反之，如果"无缝对接"的程度越低，其运转的效率也就相对越低，运转的成本也就相对越低，表现为产业链供应链的韧性以及安全性越低。有研究表明，由于最终产品生产往往需要中间产品的多次累积跨境流动，因此，即便针对某个特定环节的中间产品征税，也会因为其多次跨境流动而引起其在产业链供应链上的"累积"效应，从而导致整条产业链供应链运营成本的上升。与之类似，诸如某个特定环节的中间产品通关时间延长，也会波及产业链供应链的所有下游环节，从而导致整条产业链供应链运营效率的下降。总之，中间产品供给和流通的速度和效率越高，表现为产业链供应链韧性越高，反之则反是。

实际上，前两个方面的因素主要决定了产业链供应链上某个或者某些特定环节，能否进行生产或者能否进行及时生产问题，而第三个方面的因素即中间产品供给质量，则主要决定了产业链供应链最终质量和层次。因为依据木桶原理可知，最终产品的质量和品质层次，一定取决于其所有部件中质量最低的部分，而不是质量层次最高的部分。这也就意味着，如果中间产品供给质量不稳定，那么通过产业链供应链而决定的最终产品的质量也将不稳定。这也是产业链供应链韧性和安全水平较低的重要表现。实际上，中间产品供给质量的高低，不仅可能决定着最终产品质量的高低，在某些特定的情况下，甚至会影响着下一生产环节进而最终产品生产能否得以顺利进行。不难想象，如果在生产过程中需要投入的是某种高质量中间产品，而一旦这种中间产品的质量不符合要求，那么最终产品可能根本无法生产或者使用，最典型的诸如航空航天产品、核工业智能装备等，就是如此。显然，诸如此类的产业链供应链领域的中间产品质量，需要有可靠的供给保障，否则就会影响产业链供应链的安全。

三、"卡脖子"是当前我国产业链供应链韧性和安全面临的主要挑战

从一定意义上说，产业链供应链的韧性和安全问题，既有世界各国的共性，也有每个国家的特性。从共性角度应该看到，其实在当前全球产品内分工条件下，由于任何一个国家和地区的产业链供应链都会在一定程度上依赖于其他国家和地区，即前文所述的中间产品供给和需求，所以均会面临着产业链供应链的韧性和安全问题。其中，无论是由于规律性的产业或者产品生产环节国际梯度转移等，带来的中间产品供给和需求的变化，还是由于技术进步和制度变迁等引发的全球产业链供应链格局的重塑等，带来的中间产品

和需求的变化，都会对世界各国产业链供应链韧性和安全带来影响。显然，共性问题通常是由客观因素引发，对于所有国家和地区而言，更多的是需要顺应乃至引领这种趋势性变化，在产业链供应链的变化中重新找准自己的坐标定位。与之相比，值得我们注意的是产业链供应链韧性和安全中的特性问题。从特性角度看，不同国家和地区由于在全球产业链供应链分工格局中所处地位不同，面临的产业链供应链韧性和安全性的问题当然也不尽相同。比如，在全球产业链供应链中具有主导地位的国家和地区，相比于在全球产业链供应链中所处中低端位置的国家和地区而言，显然对产业链供应链更加具有控制和主导能力，从而其产业链供应链也就更加具有韧性和安全性。这是因为，具有主导能力的国家和地区，实际上就意味着在中间产品的供给和需求更加具有主导能力，从而能够更好地实现产业链供应链韧性和安全。

改革开放以来尤其是中国加入 WTO 以来，虽然我们依托"人口红利"等形成的低成本优势，全面而快速地融入发达国家跨国公司主导的全球产品内分工体系之中，不仅实现了产业尤其是制造业规模的迅速扩张，也在一定程度上实现了产业结构转型升级和全球价值链的攀升，但是从当前全球产业分工格局上看，我们仍然面临着向全球价值链中高端攀升的艰巨任务。也就是说，经过 40 多年的改革开放，虽然中国在诸多产业领域和科技领域正在逐步走向国际前沿，但是在很多产业领域中仍然面临着关键技术、设备和零部件的"卡脖子"问题。而许多领域"卡脖子"问题的存在，进而出现的中间品贸易阻滞或中断，正是当前中国产业链供应链韧性和安全所面临的最大挑战。尤其是当前产业链供应链调整新趋势中的所谓本土化、区域化、多元化等，以及在此新趋势中以美国为首的西方国家（本章以下称"西方国家"）实施的所谓"近岸""友岸"外包等举措，更是在全球产业链供应链分工体系中，中国特性的具体表现和特定发展阶段面临的必然问题。具体而言，中国产业链供应链韧性和安全所面临的特性问题，实际上主要表现在两个方面：一是当前中国在全球产业链供应链分工格局中所处现实位置，或者说中国面临的具体的"卡脖子"领域；二是中国开放发展进入了特定发展阶段，或者说，中国在全球经济格局变化中扮演的角色和地位。这两个方面的因素，共同决定了"卡脖子"问题，是当前我国产业链供应链韧性和安全面临的主要挑战。

（一）产品内分工下中国面临的主要"卡脖子"领域

在全球产品内分工条件下，各国或地区在中间产品上形成相互依赖，是分工格局的正常表现。但是需要指出的是，产业链供应链上不同生产环节和阶段的要素密集度特征不同，进而其复杂性和专用性也不尽相同，处于产业链供应链上不同位置的国家和地区，对其他国家和地区所提供中间产品的依赖程度不同。特别地，伴随分工的细化和深化，产业链供应链上越是具有技术密集型特征的生产环节和阶段，其生产要素的专用性和复杂性越来越高，进而意味着进入的门槛也越来越高，其可替代性也就越来越难；相反，产业链供应链上越是具有劳动密集型特征的生产环节和阶段，其生产要素的通用性和简单性越来越明显，进而意味着进入的门槛相对越来越低，其可替代性也就越来越高。这种分工格局的相互关系决定了，前者对后者的依赖程度相对较低，其产业链供应链的韧性和安全性也就相对较高；而后者对前者的依赖程度相对较高，其产业链供应链的韧性和安全性也就相对较低。这种不对称的分工和依赖关系，发展到一定程度即形成了"卡脖子"现象。也就是说，前者对后者的依赖具有可替代性，而后者对前者的依赖不具备可替代性时，"卡脖子"的不对称关系由此形成。

具体而言，所谓"卡脖子"问题，主要是指在产业链供应链分工格局下，在某些领域的关键技术、设备和零部件等方面受制于人的现象。这些"卡脖子"中间产品一旦遭遇断供、贸易不畅，必然危及产业链供应链安全稳定。可见，"卡脖子"表现为阻碍或者阻断关键中间产品贸易。综合来看，目前中国在下述几个领域仍然面临着较为严重的"卡脖子"问题。

第一类是半导体领域。世界半导体贸易统计组织（WSTS）数据显示，2000—2022年，全球半导体产业规模由2044亿美元增长至6065亿美元。中国海关的统计数据显示，自2013年起，集成电路产品超过原油成为我国第一大进口商品。其中，2021年我国集成电路产品进口金额达4326亿美元，出口金额为1538亿美元，进出口逆差达2788亿美元，有呈进一步扩大的势头。由此可见，虽然近年来我国正在加速承接半导体产业第三次产业转移，半导体产业规模不断扩大，但目前我国半导体产业自给率仍然较低，严重依赖进口的状况依然没有得到根本性改变。尤其是半导体产业领域中的芯片，目前看，无论是制造工艺还是芯片量产，与世界主要发达经济体相比都相对落后。比如，在芯片制造方面，美、日、韩已经突破2—3纳米，甚至向1纳米突破，而中国企业大部分停留在14纳米水准。进一步地看，芯片的精密程度又取决于光刻机的精度，即光刻机精度决定了芯片的上限。高精度光刻机产自ASML、尼康和佳能三家，顶级光刻机由ASML垄断，而国内以上海微电子设备研究所（SMEE）为主的最先进的国产沉浸式光刻机，也只能达到28纳米的精度。光刻机如此，光刻胶也是如此，总体来看仍然处于起步阶段，工艺技术水平与国外企业有着很大的差距。半导体领域尤其是芯片产品，是目前中国面临"卡脖子"问题最为突出的领域之一。

第二类是工业软件领域。工业软件被公认为"工业制造的大脑和神经"，是数字经济时代工业领域的"皇冠"。现代制造就是在工业软件的基础上建立起来的。目前，中国已经成为世界制造业第一大国，也是世界上唯一拥有联合国产业分类当中全部工业门类的国家，但是，支撑工业高端化发展的核心工业软件领域，却始终是中国工业发展走向"筋骨之强"阶段的软肋。据Gartner发布的统计数据显示，2020年全球工业软件市场规模约为4332亿美元，约合人民币2.8万亿元，而同期中国工业软件产品实现收入1974亿元，仅占全球市场份额的7%左右，表明中国工业软件实力明显偏弱。而《中国工业软件产业白皮书（2020）》的研究进一步表明，目前，中国核心工业软件产业发展落后发达国家约20年，80%工业软件被外企垄断，中国工业软件的95%也在依赖进口；尤其是中国市场工业软件产业链的上游及中游，国外厂商比如上游的苹果、微软，中游的SAP、西门子等占据着垄断和主导地位，诸如此类的垄断企业通过频繁横向扩展和纵向积累，拥有最尖端的人才、科技与创新资源，控制着整个生态系统。总体而言，工业软件已经在中美贸易摩擦中被美方用作断供、"卡脖子"的具体手段，不仅关系到中国相关企业的生存与发展，更关系到产业链供应链的韧性和安全稳定。

第三类是高端机械制造领域。我国机械制造业产业基础相对薄弱的环节主要聚焦在核心零部件领域和机床制造。相关研究报告显示，目前中国高端机械制造领域共有26类关键技术存在短板及所谓的"卡脖子"技术难题，主要包括高端传感器、关键基础材料、基础检测检验设备、关键制造工业和装备、机床、机器人、激光雷达、高压柱塞泵等。在诸如上述高端产品领域，目前我们还不能实现完全自主可控，其中相当一部分需要依赖进口。以机床产品为例，根据德国机床制造商协会数据显示，中国是世界最主要机床消费市场，2021年消费额达到238.9亿美元，远超第二名的美国。而在全球机床出口方面，德国、日本合计占比达到了44%，中国机床出口占比虽然也达到了14.1%，但是细分到高、中、低档机床，中国主要以低中端为主，高端机床国产化率一直处于相对低位。再以高端机器人产品为例，由于没有掌握核心算法，国产工业机器人稳定性、故障率、易用性等关键指标远不如工业机器人"四大家族"发那科（日本）、ABB（瑞士）、安川（日本）、库卡的产品，高端机器人仍然依赖于进口。还比如高压柱塞泵产业，也存在着大而不强的显著问题，尤其是额定压力35MPa以上高压柱塞泵，90%以上依赖进口。

除了上述三个主要领域外，还有一些特殊领域同样存在着"卡脖子"问题。比如医学影像设备、扫描电子显微镜、透射式电镜、冷冻电镜、高压共轨系统、掘进机主轴承、微电子领域的间隔物微球和导电金球、水下连接器、高端焊接电源等，同样存在着大部分依赖进口，进而被其他出口方用作断供、"卡脖子"的具体手段，引发产业链供应链安全和风险。总之，存在的"卡脖子"问题程度越严重，或者说关键中间产品越缺乏可替代性，那么产业链供应链的韧性也就越差，安全性就越低，贸易不畅乃至阻断所引发的产业链供应链安全稳定问题也就会越大。

（二）"卡脖子"引发产业链供应链韧性和安全问题在特定发展阶段的必然性

如前所述，由于技术、人才、创新资源等方面的差异，诸如中国等发展中国家和美国等发达国家，在当前全球产业链供应链分工格局中，仍然具有显著的不对称关系，突出表现为在上述半导体等各主要领域中，中国仍然面临着较为严重的"卡脖子"风险和不安全。实际上，在全球产业链供应链分工格局下，产品内的不对称分工关系的存在具有必然性，因此，"卡脖子"风险和不安全的存在同样也就具有必然性，也就是说，当分工演进从以往以最终产品为界限的传统国际分工模式，演变为以产品增值环节为界限的产品内分工后，"卡脖子"的潜在风险和不安全性也会随之产生。需要指出的是，潜在的"卡脖子"风险和不安全并非总是意味着现实的风险和不安全，也就是说，在产业链供应链分工格局中，具有控制和主导能力的一方，是否会采取断供、"卡脖子"等具体手段，往往与国际经济格局的变化有关，尤其是与不同国家之间分工地位和经济实力的相对变化等有关。经过改革开放40多年的发展，应该说，中国在产业规模乃至产业转型升级等方面，均取得了显著成就，部分产业领域的科技竞争能力正在不断走向世界前沿，因此，与现在开放型经济高质量发展的新阶段相比，中国融入全球产品内分工的发展初期，面临的潜在"卡脖子"问题应该更为严重，涉及的产业领域和产业面更广，但西方国家并没有像当前这般采取"卡脖子"手段，企图限制中国的发展。西方国家当前之所以近似疯狂地采取断供、"卡脖子"等手段，正是世界经济格局发展到特定阶段的历史性产物，具有必然性。也就是说，产业链供应链韧性和安全问题，是中国在融入全球产品内分工体系后，发展到一定阶段所面临的必然问题,对此,我们需要有清醒的认识,如此才能做好充分的准备和长期的应对。

尽管近年来所谓效率和安全问题,日益引起世界各国的重视,但是从本质上看,解决产业链供应链安全稳定发展的根本之道,仍然在于开放发展。也就是说,越是开放越是有助于安全,越是封闭越不利于安全。因为对产业链供应链安全稳定形成冲击的外部因素,比如地震和洪水等天灾,本质上与产业链供应链的空间调整和重塑并无实质关系。相反,如果因为产业链供应链布局全球化而担心引发安全问题的话,那么即便产业链供应链收缩至一国国内,在面临突如其来的诸如地震和洪水等冲击时,同样也会引发产业链供应链安全问题,甚至可以说是更为严重的产业链供应链安全问题,因为在缺乏与外部进行资源、能源和能量的输入输出关系下,其产业链供应链面临冲击时更缺乏韧性。本轮世纪性的新冠疫情也证实了越开放其实越有助于产业链供应链安全和韧性提升。不同国家和地区疫情爆发的"时间差",正是因为有着产业链供应链的全球合作,从而在尽可能保证贸易畅通的条件下,医药品的全球流转不仅为应对疫情作出了巨大贡献,在一定程度上也保证了产业链供应链的安全稳定。从这一意义上来说,越是开放越是有利于产业链供应链安全稳定。因此,从本质上看,基于所谓效率和安全的综合考虑,西方国家进行的所谓产业链供应链调整和重塑,更多的是以"安全"为名而行贸易保护主义之实,本质上仍然是世界经济格局调整下的大国博弈。

众所周知,近年来世界经济格局出现的最大调整和变化之一,就是所谓的世界经济重心正呈现"东升西降""南升北降"的调整变化新趋势。伴随一部分新兴市场经济体的快速发展和崛起,一方面,新兴市场经济国家在全球经济增长中的贡献度越来越大;另一方面,以往作为财富和制度性话语权过于集中于西方国家,其相对地位正呈逐步下降之势,世界"多极化"的发展趋势正在逐步形成。值得注意的是,在"东升西降""南升北降"的调整变化过程中,中国无疑又发挥着巨大的"引擎"作用。中国的和平崛起,不仅在经济总量的快速增长中引起了西方国家的巨大焦虑和不安,而且在中观层面的全球产业链供应链分工地位的改善和攀升,以及微观层面的企业国际竞争力的提高,包括在数字技术等领域中国企业国际竞争力的提高,也对长期以来美西方国家的霸权思维带来了一定冲击。由此,在全球产业链供应链分工格局中仍然具有主导和控制能力的西方国家,采取断供、"卡脖子"等手段和工具,企图将中国排挤在全球产业链供应链分工体系之外,遏制中国的和平崛起和发展,就具有必然性。在断供、"卡脖子"等举措影响下,辅之以所谓"近岸""友岸"外包,中国产业链供应链韧性和安全必然面临巨大压力和挑战。如果说,短期内尚不足以引发中国产业链供应链的大规模外迁的话,但如果应对不力,长期看并不排除出现产业链供应链的大规模外迁的风险。

四、提升我国产业链供应链韧性与安全的对策思路

基于前述分析可见,在产品内分工条件下,中间产品贸易的畅通及其效率,是影响产业链供应链韧性和安全的最根本、最直接的因素,并且,在其他条件保持不变的情况下,对产业链供应链韧性和安全水平的影响程度,又会随着中间产品质量和层次的不同而异。也就是说,越是中低端的、可替代性越强的中间产品,对产业链供应链所能形成的冲击效应相对越弱,因为即便发生了暂时的贸易梗阻乃至中断,由于能够较快寻找到替代品,从而无论是在提升产业链供应链的抗扭曲程度,还是在提升产业链供应链恢复程度以及恢复速度上,都能够较好地应对来自中间产品贸易梗阻和中断的冲击;相反,越是中高端的、可替代性越弱的中间产品,对产业链供应链所能形成的冲击效应相对越强,因为此时一旦发生了贸易梗阻乃至中断,由于难以迅速寻找到替代品,甚至无法寻找到替代品,从而无论是在提升产业链供应链的抗扭曲程度,还是在提升产业链供应链恢复程度以及恢复速度上,都难以有效地应对来自中间产品贸易梗阻和中断的冲击。前一情况即表现为产业链供应链具有较高的韧性和安全性,后一情况即表现为产业链供应链具有较低的韧性和安全性,甚至缺乏韧性。从产业链供应链全球分工格局的现实情况看,由于中国目前在半导体、工业软件、高端机械制造以及特殊领域,仍然存在着"卡脖子"问题,因而诸如此类的产业领域也是当前我国产业链供应链韧性和安全面临的最具挑战和压力的领域。

综上可见,不论是何种层次和何种质量的中间产品,保障其供给是提升产业链供应链韧性和安全的根本。为此,我们亟待从提高和强化中间产品供给能力角度,探寻提升我国产业链供应链韧性与安全的新思路和新对策。

(一)加快实现高水平科技自立自强

当前,中国产业链供应链韧性和安全面临挑战最大的领域,就在于我们

仍然面临"卡脖子"的产业和技术领域。这些领域的中间产品贸易不畅乃至断供，不仅会影响我国企业正常参与全球产品内分工，而且在西方国家采取持续的打压措施下，甚至可能会引发产业链供应链的大规模外迁，对我国产业链供应链韧性和安全稳定带来巨大风险和威胁。更为重要的是，中国在全球产业链供应链分工格局中，发展到特定阶段必然遭遇来自西方国家的"围追堵截"，也就是说，西方国家对中国采取断供和"卡脖子"不仅具有必然性，而且具有长期性。因此，我们不能寄希望于要来、讨来和买来关键核心技术，而是必须依靠高水平科技自立自强，提高对关键设备、零部件和核心技术产品的自给自足能力，不断缩小"卡脖子"领域清单。为此，亟待在构建体系化全局性科技发展新格局、强化国家战略科技力量、坚决打赢关键核心技术攻坚战、加强基础研究、深化科技体制改革等方面实现新突破。当然，需要指出的是，实现高水平科技自立自强，并非要搞封闭条件下的创新，而是仍然要走开放创新深度融合的道路。通过培育、吸引和集聚全球创新要素，提升自主创新能力，加快实现在关键领域的科技进步，加快破除西方国家在关键领域的技术垄断和关键中间产品的垄断。

（二）进一步提升"扎根"全球产品内分工的能力

西方国家企图采取"脱钩断链"的举措，将中国排挤在全球产业链供应链分工体系之外，虽然对中国产业发展产生了一定的影响，但总体来看，收效甚微。究其原因，主要是因为经过40多年的改革开放，中国已经深度融入全球产品内分工体系，在各主要产业领域与世界各国已经形成了"你中有我，我中有你"的相互依赖格局。因此，提升产业链供应链韧性和安全，提高应对外生冲击的能力，尤其是应对来自西方国家"脱钩断链"举措可能带来的风险和挑战，需要进一步密切全球产业分工的合作，进一步深度"扎根"全球产业链供应链分工体系。提升"扎根"全球产品内分工的能力，不仅需要不断攀升全球价值链中高端，而且在传统产业领域和产品生产环节，也要力图做精、做透、做深、做绝，通过培养"专精新特"和"小巨人"，不断提升既有产业链供应链分工格局下其他国家和地区对中国的依赖程度。前述分析指出，不对称的分工关系和地位，是西方等部分国家采取断供、"卡脖子"的根本依赖，循此逻辑，如果我们能够不断提升自身在产业链供应链中的专业化能力，强化其他国家和地区对中国相应中间产品的依赖程度，那么分工关系就会朝着更加对称和平等的方向发展。这也会在一定程度上制约西方国家断供、"卡脖子"手段的使用，提升产业链供应链的韧性和安全水平。

（三）不断扩大中间产品供给的来源空间

基于前述分析可见，保障中间产品供给是提升产业链供应链韧性和安全的根本，那么，通过不断扩大开放的外部空间，不但扩大开放合作的"朋友圈"，显然能够为中间产品贸易提供更为广阔的地理空间和选择范围。开放合作的外部空间越大，中间产品可选择的范围也就越大，即实现相同或者相似中间产品的可替代性的可能性也就越高。更为重要的是，外生冲击从外部地理空间来看，通常不会同步发生。如同本轮最为严重的疫情冲击一样，其爆发对产业链供应链的冲击同样也具有地理空间的"时间差"。显然，外生冲击的地理空间非同步性，能够为调整中间产品供给提供回旋余地，提升产业链供应链韧性和安全。即便对于"卡脖子"产品的贸易阻滞乃至断供，如果外部合作的地理空间范围足够大，同样地，由于通常不会所有国家和地区同步采取断供、"卡脖子"等举措，在中间产品的供给上一定程度仍然可能具有替代选择。相关研究的测算表明，对于一些关键中间产品和零部件的进口，目前我们仍然面临着市场集中度过高的问题，尤其是过度集中于美国和欧盟等发达国家，这对我们扩大产品选择的空间范围极其不利。为此，在扩大开放范围方面，我们不仅要继续深化与发达经济体的合作，也要不断拓展和深化与其他更多发展中国家的合作，为中间产品贸易打造更为广阔的外部空间，为产业链供应链的韧性和安全水平的提升奠定更加畅通的中间产品贸易之基。

（四）不断扩大产业链供应链的多元化

如果说，扩大开放发展的范围，是为中间产品贸易提供更为广阔的地理空间，进而提升其可替代性的话，那么不断扩大产业链供应链的多元化，则是扩大产品空间范围，从而进一步提升中间产品的可替代性。虽然国际市场并非是完全竞争市场，但完全垄断的市场格局通常也是不存在的，更为一般的情形是寡头或者不完全竞争市场。换言之，对于任何产业和产品生产环节，都有相同或者相似的厂商参与竞争。从参与全球产业链供应链分工角度看，这无疑为中间产品选择多元化提供了机会和空间。毋庸置疑，实现产业链供应链更加多元化，在受到中间产品贸易阻滞乃至断供的冲击下，拓展产业链供应链合作关系乃至重新构建产业链供应链合作关系，所需要时间等成本都会更低，不仅可以最大限度降低产业链供应链所受冲击，而且也有助于提升恢复的程度和速度。因此，顺应全球产业链供应链调整和重塑进程中多元化新趋势，中国基于提升产业链供应链韧性和安全的现实需要，同样需要加快推动其多元化发展的步伐，在企业微观层面建立更为广泛的中间产品供需关系。

（五）不断提升产业链供应链的国内配套能力

通常而言，位于全球价值链的中低端，其参与国际分工在贸易层面就会表现出"大进大出"的特征，或者说对上游中间产品的依赖程度相对较高，在国内价值链的长度也就相对较短；相反，位于全球价值链的中高端，主要向中下游提供中间产品，不仅可以降低对进口中间产品的依赖程度，而且也可以带动国内其他环节和阶段的发展，延长国内价值链，实现产业链供应链韧性和安全提升。提升产业链供应链的国内配套能力，实际上就是沿着产业链供应链向上游攀升，延长国内价值链，提升上游中间产品的出口能力，降低上游中间产品的进口依赖度。为此，需要抓住构建双循环新发展格局的战略机遇，依托超大本土市场规模优势，抓住以数字技术为代表的新一轮信息技术革命的发展机遇，开展制造业数字化转型行动，改造提升传统产业，大力实施产业基础再造工程和重大技术装备攻关工程，巩固提升优势产业，围绕重点领域不断开拓新的应用场景，培育壮大新兴产业，强化企业在产业链供应链上的配套能力，促进大中小企业链式协同融通发展，推动创新链与产业链的深度融合。

（六）不断深化开放层次，为提升产业链供应链韧性和安全提供制度保障

深化开放层次的本质就是要不断推动制度型开放，其核心在于优化营商环境。毋庸置疑，营商环境的优化对于吸引和集聚全球高端要素，具有十分关键的作用和意义。尤其是在部分发达国家政客推动的"逆全球化"从而导致"脱钩断链"风险不断上升的背景下，通过优化营商环境以吸引更多外资，尤其是高质量外资等一揽子全球高端要素的流入，可以夯实全球产业链供应链合作的微观经济基础，提升产业链供应链的融合水平，提升产业链供应链断裂和"脱钩"的难度。尤其是在经济全球化条件下，作为微观经济体的跨

国公司越来越具有全球属性，并不完全与所在母国的政客利益一致，因此，通过优化营商环境打造吸引全球高端要素的"强磁场"，有助于在微观层面上进一步捆绑与跨国公司的利益，从而实现在深化开放层次中提升融合而不"脱钩"。此外，依托优化营商环境对全球高端和创新要素形成集聚，对于构建和延长国内价值链、提升国内中间产品配套能力、推动产业链供应链向上游环节迈进等，均具有积极作用。因此，未来需要按照党的二十大报告提出的"稳步扩大规则、规制、管理、标准等制度型开放"为目标指引和相关战略部署，以实施自由贸易试验区提升战略，以扩大面向全球的高标准自由贸易区网络为抓手，在进一步对标高标准国际经贸规则，以及推动制度创新方面实现更大的突破、取得更丰硕的成果，不断改善和完善营商环境，以制度型开放提升产业链供应链韧性和安全水平。

（七）对产业链供应链韧性和安全进行评估

如前所述，不同产业链供应链在不同的外生冲击下，其韧性和安全水平会有不同程度的表现，以及在不同维度上也会有所差异。为此，需要根据前述构建的指标体系，对不同产业链供应链的韧性在不同维度上的表现进行测度。基于指标测度不仅有助于更好地认识产业链供应链的韧性和安全水平，而且也能够起到较好的预警作用，并针对其不同的表现，以及在不同维度上的差异性，探寻更加有效的对策举措，以提升产业链供应链的韧性和安全水平。

作者：
张二震，南京大学长江产业发展研究院开放经济研究方向首席专家
课题组成员：
戴翔，南京审计大学教授
于津平，南京大学商学院教授
韩剑，南京大学商学院教授
冯帆，南京大学商学院教授

第五章　发展新质生产力要统筹推进"三大任务"

新质生产力代表了新技术、新价值、新产业、新动能，是发生了动摇产业基础逻辑的技术革命后形成的生产力，即从人力—马力—电力—网力—算力的发展，在当前，新质生产力本质上就是以"算力"为代表的新质态的生产力。

2024年中央经济工作会议指出，"要以科技创新推动产业创新，特别是以颠覆性技术和前沿技术催生新产业、新模式、新动能，发展新质生产力"。这一表述给出了通过大力鼓励以网力、算力为典型代表的科技创新，进行产业创新进而加快发展新质生产力的理论逻辑和政策路径。同时，经济工作会议直接明确地指出了2024年以后，具体要"打造生物制造、商业航天、低空经济等若干战略性新兴产业，开辟量子、生命科学等未来产业新赛道，广泛应用数智技术、绿色技术，加快传统产业转型升级"。

从产业发展的实践和时间逻辑上看，传统产业、战略性新兴产业与未来产业之间存在一定的接续性与继起性。其中，传统产业是当前的支柱产业，是国民经济中创造效益的"现金牛"产业；战略性新兴产业往往是国民经济中的主导产业，未来将成为经济体系中的支柱产业，未来产业则代表了将来重大科技创新和重大产业创新的新方向。中国要发展新质生产力，不仅要紧抓未来产业的发展机遇，也要利用智能化、数字化、网络化等第四次技术革命的成功，去大力改造传统产业、壮大新兴产业。这样，一方面可以及时地、战略性地部署未来产业的资源，加强未来产业的基础研究，提高工程化实验投入；另一方面，可以在改造传统产业和壮大新兴产业中，提升现有产业的发展效益，以便用更多的资源、更大力度地支持未来产业发展，增强中国产业未来的竞争力。同时这样做的话，还可以在经济体系中自动产生对智能化、数字化、网络化相关产业的市场需求。因此中国建设现代化产业体系也应落实这三大任务：改造焕新传统产业、壮大战略性新兴产业、超前培育未来产业。

一、"智改数转"焕新传统产业

面对传统产业，我们不能把它当作落后产能一退了之，要启动传统产业的焕新工程，焕发新活力。中国必须首先正视的问题是：制造业进行产业转型升级的任务很艰巨。2023年中国高新技术产业占规模以上工业增加值的比重为15.7%，战略性新兴产业增加值占GDP的比重超过13%。实际上，中国传统工业的实际规模，可能要比统计数据显示得更高一些：一是高新技术行业分类口径太宽；二是在实践中，很多列入高新技术产业、工业战略性新兴产业统计的企业，其实做的是高技术的低端环节，如电子信息产业中的鼠标键盘外壳连接线等；三是统计的是占"规模以上"的比重，"规模以下"一大堆中小企业，中小企业大多数是传统产业。当然，传统产业不等于落后产业，关键看有没有进行过技术改造。

中国传统制造业在全球产业链中虽然占有重要地位，但对比美国制造业的结构和发展趋势，可以看出中国传统制造业转型升级的空间还很大。主要表现在三个方面：一是美国制造业增加值占全球的比重虽然有所下降，但依然保持强大竞争力，尤其在高端制造业领域。相比之下，中国制造业虽然增加值总量连续多年位居世界首位，但传统制造业比重较大，且多处于全球产业链中下游。这表明中国制造业在提升产品附加值和技术创新方面还有很大的提升空间。二是美国在研发投入方面遥遥领先，2020年研发支出规模高达6641亿美元，而中国为5641亿美元。研发强度方面，美国近年来维持上升态势，2021年达到3.45%，超过中国（2.4%）。这显示中国在研发和技术创新方面需要进一步加强，以推动制造业向高端化、智能化转型。三是美国制造业薪酬持续增长，显示出其制造业产品附加值较高，而中国制造业平均工资水平相对较低，这也反映了中国制造业大多仍处于价值链的中低端。

近年来，中国十分注重用信息化改造传统产业、用产业链或产业集群方式发展智能制造产业，工业化和信息化融合发展水平不断提升。2022年3月，世界经济论坛（WEF）公布第8批数字化制造和全球化工业4.0的示范"灯塔工厂"103家，其中中国"灯塔工厂"增至37家。这些"灯塔工厂"背后，集结了大量的智能制造产业集群。但中国传统产业实施智能化改造和数字化转型（以下简称"智改数转"）仍普遍面临三个主要问题。

集成陷阱。许多企业上了许多系统，但系统间的集成性差，导致企业全局优化的需求和碎片化供给之间的矛盾，具体表现为企业在工业化和信息化融合发展的初期阶段，各个职能部门各自搞了许多信息系统，却鲜见信息系统间的连接与集成，最终成为信息孤岛。

中小企业陷阱。即"智改数转的五不敢"：中小企业缺专业人才"不敢转"；缺钱缺技术"不愿转"；设备制式数据标准不统一"不能转"；缺后续服务"不会转"；头部企业示范作用不强，中小企业缺抓手"不善转"。

"智改数转"模式亟待变革。在存在"网络效应"的情况下，要加强信息网络的连接。没有整个产业链上规模化的"智改数转"活动，就无法快速降低"智改数转"服务商的边际成本，从成本上又反向制约了"智改数转"工作本身的推进。

二、发展壮大新兴产业

2023年7月，习近平总书记在江苏考察时强调，要加快打造具有国际竞争力的战略性新兴产业集群，加快构建以先进制造业为骨干的现代化产业体系。中国战略性新兴产业集群在数量、产业链完善度、经济增加值及其增长速度方面均表现出强劲的发展势头和潜力。具体来说，在产业集群数量与产值上，据工业和信息化部公布的数据，截至2022年，中国已有45个国家先进制造业集群，2021年这些国家级集群的主导产业产值达到19万亿元。在产业链上，这些集群在新一代信息技术、高端装备、新材料、生物医药及高端医疗器械、新能源及智能网联汽车等重点领域均有布局，形成了较为完整的产业链条。在增加值增长上，2021年，中国战略性新兴产业增加值占GDP的比重为13.4%，比2014年提高了5.8个百分点。规模以上工业中，战略性新兴产业增加值比上年增长16.8%，高技术制造业增加值增长18.2%，占规模以上工业增加值的比重达到15.1%。在产业集群的区域分布上，战略性新兴产业主要集中在东部沿海地区和经济发达地区，同时中西部地区也在快速崛起。形成了以长三角、环渤海、珠三角以及长江中上游四大产业集聚区的发展格局。在重点产业集群发展上，如新能源产业，中国清洁能源消费占比达到25.5%，风电和光伏发电装机规模比2012年增长了12倍左右。新能源汽车产业方面，2021年产量为354.5万辆，年均增速达到86.7%，产销量、保有量都占世界50%以上。预计到2025年，中国战略性新兴产业重点领域将形成一批新的万亿级产业集群，千亿级产业集群数量也将大幅增加，包括新一代信息技术、生物、高端装备制造、新能源等领域。

目前中国产业集群发展中的主要问题一是不平衡、不均衡；二是产业集群和产业链之间的省际省内联系性较弱。以江苏为例，江淮生态经济区，还处于以农副产品为原料的粗加工—精加工的工业化阶段（以食品、纺织产业为代表），沿海经济带则以资源原料为中心的重化工业化阶段（以船舶、海工、化工、新能源等为代表），徐州淮海经济区是处于以资本为重心的重工业发展阶段（以工程机械、农机装备等产业为代表），而扬子江城市群，则完成了第三次工业革命向第四次转型为特征的后工业化阶段（以生物医药、物联网、半导体、人工智能、航天航空等产业为代表）。发展阶段的不平衡，既是发展中的问题，也是发展的潜力和空间所在。今后，中国要大力鼓励西部经济相对落后地区到沿海经济相对发达地区逆向设置飞地，沿海经济相对发达地区到发达国家自贸区设立飞地，以加速区域协调发展。

壮大战略性新兴产业的关键在于"集群"。产业集群式发展，是产业发展的高级形态和组织方式，可弥补技术水平、资本规模等方面的差距，也有利于促进产业链、创新链、价值链、生态链的有机融合，从而建立起相对稳定的产业生态体系，提高产业的安全性和竞争性。壮大战略性新兴产业，就是要聚焦新一代信息技术、人工智能、生物技术、新能源、新材料、高端装备、绿色环保等产业，加快打造一批具有国际竞争力的战略性新兴产业集群，不断提升中国国家级战略性新兴产业集群发展能级，有序开展省级战略性新兴集群培育认定，加快形成世界级、国家级、区域级产业集群梯度培育格局。

培育具有产业链控制力和国际竞争力的生态主导型企业。中国制造业门类齐全、产业链相对完整，但中国战略性新兴产业的企业体量普遍偏小，领军型企业偏少，部分关键核心技术仍"受制于人"，缺少具有知名影响力的品牌企业和引领支撑行业发展的领军企业。当前，中国数字经济规模超 50 万亿元，可着力释放数据作为新型生产要素的增长潜能，聚焦人工智能、通信设备、工业互联网等数字产业优势领域，培育具有产业链控制力和国际竞争力的生态主导型企业。

推动战略性新兴产业与现代服务业的深度融合。生产性服务业作为一种以人力资本和知识资本为重要投入要素的实体经济形态，是现代经济增长的重要动力来源。一是应进一步提升生产性服务业发展能级，引导新兴产业企业沿价值链按照产品附加值进行整合，推动"制造+服务"的融合，拓展企业盈利空间。发展服务型制造，引导各行业大中型制造企业协同各供应商将成熟的智能生产体系标准化，面向全行业提供除产品供给外的研发设计、检验检测等整体解决方案等专业化服务。

三、超前投入培育未来产业

在现代化产业体系中，未来产业和战略性新兴产业均是先导性产业，其区别主要在于产业化进程中所处的阶段不同。未来产业是重大科技创新产业化后形成的前沿产业，代表未来科技和产业发展的新方向，在新质生产力下，中国产业发展应凸显产业本身的未来性，以未来产业为抓手进行超前布局，推动未来产业成为经济高质量发展的新增量。目前，中国政府印发工业和信息化部等七部门《关于推动未来产业创新发展的实施意见》，提出未来产业的发展重点包括未来制造、未来信息、未来材料、未来能源、未来空间和未来健康六大方向。到2025年，未来产业技术创新、产业培育、安全治理等方面将全面发展，部分领域将达到国际先进水平，产业规模将稳步提升。到2027年，未来产业综合实力将显著提升，部分领域将实现全球引领。但培育发展未来产业面临诸多的不确定性：

一是支撑和驱动未来产业发展的颠覆性技术的发展前景具有不确定性。目前市场上尚未有公认技术标准，或存在多种技术并存的现象，在未来哪一条技术路线更有市场应用前景，需要较长时间的实践和市场检验。二是创新成果产业化能否成功具有不确定性。创新成果的产业化难题是未来产业发展面临的巨大挑战，商业模式不顺利、政策支持不及时、市场需求不匹配都会影响重大研发成果产业化的进程。三是资本与人才供给的不确定性。培育发展未来产业需要庞大的基础研发投入，更关键的是未来产业大多数发展属于商业化前阶段，如何建立可持续的投入机制非常关键。同时，未来产业到底需要怎样知识结构的人才，高校和科研院所并没有成熟的经验可以借鉴，需要产学研各界的探索。四是技术和市场之外的社会规则的挑战。这一问题在生物医药、信息技术领域普遍存在，比如：类脑智能领域，实现脑机接口需要将芯片植入人的大脑皮层，如何在使用脑机接口的过程中保护人类主体的精神独立性和行为自主性，需要进一步讨论；基因编辑技术的使用，存在对物种同一性认识的挑战；元宇宙作为各种社会关系的超现实集合体，当中的道德准则、分配逻辑、组织形态要如何明确界定等。这些都意味着在布局和培育发展未来产业时需要事前做好标准、制度和伦理上的思考和准备。

超前布局未来产业并不意味着从零开始、白手起家,更不是完全替代,而是在宏观层面谋划好"支柱产业—主导产业—未来产业"之间的接续性和递进性,构建梯次发展的产业格局。中国培育发展未来产业,要从以下几个方面发力。

重视基础研究与科技成果转化。中国应进一步加强基础研究的投入。另外,培育发展未来产业,需要科技成果能够顺利走出实验室、走向市场,能成功跨越"创新死亡之谷",实现产业化生产。在这一过程中,聚焦"市场可行"的概念验证与聚焦"规模实施"视角的中试熟化是这一过程中的关键环节。在高校科研院所和产业化之间搭建有效交流匹配的桥梁、促成创新成果转化,中国应搭建概念验证中心和中试熟化平台,建立完善创新成果转化机制。

重视应用场景与需求培育。从需求侧来看,发现新的应用场景、探索新的家庭消费需求结构,才能推进未来产业技术在具体场景中的应用和有效验证。需要进一步重视前瞻性、验证性、试验性应用场景项目培育,应当建立常态化未来技术应用场景清单征集、发布、遴选机制,鼓励优势企业围绕场景拓展行业应用领域,孵化未来产业。

完善产业政策体系。前沿技术一旦跨越产业化的"达尔文海",就有望快速成长为主导产业甚至支柱产业,这需要构建支撑未来产业的具备包容性与韧性的创新政策与产业政策体系。可借鉴英美等发达国家在政府采购方面的经验,为前沿技术向未来产业的转化提供早期市场,如何将未来产业培育从"给政策""给项目"转变为"给机会""给环境",逐渐形成具备内生驱动力的、多方参与的良性机制。同时,应根据不同领域所处的发展阶段,予以差异化的政策措施。如南京未来网络小镇已创建省级特色小镇,南京为核心的产业集聚区初显雏形,应考虑制定适当的产业政策以推动产品加快商业化转型、创建利基市场。而类脑智能、量子计算与量子通信等领域,仍处于基础研发与技术突破或小试、中试的产业触发期,研发动力不足是目前面临的最大障碍,更需要创新政策的支持。

构建良好的未来产业要素支撑体系。一是设计利于未来产业发展的战略投资机制。未来产业属于"幼稚产业",需要加大财政资金对基础研究的支持,才能促进新技术落地、新产业形成。政策引导与政府资金投入能够撬动更多企业资本和社会资源,在一定程度上减少发展风险和不确定性。二是探索适合未来产业的人才供给机制。加强对未来产业专业人才培养倾斜支持,激发人才创新活力,满足未来产业发展的新需求。三是重视支撑未来产业的基础设施建设。加强5G设施、数据中心、云计算设施、智能计算中心等为代表的算力基础设施的投资力度，争取大科学装置和全国重点实验室的落地，形成"平台+载体+实验室"的创新基础设施体系。

作者：
刘志彪，南京大学长江产业发展研究院常务院长、教育部文科首批长江学者特聘教授
孙瑞东，南京大学长江产业发展研究院助理研究员、经济学博士

第二部分

科技创新发展新质生产力:
新质生产力核心

第六章 数据要素收益分配规则研究

一、数据要素收益分配规则构建的理论基础

(一) 数据要素外部性理论

1. 外部性定义和分类。外部性是指一个经济主体的行为或决策对其他经济主体的福利产生的影响,而这种影响没有得到充分的市场补偿或惩罚。外部性可以分为正外部性和负外部性。正外部性是指一个经济主体的行为或决策对其他经济主体的福利产生的正面影响,负外部性是指一个经济主体的行为或决策对其他经济主体的福利产生的负面影响。

外部性是数据要素最重要的特征之一,因为数据要素的生产、流通和使用过程中,往往会产生各种形式和程度的外部性,影响数据要素的价值创造和分配。数据要素的外部性可以从以下几个方面进行分类。

(1) 按照数据要素的生命周期,可以分为数据要素的生产外部性、数据要素的流通外部性和数据要素的使用外部性。数据要素的生产外部性是指数据要素的生产者在生产数据要素的过程中,对其他经济主体的福利产生的外部性。例如,数据要素的生产者可能通过收集、整理、加工和存储数据要素,为其他经济主体提供有价值的信息,这是一种正外部性;也可能通过侵犯数据主体的隐私、安全或知情权,对其他经济主体造成损害,这是一种负外部性。数据要素的流通外部性是指数据要素的流通者在流通数据要素的过程中,对其他经济主体的福利产生的外部性。例如,数据要素的流通者可能通过共享、交换或出售数据要素,促进数据要素的有效利用,提高社会总福利,这是一种正外部性;也可能通过泄露、窃取或滥用数据要素,危害数据主体或

数据要素的安全、质量或价值，这是一种负外部性。数据要素的使用外部性是指数据要素的使用者在使用数据要素的过程中，对其他经济主体的福利产生的外部性。例如，数据要素的使用者可能通过利用数据要素创新、优化或提升产品或服务，为其他经济主体带来便利、效益或满意，这是一种正外部性；也可能通过滥用数据要素侵害其他经济主体的合法权益，造成不公平竞争、市场失灵或社会不稳，这是一种负外部性。

（2）按照数据要素的类型，可以分为个人数据要素的外部性、企业数据要素的外部性和公共数据要素的外部性。个人数据要素的外部性是指与个人相关的数据要素，如身份信息、行为轨迹、偏好特征等，对其他经济主体的福利产生的外部性。例如，个人数据要素的生产者、流通者或使用者可能通过保护、尊重或满足个人数据主体的权利和利益，增进个人数据主体的信任、参与或获益，这是一种正外部性；也可能通过忽视、侵犯或损害个人数据主体的权利和利益，降低个人数据主体的信任、参与或获益，这是一种负外部性。企业数据要素的外部性是指与企业相关的数据要素，如经营状况、财务报表、市场策略等，对其他经济主体的福利产生的外部性。例如，企业数据要素的生产者、流通者或使用者可能通过保障、提升或分享企业数据要素的安全、质量或价值，增强企业数据要素的竞争力、效率或收益，这是一种正外部性；也可能通过威胁、降低或削弱企业数据要素的安全、质量或价值，削弱企业数据要素的竞争力、效率或收益，这是一种负外部性。公共数据要素的外部性是指与公共利益相关的数据要素，如政策法规、社会服务、公共资源等，对其他经济主体的福利产生的外部性。例如，公共数据要素的生产者、流通者或使用者可能通过公开、透明或合理的公共数据要素的管理和利用，促进公共数据要素的公平、效果或价值，这是一种正外部性；也可能通过不公开、不透明或不合理的公共数据要素的管理和利用，阻碍公共数据要素的公平、效果或价值，这是一种负外部性。

（3）按照数据要素的规模，可以分为微观数据要素的外部性、中观数据要素的外部性和宏观数据要素的外部性。微观数据要素的外部性是指单个或少量的数据要素，如一条记录、一张图片、一段视频等，对其他经济主体的福利产生的外部性。例如，微观数据要素的生产者、流通者或使用者可能通过提供、获取或利用微观数据要素，实现个体的需求、目标或价值，这是一种正外部性；也可能通过泄露、窃取或滥用微观数据要素，损害个体的需求、目标或价值，这是一种负外部性。中观数据要素的外部性是指一定数量或范围的数据要素，如一个数据集、一个数据平台、一个数据应用等，对其他经济主体的福利产生的外部性。例如，中观数据要素的生产者、流通者或使用者可能通过整合、优化或创新中观数据要素，实现组织的效率、效果或价值，这是一种正外部性；也可能通过分散、降低或破坏中观数据要素，损害组织的效率、效果或价值，这是一种负外部性。宏观数据要素的外部性是指大量或全面的数据要素，如一个数据体系、一个数据市场、一个数据社会等，对其他经济主体的福利产生的外部性。例如，宏观数据要素的生产者、流通者或使用者可能通过构建、发展或改善宏观数据要素，实现社会的公平、效益或价值，这是一种正外部性；也可能通过破坏、剥夺或滥用宏观数据要素，影响社会的公平、效益或价值，这是一种负外部性。

2. 外部性的影响和解决。数据要素的外部性对数据要素的价值创造和分配有重要的影响，因为外部性会导致数据要素的社会边际成本或收益与私人边际成本或收益不相等，从而造成数据要素的供给或需求的偏离，引发数据要素的市场失灵。数据要素的市场失灵表现为数据要素的生产、流通或使用的过度或不足，导致数据要素的资源配置的低效或不公，损害了数据要素的社会总福利。

为了解决数据要素的外部性问题，需要采取相应的政策或制度安排，以实现数据要素的社会边际成本或收益与私人边际成本或收益的一致，从而纠正数据要素的市场失灵，提高数据要素的社会总福利。解决数据要素的外部性问题的方法可以分为以下几类。

（1）内部化外部性。内部化外部性是指通过市场或契约的方式，将数据要素的外部性转化为数据要素的内部成本或收益，使数据要素的生产者、流通者或使用者在作出决策时，能够充分考虑到数据要素的外部性影响，从而实现数据要素的社会最优配置。内部化外部性的方法包括：征收或补贴数据要素的税费、建立或完善数据要素的产权制度、实施或强化数据要素的责任制度、促进或支持数据要素的自愿协商或合作等。

（2）公共干预。公共干预是指通过政府或社会的行为，对数据要素的生产、流通或使用进行规范或引导，以减少或消除数据要素的负外部性，或增加或扩大数据要素的正外部性，从而提高数据要素的社会总福利。公共干预的方法包括：制定或执行数据要素的法律法规、设立或调整数据要素的标准规范、提供或改善数据要素的公共服务、建立或优化数据要素的监管机制、开展或加强数据要素的宣传教育等。

（3）社会协调。社会协调是指通过社会各方的参与、沟通或协作，形成或增强数据要素的共识、信任或责任，以协调或平衡数据要素的利益关系，从而实现数据要素的和谐发展。社会协调的方法包括：建立或发展数据要素的社会组织、推动或参与数据要素的社会对话、制定或遵守数据要素的社会契约、培育或弘扬数据要素的社会文化、营造或维护数据要素的社会环境等。

（二）数据要素多环节性理论

1. 多环节性的定义和特点。多环节性是指数据要素的价值是由多个环节的数据要素的参与者共同创造的特征，即数据要素的价值具有多环节性。数据要素的价值多环节性可以从以下几个方面进行描述。

（1）数据要素的价值多环节性是协作的，即数据要素的价值是由数据要素的生产者、流通者和使用者在数据要素的生产、流通和使用的过程中，通过协作、互动、交换等方式，共同创造的。数据要素的价值多环节性体现了数据要素的参与者之间的合作关系，即数据要素的参与者之间是互相依赖、互相支持、互相促进的，数据要素的价值创造是数据要素的参与者之间协作的结果。

（2）数据要素的价值多环节性是累积的，即数据要素的价值是由数据要素的参与者在数据要素的生命周期中，通过不断地增加、改进、更新等方式，逐步累积的。数据要素的价值多环节性体现了数据要素的价值的动态性，即数据要素的价值是随着数据要素的生命周期的延续而不断变化的，数据要素的价值的创造是数据要素的参与者之间的累积过程。

（3）数据要素的价值多环节性是分散的，即数据要素的价值是由数据要素的参与者在数据要素的不同层次、领域、范围等方面，通过不同的方式、手段、目的等，分别创造的。数据要素的价值多环节性体现了数据要素的价值的多样性，即数据要素的价值是由数据要素的不同属性、特征、功能等决定的，数据要素的价值的创造是数据要素的参与者之间的分散行为。

2. 多环节性的影响和解决。数据要素的价值多环节性对数据要素的价值创造和分配有重要的影响，因为多环节性会导致数据要素的价值的复杂性、不对称性和冲突性，从而造成数据要素的价值评估和分配的难度、风险和问题。数据要素的价值多环节性问题表现为数据要素的价值的不清晰、不公平、不和谐，导致数据要素的价值的低效或不公、失衡或不平、矛盾或不稳，影响了数据要素的价值的最大化和优化。

为了解决数据要素的价值多环节性问题，需要采取相应的政策或制度安排，以实现数据要素的价值的简化、对称和协调，从而提高数据要素的价值评估和分配的效率、公正与和谐。解决数据要素的价值多环节性问题的方法可以分为以下几类。

（1）简化数据要素的价值评估：简化数据要素的价值评估是指通过简化、统一、规范的方式，对数据要素的价值进行清晰、可比、可信的评估，以减少或消除数据要素的价值的复杂性，从而提高数据要素的价值的可理解性和可操作性。简化数据要素的价值评估的方法包括：建立或完善数据要素的价值评估的标准、方法、指标、模型等，提高数据要素的价值评估的简化性和统一性；建立或完善数据要素的价值评估的机制、流程、平台、系统等，提高数据要素的价值评估的规范性和可比性；建立或完善数据要素的价值评估的监督、审核、认证、公示等，提高数据要素的价值评估的清晰性和可信性。

（2）对称数据要素的价值分配：对称数据要素的价值分配是指通过对等、互惠、共赢的方式，对数据要素的价值进行公平、合理、有效的分配，以减少或消除数据要素的价值的不对称性，从而提高数据要素的价值的公平性和合理性。对称数据要素的价值分配的方法包括：建立或完善数据要素的价值分配的原则、规则、制度、机制等，提高数据要素的价值分配的对等性和互惠性；建立或完善数据要素的价值分配的调节、补偿、激励、保障等，提高数据要素的价值分配的公平性和合理性；建立或完善数据要素的价值分配的协商、协作、共享、共赢等，提高数据要素的价值分配的有效性和共赢性。

（3）协调数据要素的价值分配：协调数据要素的价值分配是指通过协调、平衡、优化的方式，对数据要素的价值进行和谐、稳定、可持续的分配，以减少或消除数据要素的价值的冲突性，从而提高数据要素价值的和谐性和稳定性。协调数据要素的价值分配的方法包括：建立或完善数据要素的价值分配的参与、沟通、反馈、改进等，提高数据要素的价值分配的协调性和平衡性；建立或完善数据要素的价值分配的优化、创新、升级、转化等，提高数据要素的价值分配的优化性和创新性；建立或完善数据要素的价值分配的监测、预警、干预、处置等，提高数据要素的价值分配的和谐性和稳定性。

（三）数据要素非排他性理论

1. 非排他性的定义和特点。非排他性是指数据要素的使用者在使用数据要素时，不会影响其他使用者使用同样的数据要素的特征，即数据要素的使用具有非排他性。数据要素的使用非排他性可以从以下几个方面进行描述。

（1）数据要素使用非排他性是共享的，即数据要素使用者在使用数据要素时，不会消耗或减少数据要素的数量或质量，数据要素使用者可以同时或交替地使用同样的数据要素，数据要素使用者之间不会发生竞争或冲突。数据要素使用非排他性体现了数据要素的共享性，即数据要素可以被多个使用者共同使用，数据要素使用是数据要素的使用者之间的共享行为。

（2）数据要素使用非排他性是增值的，即数据要素使用者在使用数据要素时，不会降低或损害数据要素的价值或效用，数据要素使用者可以通过使用数据要素，增加或提升数据要素的价值或效用，数据要素使用者之间可以相互促进或支持。数据要素使用非排他性体现了数据要素的增值性，即数据要素可以被多个使用者增值使用，数据要素使用是数据要素的使用者之间的增值行为。

（3）数据要素使用非排他性是开放的，即数据要素使用者在使用数据要素时，不会限制或排斥其他使用者使用同样的数据要素，数据要素使用者可以自由或灵活地使用数据要素，数据要素使用者之间可以相互包容或协作。数据要素使用非排他性体现了数据要素的开放性，即数据要素可以被多个使用者开放使用，数据要素的使用是数据要素的使用者之间的开放行为。

2. 非排他性的影响和解决。数据要素使用非排他性对数据要素的价值创造和分配有重要的影响，因为非排他性会导致数据要素的使用的外部性、公共性和协作性，从而造成数据要素的价值评估和分配的困难、风险和问题。数据要素使用非排他性问题表现为数据要素的使用的正负外部性、公共物品性和囚徒困境性，导致数据要素使用的过度或不足、低效或不公、失衡或不平，影响了数据要素的使用的最大化和优化。

为了解决数据要素使用非排他性问题，需要采取相应的政策或制度安排，以实现数据要素的使用的内部化、私有化和协作化，从而提高数据要素使用的效率、公正与和谐。解决数据要素的使用非排他性问题的方法可以分为以下几类。

（1）私有化数据要素使用的公共性：私有化数据要素使用的公共性是指通过政府或社会的行为，对数据要素的使用进行规范或引导，以减少或消除数据要素使用的公共性，从而提高数据要素使用的效率和公正。私有化数据要素使用的公共性的方法包括：制定或执行数据要素使用的法律法规、设立或调整数据要素使用的标准规范、提供或改善数据要素使用的公共服务、建立或优化数据要素使用的监管机制、开展或加强数据要素使用的宣传教育等。

（2）协作化数据要素使用的协作性：协作化数据要素使用的协作性是指通过社会各方的参与、沟通或协作，形成或增强数据要素使用的共识、信任或责任，以协调或平衡数据要素使用的利益关系，从而实现数据要素使用的和谐发展。协作化数据要素使用的协作性的方法包括：建立或发展数据要素使用的社会组织、推动或参与数据要素使用的社会对话、制定或遵守数据要素使用的社会契约、培育或弘扬数据要素使用的社会文化、营造或维护数据要素使用的社会环境等。

（四）数据要素边际收益递增理论

1. 边际收益递增性的定义和特点。边际收益递增性是指数据要素的使用者在使用数据要素时，随着数据要素使用量的增加，数据要素使用效果的增加幅度超过数据要素使用成本的增加幅度的特征，即数据要素的使用具有边际收益递增性。数据要素的使用边际收益递增性可以从以下几个方面进行描述。

（1）数据要素的使用边际收益递增性是非线性的，即数据要素的使用者在使用数据要素时，数据要素的使用效果与数据要素的使用成本之间的关系不是线性的，而是呈现出一种曲线的形态，数据要素的使用效果随着数据要素的使用量的增加而增加，但是增加的速度不是恒定的，而是逐渐加快的，数据要素的使用成本随着数据要素的使用量的增加而增加，但是增加的速度不是恒定的，而是逐渐减慢的，数据要素的使用效果与数据要素的使用成本之间的差额随着数据要素的使用量的增加而增加，但是增加的速度不是恒定的，而是逐渐加快的。数据要素的使用边际收益递增性体现了数据要素的使用的非线性，即数据要素的使用效果与数据要素的使用成本之间的关系是一种非线性的关系，数据要素的使用是一种非线性的行为。

（2）数据要素的使用边际收益递增性是网络的，即数据要素的使用者在使用数据要素时，数据要素的使用效果不仅取决于数据要素的使用者自身的数据要素使用量，还取决于其他数据要素的使用者的数据要素的使用量，数据要素的使用者之间通过数据要素的使用形成了一种网络的联系，数据要素的使用效果随着数据要素使用者的数量和连接的增加而增加，数据要素的使用成本随着数据要素的使用者的数量和连接的增加而减少，数据要素的使用效果与数据要素的使用成本之间的差额随着数据要素的使用者的数量和连接的增加而增加。数据要素的使用边际收益递增性体现了数据要素使用的网络性，即数据要素的使用效果与数据要素的使用者的网络之间的关系是一种网络的关系，数据要素的使用是一种网络的行为。

（3）数据要素的使用边际收益递增性是互动的，即数据要素的使用者在使用数据要素时，数据要素的使用效果不仅取决于数据要素的使用者自身的数据要素的使用方式，还取决于其他数据要素的使用者的数据要素的使用方式，数据要素的使用者之间通过数据要素的使用产生了一种互动的效应，数据要素的使用效果随着数据要素使用者的互动的质量和数量的增加而增加，数据要素的使用成本随着数据要素使用者的互动的质量和数量的增加而减少，数据要素的使用效果与数据要素的使用成本之间的差额随着数据要素使用者的互动的质量和数量的增加而增加。数据要素的使用边际收益递增性体现了数据要素使用的互动性，即数据要素的使用效果与数据要素的使用者的互动之间的关系是一种互动的关系，数据要素的使用是一种互动的行为。

2. 边际收益递增性的影响和解决。数据要素的使用边际收益递增性对数据要素的价值创造和分配有重要的影响，因为边际收益递增性会导致数据要素使用的规模效应、网络效应和互动效应，从而造成数据要素的价值评估和分配的困难、风险和问题。数据要素使用边际收益递增性问题表现为数据要素使用的规模经济、网络外部性和互动复杂性，导致数据要素的使用的过度或不足、失衡或不平、矛盾或不稳，影响了数据要素的使用的最大化和优化。

为了解决数据要素的使用边际收益递增性问题，需要采取相应的政策或制度安排，以实现数据要素使用的规模控制、网络管理和互动协调，从而提高数据要素使用的效率、公正与和谐。解决数据要素的使用边际收益递增性问题的方法可以分为以下几类。

（1）规模控制数据要素使用的规模效应。规模控制数据要素使用的规模效应是指通过合理、适度、可控的方式，对数据要素使用的规模进行控制或调节，以减少或消除数据要素使用的规模经济，从而提高数据要素使用的效率和公正。规模控制数据要素使用的规模效应的方法包括：建立或完善数据要素使用的规模的标准、限制、监测、调节等，提高数据要素使用的规模的合理性和适度性；建立或完善数据要素使用的规模的补偿、激励、惩罚、保障等，提高数据要素使用的规模的可控性和可调节性。

（2）网络管理数据要素使用的网络效应：网络管理数据要素使用的网络效应是指通过有效、安全、可持续的方式，对数据要素使用的网络进行管理或引导，以减少或消除数据要素使用的网络外部性，从而提高数据要素使用的效率和公正。网络管理数据要素使用的网络效应的方法包括：建立或完善数据要素使用的网络的结构、功能、质量、安全等，提高数据要素使用的网络的有效性和安全性；建立或完善数据要素使用的网络的服务、支持、监督、评估等，提高数据要素使用的网络的可持续性和可改进性。

二、数据要素收益分配规则的目标和原则

(一) 数据要素收益分配目标

1. 数据要素收益分配在国家战略中的定位。数据是数字经济的核心要素,数据要素收益分配是数字经济发展的重要内容。数据要素收益分配不仅关系数据资源的有效利用和价值实现,也关系数字经济的公平性和效率性,以及国家的数据安全和数字主权。因此,数据要素收益分配在国家战略中具有重要的地位和作用。

首先,数据要素收益分配是实现国家治理现代化的必要条件。习近平总书记指出,"要加快推进国家治理体系和治理能力现代化,必须充分发挥数据在国家治理中的基础性、战略性作用"。数据要素收益分配涉及数据的产权、流通、收益、安全等方面,是国家治理的重要内容。建立健全数据要素收益分配的法律法规、制度规范、监管机制,是提高国家治理效能、保障国家治理安全、增强国家治理信任的必要条件。

其次,数据要素收益分配是构建新发展格局的重要支撑。习近平总书记强调,"要以国内大循环为主体,国内国际双循环相互促进,构建新发展格局"。数据要素收益分配是推动国内国际双循环的重要支撑。一方面,数据要素收益分配有利于打造统一开放的国内数据市场,促进数据资源的高效配置和优化利用,激发数据要素的创新活力和增长动力,提升国内市场的规模效应和竞争优势。另一方面,数据要素收益分配有利于推进数据的跨境流动和国际合作,拓展数据要素的开放共享和价值共创,增强国际市场的参与度和影响力,提升我国在全球数字经济中的话语权和制度权。

再次,数据要素收益分配是实现共同富裕的重要途径。习近平总书记强调,"要坚持以人民为中心的发展思想,不断满足人民日益增长的美好生活需要,不断促进社会公平正义,努力实现共同富裕"。数据要素收益分配是实现共同富裕的重要途径。一方面,数据要素收益分配有利于促进数据要素的公平分配,保障数据要素的各方参与者的合法权益,实现数据要素的价值回报和收益共享,缩小数据要素的分配差距,提升数据要素的分配效果。另一方面,数据要素收益分配有利于促进数据要素的普惠服务,拓展数据要素的应

用领域和覆盖范围，实现数据要素的价值转化和效益扩散，增进数据要素的社会福利，提高数据要素的服务水平。

2. 数据要素收益分配的短期目标和长期目标。数据要素收益分配的短期目标和长期目标，应该符合国家"十四五"规划纲要和《中共中央 国务院关于构建数据基础制度更好发挥数据要素作用的意见》的总体要求，即以实现国家治理现代化、构建新发展格局、实现共同富裕为指导，以释放数据要素价值为导向，以做大做强产业本身为核心，以强化产业支撑为保障，打造数字经济发展新优势。

具体来说，数据要素收益分配的短期目标，是在"十四五"时期，建立健全数据要素的基础制度，包括数据产权制度、数据流通和交易制度、数据收益分配制度、数据安全治理制度等，形成数据要素市场化配置的初步框架，促进数据要素的合规高效流通使用，激活数据要素的创新活力和增长动力，提升数据要素的供给质量和使用效率，为数据要素收益分配的公平性和效率性打下坚实基础。

数据要素收益分配的长期目标，是在2035年远景目标的指引下，完善数据要素的制度体系，包括数据价值体系、数据流通体系、数据收益体系、数据安全体系等，构建数据要素的现代化分配机制，促进数据要素的开放共享和价值共创，实现数据要素的价值回报和收益共享，为数据要素收益分配的公平性和效率性提供持续保障。

3. 数据要素收益分配的短期目标和长期目标的协调。数据要素收益分配的短期目标和长期目标，是一个动态的过程，需要根据数据要素的发展规律、数字经济的发展需求、国家的发展战略进行不断的调整和完善。在实现数据要素收益分配的短期目标和长期目标的过程中，应该遵循以下原则。

一是坚持问题导向和目标导向相结合。在制定数据要素收益分配的短期目标和长期目标时，要充分考虑数据要素收益分配的现状和问题，如数据权属的模糊性和争议、数据要素投入核算的复杂性、市场化定价存在的问题、数据安全问题等，并根据数据要素收益分配的总体目标和原则，制定具体的任务和措施，明确责任主体和时间节点，确保数据要素收益分配的短期目标和长期目标的可行性和有效性。

二是坚持统筹规划和分步实施相结合。在实施数据要素收益分配的短期目标和长期目标时，要有统筹的顶层设计，形成数据要素收益分配的整体框架和路线图，同时要有分步的具体安排，根据数据要素收益分配的不同阶段和领域，制定相应的政策措施和试点示范，逐步推进数据要素收益分配的制度创新和实践探索，确保数据要素收益分配的短期目标和长期目标的连贯性和协调性。

三是坚持自主创新和开放合作相结合。在推动数据要素收益分配的短期目标和长期目标时，要允分发挥我国海量数据规模和丰富应用场景优势，加强数据要素收益分配的理论研究和技术创新，形成具有中国特色的数据要素收益分配制度体系，同时要积极参与国际数据跨境流动和交易的规则制定和合作机制建设，推动数据要素收益分配的国际协调和互利共赢，确保数据要素收益分配的短期目标和长期目标的先进性和开放性。

（二）数据要素收益分配原则

1. 公平与效率的统一原则。数据要素收益分配的公平与效率原则，是指在数据要素收益分配过程中，既要考虑数据要素的价值贡献和收益回报，又要考虑数据要素的公共利益和社会效益，实现数据要素收益分配的公平性和效率性的有机统一。

数据要素收益分配的公平与效率原则，在分配中的具体应用，可以从以下几个方面进行。

在初次分配阶段，按照"谁投入、谁贡献、谁受益"的原则，推动数据要素收益向数据价值和使用价值创造者合理倾斜，激励数据要素的供给和创新，提高数据要素的效率性。

在二次分配阶段，重点关注公共利益和相对弱势群体，通过税收、转移支付等手段，对数据要素收益进行合理调节，缩小数据要素收益分配的差距，提高数据要素的公平性。

在三次分配阶段，通过社会保障、教育培训、公共服务等方式，提高全体人民的数据素养和数据能力，增强人民在数字经济中的参与度和获得感，实现数据要素收益分配的可持续性。

2. 透明与可预测性原则。数据要素收益分配的透明与可预测性原则，是指在数据要素收益分配过程中，要建立健全数据要素的信息披露、监督评估、问责追责等制度，提高数据要素收益分配的透明度和可预测性，增强数据要素收益分配的公信力和合法性。

（1）分配透明性的重要性。分配透明性是指数据要素收益分配的规则、过程、结果等信息对各方的可知性和可查性。分配透明性的重要性主要体现在以下几个方面。

第一，分配透明性有利于保护数据要素各参与方的合法权益，防止数据要素收益分配的不公正和不合理，维护数据要素收益分配的公平性和效率性。第二，分配透明性有利于提高数据要素收益分配的信任度和协作度，促进数据要素的开放共享和价值共创，激发数据要素的创新活力和增长动力。第三，分配透明性有利于加强数据要素收益分配的监督管理和风险防范，规范数据要素的流通使用和收益分配，保障数据要素的安全性和稳定性。

（2）分配预测性的影响因素。分配预测性是指数据要素收益分配的规则、过程、结果等信息对各方的可预期性和可控性。分配预测性的影响因素主要包括以下几个方面。

第一，数据要素的特征和属性。数据要素的无限复制性、高度异质性、非竞争性、规模报酬递增性等特征，使数据要素的价值和收益难以准确评估和量化，增加了数据要素收益分配的不确定性和复杂性。第二，数据要素的市场机制。数据要素的市场机制包括数据要素的供需关系、价格形成机制、流通交易模式等，影响着数据要素收益分配的效率和公平。当前，我国数据要素市场尚不完善，数据要素的供需矛盾、价格扭曲、流通壁垒等问题，降低了数据要素收益分配的可预测性。第三，数据要素的制度环境。数据要素的制度环境包括数据要素的法律规范、政策导向、行业标准等，影响着数据要素收益分配的规范和合法。当前，我国数据要素制度尚不健全，数据要素的产权界定、流通规则、收益分配等方面，还存在一些不明确和不协调的问题，降低了数据要素收益分配的可预测性。

3. 可持续性与动态调整原则。数据要素收益分配的可持续性与动态调整原则，是指在数据要素收益分配过程中，要根据数据要素的发展规律、数字经济的发展需求、国家的发展战略进行不断的调整和完善，确保数据要素收益分配的可持续性和动态性。

三、设置数据要素收益分配规则的政策建议

（一）完善数据要素市场基础制度，实现数据要素收益有效分配

1. 完善数据要素确权及投入核算机制。数据是数字经济的核心要素，为促进数据要素的有效配置和合理分配，建议从以下几个方面进行创新和改进。

（1）完善数据要素权属界定模式。数据要素的权属界定涉及数据的所有权、使用权、处置权、收益权等多个层面，需要综合考虑数据的来源、属性、价值、用途等因素，建立符合数据特征和市场规律的权属界定方法。

权属明晰化的路径与方法：数据要素的权属明晰化是数据要素确权的重要步骤，也是推动数据要素市场化的前提条件。数据要素的权属明晰化需要通过数据登记、标识、认证等方式，实现数据的身份识别、归属确认、权利界定等目标。建议通过建立数据要素登记制度、推广数据要素标识技术、完善数据要素认证机制等措施，推进数据要素的权属明晰化，为数据要素的流通和分配提供可靠的保障。

（2）加强投入核算的标准化与科学化。数据要素的投入核算是数据要素收益分配的重要依据，也是数据要素价值体现的重要方式。数据要素的投入核算则需要反映数据的贡献度和稀缺性，建立符合数据价值和成本的投入核算方法。建议通过法律、技术、市场等多种手段，创新数据要素的权属界定和投入核算方法，为数据要素的流通和分配提供清晰的规则和依据。数据要素的投入核算需要依托数据的量化、评估、计价等方法，实现数据的价值衡量、成本核算、收益分配等目标。建议通过参考国际标准、借鉴国际经验、引入科学方法等手段，提高数据要素的投入核算的标准化和科学化水平，为数据要素的流通和分配提供合理的依据和指导。

结合前文提到的深圳数据生产要素统计核算试点的经验及教训，现提出以下四点确切建议。

一是加强数据生产要素的理论研究和国际交流，参考国际上的最新进展和经验，不断完善数据生产要素的概念内涵、划分标准、价值评估、核算方法等方面的理论和方法体系，提高数据生产要素统计核算的科学性和规范性。

二是加快数据生产要素的法律法规和标准规范的制定和完善，明确数据生产要素的权属、流通、交易、使用等方面的法律责任和义务，保护数据生产要素的权益和安全，促进数据生产要素的合规流通和交易。

三是加强数据生产要素的统计调查和数据收集的组织和管理，优化统计报表制度和调查方法，降低数据填报难度和成本，提高数据质量和可用性，建立数据生产要素的统计监测和分析机制，及时反映数据生产要素的发展状况和趋势。

四是加强数据生产要素的统计核算和数据分析的应用和推广，将数据生产要素的统计核算结果纳入国民经济核算体系，反映数据生产要素对经济增长的贡献和作用，为政府和企业的决策提供数据支撑和参考。

（3）权属明晰化的路径与方法。数据要素的权属明晰化是数据要素确权的重要步骤，也是进一步推动数据要素市场化的重要保障。数据要素的权属明晰化需要通过数据登记、标识、认证等方式，实现数据的身份识别、归属确认、权利界定等目标。为了推进数据要素的权属明晰化，建议从以下几个方面进行路径和方法的设计和实施。

第一，建立数据要素登记制度。数据要素登记制度是数据要素权属明晰化的基础制度，其目的是为数据要素的权属提供法律依据和公信力。数据要素登记制度需要明确数据要素登记的主体、对象、内容、程序、效力等要素，建立数据要素登记的规范和流程。建议通过制定数据要素登记法、建设数据要素登记平台、完善数据要素登记服务等措施，建立健全数据要素登记制度，为数据要素的权属明晰化提供法律支持和服务保障。根据人民网的数据，截至2021年底，我国已有北京、上海、广东、浙江、江苏等地开展了数据要素登记试点工作，涉及政府数据、企业数据、个人数据等多个领域，初步探索了数据要素登记的路径和方法，为全国范围内的数据要素登记制度建设提供了借鉴和经验。

第二，推广数据要素标识技术。数据要素标识技术是数据要素权属明晰化的核心技术，其目的是为数据要素的权属提供技术手段和安全保障。数据要素标识技术需要利用数据的特征、指纹、水印等技术，为数据要素赋予唯一的标识符，实现数据要素的身份识别和溯源。建议通过推动数据要素标识技术的研发、应用、标准化等措施，推广数据要素标识技术，为数据要素的权属明晰化提供技术支持和安全保障。阿里巴巴集团利用区块链技术，为其平台上的商品数据和交易数据打上了不可篡改的数字水印，实现了数据要素的标识和追溯，有效保护了数据要素的权属和安全，提高了数据要素的信任度和价值。

第三，完善数据要素认证机制。数据要素认证机制是数据要素权属明晰化的关键机制，其目的是为数据要素的权属提供第三方的验证和信任。数据要素认证机制需要建立数据要素认证的主体、对象、内容、程序、效力等要素，建立数据要素认证的规范和流程。建议通过设立数据要素认证机构、制定数据要素认证规则、提供数据要素认证服务等措施，完善数据要素认证机制，为数据要素的权属明晰化提供第三方的验证和信任。欧盟在实施《通用数据保护条例》（GDPR）后，发现数据要素的认证机制是保障数据要素权属明晰化的重要手段，因此在2020年发布了《欧洲数据战略》（EDS），提出了建立数据要素认证机制的具体措施，包括建立数据要素认证的法律框架、设立数据要素认证的监管机构、推动数据要素认证的国际合作等,旨在提升数据要素的质量和信任度,促进数据要素的跨境流通和共享。

2. 健全数据要素市场流通和交易制度。

(1) 推动对公数据要素的分级分类管理和开放共享。编制政务数据目录系统、分级分类管理能够实现全面摸底,为政务数据向市场的开放共享和有效利用提供基础支撑。数据目录是数据资源的地图,通过编制政务数据目录系统,能够清晰地了解政务数据的来源、类型、属性等信息,并有效避免数据的重复采集、冗余存储、低效使用等问题,从而提高数据质量、增加数据使用价值。清晰的数据目录也有利于促进对公数据规范有序、高效公平地展开共享和利用。另外,分类分级管理将政务数据按照重要性、敏感性、风险性等划分为不同的等级和类别,适用于不同的管理规范和措施,从而实现政务数据的差异化和精细化的管理,有效地防范市场主体在使用数据资源时的安全隐私问题与法律风险,构建政务数据安全可信流通和交易的环境,进而有效地提升政务数据的社会效益和公共价值。

在此基础上,进一步建立健全对公数据向市场的开放共享,有助于提高数据资源的利用效率和价值,促进数字经济的发展。由于对公数据来源于政府部门和公共机构在履行公共职能和提供公共服务过程中采集或生成的数据,涉及社会、经济、文化、生态等多个领域,具有广泛的应用场景和潜在的价值。而其获取途径排他性较强,难以融入产业链的生产活动从而最大化释放赋能。对公数据的跨行业跨领域的流通和交易是数据要素市场的重要组成部分,也是数据要素的协同创新和协同效应的重要领域。因此,建立健全对公数据的开放共享,能够打破数据孤岛,实现各类数据的多源汇聚、关联融合、高效流通,可以降低数据的重复采集、存储、处理的成本,激发数据的创新应用和价值提升。

(2) 完善企业数据的市场化交易机制。企业数据是数字经济的重要资源和生产要素,具有巨大的价值创造和价值实现的空间,完善其市场化交易机制有利于激发企业数据价值潜力,促进数字经济的发展。其要点在于企业数据的价值评估体系、价格形成机制和价格调节机制三者的建立与优化。第一,探索建立企业数据要素的价值评估体系,综合考虑数据要素的成本、收益、市场价值、社会价值等多个方面,建立科学合理的数据要素价值评估方法和指标,从而反映数据要素的真实价值贡献;第二,市场价格形成机制的健全能够充分发挥市场的决定性作用,实现数据要素的供需匹配和价格信号传导,反映企业数据的稀缺性和边际效用;第三,加强对企业数据要素市场运行的监管，市场价格调节机制则需借助政府的引导和监管作用，建立价格监测、价格干预等机制，在再分配中体现公平，并且在一定程度上促进正外部性对数字产业链的贡献、纠正负外部性的消极影响。这些机制的建立可以使企业数据的价格与其价值相匹配，促进企业数据的流通和使用效率，从而促进企业数据的创新应用和价值提升。

此外，企业在数据市场的行为涉及多方权利和义务，为保障贡献投入生产、收益合理分配，企业数据的市场准入和受监管机制也值得注意。一方面，市场准入机制可以规范企业数据市场主体的行为；另一方面，适当高效的第三方监督管控有利于市场各方掌握企业数据的市场动态和趋势，维护企业数据的市场秩序和公平竞争。遵守这些机制的规范约束，企业在数据市场的行为也更加符合法律法规和标准规范，赢得数据市场的信任，从而保障企业数据的社会效益和公共价值。从企业间、行业间跨领域交易来看，市场规则的建立有助于推动企业间发现企业数据的潜在价值和应用场景、增加流通意愿和动力，推动跨界融合和价值创新，从而实现合作共赢，促进数据要素的优化配置和组合。

（3）兼顾个人数据的权益保护和价值实现。

第一，完善个人数据的市场化交易机制，建立个人数据的价值评估体系、个人数据的市场价格形成机制、个人数据的市场价格调节机制，使个人数据的权利主体能够根据自己的意愿和需求，通过合法合规的方式，将自己的数据出售、租赁、授权、捐赠给使用方，从而获得相应的收益和回报。个人数据分布在各个互联网平台，平台掌握海量的个人交易、活动、偏好等数据信息，因此个人数据的隐私与权益保护尤为重要。对于个人数据采集者，应当明确数据的收集、使用、保存、删除、转移、提供、公开等基本行为的边界与红线，使平台在采集、使用、储存、分析甚至交易环节充分考虑个人数据的隐私保护原则、措施和责任，采取有效的技术措施和管理措施，保障个人数据的安全和完整；若出现用户隐私泄露、盗取、滥用等情况，采集方应当承担涉及的监管处罚、民事赔偿、刑事追究等基本制度，并制订个人数据的安全应急预案，及时处置个人数据的安全事件，及时通知个人数据的权利主体和有关部门，承担相应的赔偿责任。在保障个人数据隐私安全的基础上，加强个人数据的分类分级管理，实现个人数据的差异化保护，同时考虑个人数据的流通和利用的需要，避免保护与利用的矛盾和冲突。针对个人数据的被采集者，需要推进个人数据的知情同意制度，要求数据处理者在收集、使用、提供、公开他人数据的行为前，必须向个人数据的权利主体明确告知数据的处理目的、方式、范围、期限等信息,并征得其明示同意,同时尊重个人数据的权利主体的选择和意愿,允许其拒绝或撤回授权,以及查看、更正、删除、限制、异议自身相关数据的处理行为,保障个人数据的权利主体对自己的数据有充分的知情权和决定权。

第二,促进个人数据在平台经济、零工经济等领域的创新应用,开展个人数据的需求分析、供给激励,成本补偿和收益共享,建设个人数据的对接平台与合作模式,使个人数据的权利主体能够根据自己的能力和特长将自己的数据提供给平台经济、零工经济中的需求方,从而获得相应的产品服务或劳动报酬。基于上述保障,充分发挥个人在知识付费、平台经济、零工经济场景中的个人数据价值释放,也是当下数字经济建设的重要一环。经过个人数据的开放共享和创新应用,使个人数据的权利主体能够从新兴数字经济产业发展中获得更多的收益和回报,例如,提高个人知识技能和就业机会,从而提升就业能力、发展空间和收入水平,增强个人的社会参与感。进而满足个人的多样化和个性化的需求和期待,为个人的发展和幸福提供更多的支持和保障。

(4) 实现跨境数据交易安全规范。

第一,建立合理的跨境数据流通机制,倡导采用开放透明的方式,明确跨境数据流通的条件和规则,保障数据流通的合法性和隐私保护。同时,鼓励企业建立安全可控的跨境数据流通通道,运用隐私计算、区块链等新兴技术,实现数据的安全存储、共享交换、溯源验证等功能,保障数据的安全和可信,探索安全规范的数据跨境流动方式,针对不同的应用场景,如跨境电商、跨境支付、供应链管理、服务外包等,提供多样化的解决方案,确保数据在跨境传输中的安全。此外,为降低跨境数据交易的风险,建议建立跨境数据交易的风险评估机制,在数据交易前就对涉及跨境数据的项目进行风险评估,使数据流通可能带来的安全隐患显现出来,从而采取相应的防范措施。同时也鼓励企业对跨境数据交易进行自主风险评估,提高数据交易的风险识别和防范水平。

第二,积极参与国际交流合作,推动形成公平竞争的国际化市场,参与国际数据安全标准的制定和推广,加强与境外接收方的沟通协调,订立充分约定数据安全保护责任义务的法律文件,建立有效的争议解决机制。鼓励各行业、大型数字企业加强跨境数据的安全合作,建立国际合作机制,推动各国在数据安全标准、数据安全技术等方面进行合作研究,形成共同的数据安全标准。例如,国际跨境数据安全联合体等统一标准的联盟,加强各国在数据安全事件应对、信息共享等方面的协作，构建更加安全可信的跨境数据交易环境。

第三，建立健全数据交易安全标准规范和安全制度体系，遵守数据安全相关的法律法规和强制性国家标准，参与数据要素管理相关标准规范贯标工作，提高数据交易的信任和效率。交易安全审查制度能够对涉及跨境数据的重要项目进行安全审查，确保市场上参与主体之间的数据交易符合国家法规和标准。建议建立安全审查的透明机制，公开审查结果，促进数据交易各方的合法合规行为。此外，为了更好地管理跨境数据交易，可以设立专门的授权机构负责审批跨境数据交易的授权，确保数据流通的合法性和安全性。例如，授权机构建立跨境数据的全生命周期管理制度，监督数据的采集、传输、存储、删除等各个环节，保障跨境数据交易的稳健运行。

（二）注重数据要素收益分配公平，更好发挥政府宏观调控作用

1. 构建数字税收制度。

（1）构建数字税征收模式和分配原则。数字税是指针对数字经济活动征收的税收，目的是解决传统税收制度在适应数字化发展方面的不足，保障国家税收权益，促进公平竞争和可持续发展。目前，全球范围内数字税的推进进程不一，存在诸多争议和挑战。我国应积极参与国际税收规则的重构，完善数字税的法律制度和征管体系，培育数据要素市场，发挥数据的价值和作用。具体而言，应该参照国际最佳实践，制定数字税的征收范围和标准，根据 OECD 的双支柱框架，数字税的征收对象应该是具有显著数字化存在或者从数字化经营模式中获得超额利润的跨国企业。数字税的征收门槛应该综合考虑企业的全球收入、本国收入、用户数量、合同数量等因素，以确保税收的公平性和有效性。数字税的征收方式可以采用对总收入征税或者对超额利润征税的形式，税率应该根据不同的数字服务类型和利润水平进行差别化设定。此外，还应该建立数字税的法律制度和征管体系，保障税收的合法性和可操作性。数字税的立法应该遵循国际税收原则，尊重国家主权，符合 WTO 规则，避免双重征税和贸易摩擦。数字税的征管应该利用现代信息技术，实现数据的采集、分析、核实、申报、征收、监督等环节的数字化和智能化，提高税收的效率和透明度。数字税的征管还应该加强国际合作，建立有效的信息交换和争端解决机制，维护国际税收秩序。

（2）利用财政政策修正数据要素市场的正外部性。正外部性是指市场活

动对第三方产生的正面效应，但第三方并没有得到相应的补偿。数据要素市场存在正外部性的表现和影响有以下几个方面：一是数据的共享和开放可以促进数据的创新和增值，提高数据的社会效益，但数据的提供者和使用者之间存在信息不对称和利益不一致的问题，导致数据的供给不足和低效；二是数据的流通和利用可以提高社会福利，增加就业和收入，但数据的需求者和受益者之间存在外部性和公共品的问题，导致数据的需求过高和过度；三是数据的应用和服务可以推动经济转型和升级，提升竞争力和生产力，但数据的生产者和消费者之间存在规模效应和网络效应的问题，导致数据的集中和垄断。为了修正数据要素市场的正外部性，建议利用财政政策的目标和手段，实现数据要素的公共利益和共享发展。具体而言，应该通过财政支出，提供数据的基础设施、公共服务、创新支持等，激励数据的供给和开放，降低数据的获取成本和使用门槛，扩大数据的覆盖面和影响力；通过财政收入，征收数据的使用费、交易税、碳税等，约束数据的需求过度，提高数据的使用效率和环境友好性，防止数据的浪费和污染；通过财政转移，进行数据收益的补贴、分成、再分配等，促进数据的创新和增值，平衡数据的利益和风险，缩小数据的差距和鸿沟。

（3）考量分配的社会责任与伦理。数据要素收益再分配的理念是指在数据要素市场中，遵循数据要素的价值规律和社会规范，实现数据要素的公平正义和共享理念的思想和信念。数据要素收益再分配的文化是指在数据要素市场中，形成数据要素的价值观念和行为习惯，实现数据要素的公共利益和共享发展的风尚和氛围。数据要素收益再分配的理念和文化是数据要素收益再分配的精神和灵魂，是数据要素收益再分配的动力和保障。为了传播数据要素收益再分配的理念和文化，建议从以下几个方面进行宣传教育和引导示范：一是加强数据要素收益再分配的理论研究和宣传教育，深入探讨数据要素的价值本质和社会功能，阐明数据要素收益再分配的必要性和重要性，普及数据要素收益再分配的知识和技能，提高数据要素收益再分配的认识和理解；二是加强数据要素收益再分配的实践探索和引导示范，积极推进数据要素的开放和流通，充分发挥数据要素的创新和增值，有效实施数据要素的补贴和分成，有效保障数据要素的利益和风险，有效缩小数据要素的差距和鸿沟，树立数据要素收益再分配的典型和榜样；三是加强数据要素收益再分配的社会监督和评价反馈，建立健全数据要素的权益保护和纠纷解决机制，建立健全数据要素的评价和监督机制，建立健全数据要素的反馈和改进机制，及时发现和解决数据要素收益再分配中的问题和困难，不断完善和优化数要素收益再分配的政策和制度。

2. 建立区域间数据要素收益分配的协调机制。根据数据要素的特点和价值，制定合理的区域间数据要素收益分配的原则、标准和方式，平衡不同地区的数据要素供需和成本收益，促进区域间数据要素的合作共赢。例如，可以参考国际上的数字税制度，对跨区域流通的数据要素进行合理的税收分配，使数据要素的消费来源地和纳税地能够共享数据要素的收益。具体来说，可以借鉴欧盟提出的数字服务税（DST）方案，对跨境提供数字服务的企业征收一定比例的营业额税，按照用户所在地分配税收收入，以弥补传统税收原则下数字企业在用户市场缴纳的税收不足。根据欧盟委员会的估计，如果按照 3% 的税率征收 DST，欧盟每年可增加约 50 亿欧元的税收收入。此外，还可以探索建立数据要素的区域间转移支付制度，根据数据要素的流向和流量，对数据要素的供给地和消费地进行适当的财政补偿，以缩小区域间的数据要素收益差距，促进数据要素的均衡发展。

建立区域内数据要素收益分配的激励机制。根据数据要素的质量、类型、用途等，制定合理的区域内数据要素收益分配的激励措施，鼓励各类数据要素的供给、流通和使用，提高数据要素的价值和效益。例如，可以参考中共中央国务院关于构建数据基础制度更好发挥数据要素作用的意见（2022 年 12 月 2 日）（以下简称"数据二十条"）的要求，推动数据要素收益向数据价值和使用价值的创造者合理倾斜，探索个人、企业、公共数据分享价值收益的方式。具体来说，可以借鉴国外一些先进的数据收益分配模式，如数据信托、数据合作社、数据市场等，实现数据要素的多元化、多层次的收益分配。例如，英国的 Open Data Institute（ODI）推出了一种数据信托的概念，即一种法律结构，使数据的所有者或权利人能够将数据的控制权委托给受托人，由受托人按照既定的目标和规则管理和使用数据，保护数据的安全性和隐私性，同时实现数据的价值共享。数据信托可以为数据要素的收益分配提供一种灵活的机制，使数据的提供者、处理者和使用者能够根据数据的属性和目的，协商确定数据的收益分配方式和比例，实现数据要素的公平分配。

建立区域间数据要素收益分配的监督机制。根据数据要素的安全性、敏感性、公共性等，制定合理的区域间数据要素收益分配的监督措施，防范和化解数据要素的风险和挑战，维护数据要素的安全和公益。例如，可以参考《中华人民共和国数据安全法》（以下简称《数据安全法》）的相关规定，建立数据联管联治机制，加强数据流通和交易的负面清单管理，制定数据跨境流动的国际规则，保障数据要素的合规流通和交易。具体来说，可以建立数据要素收益分配的监督平台，对数据要素的流通、交易、使用等活动进行实时监测和记录，及时发现和处置数据要素收益分配中的违法违规行为，维护数据要素的合法权益。同时，可以加强数据要素收益分配的评估和审计，对数据要素的价值贡献和收益分配进行定期评估和审计，及时纠正数据要素收益分配中的不合理和不公平现象，提高数据要素收益分配的透明度和公信力。此外，还可以加强数据要素收益分配的国际合作，积极参与国际数据治理规则的制定，推动建立数据要素收益分配的国际协调机制，促进数据要素的跨境流动和共享。

（三）加强监管监督，保障数据要素收益分配规则有序运行

1. 加强对数据要素市场的监管。

（1）加强政府事前、事中、事后监管。

第一，加强数据反垄断和市场监管制度建设。自 2015 年以来，各国出台了《单一数字市场战略》《欧洲数据战略》《数字市场法》《数字服务法》等一系列法律法规，针对数据垄断行为设定了明确的判定标准和处罚措施，要求大型平台做到数据透明互通，禁止其滥用优势地位进行自我推荐、排挤其他平台，维护数字市场的公平竞争。我国应该加快修订完善以《中华人民共和国反垄断法》《中华人民共和国反不正当竞争法》《中华人民共和国电子商务法》《中华人民共和国消费者权益保护法》等为核心的市场竞争监管法律规则体系。将数据、算法等相关的市场界定、垄断行为判定标准及监管举措纳入法律框架之下。积极推进数据相关垄断行为与不正当行为监管。全面提升涉及数据要素市场秩序监管部门的数字监管能力和数字素养，强化数据要素的市场监管和反垄断执法，坚决打击数据欺诈、数据垄断和各种数据不正当竞争行为，防范数据滥用和不当使用。

第二，引入新的数据要素市场监管工具。我国应引入监管成本收益评估机制，探索建立可追溯、可审计的数据交易登记管理制度，构建线上线下无缝衔接的数据要素市场全流程全生命周期监管体系。创新"互联网+监管""信用+监管""大数据+监管"等新型智慧监管方法，积极运用科技手段和信用监管强化数据交易流程治理，形成以数治数、以技治数、以信用治数的数据要素市场监管方法体系，提升涉及数据不当行为的监管效能和灵敏度。探索引入预防性竞争监管工具，对数据驱动型并购进行回溯性评估和再审查，防止数据资源过度集中可能造成的潜在竞争损害。

第三，利用大数据、区块链等手段创新监管方式。利用大数据技术，提高数据监管的效率和精准度，大数据技术可以对海量的数据进行快速的收集、分析、挖掘、可视化等处理，发现数据的规律、价值、风险等信息，提供数据监管的决策支持和风险预警。可以实现对数据市场的全面覆盖、动态监测、精准预警和及时处置，提高数据监管的智能化和敏捷化。利用区块链技术，提高数据监管的透明度和可信度。区块链技术具有去中心化、防篡改、可追溯的特性，可以实现数据的安全存储、共享交换、溯源验证等功能，有效防止数据的泄露、篡改、伪造等风险。利用区块链技术，可以构建数据监管的信任机制，提升数据监管的公信力和效率。如欧盟于 2020 年 11 月提出了《数据治理法案》，该法案创新了数据的治理模式，作为数据共享的制度保障，引入区块链、隐私计算等新技术，构建数据的信任基础，实现数据的安全共享、流通、溯源等功能，为数据提供者和数据使用者提供可信的数据交易平台，同时也为监管部门提供可信的数据监管手段。

（2）加强部门间协调合作。

第一，加强部门间的数据共享。建立政府数据共享负面清单管理制度，明确各级政府数据开放共享责任清单。构建政府数据采集、质量保障和安全管理标准，建立统一的政府数据开放平台和标准体系。创新政府之间数据开放共享模式，加强政府数据开放的标准化，突破部门之间信息壁垒和数据孤岛，使信息真正做到在政府部门之间畅通无阻地流动，这样，可以促进政府部门之间的信息共享和沟通，增强政府部门之间的协作和协同，提高政府部门之间的效率和效果，同时，也可以为社会公众和企业提供更多的数据服务与支持，满足社会公众和企业的数据需求与利益，增强社会公众和企业的信任度与参与度，进一步释放数字经济的潜力与价值。

第二，明确部门职责和协作机制。数据要素市场涉及多个部门的管理职责，如发展改革、工业信息化、网信、市场监管、金融监管等，需要明确各部门的主要职责和分工，各部门各司其职，确保监管范围覆盖全面，避免重复监管或监管空白。同时，需要建立部门间的协作机制，如信息共享、案件移送、联合执法、协同监测等，为政府部门之间的协作创造有利的条件，使之成为一种常态化手段，实现数据要素市场监管的有效衔接和协同。例如，作为独立机构的欧洲数据保护委员会（EDPB），由欧盟各成员国数据保护监管机构和欧洲数据保护监管机构（EDPS）代表共同组成，负责确保《通用数据保护条例》（GDPR）和《执法指令》在欧盟的适用一致性，并促进欧盟各成员国数据保护机构之间合作。我国也可组织各部门成立联合机构，有利于交换信息和意见，以达成共识，确保数据保护法的一致性。

2. 完善数据安全保护制度。

（1）加强数据分级管理。

第一，建立数据分类分级的统一标准和规范。我国政府部门应在明确数据的定义、分类、分级、标识、保护等要求的基础上，形成数据分级管理的基本框架。在此基础之上，制定和完善与数据分级管理相关的法律、行政法规、部门规章、规范性文件，明确数据分级管理的法律依据、法律责任和法律救济。美国的数据分类分级制度主要依据《信息安全法》《信息安全监督法》《信息安全管理法》《信息安全现代化法》等法律法规，以及总统行政命令、联邦信息处理标准等政策文件，形成了一个涵盖国家安全、国防、外交、法律、经济、社会等领域的全面的数据分类分级体系。美国的数据分类分级标准规范主要分为两类：一类是国家安全信息的分类分级，又称为机密信息的分类分级，主要针对涉及国家安全的敏感信息，按照信息的保密程度和保密期限，分为机密级、秘密级、保密级三个等级，同时还有一些特殊的分类标识，如"仅限美国人员""不得向外国人透露"等。另一类是非国家安全信息的分类分级，又称为受控未分类信息的分类分级，主要针对涉及个人隐私、法律特权、商业机密等方面的敏感信息，按照信息的保护需求和访问条件，分为受限制的、机密的、敏感的、公开的四个等级，同时还有一些特定的分类标识，如"个人身份信息""执法敏感"等。

第二，充分利用大数据技术进行数据分类分级。通过自动化或半自动化的方法，对数据进行属性识别、敏感度评估、标签标记等操作，从而实现数据的分类和分级。数据分类分级技术可以采用规则匹配、机器学习、深度学习等方法，根据数据的内容、来源、用途、影响等因素，将数据划分为不同的类别和等级，如公开数据、内部数据、敏感数据、机密数据等。例如，美国在2014年启动了精准医疗计划（Precision Medicine Initiative），旨在利用大数据技术，收集和分析来自不同来源的医疗数据，包括基因组、生物标志物、电子病历、健康调查、移动设备等，以实现对每个患者的个性化诊断和治疗。该数据库将收集至少100万名美国志愿者的基因组和健康数据，以反映美国人群的多样性。将数据分级主要分为三个层次：公开层、受限层和敏感层。其利用大数据技术，实现了对不同人群的数据分级，既保护了参与者的隐私和安全，又促进了数据的开放和共享，为医学研究提供了丰富的数据资源和新的研究方法。

第三，建立数据安全官制度。数据安全官制度是指数据控制者和数据处理者需要指定一名或多名数据安全官（Data Protection Officer，DPO），负责监督和协助数据保护相关事务。其有如下职责，通知和咨询数据控制者和数据处理者及其员工有关数据保护义务的事宜；监督数据保护法规的遵守情况，并与数据保护监管机构进行合作和沟通；作为数据控制者和数据处理者与数据主体和监管机构之间的联系点，处理与数据保护相关的请求和投诉；在数据安全官制度下，政府只需要与数据安全官交流便可了解公司数据安全情况的主要内容，大大降低了政府了解相关信息的成本。

第四，鼓励引导企业加强自身数据管理能力。加强数据分级管理的示范引领，推广数据分级管理的先进经验和典型案例，激励数据处理者遵守数据分级管理的规范和要求，形成数据安全的良好氛围。如给予数据分类优秀的企业一定的公开表扬，或其他相关的优惠政策，让企业也能从数据分类处理中获得实际好处，形成企业与政府关系的良性循环。如 GDPR 条例要求企业对收集和处理的个人数据进行分类分级，根据数据的敏感性和风险采取不同的保护措施。例如，涉及医疗、金融、儿童等敏感数据的企业，必须采取加密、访问控制、审计等安全措施。有效降低了政府数据分级的成本，提升政府对数据分级分类的监管。

（2）建立数据泄露通知与补救措施。

第一，建立数据泄露通知机制。参考 GDPR 的第 33 条和第 34 条，数据控制方在发现数据泄露后，应在 72 小时内向监管机构报告，除非能证明该泄露不会对数据主体的权利和自由造成风险。数据控制方在报告数据泄露时，应提供以下信息：泄露的性质，包括可能受影响的数据主体和个人数据的类别和数量；泄露可能造成的后果和影响数据控制方已经采取或打算采取的补救措施，包括减轻和防止泄露的措施。如果数据泄露可能会对数据主体的权利和自由造成伤害，数据控制方应毫不延迟地通知数据主体，除非已经采取了有效的措施，如加密、匿名化、恢复数据等，或者通知数据主体需要不成比例的努力，此时应采取其他有效的公开措施，如发布公告或广告。数据控制方在通知数据主体时，应提供泄露的性质、影响、后果、补救措施等信息，以及数据主体可以采取的措施，如投诉、索赔、更改密码等。我国也可以建立相关的数据泄露通知机制，在数据泄露的第一时间通知监管机构及数据主体，并告知其可能发生的危险，以及常见的应对数据泄露的方式，让普通人也能在数据泄露的第一时间通过自身的努力来减轻数据泄露可能带来的危险。

第二，建立数据泄露补救机制。如果数据泄露已经无法避免，且确实对数据主体产生的权益产生了伤害，政府应当做好事后补救工作。各级政府都应该建立相应的补救机制，以应对不同级别的数据泄露事件。采取包括行政手段在内的多种方法控制数据泄露的范围。美国联邦贸易委员会（FTC）是负责保护消费者隐私和数据安全的主要机构，它通过调查和起诉涉及数据泄露的企业或组织，要求其采取补救措施，如改进安全措施、赔偿受害者、接受监督等，以减轻数据泄露的影响。例如，2020年，FTC与脸书（Facebook）达成了一项50亿美元的和解协议，除了罚款外，Facebook还同意对其业务进行一系列的改革，包括：在董事会中设立一个独立的隐私委员会，由独立董事组成，负责监督Facebook的隐私政策和实践；建立一个隐私计划，要求对每个新产品和服务进行隐私风险评估，并定期向CEO和第三方审计机构提交评估报告。限制对用户数据的收集和使用，要求获得用户明确的同意，才能创建新的面部识别模型，或者将用户的电话号码用于广告目的。加强对第三方应用和开发者的监管，要求其提交数据使用目的和许可证，禁止其滥用用户数据，或者与Facebook存在利益冲突的行为。接受FTC的持续监督和审查，每季度向FTC提交一份隐私合规报告，每两年接受一次独立的隐私审计。部分消费者认为这将改变Facebook的隐私文化，使其更加注重数据安全保护。

第三，加大对数据泄露的惩治力度。欧盟相关法案表明，对数据泄露方可处不超过2000万欧元罚款或全球营业收入的3%。2019年7月，英国信息专员办公室（ICO）对航空公司英国航空（BA）处以1.83亿英镑（约合2.04亿欧元）的罚款，原因是该公司在2018年遭受了一场网络攻击，导致50万名客户的个人数据被泄露，包括姓名、地址、信用卡信息等。我国目前有关数据安全保护方面的法条数据泄露处罚力度不大，根据《数据安全法》第四十五条的规定，数据处理者违反该法规定，未履行数据安全保护义务，或者违反国家规定，向他人出售或者提供重要数据的，由有关主管部门责令改正，给予警告，并处5万元以上50万元以下的罚款；对直接负责的主管人员和其他直接责任人员，处1万元以上10万元以下的罚款。情节严重的，处50万元以上500万元以下的罚款；对直接负责的主管人员和其他直接责任人员，处10万元以上100万元以下的罚款；构成犯罪的，依法追究刑事责任。对于泄露数据的数据控制方，未涉及刑事责任的，应通过罚款、警告等行政手段进行引导。违法成本过低可能会影响数据安全保护。可将处罚金额与营业收入联系起来，增加其违法成本。

作者：

杨龙见，南京大学长江产业发展研究院特约研究员、中央财经大学副教授、税法中心主任

第七章 推动"科技—产业—金融"良性循环 助力专精特新中小企业高质量发展

一、"科技—产业—金融"良性循环的理论阐释

"科技—产业—金融"良性循环,本质上是通过对技术、资本要素的有效配置,支撑产业(尤其是实体产业)的高质量发展。其中,产业高质量发展是根本目的和核心,科技与金融围绕着产业发展的需求来运行。具体需要分三个层面来看。

(一)科技与产业之间的互动循环

这是"科技—产业—金融"良性循环各种关系中的第一层,也是最核心的关系。产业高质量发展的要义是通过科技创新实现产业创新,提升产业竞争力的同时占据价值链高端以获得更高利润。两者互动可按照科技发展过程的"基础研究、应用研究、试验发展、产业化"四个阶段展开,下面我们分阶段分析两者的互动。

1. 基础研究。以科研院所(或科研院所类机构)为主体,该阶段的目的是发现新理论、创造新知识,产出主要形式是科学论文或专著,该环节不创造显性的经济价值,却能为人类发展提供基础性理论知识储备,为应用研究阶段提供理论支持。一些龙头企业或大型企业也会设置从事基础研究工作的部门(如阿里达摩院、腾讯研究院、国网电力科学研究院有限公司等),这些部门带有科研院所性质,即不以经济效益而以科学发现为主要

目的。

  2. 应用研究。该阶段是对基础研究成果进行应用性探索，寻求其为达到特定目标可采取的新方法或新途径，成果形式以科学论文、专著、原理性模型或发明专利为主，经济价值并不明晰，不确定性很强。该环节也是以科研院所为主体，产业主体可适当参与进来，对可能的应用方向提出需求。上面提到的企业设置的研究部门通常会将基础研究和应用研究打通来进行，而非营利的高校或研究机构则需要有市场的引导才能明确研究方向与目的。对于高校和科研院所而言，这个阶段需要对成果进行概念验证，这是对科研人员的早期成果进行市场检验的必要阶段，美国、英国等高校早在20多年前就开始探索概念验证中心的建设。

  3. 试验发展。该阶段的目的是基于基础研究和应用研究积累的知识，为生产新产品建立新的工艺、系统、服务等工程体系。该环节涉及工程领域，重点是帮助成果走出实验室，为批量稳定生产和产业化做准备，需要企业和科研院所共同作为主体参与，成果形式包括专利、专有技术、具有新产品基本特征的产品原型或具有新装置基本特征的原始样机等。试验发展可分为小试、中试、大试等阶段，发展方向较为清晰，且以市场需求为牵引，其经济价值随着试验发展阶段的深入而逐渐明确。其中，中试是一个十分重要的环节，涉及大规模批量生产过程中质量稳定性、次品率高低、成本经济性等多方面因素，需要企业和科研院所两个主体高度紧密合作。这也是当前我国科技产业互动中存在的一个显著问题。

  4. 产业化。该阶段则几乎全部由企业完成，相当于正式面向市场进行量产。科研院所在其中处于配合性角色，仅在必要时提供指导性支持，科研团队可能与企业存在股权上或咨询业务上的合作。该环节的产出就是新产品，直接接受市场检验，经济价值非常清晰。

  需要指出的是，以上四个阶段中，应用研究和试验发展是关键的两个阶段，也是"创新死亡之谷"所经历的阶段。这两个阶段的创新又存在两种模式，一是从技术出发往市场端推动的"供给推动型"创新，该模式需要引导甚至是创造市场需求，可能产生突破性的产品或行业，如曾经的柯达胶卷被数字成像技术替代。但该模式具有极大的不确定性，一旦得不到市场的认可，便会出现彻底失败，技术价值完全归零。二是从需求端出发反向驱动研发和技术进步的"需求拉动型"创新，该模式因市场需求较为明确，技术创新后实现的产品创新更容易得到市场支持和变现，属于渐进式创新，风险较小。据深圳科技局的一项调研显示，深圳科技公司97%都是通过需求导向模式开展创新，极少有成果转化的方式。

（二）金融支持嵌入科技与产业互动中产生的循环

第二个层面来看，在科技与产业互动的过程中，需要关注金融的支持形式和方式，即资金是如何支持四个阶段推进过程的。需要指出的是，这里所提及的金融是一个广义的资金提供概念，既包括市场化的银行、基金、债券机构等部门资金，也包括由政府或国有部门提供的财政性、基金性资金支持。在当前我国创新战略驱动下和新型举国体制引导下，财政等国有资金体现出了许多市场化属性（财政资金市场化），同时一些市场化资金也在根据需要积极进入基础研究领域（市场资金财政化）。因此，这里划分的重点不在于资金的来源部门，而在于资金的性质和目的，即资金是出于增值需要还是鼓励发现需要提供支持。以下结合上述科技产业循环的四个阶段，根据各阶段风险回报的差异，对金融参与循环的具体模式讨论如下。

1. 在基础研究环节，由于实施主体是科研院所，且其行为不具备经济价值，表现为"钱—知识"的转换过程，因此金融支持的形式表现为财政资金投入（或财政性资金）。该类资金属于拨款性质，没有投资回报要求，其目标是产出新知识而非资金增值，企业不参与其中（或者仅仅是企业的科研部门参与其中，且金融支持的原则也不是市场利润原则而是科研院所的研究经费原则）。基础研究能力是一国科技能力和自主创新能力的重要表现，也是产业高质量发展的最重要基石，是靠"烧钱"堆起来的能力，关键核心要素在于高端人才。2022年我国基础研究经费占研发（R&D）经费比重为6.32%，远低于主要发达国家15%—25%的普遍水平。

2. 应用研究环节的实施主体以科研院所为主，企业会开始关注并适度参与，企业的作用是为应用研究提供方向性需求，为后期的市场化做准备。其中，金融支持仍然需要以财政资金为主，结合相关早期天使类VC资金支持企业参与其中。这一阶段风险很大，市场化力量的作用不大（仅有如华为、阿里巴巴等大型民企或者链主型国企会投入资金支持），金融支持需要解决的关键问题是财政资金与市场化资金如何相互结合发挥更大合力？这里两类资金的性质与定位非常重要：财政资金的重要功能是充当引导基金来撬动更大比例的市场资金，且应更多投向产业共性技术平台的项目，在全行业发展过程中起到"压舱石"作用，将看不清方向完全摸黑搞研究的阶段闯过，一旦见到黎明的曙光就以适当回报退出，让渡给市场化资金接盘。其关键功能是通过财政资金的担当和长期化性质,为全行业提供稳定的公共技术支撑,目的是适度增值或保值即可,而非追求高额回报。例如,江苏省产业技术研究院作为一家省属事业单位,探索的财政资金"拨投结合"模式值得借鉴推广。此外,一些地方政府实施的政府基金作为引导资金撬动更大规模市场化资金的模式,也值得深入研究。

3. 到了试验发展阶段,资金的角色主要是支持实验室科研成果实现产业化的工程性过程。这个过程也是新产品与市场进行互动的过程,即新产品价值逐步经受市场检验,逐步确定其经济价值及未来回报,资金投入具备高风险高回报的特征,且越往早期风险越大回报也越高。这是所谓"创新死亡之谷"的关键阶段,需要企业同科研院所进行紧密的互动合作,在科研院所研究能力的支持下,将知识通过工程化逐步推向产品化、产业化。资金在其中的作用可以作为对企业的股权投资(直接融资,如 PE 中的天使轮、A 轮、B 轮、C 轮等),也可以表现为以贷款为主的间接融资(但因目前知识产权抵押市场不完善较为少见),这个过程财政资金不应再充当主角,更多交由市场化资金来实现金融支持。需要注意的是,这里除了金融支持外,还应当更多关注科研院所和企业两个不同类型主体间的合作动力、模式和收益分配等问题,需要大力进行制度创新来鼓励科研院所的人才积极主动参与企业的试验发展过程(如美国的拜杜法案)。

4. 最后的产业化阶段,企业通过试验发展已经逐步将产品成熟化并进入量产阶段,此时企业可以通过我国以往金融体系的常规支持模式获得资金,包括贷款、发债、股权融资等形式。由于这一阶段企业和产品都较为成熟,且已经得到市场检验,因此创新风险较低,金融支持的 VC 特征逐渐趋弱,回报也趋于平均水平。

(三)制度对"科技—产业—金融"循环的支持

三者的良性循环还需要制度这个极为重要的支持。必须通过制度创新,既要化解科研院所和企业这两个重要的创新主体目标不一致和利益不一致的矛盾,也要解决财政资金的性质和定位的问题,以及金融机构在支持创新过程中资金考核体系的障碍。主要表现为:

其一,要通过制度创新支持科研院所人才的产业化实践。以往科研人员的目标在于完成科学研究项目,以论文、专著、专利等为产出形式,并不知道科研成果如何在产业升级中发挥作用,并且还受到许多制度上的限制和约束。这里需要解决的问题包括知识产权归属权、科研人员绩效指标、经费执行考核导向等，还包括高校研究导向、评价制度、经费评估体系等。例如，西北工业大学通过推动"三项改革"试点加快科技成果转化，制定了《职务科技成果单列管理办法》，目前全部职务科技成果单列管理，已实施转化384项，组建科技型企业26家；修订《专业技术职务评审办法》，单独设置科技成果转化职称系列，60余位高校教师凭借科技成果转化贡献参加了职称评审；以"技术入股＋现金入股"方式组建成果转化企业17家，有效实现了"出成果"和"用成果"的有机统一。该项改革获得了国务院第九次大督查典型经验的通报表扬。

其二，要通过制度创新实现财政资金的突破和松绑。由原先以科研成果产出为导向，且支出规则较为硬性死板的体系，调整为兼顾科研成果和产业化目标，且支出方式较为弹性的柔性考核体系。这么做的目的是尽量让科研人员心无旁骛地从事科研工作，不被财政资金支出刚性规则占用太多精力。此外，对于国有企业等部门支持科技创新的经费，也应该由短期化、利润化的考核，转向长期性、产业化的考核，让国有资金能够在科技创新体系中承担更加基础性、战略性、长期化的作用，而这一部分也恰恰是目前我国产业科技创新最为缺失的部分。例如，江苏省产业技术研究院在支持科技成果产业化时创新实施了"拨投结合"的财政资金管理办法，让财政资金兼具科研经费拨款和市场化股权融资双重职能，有效支持了科技成果以产业化为导向的再研发。

其三，更深层次的制度问题在于，要打通技术、资金、人才等高端生产要素突破地方政府间障碍壁垒，实现高效流动并支持"科技—产业—金融"良性循环。当前中央高度重视的统一大市场建设就是为了实现这一根本性长远目标而推动的一项重要制度性改革。要进一步通过对内（而非对外）的改革开放，拆除政府之间、区域之间的"隐性墙"，让三者循环更为畅通高效。

综上所述，图7-1显示了"科技—产业—金融"三者良性循环的主要过程，既包含了从基础研究到产业化过程中科技与产业的互动，又包含了金融对创新全流程的贯穿式支持，而制度性支持则是底层的、贯穿式的、根本上影响的一种重要因素。

第七章 推动"科技—产业—金融"良性循环 助力专精特新中小企业高质量发展 117

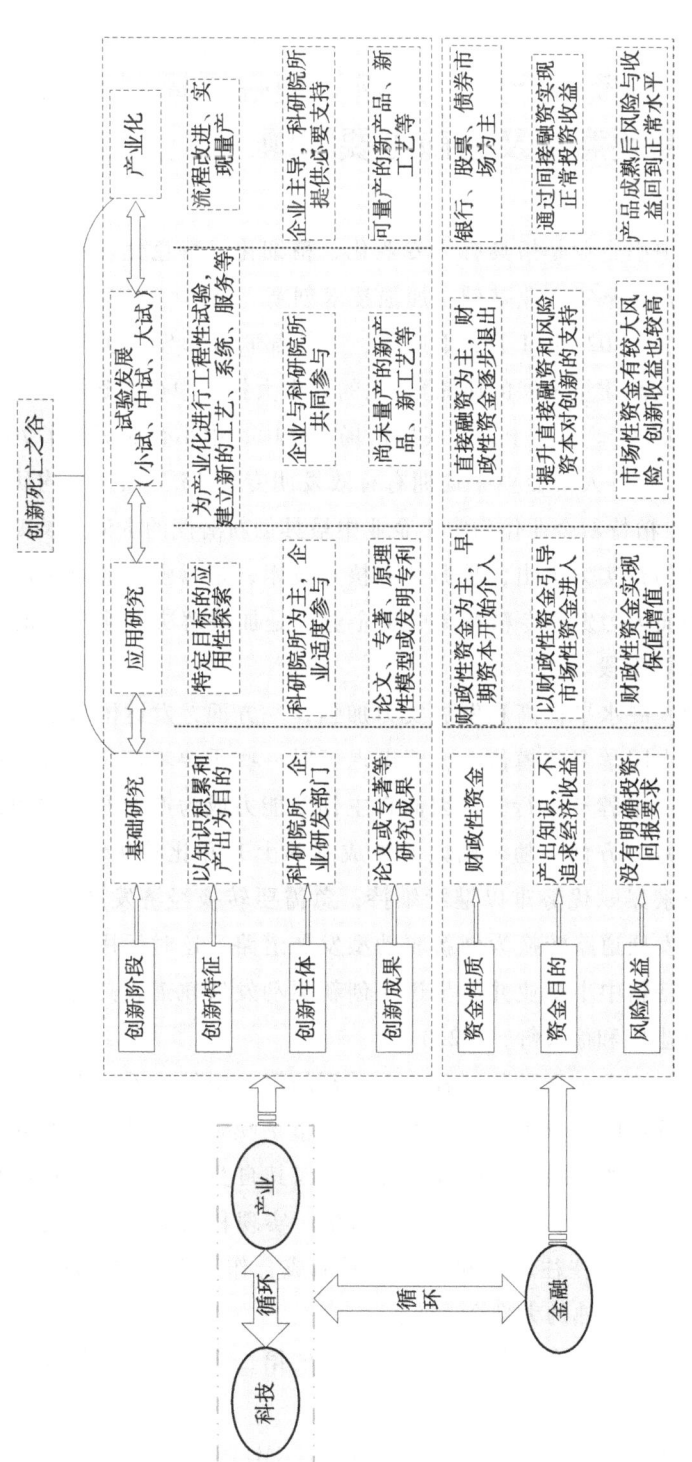

图 7-1 "科技—产业—金融"良性循环的理论阐释

二、"科技—产业—金融"良性循环对专精特新中小企业的重要意义及当前主要问题

专精特新中小企业是指具有"专业化、精细化、特色化、新颖化"特征的中小企业,旨在坚实产业基础、加强技术创新、破解"卡脖子"技术和补产业链关键环节。2021年1月,财政部、工信部联合印发《关于支持"专精特新"中小企业高质量发展的通知》,党的二十大报告中也明确强调要"支持专精特新企业发展"。事实上,在我国市场主体中,中小企业贡献了70%以上的技术创新,"小巨人"企业平均拥有有效发明专利15.7项,平均研发强度高达8.9%。专精特新企业作为中小企业中最具创新潜能的主体,长期深耕细分市场,科技创新实力突出,掌握关键核心技术,是增强产业链供应链韧性的生力军,因而大力发展专精特新中小企业,是加快解决产业链中的"卡脖子"问题的重要手段。

随着中国发展水平提高和发展实力加强,一方面,发达国家出于各种动机,不再允许中国学习和模仿,甚至出现了对一些重要零部件、关键技术和设备的断供和"卡脖子"行为,因而自主创新能力成为产业升级和制约发展的主要瓶颈;另一方面,随着国内要素成本的上升和比较优势的动态变化,过去廉价的要素禀赋优势难以继续维持,急需要转换经济发展战略和模式,把学习模仿型发展道路转换为创新驱动型发展道路。这时运用创新发展的理念,培育专精特新中小企业并逐步迈入创新驱动发展轨道,具有极其重要的现实意义(刘志彪和徐天舒,2022)①。

从"科技—产业—金融"三者良性循环的第一个层次看,专精特新中小企业长期深耕特定的细分市场,有着敏锐的市场嗅觉,也具备较好的科创基础,但由于在过去的发展中,专精特新企业因其自身"专业化、精细化、特色化、新颖化"的特征,大多依靠自身力量,实现科技突破,缺乏畅通的信息渠道和资金支持,往往难以和科研院所形成合作,跨越"创新死亡之谷"的难度要远远高于成熟的大型企业。

从"科技—产业—金融"三者良性循环的第二个层次看,伴随着北京证

---

① 刘志彪,徐天舒. 培育"专精特新"中小企业:补链强链的专项行动[J]. 福建论坛(人文社会科学版),2022,356(1):23—32.

券交易所的成立、培育专精特新企业逐步上升为国家战略等顶层设计的不断推进，国家对专精特新企业提供了大量金融支持政策，但由于政策工具仍然以银行信贷产品为主，资本市场融资渠道起步晚，当经济发展阶段由过去要素驱动转向创新驱动，专精特新企业要实现"科技—产业—金融"三者的良性循环依然面临严峻的考验。

一是"专精特新"中小企业创新力仍显不足。由于这类中小民营企业成本、技术、品牌优势尚未形成，利润微薄导致创新能力不足，尤其是原创性科技成果较为缺乏。以长三角国家级专精特新"小巨人"民营企业为例，截至 2023 年 3 月底，2768 家企业平均专利 132.38 件，但发明专利仅 56.64 件；平均参与起草 14.44 项标准，但国家标准和行业标准合计仅 2.74 项，绝大部分是自主发布的企业标准。企业全面开始数字化转型的占比较低，如对 488 家江苏专精特新企业调研发现，其中国家级层面开展全面数字化的比例只有 20.97%，而省、市级仅有 7.38%、7.85%。

二是科技创新缺乏协同性支持。专精特新中小企业依靠单打独斗往往难以壮大，加强协同创新意义重大。但从实际情况来看，领军型科技企业缺乏，整合创新能力一般，与其他环节企业协调性不强，很难形成创新生态系统。如调研中发现，某汽车高科技研发企业反映，目前国内 90% 车用嵌入式实时操作系统都被外资企业垄断，国产操作系统很难融入产业链。安徽某两家紧邻的光伏组件企业，成立时间很近，却没有相互协调研发推动产品创新，而是竞相到外面购买先进生产装备。另外，创新产品推广的协调也存在不足。苏州某医疗科技企业反映，公司出口的创新产品售后服务需运回国内，虽然国家明确在综保区可以开展保税维修业务，但实际操作需要在综保区注册企业并履行相关审批手续，前后大约需要 6 个月，影响海外业务推广。

三是科技创新人才短板明显。一方面高端人才缺乏。许多围绕"卡脖子"问题进行重大技术攻关的专精特新中小企业，自己却在高端人才上被"卡脖子"。如半导体、生物医药、先进制造业等行业普遍反映，高端人才大部分都在海外，对国内民企身份认可度不高，招聘效果不尽如人意。一些电子设计自动化（EDA）市场领军企业、生物药研发平台型企业反映，亟待从海外引进相关高端人才。另一方面政策精准性、灵活性不足。表现为缺乏对专业人才的总体规划、高端引智平台的数量和功能还不够、服务配套保障不足。如苏州某第三代硅基氮化镓半导体企业反映，创新创业领军人才评选要求年龄不超过 35 周岁，但该行业具备足够专业知识且有能力创业的基本都已超龄。

四是创新服务体系不完善。面向专精特新中小企业的技术服务平台和孵化器数量少、质量参差不齐、区域分布不均，相关的技术鉴定、评估、交易、推广、咨询等服务市场体系发展不充分，阻碍相关创新产品或技术进入市场，降低了其创新效率。在调研中发现，很多专精特新中小企业不得不把研发环节放到大城市，割裂了研发、中试和生产的紧密联系，非常不利于创新。在一些"卡脖子"赛道上，又因为缺乏平台而难以开展深层次研究。如长三角集成电路产业虽然发达，但仍缺乏服务高端数字芯片设计的公共基础平台，包括EDA工具平台、高水平公共测试平台、微型电子器件（IC）设计服务和流片服务平台等，难以为"专精特新"中小企业提供有效服务。

五是创新场景生态不丰富。专精特新中小企业普遍反映，技术的应用场景匮乏，无法以数据积累应用实现迭代升级，这种情况在芯片设计、工业软件等领域较为明显。调研中，一些知名工业软件企业反映，企业设计的产品虽然技术先进，但国内运用的积极性低，有时候"白送"都很难。某些运输平台企业反映，无人驾驶技术及产品的成熟迭代离不开持续且丰富的真实数据，但目前有效场景开放不足。政府在场景统筹开放上的层次整体不高，据悉全国只有安徽在全省层面统筹推进场景创新工作，很多城市的场景开放呈现小、散、乱等现象，将城市基建、人才引进等都囊括进来，每年发布上千个场景，数量虽多但质量不高，不具有专业性、聚焦性和指向性，严重偏离了场景创新的最终目标。

六是融资体系对创新不友好。当前专精特新中小企业融资仍然以银行贷款为主，而更有助于创新的直接融资体系较弱，造成了资金链和创新链不匹配。一方面，贷款的马太效应显著，对缺乏抵押品的科创类企业不利。某无钴电池企业产品行业领先，也有知识产权专利，但银行大都没有知识产权质押产品。调研中，超90%以上企业认为银行贷款存在中小企业门槛难达标、附带条件多、转贷容忍度低等问题。另一方面，股权基金等直接融资机构存在"摘熟果""短期化"等问题，非常不利于民营企业科技创新，特别是一些周期长、资金密集的产业，更需要大基金支持。某芯片设计企业反映，集成电路需要长期资本的参与和陪伴成长，民营资本跟投意愿不足，急需国有资本支持。

七是降成本未做到精准有效。专精特新企业普遍反映，目前出台的系列降成本政策效果不显著，离"致广大而尽精微"有较大差距。很多中型企业反映，产业政策多聚焦"头部"企业，降减缓政策则关注小微企业，处于发力期、成长期的"颈部"和"腰部"中型企业两头不沾边。另外，大规模推进的增值税留抵退税政策只是迟缴缓缴，且相当部分并未到达最需要的企业，难以从根本上解决降成本问题。一些对采购民企创新产品的补贴政策申请繁琐，导致需求企业不愿申请而放弃使用。人工智能等行业创新成本大，使得企业不堪重负，如某人工智能企业反映，租用高端服务器进行语音交互和软硬结合的数据处理，设备租金近1000万元/月。

八是合法权益保护仍不到位。很多企业反映，知识产权维权难、信用体系建设缺失等问题长期存在。调研中，近80%的企业认为需要加大品牌保护力度，近70%的企业呼吁加大商标保护。"一招鲜"知识产权是很多民企立足之本，被侵权将决定其生死存亡，但企业实力弱，维权无力。此外，目前各地在建立以"红黑名单"为核心的民企诚信激励与失信惩戒机制上力度还不够，也存在个别区域对涉案中的企业财产与个人财产区分不清的问题，让企业家没有安全感，甚至被迫将个人财产转移出去。对长三角全部2768家国家级"小巨人"企业统计发现，截至2023年3月底，企业平均涉及的法律诉讼案件为11.19件，制造业平均涉案11.36件。

三、"科技—产业—金融"良性循环助力专精特新中小企业高质量发展的路径及建议

（一）战略上，应明确"专精特新"企业科技创新的定位和方向

新时代新征程，创新驱动发展战略的基础在体制机制、关键在技术人才、活力在市场主体。专精特新企业是最有效率、最有活力、最有创造力的市场主体，应当在我国科技创新体系中扮演主体角色，一方面应积极将原始技术进行产业转化和应用，另一方面还要将产业需求变为技术创新的驱动力和方向指引。专精特新企业应该是技术的使用者、消费者，偏向于技术产业化的中后端，不应当承担原始技术高昂的创新沉没成本，但可以成为从技术创新到产业创新的重要推动力。

专精特新企业科技创新总的来说有两个方向：其一，对于规模大、基础好、行业内有较强影响力的企业，应该朝着龙头"链主"的方向发展，通过产业链"链主"地位整合形成创新链，引领并拉动整个产业的创新发展；其二，对于有一定技术基础、聚焦某个环节的企业，可以瞄准专精特新定位，集中力量攻克关键环节的技术，形成企业的"杀手锏"，成为某个细分领域的

隐形冠军。

政府在对专精特新企业的培育上可以将财政补贴和减税降费结合起来。目前，各级政府支持"专精特新"企业发展主要采取财政补贴的方式，这不可避免地导致一部分短视企业只想从政府口袋里"圈钱"，而真正想向"隐形冠军"前进的企业往往更看重企业的可持续发展能力。专精特新企业的产品通常利润率较高，因此增值税较高，建议可以参考软件行业，将增值税设定一个上限，比如，不超过3%，这可能比单纯的财政补贴更能够刺激企业持续深入开展技术创新。同时，对于中小微企业的减税降费政策，可以适当向专精特新企业倾斜。

（二）体制上，应强化新型举国体制的战略支撑作用

新型举国体制是我国特有的制度优势，具有集中力量、聚焦重点、高效组织的特点，应当将其与民营企业的自主、灵活、高效特点相结合，形成创新的有机协同体。新型举国体制的战略支撑作用主要有三个方面。

一是从政府与市场的关系来看，政府应当聚焦于提供有利于科技创新的公共品，比如重大试验装置、重要基础设施、重点制度保障、人才服务体系等，解决仅靠民企个体无法解决的问题；专精特新企业则充当创新主体角色，根据自身或行业需要瞄准重要领域和关键技术方向，在政府导向下依托公共平台进行创新或提供创新服务，其行为应遵循市场的投入产出规律。

二是从创新链条来看，应借助新型举国体制解决原始技术创新的问题，形成强大雄厚的基础技术供给，政府或公共部门应当承担其中的巨大沉没成本和高失败风险，把钱"变为"知识，比如在军工领域的研发投入；专精特新企业则负责把知识"变成"更多的钱，将知识进行产业化商业化利用（例如军民融合场景），其中既包括利用新技术新知识进行产业创新的制造业企业，也应当包括专业服务业企业，如知识产权服务公司、各类融资机构、法律会计等。

三是从抵御外部冲击来看，新型举国体制可以运用国家力量为民营企业撑起创新的自由天地，比如当今单边主义、保护主义、霸凌行径逐渐抬头，专精特新企业在这样的大变局大风浪下更需要国家力量进行保护和维权。此外，国家力量对于维护全球产业链供应链稳固、提升企业创新韧性，也具有十分重要的作用。

（三）路径上，应以"创新市场体系"突破"创新死亡之谷"

技术与产业的衔接存在着巨大鸿沟（通常被称为"创新死亡之谷"），表现

在科研人员与企业家目标不一致、基础技术成果产业化失败率高、中间科技服务机构大量缺失等方面。解决这个问题，需要构建以产业需求为导向的科技创新体系，形成企业主导的合作模式，加强技术服务体系的中间转化作用。

第一，应建立"产业—技术"转化平台及团队，将产业创新难题通过持续、系统、专业的"翻译"变成科研团队的技术攻关课题，形成良好的供需互动模式；第二，必须构建各层次、市场化的价值实现体系，充分激发产学研用各创新主体的主动性积极性，形成中国特色促进科技与产业创新的有效机制；第三，要打造丰富专业的中间市场体系，为技术的孵化、转移、应用提供专业性服务。这些机构应成为独立的市场主体，发挥关键性的技术服务功能，而这正是我国当前科技创新体系中最为缺失的部分。

（四）资金上，应着力提升各类金融机构的支持效能

当前"专精特新"企业的主要融资模式以银行贷款的间接融资为主，VC、PE等直接融资方式还不发达，这与西方国家发达融资体系极力支撑企业科技创新的模式形成很大差距。

首先，从间接融资模式来讲，应当优化银行的贷款方式，创新知识产权质押融资方式及科技贷款产品，大力发展专业性服务平台，打通各类专利、知识产权抵押融资的瓶颈，例如可以设立专精特新企业集合债券，以剥离政府融资职能的地方政府投融资平台作为债券发行人，将发债所募集的资金，以委托贷款的方式，通过商业银行转贷给专精特新企业。其次，要利用国家大基金及政府资金力量推动形成良好的一级市场股权融资体系，可以探索国有基金和民营基金合作形成"优先＋劣后"分级产品，建立各取所需的风险收益分担模式，这里最重要的是引导国有资本形成支持创新的长期力量。最后，还需要大力发展资本市场（尤其是股票市场），打造投资标的流入流出的"活水池"而非"死水潭"，深入推进科创板、注册制等进一步深入改革，引导社会面形成鼓励创新、投入创新的资本市场良好局面。

（五）人才上，应提供高层次、精细化、多维度的综合保障

专精特新企业科技创新需要多方面的人才作为支撑，要深入贯彻落实人才强国战略，培育吸引科学家、创新团队、工程师、工匠等多方面人才，形成促进科技创新的人才支撑体系。

第一，要建立综合性全方位的人才库和画像体系，精准识别各类别、各层次人才的能力、优势和特点，实现人尽其才、为我所用，形成人才高效供需匹配机制；第二，要构建帮助专精特新企业留才、引才、用才的政策体系，在个人所得税、公积金等方面加大支持力度，尤其要做到精准施策，根据企业不同需要实现政策上"致广大而尽精微"；第三，要营造人才宜居宜业的优良软硬环境，推进公共服务的普惠式开放共享，聚焦居住、就医、教育等关键问题实现一站式优质服务，让人才安心发挥作用；第四，对于专精特新企业特别要关注工匠技能型人才的培养，针对我国当前以中低端制造为主的现状，促进校企共建职业教育，帮助企业实现产品工艺升级。

（六）政策上，应聚焦当前重点问题形成高水平制度供给

民营企业科技创新存在的诸多卡点、难点问题需要优质的制度供给来解决，如创新收益分配机制、知识产权归属问题、税收政策体系等。

一要比照《拜杜法案》优化我国相关法律。我国虽已出台《中华人民共和国促进科技成果转化法》，但对于打通科技创新到产业创新鸿沟的作用还不明显，需要深入借鉴学习美国促进经验来完善，这方面深圳进行了较好的探索和实践。二要真正有效做到知识产权保护。可以充分发挥62家国家级知识产权保护中心的作用，将各地区在各领域形成的知识产权保护经验进行跨区域推广，尤其要注意在全国范围内形成统一、高效、协同的知识产权保护体系，避免存在死角暗角，真正提升对专精特新企业知识产权的保护和服务水平。三要聚焦于进一步完善税收优惠政策，当前已经实现对中小企业研发费用按照实际发生额的100%在税前加计扣除，还应当聚焦科技人员个人所得、企业所得等方面进行深入支持。

作者：
徐宁，南京大学长江产业发展研究院副院长
查婷俊，南京大学长江产业发展研究院特约研究员
孙瑞东，南京大学长江产业发展研究院助理研究员
陈东，南京大学长江产业发展研究院研究员
谢凡，南京大学长江产业发展研究院研究助理

第八章　亚太自贸区的设立基础与发展前景研究

亚太自贸区①，是对亚太经济发展有着重大意义的前瞻性设想。虽然亚太大多数国家（地区）基本还处于发展中国家（地区）的阶段，但过去50年来亚太地区经济的快速增长，已经让世界各国充分意识到亚太是全球经济增长的重要引擎，亚太各国（地区）的互利共赢其实更有利于全球的经济增长。目前，亚太国家（地区）已经形成了如东盟、海合会等区域性经济合作组织，签署了区域全面经济伙伴关系（RCEP）等自贸协定。但能覆盖亚太全部地区、高质量的自贸区仍是一件具有挑战的事情。由于亚太地区幅员广阔、人口众多，设立能覆盖亚太大多数国家（地区）的自由贸易区，短时间来看仍是一件挑战巨大的事情。考虑到亚太自贸区的前景广阔，对这一问题进行前瞻性的研究，思考迈向亚太自贸地区的前期步骤，符合中国经济发展的需要，具有十分重要的意义。

不同于东盟自贸区、设想中的"中日韩自贸区"、RCEP等区域性贸易协定，亚太自贸区有着相对更加广阔的地理区域发展愿景。亚太自贸区也不等同于亚太经合组织（APEC）、全面与进步跨太平洋伙伴关系协定（CPTPP）等由西方国家倡议发起或主导的贸易协定，包括大半个世界的大范围的贸易协定，它具有更加明确的地理范围和更加清晰的贸易发展、经济发展诉求。除贸易自由外，亚太自贸区还应该在自由投资、自然人流动、金融一体化等问题上进行更深入的探索。从这方面而言，亚太自贸区应该被视为已经取得

---

① 亚太地区的区域定义有广义和狭义两种，广义上，包括整个环太平洋地区，即包括加拿大、美国、墨西哥、秘鲁、智利等南北美洲的国家和太平洋西岸的日本、韩国、中国、俄罗斯远东地区、东盟各国和大洋洲的澳大利亚、新西兰等国家和地区。狭义上，指西太平洋地区，主要包括东亚的中国（包括港澳台地区）、日本、韩国、俄罗斯远东地区和东南亚的东盟国家、大洋洲的澳大利亚和新西兰等国。考虑到北美有比较成熟的自由贸易协定，狭义的亚太地区也有一个RCEP协议，因此本章是把亚洲和大洋洲都包括在研究对象之内，而在讨论中重点分析中国周边国家（地区）与东盟、澳大利亚、新西兰等。

丰硕成果的"一带一路"倡议（面向亚太国家和地区）的升级版本。

国内外已有较多的有关自贸区形成条件、基本基础、设立路径的学术研究，比较成熟的自贸区研究也多次被学术文献广泛研究。因此有关亚太自贸区的研究也不会脱离自贸区的共性特征。但为了节省篇幅突出重点，本章拟针对亚太地区特性，重点分析四个方面的问题：一是研究分析设立亚太自贸区应具有怎样的前期条件；二是对亚太国家（地区）贸易依存度分析特别是与我国的贸易依存度进行分析，找出哪些国家或地区是我国发展自贸区的潜在国家；三是亚太自贸区产业合作的潜力与前景；四是亚太自贸区与"有限政府作用"原则的理论探讨，争取对这一抽象理论的研究，为我国团结到更多亚太国家（地区）。

一、设立亚太自贸区应具有的前期条件

亚太自贸区的想法虽然很早就被提出，但在亚太地区设立自由贸易区，存在着诸多挑战。除了需要具备设立自由贸易试验区共有的前期条件以外，亚太国家（地区）还存在着幅员辽阔、地形差异巨大、各国文化多样性很高、经济发展程度不尽相同等众多特征。这些特征将会对亚太自贸区的设立产生比较大的影响。因此亚太自贸区的最终设立，需要具备如下前期基础条件。

一是各国有紧密的经贸合作，以及较快的经济增长速度。充分的经贸合作是建立自由贸易试验区的前提条件，亚太地区虽然主要以发展中国家为主，但近年来较快的经贸增长已经成为亚太建立更紧密贸易联系的保证。东盟自贸区、RCEP等区域性贸易协定的签署，说明各国都有进一步加深彼此沟通、深化经济发展的愿望，因此若亚太国家能在一段时间内保证经济的稳定增长，则亚太自贸区具有设立的最为基础的条件。从联通条件来看，近年来中国主导的"一带一路"基础设施建设，已经很大程度上改善了亚太相对落后国家的基础设施情况，亚太地区之间的道路、空水运联系效率也因此得到了很大的提高。但亚太国家（地区）离完全的理想联通状态尚有一段距离，需要经历一段时间的努力。

二是各国具有较自然资源、劳动力规模等经济禀赋优势，有经济发展的潜力。亚太各国基本都具有悠久历史，形成了比较成熟的经济与社会管理模式。全球经济增长、技术扩散的大背景下，相对落后国家若是能够学习亚太先进国家的经济发展经验，利用自身的禀赋优势，结合全球的先进技术，完

全能实现经济的快速发展。与欧洲国家相比，亚太大多数国家的面积较大，自然资源也比较丰富，并且亚太国家人口较多，劳动力资源充沛（存在人口红利），因此亚太国家若能利用好自然资源与劳动力资源的禀赋，就能使得经济走上稳定增长的道路，从而也为相关国家参与亚太自贸区提供了保证。

三是需要有互利共赢经济合作机制。各国（地区）能因自由贸易而受到经济发展的实在好处，实现多方共赢的结果，是各国参与自贸区、维护自贸区发展的重要基础。为此亚太自贸区在设计之初应有比较充分的分析，能为每个可能的成员的角色留言位置，能照顾到自贸区参与各方的利益关切。能有机制对各国的历史文化予以照顾，能兼顾各国的经济管理模式的现实情况，推进各国的改革而不是通过简单的准入门槛将各国挡在门外。作为自贸区的领头国家和区域性中心国家也应具有在一定时间内帮助相对落后国家的意愿和能力，能够通过一段时间的帮助，带动相对落后国家的发展，从而能长期促进自贸区的发展。

四是有彼此的了解和共同合作的愿望。受历史、文化原因的影响，亚太有些国家（地区）之间存在诸多矛盾。这些非经济因素可能会对发展经贸合作产生负面影响。随着亚太各国经贸合作持续加深，亚太各国（地区）应该能找到正确对待历史、处理纠纷，有管控分歧或冲突的能力。为此从实践上需要构建有效的政治对话平台与管道，增进亚太各国（地区）的理解与共识，从理论上寻找到团结亚太人民的政治理论基础，如将经济建设和对外开放作为各国（地区）人民生活的核心内容，进而促使各国（地区）表达出谋求合作、共赢发展的强烈愿望。

五是有国家（地区）安全互信机制。国际经贸来往的前提条件是国家（地区）安全不受到负面影响。为此需要参与自贸区的各国（地区）能就安全互信达成默契，沟通并了解各国（地区）的战略意图、安全关切，降低战略误判甚至擦枪走火的风险。实现区域范围内的裁军，降低各国经济发展的风险，各国可开展共同打击恐怖主义、打击有组织的走私等合作。可考虑推广建立类似上合组织、亚信会议等安全合作平台或机构，将安全议题覆盖到全部亚太，以共同应对解决亚太整体的安全问题。

二、亚太国家（地区）间的贸易依存度分析

亚太现在已经成为全球经济最活跃的地区。近年来虽然全球疫情肆虐，

但亚太经济的表现已经彰显了市场活跃性和较强的韧性，在世界贸易里扮演着无法替代的核心角色。而中国现有 140 多个国家和地区作为主要贸易伙伴，贸易活力充足，连续 6 年货物贸易总额居世界第一，对外开放格局正在逐渐扩大深化，且拥有更稳定的国内外市场资源联动效应。作为亚洲第一贸易大国，中国已同 26 个国家和地区签署了 19 个自贸协定，并通过"一带一路"、RCEP 等经济合作倡议和各贸易合作计划成为亚洲地区贸易领头国家，推动整个亚太区域贸易朝着合作共赢的方向稳中向好发展，在促进亚太经济增长、提高亚太贸易地位上作出重要贡献。

为此，我们需要借助目前能使用的最新全球经贸数据——2021 年全球各国分产品行业贸易数据，重点对亚太地区的亚洲国家（地区）彼此之间的贸易依存度，以及在全球的地位进行分析。2021 年，全球虽然有疫情的影响，但考虑到各国（地区）的贸易关系、相互依存度能基本稳定，且数据是目前能使用的最新数据，因此据此的分析对指导现实最有借鉴意义。

（一）亚太国家（地区）在全球贸易中的核心地位

亚太国家（地区）在全球贸易中的重要性不可忽视，无论是按各亚太国家总贸易量还是亚太地区各贸易商品大类的贸易量，均可以证明亚太地区贸易规模巨大。

首先，亚太各国（地区）的贸易额在全球范围内占比较重，尤其是亚洲地区。图 8-1 展示了 2021 年亚太各国（地区）的贸易额及在全球的比重，以 20‰ 和 10‰ 的比重为分界线，可以各国（地区）总贸易额占全球总贸易额比例将亚太各国（地区）分为三个梯队。4 个大于 20‰ 的国家（地区）属于第一梯队，其中，中国以远超其他各亚太经济体的优势独占鳌头，2021 年总贸易额占全球贸易额的 12.66%，体现我国在对外贸易上的绝对领先实力；除我国外，其余亚太主要贸易国家（地区），如日本、韩国和印度，3 国的全球贸易额比重均在 20‰ 以上，而中国香港地区也占 19‰，其接近 20‰ 的水平也在全球市场上证明该地区举足轻重的贸易地位；第二梯队主要是澳大利亚、东南亚国家和中东大国，因近几年的经济全球化深化和产业转移获得了贸易增长，越南、新加坡和马来西亚等国家的占比都在 10‰—20‰；第三梯队是占比在 10‰ 以下的各个国家，但总和也不容小觑。

第八章 亚太自贸区的设立基础与发展前景研究　　129

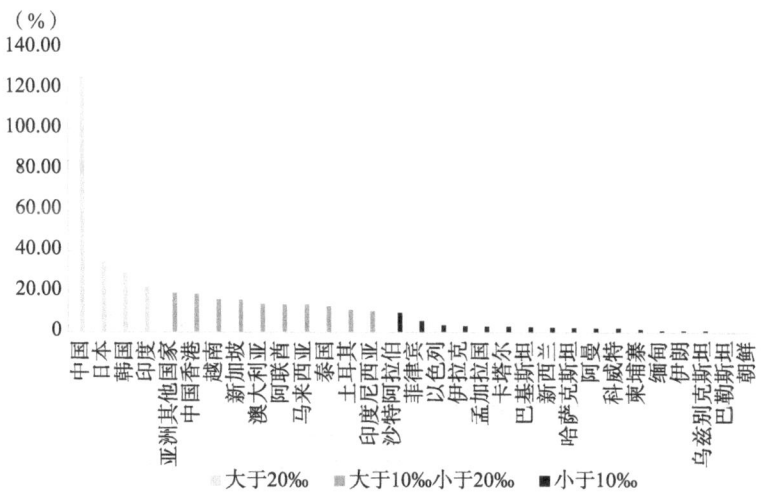

图 8-1　2021 年亚太各国（地区）的贸易额及在全球的比重

其次，亚太区域贸易结构具有极强多元化特征，并且在第一和第二产业的进出口中优势明显。表 8-1 是以进出口商品编码为依据将国际贸易中的各类商品分类而形成的贸易商品分类表。

表 8-1　　　　　　　　　　　HS 国际贸易商品大类

商品类别	商品内容
第一类	活动物；动物产品
第二类	植物产品
第三类	动、植物油、脂及其分解产品；精制的食用油脂；动、植物蜡
第四类	食品；饮料、酒及醋；烟草、烟草及烟草代用品的制品
第五类	矿产品
第六类	化学工业及其相关工业的产品
第七类	塑料及其制品；橡胶及其制品
第八类	生皮、皮革、毛皮及其制品；鞍具及挽具；旅行用品、手提包及类似容器；动物肠线（蚕胶丝除外）制品
第九类	木及木制品；木炭；软木及软木制品；稻草、秸秆、针茅或其他编结材料制品；篮筐及柳条编结品
第十类	木浆及其他纤维状纤维素浆；纸、纸板的废碎品；纸、纸板及其制品
第十一类	纺织原料及纺织制品

续表

商品类别	商品内容
第十二类	鞋、帽、伞、杖、鞭及其零件;已加工的羽毛及其制品;人造花;人发制品
第十三类	石料、石膏、水泥、石棉、云母及类似材料的制品;陶瓷产品;玻璃及其制品
第十四类	天然或养殖珍珠、宝石或半宝石、贵金属、包贵金属及其制品;仿首饰;硬币
第十五类	贱金属及其制品
第十六类	机器、机械器具、电气设备及其零件;录音机及放声机、电视图像、声音的录制和重放设备及其零件、附件
第十七类	车辆、航空器、船舶及有关运输设备
第十八类	光学、照相、电影、计量、检验、医疗或外科用仪器及设备、精密仪器及设备;钟表;乐器;上述物品的零件、附件
第十九类	武器、弹药及其零件、附件
第二十类	杂项制品
第二十一类	艺术品、收藏品及古物
第二十二类	特殊交易品及未分类

由图 8-2 可得，在 2021 年，在 21 个进出口贸易商品大类的全球贸易额中，亚太地区的贸易额均占 20% 以上。其中，第十六大类占全球贸易额的 51.73%，这主要得益于全球各电子产品、高精仪器跨国企业的价值链构建，充分表明亚太地区在电子产品制造产业上的重要地位，从侧面也体现全球化过程中亚太依靠劳动力比较优势在第二产业的贸易上稳居前列。而第三大类、第五大类、第七大类、第八大类、第十一大类、第十二大类、第十四大类、第十五大类、第二十大类 9 个大类的贸易占比也在 40% 以上，同样也主要是第一和第二产业中的产品。占比在 30%—40% 的大类有 5 个，且第十三大类、第十八大类十分接近 40% 水平。剩余类别的商品贸易额也超过 20%，最低占比的第二十一大类也有 24.06%。因此，在全球各类商品贸易规模上，亚太地区充分利用劳动力和资源优势，依靠核心的支柱产业得以形成可观的全球占比。

除亚太国家（地区）对全球贸易额占全球贸易总量的比例外，亚太国家（地区）内部的贸易额也占全球贸易额很大的比例。如图 8-3 所示，在 21 个贸易商品大类中，有 9 个大类的亚太内部贸易量占该大类全球贸易额的比例超过 20%。其中，第三大类、第五大类、第七大类、第十一大类、第十五大

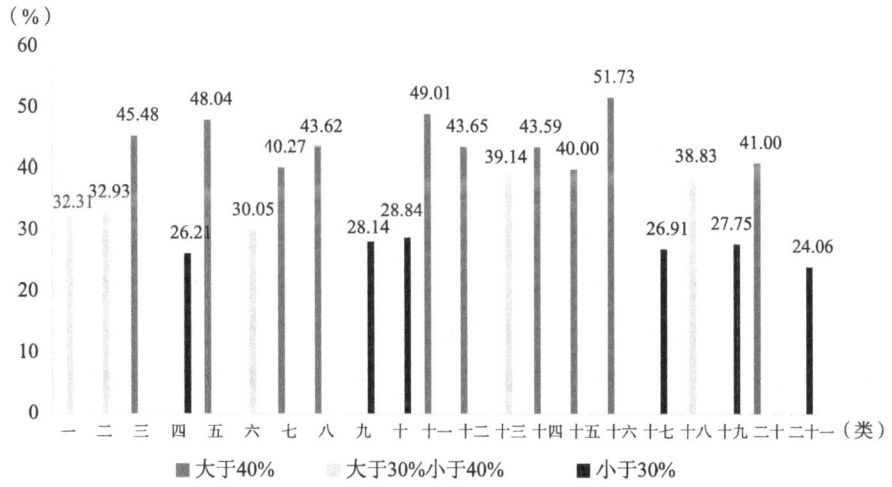

图 8-2　2021 年亚太各类商品的贸易额在全球的占比

类和第十六大类占 25% 以上，第五大类和第十六大类更是高达 35.37% 和 35.17%，位列前茅；另有 10 个大类的内部贸易额占全球贸易额比在 10%—20%，而剩余 2 个占比在 10% 以下的大类也均接近 10% 的水平。亚太内部活跃的贸易活动大大促进了亚太地区整体贸易和经济发展，体现了亚太国家（地区）之间的友好贸易关系，也证明亚太内部存在颇具潜力的贸易市场，为各国贸易结构的优化提供了新思路。

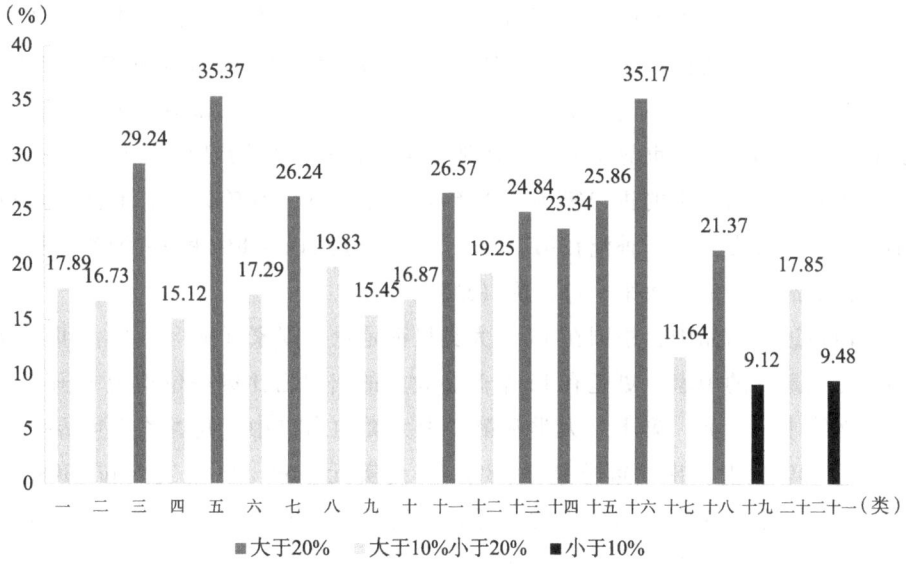

图 8-3　2021 年各商品大类亚太区域内部贸易额占全球贸易额的对比

得益于数量众多的贸易经济体和多样化的贸易合作形式，亚太内部贸易频繁且稳定，涉及的商品种类广、数量大。同时，虽然受到全球疫情的影响，中国、印度和其他亚太新兴经济体的经济仍旧健康发展。随着这些亚太国家（地区）的消费能力提升，当地制造的商品现在更多在亚太内部甚至当地销售，对其他大洲的依赖度大大降低，贸易结构逐渐优化。而缩短供应链已经变成跨国（地区）企业的革新重点，更注重本地化，倾向于将其限制在同一大洲内。由于国家（地区）众多、地广物博，亚太整体成为一个紧密融合的贸易实体具有相当难度，但整个亚太的贸易联系和合作正在加深。这也给各企业建立自给自足的区域供应链提供了友好环境和先决条件，以更好地满足亚太市场需求。

（二）亚太国家（地区）各产业的贸易表现

按照亚太国家各商品大类的进出口额进行分析（见表8-2和表8-3），每大类商品贸易额最大的国家和地区主要是中国、韩国、日本、印度、沙特阿拉伯、阿联酋、印度尼西亚、澳大利亚、新西兰和中国香港，各大类出口贸易总额平均为1735.34亿美元，进口贸易总额平均为979.19亿美元。商品出口方面，在第三大类商品中，印度尼西亚以22.64%的占比成为亚太地区第一出口国，贸易额为341.88亿美元；澳大利亚在第五大类商品中以7.99%的占比和2341.48亿美元的贸易额占据首位；第十四、第十七、第十九大类的亚太最大出口国为阿联酋、日本和韩国，占全球贸易额的比例分别是6.76%、8.59%和6.01%；商品进口方面，日本是第十一、第十二和第二十大类的亚太最大进口国，但占世界贸易额比例都在4%以下；紧随其后的是印度，其第三大类和第十四大类的进口额为亚太首位，占比均在10%以上；而沙特阿拉伯在第十九大类、中国香港在第二十一大类中分别以5.8%和18.02%的比例成为该商品类别的亚太第一进口国（地区）。

而在进口商品中，中国在14个大类里都是亚太国家（地区）中占世界贸易额比例最高的国家，更是有15个商品大类的出口占比第一位均为中国。其中，在第十一大类、第十二大类和第二十大类的出口中，我国均占世界贸易总额的30%以上，出口额分别是2806.75亿美元、691.73亿美元和2508.22亿美元；在第一大类、第二大类、第五大类、第九大类和第十八大类的进口中，中国的贸易额占比也均大于10%，贸易额分别为594.23亿美元、951.24亿美元、5757.88亿美元、208.9亿美元和834.35亿美元。

表 8-2　　　　亚太各商品大类出口额第一位的国家（地区）

商品大类编号	出口国（地区）	占全球贸易额的比例（%）	出口贸易额（亿美元）
一	新西兰	6.90	302.86
二	中国	4.13	264.61
三	印度尼西亚	22.64	341.88
四	中国	4.48	313.23
五	澳大利亚	7.99	2341.48
六	中国	9.69	2156.59
七	中国	15.86	1619.65
八	中国	28.96	301.97
九	中国	10.29	199.74
十	中国	10.19	283.60
十一	中国	32.33	2806.75
十二	中国	39.07	691.73
十三	中国	26.81	554.92
十四	阿联酋	6.76	558.58
十五	中国	15.75	2568.60
十六	中国	28.28	15918.83
十七	日本	8.59	1613.15
十八	中国	14.73	1067.05
十九	韩国	6.01	9.35
二十	中国	46.81	2508.22
二十一	中国	8.82	19.31

表 8-3　　　　亚太各商品大类进口额第一位的国家（地区）

商品大类编号	进口国（地区）	占全球贸易额的比例（%）	出口贸易额（亿美元）
一	中国	13.54	594.23
二	中国	14.86	951.24
三	印度	11.70	176.65
四	中国	4.08	284.73
五	中国	19.65	5757.88
六	中国	7.21	1603.60
七	中国	8.98	916.73

续表

商品大类编号	进口国（地区）	占全球贸易额的比例（%）	出口贸易额（亿美元）
八	中国	8.59	89.53
九	中国	10.76	208.90
十	中国	9.64	268.23
十一	日本	3.82	331.21
十二	日本	3.02	53.48
十三	中国	4.28	88.55
十四	印度	10.70	883.90
十五	中国	8.70	1418.81
十六	中国	8.76	4931.96
十七	中国	5.04	947.23
十八	中国	11.52	834.35
十九	沙特阿拉伯	5.80	9.03
二十	日本	3.23	173.27
二十一	中国香港	18.02	39.44

自改革开放以来，中国贸易的发展思路是从制造业逐步向服务业领域过渡。由上述可以看出，中国的外贸结构越来越平衡，逐步实现结构转型升级，货物贸易与服务贸易平衡发展的趋势更加清晰，充分表明我国在构建健康可持续外贸发展模式和贸易结构的道路上稳步前行。

（三）亚太国家（地区）与中国的贸易依存度

总体来说，亚太地区与世界其他国家和地区的贸易关系密不可分，开放互通程度可观，贸易伙伴遍布各大洲，有效促进了全球贸易交流和全球化发展。在和世界各个国家的贸易中，亚太国家（地区）进出口对中国的依赖程度非常大。如表 8-4 所示，进口端上，中国是亚太 31 个国家（地区）的最大进口贸易国，其中 11 个国家（地区）对中国的进口依赖程度在 30% 以上，12 个国家（地区）的依赖度在 20% 以上 30% 以下，剩余 8 个国家（地区）的依赖度在 10%—20%；出口端上，19 个亚太国家（地区）的最大出口国是中国，8 个国家（地区）的依赖度在 30% 以上，7 个在 20%—30%，4 个在 10%—20%。其中，朝鲜、缅甸、蒙古国、印度尼西亚、伊朗、马来西亚、菲律宾、澳大利亚、韩国、新西兰和日本的最大进口和出口贸易对象都是中国，证明了我国与这 11 个国家之间紧密的贸易关系。

表 8-4　　　　　　　最大贸易国为中国的亚太国家（地区）

中国为其最大进口贸易国的亚太国家（地区）			
进口国（地区）	对中国进口依存度（%）	进口国（地区）	对中国进口依存度（%）
朝鲜	96.23	日本	25.01
吉尔吉斯斯坦	53.90	斯里兰卡	24.74
中国香港	46.76	韩国	23.46
塔吉克斯坦	42.71	新西兰	23.45
缅甸	39.87	乌兹别克斯坦	22.76
蒙古国	38.58	也门共和国	20.91
越南	37.00	阿联酋	20.22
中国澳门	32.68	沙特阿拉伯	19.38
孟加拉国	31.56	约旦	16.64
菲律宾	31.21	印度	16.16
印度尼西亚	30.32	科威特	15.23
巴基斯坦	28.91	新加坡	14.77
伊朗	28.87	卡塔尔	14.43
马来西亚	28.11	以色列	14.22
澳大利亚	28.08	土耳其	12.80
泰国	27.65		
		共计：31	
中国为其最大出口贸易国的亚太国家（地区）			
出口国（地区）	对中国出口依存度（%）	出口国（地区）	对中国出口依存度（%）
蒙古国	73.13	印度尼西亚	21.72
土库曼斯坦	66.94	菲律宾	21.24
伊朗	42.72	日本	20.90
阿曼	42.22	中国香港	20.21
澳大利亚	41.10	哈萨克斯坦	20.02
朝鲜	33.86	沙特阿拉伯	19.42
缅甸	33.73	马来西亚	14.64
新西兰	33.16	卡塔尔	13.76
科威特	28.18	格鲁吉亚	12.72
韩国	24.40		
		共计：19	

(四) 亚太国家（地区）各产业与世界主要国家的贸易依存度

进一步需要分析亚太各国家（地区）各产业对中国、美国、日本、韩国、德国和印度 6 个世界主要国家的贸易依存度。中国、美国和印度在 6 国之中又是亚太地区最为主要的贸易对象，但在进出口端表现各异。表 8-5 和表 8-6 是 2021 年以上 6 国在亚太各国（地区）各商品大类对该 6 国进出口依存度中排名第一的大类数量。出口上，美国在 4 个亚太国家（地区）的商品大类贸易里占据了多于 15 个大类的依存度首位，又在 10 个亚太国家（地区）中有 10—15 个大类是该国（地区）贸易依存度最高的国家；而中国则是 10 个国家（地区）里 10—15 个商品大类出口依存度第一位，在和剩余 42 个国家（地区）的商品贸易里达到第一出口依存度的大类数量不超过 10 个；印度和中国表现相似，但仍比中国稍弱，在 3 个国家（地区）里 10—15 个商品大类出口依存度第一位，没有在一个国家有超过 15 个大类的进口依存度为第一。但在进口上，中国占据了绝对优势，在高达 14 个国家地区的不少于 15 个大类进口里依存度最高，同时还有 31 个国家地区有 10—15 个商品大类进口依存度第一的国家是中国；印度则在 2 个国家的 10 个以上大类为该国进口依存度最高的世界主要贸易国；而美国没有在一个国家有超过 10 个大类的进口依存度为第一。可以看出，中、美、印三国在亚太地区对外贸易市场中扮演着相似但地位不同的角色，能够认为中国凭借超高优势成为亚太从世界主要贸易国家进口的第一来源国，另外，美国则是出口的首要去向，但中国仍比印度要表现更好。

表 8-5　　世界主要国家（地区）在亚太各国（地区）各商品大类对 6 国出口依存度中排名第一的大类数量

亚太国家（地区）	美国	中国	日本	韩国	德国	印度
阿富汗	9	2	0	2	3	3
亚美尼亚	8	3	0	1	6	2
阿塞拜疆	9	2	0	1	6	2
巴林	9	0	1	2	0	7
孟加拉国	7	2	0	1	3	8
不丹	2	0	0	1	1	13
文莱	7	3	4	4	0	1
柬埔寨	15	4	0	0	0	2

续表

亚太国家（地区）	美国	中国	日本	韩国	德国	印度
中国	16	0	4	1	0	0
中国香港	3	15	0	0	2	1
中国澳门	6	12	1	0	1	1
塞浦路斯	6	1	0	0	10	4
朝鲜	0	9	0	0	0	8
格鲁吉亚	8	4	2	0	5	1
印度	17	4	0	0	0	0
印度尼西亚	12	6	2	0	1	0
伊朗	0	5	1	0	10	4
伊拉克	8	0	0	1	3	6
以色列	20	0	0	0	0	1
日本	6	14	0	1	0	0
约旦	15	0	0	1	1	3
哈萨克斯坦	3	9	1	1	5	1
科威特	5	4	0	0	4	7
吉尔吉斯斯坦	6	7	0	1	6	0
老挝	6	11	2	0	1	0
黎巴嫩	15	2	0	1	3	0
马来西亚	8	9	2	0	0	2
马尔代夫	3	0	0	4	3	8
蒙古国	2	11	1	3	2	1
缅甸	5	12	1	0	1	2
尼泊尔	8	0	0	0	0	13
阿曼	8	2	1	0	1	9
亚洲其他国家	8	9	3	1	0	0
巴基斯坦	11	7	0	1	2	0
菲律宾	9	5	5	0	1	1
卡塔尔	2	3	0	2	2	11
韩国	5	12	4	0	0	0
沙特阿拉伯	5	8	0	0	3	5
新加坡	4	6	4	1	1	5
斯里兰卡	12	1	0	0	1	7
巴勒斯坦	6	3	0	2	7	0

续表

亚太国家（地区）	美国	中国	日本	韩国	德国	印度
叙利亚	7	0	0	0	9	4
塔吉克斯坦	1	5	2	0	8	1
泰国	10	7	2	1	0	1
土耳其	9	1	0	1	10	0
土库曼斯坦	7	6	0	1	2	0
阿联酋	4	7	1	1	1	7
乌兹别克斯坦	6	11	1	1	1	1
越南	16	4	0	1	0	0
也门共和国	11	2	3	1	0	4
澳大利亚	11	10	0	0	0	0
新西兰	10	10	1	0	0	0

表 8-6　　世界主要国家在亚太各国（地区）各商品大类对 6 国进口依存度中排名第一的大类数量

亚太国家（地区）	美国	中国	日本	韩国	德国	印度
阿富汗	4	9	0	0	0	8
亚美尼亚	2	12	0	0	4	3
阿塞拜疆	4	12	0	0	4	1
巴林	7	10	1	0	0	3
孟加拉国	1	13	0	0	0	7
不丹	1	0	1	0	0	19
文莱	2	18	1	0	0	0
柬埔寨	1	17	1	0	2	0
中国	9	0	5	3	2	2
中国香港	1	20	0	0	0	0
中国澳门	0	19	0	0	2	0
塞浦路斯	2	8	0	0	11	0
朝鲜	0	15	0	0	0	3
格鲁吉亚	4	13	0	0	4	0
印度	9	11	0	0	1	0
印度尼西亚	4	13	2	1	0	1
伊朗	0	15	0	0	2	4
伊拉克	2	13	0	1	0	5

续表

亚太国家（地区）	美国	中国	日本	韩国	德国	印度
以色列	6	11	0	0	2	2
日本	8	12	0	0	1	0
约旦	6	12	0	1	1	1
哈萨克斯坦	2	18	0	0	1	0
科威特	7	10	1	0	0	3
吉尔吉斯斯坦	1	19	0	1	0	0
老挝	2	19	0	0	0	0
黎巴嫩	7	11	0	0	2	1
马来西亚	1	18	1	0	0	1
马尔代夫	1	11	0	0	1	8
蒙古国	1	19	0	1	0	0
缅甸	0	18	1	0	0	2
尼泊尔	1	4	0	1	0	15
阿曼	2	11	1	1	1	5
亚洲其他国家	7	9	5	0	0	0
巴基斯坦	5	13	1	0	1	1
菲律宾	4	16	0	1	0	0
卡塔尔	5	10	1	0	1	4
韩国	7	12	1	0	1	0
沙特阿拉伯	6	10	1	0	0	4
新加坡	7	13	1	0	0	0
斯里兰卡	1	12	0	0	0	8
巴勒斯坦	0	11	0	1	6	0
叙利亚	0	15	0	0	2	2
塔吉克斯坦	1	17	1	0	1	0
泰国	3	15	1	0	0	2
土耳其	5	8	0	0	5	3
土库曼斯坦	2	13	0	0	4	2
阿联酋	1	11	1	1	0	7
乌兹别克斯坦	0	17	0	1	3	0
越南	1	17	0	1	0	2
也门共和国	2	13	1	0	1	3
澳大利亚	6	13	1	1	0	0
新西兰	6	12	1	1	0	1

(五) 小结

通过以上分析能够发现,亚太各国(地区)众多产品的贸易额都占据全球贸易额很大的比例;中国在亚太各国(地区)内部贸易联系紧密,在众多产业中都占据亚太贸易的主导地位,其余的少部分行业由日本、韩国、印度、沙特、澳大利亚、新西兰和印度尼西亚等国家占据第一的位置。该结果显示,未来由中国联合若干国家(地区)一起主导亚太自贸区的设立及运行,是有相当的经济基础的。

在亚太所有国家或地区中,中国主要对周边国家(地区)有相当大的影响,其中朝鲜、吉尔吉斯斯坦、塔吉克斯坦、缅甸、蒙古国、越南、孟加拉国、菲律宾和印度尼西亚对中国产品的贸易依存度大于30%;蒙古国、土库曼斯坦、伊朗、阿曼、澳大利亚、朝鲜、缅甸和新西兰对中国的出口占比也超过了30%。说明加强与周边国家(地区)的贸易联系,应该成为未来中国对外贸易关系建设的一个重要发展方向,与周边国家(地区)的贸易联系也应该成为中国外交战略的关键点。

在全球主要六大贸易国家中,美国仍然是亚太各国(地区)最大的出口目的地国,但中国则是亚太各国最为重要的进口来源地国家。亚太地区仍然主要是以中国为中间产品的来源地,最终产品向美国销售。德国是亚太各国(地区)第三大贸易联系国,印度能对周边国家的贸易产生明显的影响,但对非周边国家的影响力有限。发展相对领先的日本、韩国并不在亚太贸易网络(以贸易额来衡量)中占据核心位置。

三、亚太自贸区产业合作的潜力与前景

最近10年以来,受"一带一路"倡议的推动,亚太国家(地区)之间的贸易无疑获得了巨大的发展。不仅原有发生贸易的国家和产品继续呈现快速增长,更重要的是亚太国家(地区)内部还开发了许多新的贸易(即实现了从无到有)。通过与国家(地区)更紧密的合作,使各国(地区)都更加重视亚太区域内部的国际贸易,愿意挖掘彼此之间的贸易潜力。广泛的基础设施建设,使得经济发展相对落后的国家(地区)也有深入参与国际贸易的可能。不少亚太国家愿意学习中国改革开放的经验,接纳来自其他国家的投资,

以期通过产业合作带动国内经济的全面发展。

当前，亚太国家（地区）之间的产业合作主要分为如下三种形式：一是通过双边贸易（如国际班列、传统的海洋运输）、口岸贸易、贸易加工园区，保持亚太国家（地区）间产业链上下游的产业联系；二是通过直接投资（如重大矿产资源和特产），实现对一国特有资源的利用，在方便相关国家以比较低廉的价格进行工业生产的同时，逐渐掌握生产和管理技术，促进东道国经济发展；三是通过在东道国设立的特别工业园区，不论是主要面向特定国家企业的国别投资园区还是特定产业的招商园区，特别工业园区都能快速复制母国或单一产业发展的成功经验，从而快速实现产业的"飞地"式的发展。

亚太国家（地区）间的产业链合作取得了一定的成绩，但随着亚太国家（地区）近年来产业经济的快速增长，亚太国家（地区）间的产业合作逐渐暴露了存在制约发展的一些问题。第一个问题是没有以我为主构建产业链。伴随着中国产业的快速升级，以及其他国家的产业发展步入快速发展通道，亚太国家间的产业合作已经不满足于从无到有的目标，需要逐渐提升生产技术水平。当前，中国的生产技术水平总体已经处于世界领先地位，也需要不断提升在全球产业分工体系中的话语权。中国虽与亚太国家进行了广泛的贸易和投资，但缺少以我为主构建产业链的战略性规划，在海外的企业还在进行数量价格竞争而非成本质量竞争，导致中国"走出去"的企业更多在进行"内卷"。需要政府做出引导，充分利用中国与亚太国家（地区）的地理优势，构建亚太产业链体系，避免企业出于非经济目的过度作秀或干扰国际市场秩序，同时在亚太国家（地区）民众中维护中资企业的形象。

以我为主构建跨国产业链，需要以中国现有的产业基础为发展核心，逐渐吸纳亚太其他国家（地区）广泛参与产业链的合作。贸易与投资需要摆脱资源品到消费品的简单生产循环，更多地进行中间产品的贸易。如中国批量生产钢铁、塑料原材料、电子元器件，供下游的机械制造、塑料制品、电子电路等有特定用途的产品生产。由于中间品用途广泛，适于大规模生产，且中国国内市场巨大，因此中国在这些产品中具有相当大的成本优势。未来中国应积极扩大中间品的生产能力，为适合各国用途的最终消费品的生产、降低最终品价格提供便利。

制约亚太国家（地区）产业发展的第二个问题是过于重视边境口岸贸易和通道贸易。中国与亚太国家（地区）的贸易主要以这两种贸易形式为主，边境贸易有助于边境地区经济发展、巩固边境安全的用途，长距离通道贸易则有利于核心城市产业发展，但这两种贸易模式导致了沿边省份的省会首府城市、重要工业城市的开放程度不足。这些城市拥有比较丰富的人才和土地资源，但在现代产业发展中缺乏大型工业投资，因此一旦找准与亚太国家（地区）更紧密的产业合作，这些将会成为未来中国与亚太经济新的增长动力。

对中国而言，与亚太国家（地区）的经贸发展还需要对中国各地区的均衡发展作出贡献。中国沿边省份的发展要远弱于沿海省份，周边国家市场不构成规模和缺乏大能力贸易通道是运输重要的原因。在建设亚太自贸区的背景下，如何合理有效使用中国沿边省份的土地与自然资源，发展沿边省份的经济、促进中国与周边国家更紧密的经济合作，也是需要考虑的问题。可以考虑在沿边省份增加建设面向周边国家的中间品生产制造基地，以快速服务周边国家的生产投入需求。

表8-7为2022年中国边境小额贸易金额大于100万美元的7个省份，分别为内蒙古、辽宁、吉林、黑龙江、广西、云南、西藏和新疆。可以看出，这7个省份基本上都是存在陆路边界的沿边省份。出口边境小额贸易中，来料加工出口规模大于10亿美元的省份有新疆、广西和黑龙江；进料加工出口金额占比超过20%的省份有新疆、西藏和广西。其中，新疆来料加工出口额最高，为222.06亿美元，其进料加工出口占比也是7个省份中最高的，高达71.42%。

表8-7　　　　　　2022年中国各省份边境小额贸易情况　　　　（单位：百万美元）

省份	出口		进口	
	来料加工	进料加工占比（%）	来料加工	进料加工占比（%）
内蒙古	490	5.19	3691	27.68
辽宁	58	0.11	16	0.03
吉林	2	0.03	11	0.07
黑龙江	1590	19.58	1904	6.03
广西	11295	20.68	202	0.47
云南	745	3.09	88	0.46
西藏	218	34.07	1830	7.13
新疆	22206	71.42	80	1.44

进口边境小额贸易中，来料加工进口规模大于10亿美元的省份有内蒙古、黑龙江和西藏；进料加工进口金额占省内进口总额比重前三的省份分别是内蒙古、西藏和黑龙江。其中，内蒙古来料加工进口额最高，为36.91亿

美元，其进料加工进口占比也是 7 个省份中最高的，为 27.68%。不难发现，不少沿边省份的出口贸易中边境小额贸易占比比较大，说明沿边省份的对外贸易更多还是依靠小额贸易的形式，大批量的一般贸易和加工贸易还需要得到发展。

第三个制约亚太国家（地区）产业发展的问题是一些国家尚没有认识到重大投资项目的重要意义。亚太许多国家（地区）当前的经济发展状况程度不高，导致了这些国家虽然希望能有更多的投资，但迫于资金能力和现实需求的不足，无法下定决心进行投资。比如在跨边境贸易货源不充足、不稳定的背景下，基础设施投资的回报就不会被其他国家看好；缺少资金也导致大型工程设施无法一次性建成，无法实现项目收益；缺少先进技术也使得许多工程项目的建设效率远要慢于其他国家，使一些项目看起来遥遥无期。虽然从中国方面来看，如一些项目提前进行基础投资十分必要，中老铁路等项目也能产生一定的示范效应，但很多国家还是基于本国的产业发展情况以及大众的承受能力，最终拒绝了重要项目的投资。从这个意义上来说，这也是阻碍亚太国家经济贸易快速发展的重要原因。

由于各国产业经济发展水平不同，未来亚太自贸区的建立，并不会是一蹴而就的事情。应该坚持按照产业发展水平相近、市场增长速度相似、地理尽量相邻的原则逐次推进。在这个过程中若干有地区影响力的国家应该发挥积极带头作用，引导亚太各个区域性自贸协定尽早签署，并最终为签署具有亚太特色的自贸协定做好准备。在通向自贸区的过程中，应该注意照顾各国经济发展的阶段，制定并整合亚太产业链分工体系的阶段性目标，分发展阶段将亚太各国（地区）的贸易与投资整合在一起。

四、"有限政府"原则在亚太自贸区试用

当前西方国家正在紧密筹划签署如 CPTTP 等新一轮的自由贸易协定。在新一轮自由贸易协定中，有关限制政府干预市场、限制国有企业的作用以及政府应保持"竞争中立"的条款对中国等亚太国家有较大的影响。西方国家长期以来施行自由放任式的市场经济，政府在市场竞争中的作用相对较小（即所谓的"小政府"），国有企业虽然也存在但在市场经济中仅扮演了很小的角色。而亚太国家受历史传统等因素的影响，政府的权力与功能一般都比较大，国有企业所占的比重也比较高。可以预见，虽然不少亚太国家都在努

力进行内部改革，但短期内都难以完全实现彻底的"竞争中立"。

西方国家制定限制国有企业、限制政府的所谓的"高标准"自贸协定条款，确实有为难中国、限制中国在世界范围内扩大和深化贸易的算计。但这一具有典型西方社会文化特色的条款，给众多东方的亚洲国家制造了很多困难。亚太国家政府干预的特色一部分来自亚太国家特别是亚洲国家的历史传统——如果不是有一个强有力的政府，亚洲国家很可能无法建立，或面临分崩离析的风险；同时，许多亚洲国家市场经济发展缓慢，政府需要在经济发展中扮演很多积极的作用，也是亚洲国家政府力量偏高的重要原因。因此在亚洲国家短时间内普遍无法满足新一轮自由贸易协定条款的情况下，亚洲国家基于自己的特色，商议在亚太自贸区试用"有限政府"的原则，即自贸协定规则的"亚太版本"，就显得相当的意义。

具体来说，有限政府的自由贸易协调原则可以包含如下内容：

一是尊重亚太国家（地区）的历史传统、循序渐进推进改革。亚太国家的管理模式是亚太地区千百年来逐渐形成的，虽然尽量控制政府对市场经济的不必要的影响是全球新一轮开放的总体趋势，但要求亚太国家短期内实现立即的转变、对国家管理模式进行重大调整、甚至"削足适履"适应西方制定的规则都是不合适的。改革的速度，应与亚太各国参与全球一体化的意愿、与各国内部的实际情况、与国家的经济社会发展速度相适应。完全的政府中立应成为各国的长期发展目标，短期更多推行"有限的市场"改革。可以鼓励各国，向更先进的国家学习，借鉴各国的先行管理经验，处理好政府和市场的关系。

二是以经济发展的阶段限制国有企业的功能。国有企业不是经济发展的洪水猛兽，CPTPP协定对国有企业运行作出了高透明度、非歧视性、非商业援助等规定，但也并不是要求各国取消国有企业。对于发展中国家，国有企业往往承担着发展经济、执行国家产业政策的作用。多国的案例均已证明，这种方法对相对落后国家快速发展经济是有用且高效的。因此我们认为，亚太自由贸易协定对国有企业的限定，需要充分考虑各国经济、产业发展阶段的前提条件——对于充分竞争的市场与行业，对国有企业进行限制是合适的，但对于市场发展不完善、个别产业甚至尚未起步的具体产业，国有企业的存在对经济产业的发展更多具有相当积极的意义。因此未来的亚太自贸区协定，应该对经济相对落后国家的国有企业有所照顾，如果一概限制反而会减缓相对落后国家的经济发展速度。

三是需要"竞争公平"，更需要"发展公平"。对于商品服务的国际交易,确实应该遵守竞争公平的原则,但这种公平的对象范畴是仅限于具体交易的环节,还是交易背后包括生产、投资等所有因素?对于体制相似的国家,此类问题不需要过多考虑,但若是体制、发展状况差异巨大的国家,若要实施所谓的"高标准"自由贸易协定,商品与服务交易背后所包含的公平投资、公平生产等因素就不得不考虑,这也是造成亚太国家普遍无法参与新一轮自由贸易协定的根本原因。基于此,我们应该提出"发展公平"的概念——各国签署自由贸易协定,还应具有经济发展的权力,对于那些经济发展不好的国家,他们的国有企业和竞争中性政策应该受到应有的照顾,不仅要看各国当下在竞争中性等问题上的表现,还应该重视各国与过去相比作出了怎样的改善。只有更重视各国的经济发展,给相对落后国家更大的发展机会,落后国家才有持续参与亚太自贸区的动力。

四是用更宽泛、灵活的"有限政府"原则来团结亚太国家。当前,亚太国家普遍具有相互合作、发展经济的愿望。亚太自贸区的设立,更应该明确畅通贸易与发展经济的目的,根据各国的实际情况,给相对落后国家的政府和国有企业以更大的宽容,允许这些国家在借助亚太自贸区发展经济、改善人民生活的同时,不断限制政府和国有企业的非市场影响力,使国家的市场经济得到更顺畅运行。这种改善的过程应该循序渐进,能根据各国的经济发展情况制订切实可行的目标要求。相对发达的国家在这一过程中能给予相对落后企业更多的指导与帮助。只有这样,亚太国家才能更加紧密地团结在一起,亚太自贸区才能更加早日最终建成。

五、设立亚太自贸区的具体政策建议

(一) 做好建设亚太自贸区的前期基础性工作

虽然亚太自贸区的概念早已被提出,但自贸区的建设并不会一蹴而就。应该鼓励各国维持经济长期增长态势,利用好现有的区域性贸易协定,实现经济"起飞"。对内要找到国家自身经济发展的禀赋优势,对外则需要确立经济对外开放的依赖产业和开放的路径。应支持各国发展民生建设,让尽量多的人民摆脱贫困、成为未来消费增长的生力军。应进一步加快基础设施的建设,促进公路、铁路的互联互通,使亚太各国能真实实现陆路水路的双向互联。增进各国之间的相互认识，与亚太各国保持沟通联系，促进可能合作的国家或地区表达合作的意愿，或基于若干小型自贸协定，联合组建更好的平台。

（二）对于中国而言，要更加积极地发展坚定的贸易伙伴

通过40多年的改革开放，中国逐渐形成了对外开放交往的国别格局、产业格局。当前中国与周边国家有着很深的贸易联系，因此对于中国而言，更应该重视与周边国家的地理相近的优势，利用好现有的区域性自由贸易协定，加强与周边国家的经贸联系，与周边国家形成紧密的产业链合作关系，使其成为中国倡导设立亚太自贸区的坚定伙伴。应更加重视动植物产品、矿产品、塑料制品以及机械电子等大类产品在亚太区域内的贸易，畅通相关产业的生产与投资，为亚太国家的这些产业在全球范围内形成优势奠定基础。

（三）按照产业链分工合作关系，全方位提高亚太国家的生产制造水平

鉴于中国制造业在全球产业的地位，中国应该积极按照以我为主构建产业链的思路，与亚太国家进行互利共赢的产业分工。如积极设计与其他国家的"中间品—终端产品"或"初级品—中间品—消费品—销售"的产业分工模式，将中国在中间品、终端产品生产上的规模优势、技术优势发挥出来，同时促进合作伙伴国家的产业链垂直分工和技术水平的提升。中国也应在西部省份、沿边省份规划与亚太国家产业链合作的重点区域，通过定向的合作带动相对落后的省区经济产业的发展。

（四）应积极帮助相对落后国家，实现亚太产业贸易的快速发展

亚太自贸区不仅要有公平自由竞争的原则，还应该有帮助相对落后国家共同进步的机制。以期相对落后国家能摆脱贫困，为亚太经济长期快速增长贡献力量。亚太国家中一是像中国这样在亚太经济贸易举足轻重的国家，应该积极帮助相对落后国家；二是像日本、韩国这样富裕的发达国家，应该积极提供技术和经济发展的经验，帮助其他国家快速找到经济发展的路径。而区域性贸易协定或区域内的核心国家，如东盟的泰国、中亚的哈萨克斯坦、

西亚的沙特阿拉伯、南亚的印度、大洋洲的澳大利亚与新西兰,应该积极努力,联系组织区域内国家积极参与亚太自贸区的建设。自贸区的各核心国家也应该形成促进自贸区积极发展的督促帮助机制。

(五)尊重各国的历史文化传统,基于"有限政府"限制政府与国有企业的作用

亚太各国丰富的历史文化传统是世界的文化资源宝库,在一体化过程中应该充分尊重各国的历史文化传统。应基于各国经济运行中形成的传统,合理地根据各国经济发展的实际情况,对政府与国有企业在市场中的作用进行规范。基于"有限政府"的原则,从发展公平的角度,看待相对落后国家中政府与国有企业的作用。自贸区的条款不仅要对"竞争中性"原则进行考察,还应该制定适当的改革目标,考察各国政府和国有企业与过去相比做到了怎样的改善,从而实现以自贸区协定规范各国市场结构、以自贸区促进各国经济长期发展的目标。

作者:
逯建,南京大学长江产业发展研究院研究员

第九章　优化全国流通网络布局建设高效畅通的流通体系

　　进入新发展阶段，面对国内外发展环境的深刻变化，党中央提出要构建以国内大循环为主体、国内国际双循环相互促进的新发展格局。无论是国内循环的畅通，还是国际循环的畅通以及国内国际循环的有效衔接，都离不开高效顺畅的现代流通体系。在提高国民经济总体运行效率方面，提升流通效率至少与生产效率同等重要。作为实现国民经济循环畅通的关键环节，作为现代化产业体系的重要组成部分，高效顺畅的流通体系能够在更大范围把生产和消费联系起来，扩大交易范围，推动分工深化，提高生产效率，促进财富创造。

　　进入新时代以来，伴随流通产业规模扩大、城乡流通基础设施改善与骨干流通网络基础形成，现代流通体系在繁荣市场、促进消费、服务民生、扩大就业中发挥了重要作用。但是，流通体系效率尚待进一步提升，其中一个非常重要的方面就是流通网络布局不尽合理。统筹推进现代流通体系，关键支撑就在于优化全国流通网络布局。《"十四五"现代流通体系建设规划》提出的"完善现代商贸流通体系"的六项重点任务中，优化流通网络布局是首要任务。

　　在上述背景下，适应加快构建以国内大循环为主体、国内国际双循环相互促进的新发展格局的新形势、新要求，在全面梳理我国区域、产业、需求与物流等布局的基础上，研究贯穿生产、分配、流通、消费全流程全路径的全国流通网络布局现状与问题，并就优化全国流通网络布局与建设高效顺畅的流通体系提出有针对性的意见和政策建议，有利于深入贯彻落实党的二十大报告"建设高效顺畅的流通体系"的战略部署，增强国内大循环内生动力和可靠性，为加快构建新发展格局提供支撑。

一、全国流通网络布局的现状与基本事实

按照《"十四五"现代流通体系建设规划》，我国现代流通体系建设的主要发展方向之一，就是"构建内畅外联现代流通网络"，包括构建东西互济、南北协作、内外联通的现代流通骨干网络，布局建设一批现代流通战略支点城市，打造若干骨干流通走廊等。在上述规划第四章"完善现代商贸流通体系"的"健全现代商贸流通网络"部分，重点任务是完善商品交易市场网络、完善农产品现代流通网络与完善城乡多层次商贸网络。近年来，在构建内畅外联现代流通网络方面，在健全现代商贸流通网络方面，都取得了显著进展。

（一）流通基础设施水平稳步提升

1. 交通基础设施持续改良。中国已基本形成以铁路、公路为骨干，以普通国道和省道为基础，与民航、水路和管道共同组成的连接东西、贯穿南北的综合交通运输网络。截至2022年底，全国铁路运营里程达到15.5万公里（其中高铁为4.2万公里，居世界首位），公路总里程为535万公里（其中高速公路为17.7万公里），全国港口拥有生产性码头泊位2.1万个（其中万吨级及以上泊位达到2751个），国家高等级航道里程超过1.6万公里。民用颁证机场达到254个。另外，交通基础设施通达程度日益均衡。据国家发展和改革委员会（以下简称"发改委"）地区司提供的数据，中西部地区铁路营业总里程达到9万公里，占全国比重近60%，交通可达性与东部差距明显缩小。西部地区在建高速公路、国省干线公路规模超过东中部总和，有的省份已实现县县通高速。航空运输服务已覆盖全国92%的地级行政单元、88%的人口。以交通基础设施持续改良为基础，《全国流通节点城市布局规划（2015—2020年）》中确定的"3纵5横"全国骨干流通大通道体系，即包含南北方向的东线沿海流通大通道、中线京港澳流通大通道、西线呼昆流通大通道以及东西方向的西北北部流通大通道、陇海兰新沿线流通大通道、长江沿线流通大通道、沪昆沿线流通大通道、珠江西江流通大通道基本形成。

2. 信息基础设施稳步提升。以宽带、互联网为代表的信息基础设施建设稳步推进。据《数字中国发展报告（2022年）》，截至2022年底，中国网民规模达10.67亿，互联网普及率达75.6%；5G用户全球占比超过60%；千兆

光网具备覆盖超过 5 亿户家庭能力；IPv6 活跃用户数超 7 亿。根据工信部数据，截至 2023 年 10 月末，全国互联网宽带接入端口数量达 11.28 亿个，其中光纤接入（FTTH/O）端口达到 10.86 亿个，占互联网宽带接入端口的 96.3%。具备千兆网络服务能力的 10G PON 端口数达 2216 万个。5G 基站总数达 321.5 万个，占移动基站总数的 28.1%，三家基础电信企业 5G 移动电话用户达 7.54 亿户。互联网国际出口带宽增速显著，POS 系统、管理软件等现代信息技术应用加快，应用范围从财务管理、交易管理转向电子商务、流程再造、供应链管理等方面，为市场高效运转、商品和要素自由流动、商业模式创新提供了有力支撑。

3. 新型流通载体高速增长。与平台经济在各国迅速发展趋势一致，中国各类数字平台也实现了高速增长。根据截至 2020 年末的统计数据，中国大型数字平台达 36 家，总市值为 3.1 万亿美元，占全球总量的 24.8%，成为引领全球平台经济发展的主要国家之一。当前，中国数字平台已涉及包括电子商务、金融科技、数字媒体、本地生活、物流、医疗健康、交通出行、旅游、社交网络、在线教育等在内的经济社会发展多个领域，并通过促进交易主体降本增效、利用规模经济和范围经济助力供给侧结构性改革、助力实体经济数字化转型等，在生产端优化了生产经营方式，在消费端优化了消费方式与生活方式。金融网络设施建设持续加强，移动支付的迅速普及，包括计量、标准、认证认可、检验检测等方面的质量基础设施，也全面提升了流通效率、安全性与便利性。

（二）城市流通网络布局加快完善

1. 流通战略支点城市加快建设。国家高度重视流通节点城市和现代流通战略支点城市建设。2012 年 8 月，国务院《关于深化流通体制改革加快流通产业发展的意见》，明确提出"制定全国流通节点城市布局规划"。2015 年，商务部等 10 部门印发的《全国流通节点城市布局规划（2015—2020 年）》确定了完善流通大通道基础设施、建设公益性流通设施、提升流通节点城市信息化水平、建设商贸物流园区、完善城市共同配送网络、发展国家电子商务示范基地、提升沿边节点城市口岸功能、促进城市商业适度集聚发展、强化流通领域标准实施和推广九项重点任务。科学规划并加快培育流通节点城市，加快培育流通节点城市，适度整合分散于各城市的流通设施，推动流通节点城市合作，共建共享流通设施，引导流通功能衔接、优势互补，逐步健全全国骨干流通网络，不仅有利于推动流通节点城市本身发展，进一步释放流通节点城市在引领消费升级、实现创新驱动、优化产业结构和促进资源节约等方面的潜力，也有利于城市间协同发展，推进现代流通体系建设，完善现代市场体系，促进国民经济运行效率和质量提升。

2023年8月30日，发改委、自然资源部、交通运输部、商务部、市场监管总局联合发布《关于布局建设现代流通战略支点城市的通知》（以下简称《通知》），要求按照服务重要商品和资源要素流通、强化跨域跨界辐射带动、促进现代流通发展三个维度布局流通支点城市。《通知》综合考虑城市资源禀赋、发展基础、比较优势、未来潜力，将102个城市纳入布局建设范围，其中综合型流通支点城市、复合型流通支点城市、功能型流通支点城市分别为24个、29个和49个。如若相关部委协同配合，及时协调解决跨部门、跨行业、跨区域问题，将有利于依托流通支点城市，打造若干设施高效联通、产销深度衔接、分工密切协作的骨干流通走廊，从"大流通"高度推动商流、物流、信息流、资金流融合发展，促进生产消费紧密衔接，加快形成内畅外联的现代流通网络。

2. 城市多层级商圈建设持续推进。中共中央、国务院印发的《扩大内需战略规划纲要（2022—2035）》要求，提升城市商业水平，发展智慧商圈，构建分层分类的城市商业格局，打造一刻钟便民生活圈。各地按照中央部署，加快旅游休闲街区、特色步行街建设，推进智慧商圈、智慧商店示范创建，加快推动城市一刻钟便民生活圈建设，加快补齐便民设施短板，全面提升城市商业能级，加快构建以步行街为引领、智慧商圈为支撑、便民生活圈为保障的城市商业体系，以更好地满足城市居民品质化、多样化、便利化等多方面的消费需求。

城市多层级商圈建设的推进，有三个方面的工作较突出。一是国际消费中心城市建设。2021年，上海、北京、广州、天津、重庆五市率先开展国际消费中心城市培育建设。近两年来，上述城市聚焦"国际"、紧扣"消费"、突出"中心"，不断强化集聚辐射和引领带动作用，培育建设初见成效，正在形成全球消费者集聚和区域联动发展中心。上海已成为"首店经济"标杆，北京22个传统商圈完成升级改造，天津金街、佛罗伦萨小镇迭代升级，广州"以展兴市"汇聚消费新动能，重庆打响了"不夜重庆"品牌。二是一刻钟便民生活圈建设。近年来，商务部门高度重视便民商业和生活服务业发展，先后发布《商务部等12部门关于推进城市一刻钟便民生活圈建设的意见》等文件，全面推进城市一刻钟便民生活圈建设，成为商务部门和各级政府让居民享受更多实惠、更多便利和更好服务的重要抓手。截至2023年11月，前三批150个试点地区累计建设2973个生活圈，服务居民约6000万人。通过开展"一刻钟便民生活节"等活动，引导各类企业和商户走进社区，摸清居民需求，提升服务品质，挖掘建设便民生活圈的活力和潜力。三是努力引导城市商圈高质量发展。2021年8月，商务部发布《城市商圈建设指南（征求意见稿）》，向社会公开征求意见，共收到意见建议71条。征求意见结束后，商务部已推动将指南列入行业标准立项计划，相关意见将在制订行业标准过程中研究采纳。

3. 商品交易市场网络稳步完善。近年来，商品交易市场继续变革创新，在保障民生、数字化转型、拓展国际市场与打造供应链生态等方面都取得了重要进展，主要表现在如下方面。一是商品交易市场在助力农产品和工业消费品双向畅通、稳链保供方面发挥了积极作用。二是商品交易市场优化升级进入快车道。2021年，商务部等部门联合制定了《商品市场优化升级专项行动计划（2021—2025）》，各市场数字化转型加快推进，人工智能、大数据、5G、物联网等数字技术在商品交易市场得到广泛应用。新业态新模式加速涌现，各市场通过建设直播电商孵化中心、电商直播产业基地，不断丰富市场直播功能。三是商品交易市场积极拓展海外市场。在"一带一路"倡议、自贸区建设与国家市场采购贸易方式试点等政策的支持下，越来越多的商品交易市场积极布局海外市场，积极与国外企业合作，助力外贸双向发展，以义乌小商品城为代表的部分商品交易市场开始向国际贸易综合服务商升级。四是部分地区以商品交易市场为核心积极打造供应链生态与产业集群。义乌等地围绕以小商品为代表的供应链核心平台企业，加快培育跨境电商主体，为上下游企业提供贸易、物流、仓储、金融、信息等"一站式"服务，提升供应链上下游各环节配套能力，构建高效共赢的供应链生态圈。义乌大力发展多式联运，实现铁路、公路、航空、河运、海运等运输方式融合集成发展，在重点地区建设超大规模的快递转运中心，将物流的规模经济与范围经济发挥到极致。行政级别仅为县级的义乌市，实现了商品交易市场、外贸企业、平台企业与制造工厂之间内外贸联通与贸工联动的良性循环。背靠义乌商品市场集群和庞大的市场主体，在成为全球最大的小商品集散中心并形成"小商品、大世界，小企业、大集群，小产业、大市场"格局的同时，义乌在周边迅速发展起庞大的制造业集群。

（三）县域商业网络体系持续优化

《扩大内需战略规划纲要（2022—2035）》强调，加强县域商业建设，建立完善农村商业体系。近年来,商务部等部门以渠道下沉和农产品上行为主线,加快推进县域商业体系建设,努力健全县乡村三级商业网点。其中,在县一级重点提升县级物流配送中心功能,发展共同配送,推动一网多用,打造工业品下乡和农产品进城的共同载体;在乡镇一级,加强"乡镇大集"标准化改造,改善乡镇商贸中心、集贸市场环境;在村一级,因地制宜发展农村新型便利店,引导电商平台和供应链下沉,满足农民就近便利消费。通过建立完善以县城为中心、乡镇为重点、村为基础的县域商业网络,更好地服务农民消费和吸引市民下乡。

1. 县域商业加快连锁化发展。

一是部分超市通过"稳扎稳打"推动连锁化下沉至县域。随着传统电商、同城配送和社区电商、直播电商等新型电商的崛起,零售市场份额被不断蚕食,传统商超行业面临日益严峻的生存环境。在上述背景下,那些能持续推动网点下沉的零售商,基本上都必须根植于有限的区域性市场,稳扎稳打,不盲目扩张。对县域市场的扩张,也是类似路径。形成鲜明对照的是,部分借助资本市场、银行信贷或总部强大的财力支撑,在全国范围内迅速扩张的连锁零售商,近年来却遭遇不同程度的困境。以物美、永辉、步步高、大润发、人人乐为代表的连锁超市集团,都在推动连锁化下沉的过程中遭遇了重大困境。

二是部分便利店通过特许连锁实现了可持续发展。在便利店这种日益流行的业态中,经营业绩较好的,其直营店比例都很低,其大多数店铺都是通过特许连锁实现快速稳健扩张的。出于资本投入、管理成本和激励约束机制等多方面的考虑,大多数成功的品牌便利店在将少量的直营店做成功后,往往开设特许连锁加盟方式。在特许连锁加盟模式下的直营店,其主要功能是提供标杆、试点示范和人才培训。特许连锁经营方式在中国有着强大的生命力和适应性。很多在国内运行良好的外资连锁便利店(包括7-ELEVEN、全家、罗森)都以特许连锁经营方式为主;美宜佳和合家欢等比较成功的连锁便利店品牌,在全国范围内扩张的过程中,包括下沉至县域市场,均以特许连锁经营方式为主。

三是通过组建统一/联合采购平台实现自愿连锁。在欧洲和日本,中小商业企业多依靠联合采购(或曰统一采购)、协同物流、共同配送、合作社、联号经营、自由连锁等多种方式实现"自组织",得以最大限度地实现规模经济和范围经济,成为这些国家中小商业企业稳健发展并与大型流通企业集团抗衡的重要基础。进入21世纪以来,以蚂蚁商联等为代表的采购联盟,在自愿连锁（Voluntary Chain）和自组织方面进行了重要探索。近年来，蚂蚁商联已经开始在县域市场具备一定的影响力。基于联合采购所带来的规模经济与范围经济，很多成员企业得以以更低的价格直接从源头厂家大批量进货，从而确保卖出去的都是质优价低的高性价比商品。但是，联合采购并未成为国内流通企业的主导采购方式。

2. 县域商业开启数字化转型。我国县域商业数字化进程，主要体现为县域电商与农产品电商的持续快速发展。过去十多年来，从最早的淘宝店，到阿里巴巴、京东、苏宁等相对比较传统的平台电商或垂直电商，到盒马、京东到家、叮咚买菜等生鲜电商，再到微店、微商城等社交电商，再到当前大热的短视频/直播电商、拼团等，县域商业数字化进程全面提速，迭代创新，显示出蓬勃生机和活力。

我国县域商业数字化发展进程大体可分为三个阶段。

第一阶段，2015年之前为县域商业数字化发展路径探索阶段。2005年"中央一号"文件首次提及电子商务，此后十年间，"中央一号"文件从交易方式和电商平台建设等角度部署农村电商发展；2012年"中央一号"文件提出，发展农产品电子商务等现代交易方式；2014年"中央一号"文件提出，加强农产品电子商务平台建设。在政策与市场的双重推动下，以农村电商为代表的县域商业数字化建设经历了2005年前后的起步期、2006—2009年小幅增长期、2010—2015年规模化扩张期。到2015年，我国农村网络零售额达3530亿元。

第二阶段，2016—2020年为县域商业数字化规模化专业化发展阶段。商务、农业农村、发改、供销、邮政等部门都加大对县域商业数字化的支持力度，全面加快物流基础设施建设，完善县、乡、村三级农村物流体系，持续开展电子商务进农村综合示范，不断健全农村电商服务体系，支持涉农电商载体建设，加快发展新业态新模式。2016年以来，在促进工业消费品下行、农产品上行、推动农业数字化转型升级、带动农民就业创业增收等方面，县域商业数字化成效显著，成为推动脱贫攻坚、乡村振兴和数字乡村建设的重要抓手。商务大数据显示，2020年全国农村网络零售额达1.79万亿元（农产品网络零售额4158.9亿元），是2015年的5.1倍，显著高于全国电子商务整体增速（2017—2019年三年农村网络零售额平均增速比全国的高5个百分点）。

第三阶段，2021年以来为县域商业数字化发展平稳增长新阶段。2021年，国务院常务会议专题谋划县域商业体系建设。2021年全国农村网络零售额实现 2.05 万亿元，占全国网络零售额的 15.66%。2022 年"中央一号"文件进一步明确实施"数商兴农"工程，继续推进电子商务进农村。2022 年上半年，在社会消费品零售总额增速同比下降 0.7% 的背景下，全国农村网络零售额仍同比增长 2.5%，其中农村实物商品网络零售额同比增长 3.6%，农产品网络零售增长 11.2%。

在县域商业数字化发展进程中，大型电商平台发挥了主导作用。近十多年来，大型电商平台面向农村市场进行了持续的数字化探索。以阿里巴巴、京东、拼多多为代表的大型电商企业面向农村市场持续深耕，依托技术创新与商业模式创新，重塑产业链供应链，推动农村电子商务发展成为高效链接县域供需两端、助力工业品下行和农产品上行的重要渠道。从淘宝村、淘宝镇的数量增长也可以看出大型电商平台主导县域商业数字化带来的变化。2009 年，淘宝村只有 3 个，到 2022 年底，则达到 7780 个，覆盖范围不断扩大，增速重心持续向中西部地区转移，并呈现集群化态势。

3. 县域商业加快补齐短板。

一是县域商业体系建设与一刻钟便民生活圈相结合。在很多县域，政府开始将打造一刻钟便民生活圈作为统筹推进县域商业体系建设的重要内容。

二是通过农贸/集贸市场改造推动县域商业建设。徐州市在完成县（市）城区老旧农贸市场改造的基础上，每年重点推进不少于 10 个乡镇集贸市场建设改造，优化市场布局，美化、亮化内外部经营环境。推进部分县域农贸市场增加功能业态，引入综合超市、早餐店、洗染店、家政服务点、维修点等，丰富居民生活圈业态。

三是通过县域物流配送体系建设加快补齐关键短板。近年来，县域物流配送网络日益完善，邮政营业网点实现乡镇全覆盖，建制村全部通邮。"快递进村"比例超过 80%，"交快合作""邮快合作""快快合作"等进一步深化，共同配送、客货邮融合等新模式不断涌现。国家邮政局数据显示，2021 年农村地区收投快递包裹总量为 370 亿件，带动农产品出村进城和工业品下乡进村超 1.85 万亿元。另外，冷链物流基础设施持续完善。截至 2021 年底，全国超过 70% 的农产品批发市场建有冷链设施。为推动冷链流通企业的健康快速发展，商务部会同国家标准化管理委员会启动农产品冷链流通标准化试点示范工作。

4. 各地着力推动农产品上行。

一是"农产品上行"中农户的组织化水平提升。截至 2022 年 3 月底，全国依法登记的农民合作社达 222.2 万家，辐射带动近一半农户。纳入全国家庭农场名录系统的家庭农场超过380万个，其中种粮家庭农场达161.7万个，种粮面积达2.1亿亩。

二是各地协同联动建立区域品牌联盟的探索。近年来，在大企业（尤其是平台型企业）和地方政府的大力支持下，不少地区都围绕建立区域品牌联盟展开了积极探索。阿里巴巴集团协助浙江龙泉围绕"茶蔬菌菇"，打造"龙泉农师"区域公共品牌，以唐代龙泉农师季大维为原型，通过品牌文化塑造、形象设计战略规划，将龙泉市农特农产品内容故事化、媒体化，形成农产品统一品牌特征与文化。通过"龙泉农师"品牌附加值及配套供应链优化服务，整体溢价25%。在品牌打造过程中，农产品标准体系的建设至关重要。

三是通过新业态新模式助推农产品出村进城。由于可以带给消费者更直观、更具互动的消费体验，农民学起来容易上手，直播带货在农村的应用场景不断拓展。"手机成为新农具、直播成为新农活、农民成为新网红"正在越来越多的县域成为现实，让很多"藏在深山人未识"的优质特色农产品通过直播电商"终有时日露峥嵘"。盒马、京东、拼多多等大型专业电商企业在很多地区建设了农产品直采基地，通过数字化助力农产品品种研发、生产流程优化及农产品标准研制，优化农业产业链资源配置。另外，"懒人经济""宅经济"的兴起，催生了包括半成品菜、速食菜、料理包在内的预制菜等新业态、新模式的快速发展，成为优质特色农产品出村进城的重要渠道。

（四）全国流通网络一体化进程加速

1. 流通网络区域一体化稳步加快。党的十八大以来，国家着力清理规范税收、补贴等优惠政策，致力于破除地方保护和不正当竞争，清除影响商品和要素自由流动的市场壁垒。根植于计划经济的市场分割、地方保护等现象明显改善，劳动力、资金、技术等要素资源在全国范围内流动与配置的自由度稳步提升。2022年，中共中央、国务院印发《关于加快建设全国统一大市场的意见》，明确提出要加快建设高效规范、公平竞争、充分开放的全国统一大市场。其中，特别提出鼓励京津冀、长三角等区域，在维护全国统一大市场前提下，优先开展区域市场一体化建设工作。近年来，区域间发展协调机制逐步完善，长三角、珠三角、京津冀等重点区域，在区域协同协调发展方面先行先试，积累了不少有益经验。

近年来，上海、江苏、浙江、安徽三省一市贯彻落实党中央关于区域协调发展战略和全国统一大市场建设的重要部署，紧扣"一体化"和"高质量"两个关键词,共建"一张网",共绘"一幅图",共下"一盘棋",完善工作机制,搭平台、作示范、增动能、保安全、立标准、优环境,推动区域经济健康有序发展,区域一体化发展水平不断提高。2023年9月5日,三省一市商务主管部门共同签署了《深化长三角区域市场一体化商务发展合作协议》。根据合作协议,三省一市将坚持"立足内需、畅通循环,立破并举、完善制度,有效市场、有为政府,系统协同、稳妥推进"的基本原则,重点在推进市场规则制度共通、商业基础设施共联、商贸流通体系共享、农产品产销协作共赢、供应链区域合作共促、市场消费环境共建6个方面开展合作,合力推动大开放、促进大流通、形成大市场,助力全国统一大市场建设。

近年来,中西部地区流通业法人企业数明显增加,东部流通企业加快进入中西部地区市场。专业批发、连锁经营、物流配送等现代流通方式快速发展,极大地促进了各种商品在全国范围内的自由流动和充分竞争。电子商务平台进一步全面打破地域限制,不仅使消费者可在全国甚至全球范围内选择商品,也使企业尤其是中小企业可以更加便捷地找到全国甚至全球的供应商或经销商,从而进一步加快了流通网络区域一体化进程。

2. 流通城乡网络一体化加快推进。近年来,国家全面加大脱贫攻坚力度,巩固拓展脱贫攻坚成果同乡村振兴有效衔接,加快乡村基础设施建设,稳步推进城乡流通网络一体化进程。

伴随城镇化率的持续提升,农村居民消费支出占城乡居民消费总支出的比重呈稳步下降趋势。但是,从农村居民人均可支配收入与人均消费支出看,农村消费仍然有亮点和潜力可挖:城乡居民人均可支配收入比值不断缩小,2022年已降至2.45(相比之下,2007年、2012年和2017年分别为3.33、3.10和2.71)。2016—2022年,我国农村居民人均消费支出的实际年度增长率(扣除价格因素后)分别达7.8%、6.8%、8.4%、6.5%、-0.1%、15.3%和2.5%,而城镇居民人均消费支出的实际年度增长率则分别为5.7%、4.1%、4.6%、4.6%、-6%、11.1%和-1.7%,农村居民人均消费支出增速显著持续超过城镇居民。2016—2020年,我国乡村社会消费品零售总额年均增速为7.1%,高于城镇6.4%的年均增速。

2021年4月,国务院常务会议部署加强县域商业体系建设。国务院印发的《扎实稳住经济的一揽子政策措施》指出,2022年,中央财政在服务业发展资金中安排约25亿元支持加快农产品供应链体系建设,安排约38亿元支持实施县域商业建设行动。近年来,各地统筹财政、商务、发展和改革、农业农村、工业和信息化、市场监督管理、交通运输、邮政、人民银行等部门与市场主体的力量，聚焦农产品"上行"与三个"下沉"（供应链、物流配送和商品服务下沉）推进县域商业体系建设，改造升级"乡镇大集"、农村新型便利店、农村电商以及与之密切相关的物流快递业快速发展，在带动相关基础设施投资的同时，也推动了农民收入增长与城乡消费市场扩容提质升级。

3. 流通网络线上线下一体化加速。随着以互联网为代表的新一代信息技术的发展，电子商务新业态新模式不断涌现，跨境电商、社交电商、直播电商、生鲜电商产业链日趋完善。电子商务加速线上线下融合、产业链上下游融合、国内外市场融合发展乃至一体化，已成为中国现代流通体系建设的重要趋势。零售、餐饮、旅游等行业的多数传统线下业态，都在通过电商平台、移动支付、大数据等技术，与线上市场加快融合。

传统零售企业数字化转型加快，全国连锁百强企业线上销售规模占比达到23.3%。服务业数字化进程加快，在线展会、在线会议、远程办公日益普及，在线餐饮、在线旅游、智慧家居、共享出行便利了居民生活。同时，线上市场也在不断寻求向线下延伸业务流程与供应链，不少电商企业都在尝试运营线下体验店、无人便利店等，使消费者可以同时享受到线上和线下的商品和服务，在提升流通体系效率的同时，也丰富了消费者的体验与感知。电子商务以数据为纽带加快与制造业融合创新，推动了智能制造发展。

在批发领域，一些批发市场积极探索"互联网+"，其路径与方式呈多样化趋势：部分批发市场自建电商平台，依托市场的经营户和商品资源，将实体商铺与线上网店有效连接，为商户提供线上展示、导流，开展网上交易；部分实体批发市场与大型电商平台合作，探索线上批发新业态。运用"互联网+专业市场"的模式，通过大数据优势促进市场和商家线上连接，实现市场转型。

4. 流通网络内外贸一体化有进展。中国已成为全球第二大消费市场和第一货物贸易大国，内外贸市场对接活跃。近年来，越来越多的外贸企业积极开拓国内市场，部分内贸企业也开始积极拓展海外市场，成长起一批同时从事外贸和内贸的大型企业，内外贸一体化稳步推进。部分商品批发市场开始向内外贸融合发展转型：一是以交易市场为主体，组织场内商户和企业与国外、境外专业市场和相关机构建立常态化交流机制；二是以市场为主体整合多种资源，积极参与"一带一路"建设，通过举办国际贸易洽谈会增加国际采购规模，为开拓国际贸易搭建平台；三是部分专业批发市场积极采用"市场采购贸易"等新型方式扩大外贸出口。

《国务院办公厅关于促进内外贸一体化发展的意见》从4个方面提出15

条措施，就进一步促进内外贸一体化发展作出部署。国家还专门成立由商务部、市场监督管理总局、农业农村部、最高人民法院、银行保险监督管理委员会、知识产权局、全国人大常委会法工委等在内的多个部委组成的促进内外贸一体化发展部际工作机制，旨在通过改革创新、主体引领、数字赋能、产品对标、渠道对接和服务优化，高标准、高质量推进内外贸一体化。

（五）供应链创新与应用示范扎实推进

1. 积极推进供应链创新与应用。推进供应链创新与应用，加快打造协同、高效、畅通、稳定的产业链供应链体系，有利于推动生产、分配、流通、消费各环节有机联动，助力畅通国民经济循环，也是增强统筹利用两个市场、两种资源能力的迫切需要。推进供应链创新与应用，是国家近年来推进现代流通体系建设和优化流通网络布局的一项重要工作。自国务院办公厅《关于积极推进供应链创新与应用的指导意见》发布以来，按照中央的统一部署，各部门协同完善供应链创新发展的顶层设计。各地在供应链创新发展的治理机制、政策体系、标准配套、服务供给等多个方面持续深化探索，供应链创新与应用工作取得显著进展，制造业供应链弹性韧性水平快速提升，中国企业积极参与国际分工和全球竞争，有力地推动了全球供应链稳定发展。

2. 供应链创新与应用示范见成效。商务部、工业和信息化部等八部门，在全国开展供应链创新与应用试点与示范创建工作，先后两批共评出供应链示范城市25家，在农业、制造业、流通业等领域评出供应链示范企业200家，有力地推动了全国供应链创新发展。各示范城市与示范企业顺应产业发展规律，按照提升产业链供应链现代化水平、韧性和安全水平的要求，积极主动引入发展新技术新业态新模式，促进上下游、产供销有机衔接。近年来，重点城市供应链的辐射带动能力稳步提升，示范企业供应链竞争优势持续巩固，重点产业集群转型升级提速。

二、流通网络布局优化面临的挑战与问题

（一）流通网络布局优化面临严峻的外部挑战

我国开启全面建设社会主义现代化国家新征程，区域布局、产业布局、

物流布局、国土开发保护格局、人口结构分布、消费需求特征、要素供给模式等各方面都在发生深刻变化，对流通体系与流通网络布局提出新要求，现代流通体系进入完善基础设施、优化网络布局、精准补齐短板的关键期，促进一体融合、提升流通效率的机遇期，深化改革创新、转变发展方式的攻坚期。面向未来，全国流通网络布局优化将在如下方面面临严峻的外部挑战。

1. 国际经贸形势不确定性增大。世界正经历百年未有之大变局，新一轮科技革命和产业变革深入发展。疫情平稳转段后，地缘政治与保护主义对全球产业链供应链的韧性与安全稳定的威胁有增无减，全球经济恢复乏力，国际贸易规模萎缩的风险在加大。据海关总署数据，2023年前10个月，我国进出口总值为4.9万亿美元，下降6%，其中出口下降5.6%。10月当月进出口总值为4931.3亿美元，下降2.5%，其中出口下降6.4%。按商务部统计口径，2023年前三季度，实际使用外资金额9199.7亿元人民币，同比下降8.4%；但若以国际收支口径核算，外国直接投资（FDI）净流入仅1023亿元人民币，同比下降幅度超过90%。另外，国家外汇管理局最新公布的国际收支平衡表初步数据显示，2023年三季度中国国际收支口径的直接投资负债方净流出118亿美元，是1998年有统计以来首次出现负值，引发市场对外资利用情况的担忧。

2. 国内市场信心与预期亟须修复。当前最大的挑战，莫过于经营主体与消费者预期不佳，市场主体信心、心态、心气都发生了重要变化。受周期性、结构性与趋势性因素叠加的影响，外加后疫情时代的"疤痕效应"，包括房地产市场、民营企业投资、出口、就业、消费等在内的一系列宏观经济数据并不乐观。市场预期与信心走弱，在宏观面直接影响消费与投资，也在微观面导致很多企业"不敢闯""不敢投""不敢担风险"，进而引发银行信用与商业信用双重萎缩：很多市场主体拒绝扩大再生产从而减少信贷需求；受部分企业"跑路"或拖欠货款等影响，很多供应商甚至只接受"一手交钱，一手交货"的现金交易。

3. 消费市场扩容提质有障碍。

一是传统大宗商品消费市场增长持续乏力。受住宅市场低迷、汽车及家电普及率持续提升等影响，燃油汽车、家电、家居等传统大宗消费增长明显乏力。限额以上单位汽车类消费虽有一定幅度的增长，但增长主要来自新能源汽车。

二是文旅休闲等服务消费的潜力未充分释放。2022年，我国居民人均服务性消费支出占居民人均消费支出的比重仅为43.16%，对照发达国家服务消费大约70%的占比，我国服务消费还有极大的提升空间。但是，受制于过多的准入限制和部分行业行政垄断，服务消费潜力充分释放的难度较大。

三是被寄予厚望的新型消费扩容面临困境。平台对质量把控不严，线上产品和服务质量良莠不齐，很多信息被不当采集和滥用，传统体制机制、法律法规与政策框架仍妨碍消费新业态、新模式扩容。

四是日益重要的绿色低碳消费也面临障碍。消费者对绿色低碳产品服务的认知度和接受度不高，政策补贴力度待提高，碳排放权交易市场规模不够大，交易流动性不足，难以真实反映碳排放总成本。

（二）城乡流通网络基础设施存在诸多短板

1. 交通与物流网络待优化。目前，我国交通网络布局结构不尽合理、衔接不够顺畅，重点城市群、都市圈的城际和市域（郊）铁路存在较明显短板。铁路、公路、国际航运能力和效率仍待进一步提升，国内部分铁路线路运输能力紧张状况仍待缓解，铁水联运、多式联运衔接中转的"最后一公里"仍需打通。货物多式联运、旅客联程联运比重偏低，定制化、个性化、专业化运输服务产品供给与快速增长的需求不匹配。大宗商品仓储物流体系和交易支持机制的标准化、智能化、信息化程度有待进一步提升，交割仓库海内外布局需拓展和优化。

2. 城市社区商业短板突出。社区商业，指主要以社区范围内的居民为服务对象，以满足和促进当地居民消费为基本目标的便民、利民型属地型商业。国家高度重视社区商业发展与建设。2015年，国务院《关于推进国内贸易流通现代化 建设法治化营商环境的意见》强调"完善微利经营的流通设施建设保障制度"，要求落实2012年国务院《关于深化流通体制改革加快流通产业发展的意见》中提出的"新建社区商业和综合服务设施面积占社区总建筑面积的比例不得低于10%的政策"，要求"优先保障农贸市场、社区菜市场和家政、养老、再生资源回收等设施用地需求"。中央政府保持了高度重视社区商业发展与建设的政策延续性，同时又体现了与时俱进特点，日益重视社区商业的社会功能，开始明确强调其微利经营和综合性服务特征（如在"社区商业网点配置"中，将商业面积和综合服务设施面积相提并论）。但是，由于种种原因，在很多城市，在商业网点规划编制与执行过程中，社区商业发展在不少地区并未得到真正的重视（这或许正是过去几十年间中央政府反复发文强调社区商业网点建设的重要原因之一），主要表现在以下方面。

一是"新建社区商业和综合服务设施面积占社区总建筑面积的比例不得低于10%"的政策意见不清晰。在基层落实过程中，执行者对于商业设施面积比较容易理解，但对于综合服务设施面积的理解容易出现偏差。

二是社区商业的微利经营定位不明确。在建筑形式上，很多社区商业都布局在住宅底商、公寓底商或写字楼底商，大致是开发商的辅助性开发产品。而且，其底商性质，也决定了其较高的购置或租赁成本，从而难以确保便民、利民性质，对部分社区商业的"微利经营"（如菜市场、再生资源回收、便民早餐店等必备业态）构成较大挑战。

三是政策支持力度有待加强。2012年，国务院《关于深化流通体制改革加快流通产业发展的意见》虽强调"地方政府应出资购买一部分商业用房，用于支持社区菜店、菜市场、农副产品平价商店、便利店、早餐店、家政服务点等居民生活必备的商业网点建设。"但根据对部分城市的调研，只有少数财政状况乐观的城市在落实上述政策意见时比较到位。即便出资购买了部分商业用房用于支持社区商业发展的城市，也没有制定出行之有效的配套管理办法。

四是很多城市主城内的社区商业发展缺乏规划引导。早期自发性社区商业填补了社区便利的购物需求，但随着居民需求的变化，新的业态还应得到补充，社区商业业态布局应进一步优化。

3. 农产品流通设施建设待加强。农产品批发市场和农贸市场等农产品流通基础设施的数量已能满足基本需求，在不少城市甚至出现农产品批发市场结构性过剩。但是，在农村地区，尤其是农产品产地市场、农产品集配中心、农产品冷链物流设施等还存在短板，农产品流通基础设施与电子商务的高效衔接有待进一步加强，主要表现在如下方面。

一是农产品流通的"最初一公里"短板依旧明显。很多地区的农产品冷链物流体系政策支持更多地聚焦"最后一公里"，"最先一公里"短板持续突出，产地预冷设施建设覆盖率不足5%（远低于发达国家60%以上的覆盖率），多数果蔬采摘后未及时预冷，即便采摘后进入冷链，仍有较高的损失率。很多产地还缺乏长期储存设施，加上农产品标准化、品牌化水平低，分拣加工设施不足，品控能力弱，在品牌、品质、分级、包装、储运和供货稳定性方面都难以较好地匹配电商等现代渠道需求，农民并未真正融入电商产业生态体系，全面影响农民抵御价格风险能力与收入提升机会。

二是农产品流通"最后一公里"仍有不同程度的短板。即便是在一些大城市，在一些政府投资建设的大型农产品批发市场，常温仓储和保鲜库、冻库设施都难以满足居民消费升级和新业态新模式发展的需求，影响了批发市场做大做优做强，影响了部分重要市场功能的发挥。

（三）全国流通网络一体化需要进一步加快

1. 城乡流通网络仍待深度融合。当前，中国农村经济的短板，除体现在制造业方面，更全面体现在商业、物流、交通运输与消费领域。麦肯锡的一项调查发现，中国最大的30个城市以25%的人口贡献了45%的消费支出。近年来，各级政府围绕工业品下乡、农产品进城、生产要素双向流动等，在"上行"和"下沉"两个重点方向下了不少功夫，着力培育城乡一体化的流通网络、商品市场与要素市场。但是，在很多地区，城乡双向流通格局尚未真正形成，"上行"受阻与"下行"不畅的基本格局并未发生根本变化，县域商业建设未能充分考虑城乡融合发展，主要表现为：（1）未高度重视县城在"下沉"的中心地位。近年来，县域常住人口整体下降，但乡镇和村级人口大量流向县城，33.8%的县域人口集中在县城或县级市城区，部分县城常住人口已超过县域常住人口的50%，且比例仍在稳步提升。县城是很多县域居民子女入学、就医、务工、置业兴业的首选（在很多县城，75%以上的商品房由周边农民购买），日益成为人流、物流、资金流、信息流中心和现代商贸服务中心。商务部强调加快建设"以县城为中心的县域商业体系"，但县城在县域商业体系建设尤其是"下沉"的中心地位未得到应有的重视，县城商业服务和辐射带动能力有待进一步提高。（2）未能很好地协同县域商业体系建设中的"下沉"与"上行"。2022年"中央一号"文件对"三个下沉"与"农产品上行"同等重视。商务部等17部门《关于加强县域商业体系建设促进农村消费的意见》提出"以渠道下沉和农产品上行为主线……畅通工业品下乡和农产品进城双向流通渠道"。但很多地区在贯彻落实过程中，在项目、工程、资金支持方面将"三个下沉"与"农产品上行"割裂，不利于城乡融合发展。

2. 线上线下一体化融合难度大。线上线下业务深度融合与一体化发展，被业界、学界和政府部门视为"大势所趋"。从国务院办公厅到相关部委也都发布了促进实体流通企业创新转型的意见和政策措施，包括《国务院办公厅关于推动实体零售创新转型的意见》和《国务院办公厅关于以新业态新模式引领新型消费加快发展的意见》。近年来，无论是传统实体商业还是各种电商新业态新模式，都在试图寻求高水平的线上线下融合发展。然而，即便放眼全球，线上线下深度融合发展的成功案例并不太多见。国内大多数著名流通企业在线上线下深度融合发展的转型升级尝试中遭遇了严重挫折和亏损。其基本原因在于线上市场与线下市场在很大程度上遵循差异极大的经营逻辑。以线上经营为主的企业与线下经营为主的企业必然采取差异极大的经营策略（包括定价策略、服务策略、渠道策略），从而决定了那些试图深入融合线上线下业务的企业所必然要面对的深层次挑战。当前，线上线下业务的深度融合发展仍处于探索阶段，企业各部门间的协作融合程度不高，未能有效地将各项数据资源以及数据技术合理应用，难以实现线上线下营销活动的高效契合，线上线下融合发展中的资源整合能力有待提升，也未能建立完善的一体化资源支撑体系。另外，部分平台企业近年来动用巨额补贴（甚至以百亿元为单位）和超低价格（甚至以明显低于商品成本的价格）来换取顾客转化，维系黏性，也在一定程度上加剧了实体零售业客流、销售量下降的困境，涉嫌扰乱流通秩序，在客观上恶化了实体零售业的经营环境，也影响了线上线下一体化融合发展。

3. 内外贸一体化仍有诸多堵点。在出口受挫的背景下，越来越多的外贸企业开始考虑转向国内市场，国家也高度重视内外贸一体化的促进工作，并成立了多部委组成的促进内外贸一体化发展部际工作机制。但是，从课题组对长三角和珠三角的座谈、访谈情况看，内外贸一体化仍然存在不少堵点。外贸企业在开拓国内市场的过程中面临的最大困境是，相比国外市场，国内市场的透明度严重不足，国内外市场的差异体现在诸多方面：一是与欧美市场的消费环节税不同，国内采取增值税，因此从生产到消费每一个环节都要征税，拉高了企业成本；二是国内市场线下交易成本太高，欧美市场多采取包销制，国内不光有销售扣点还有店面租金压力，往往一个新的品牌尚未培养出自己的消费群体，就已经被商场淘汰了，这也就导致了目前线下市场更多倾向于短平快，忽视品牌的长期培育；三是国内市场商务环境的基础规则有待加强，在利益保障机制和信用制度建设方面亟须改善。另外，国内市场中企业的回款时间长、与政府沟通条线复杂等痼疾，也影响了企业国内市场的生存环境；四是外贸企业开拓国内市场的能力欠缺。无论是自有品牌构建，还是应对电商市场的冲击，都需要企业转换思维，尽快适应国内环境。上述国内外市场的重大差异也决定了内外贸一体化仍有待持续探索。

4. 商业与物流、交通网络待协同。商业、物流与交通三大流通网络的主管部门，分别明确为商务部、发改委和交通运输部，从而就有必要在政策、行政管理与法律法规层面进一步强化部门间的统筹协同。

(四) 不少地区流通网络布局缺乏规划引导

1. 商业网点规划编制理念有偏差。目前多数城市商业网点规划的编制思路注重目标规划，偏向物质空间层面，主要体现为政府意志对企业诉求、消费者需求和弱势群体的关注度不足。静态蓝图式的规划理念难以适应市场经济复杂多变情境，加上缺乏与社会经济发展的需求衔接和动态调整机制，导致规划难以落地。① 规划编制主体不同，也造成城市商业网点规划理念产生差异。如城市规划部门更侧重于商业中心体系和商业网点的空间布局，不注重对城市商业发展特点和趋势的分析；高等院校更注重流通产业发展、业态结构调整、产业发展战略等问题，对空间布局和空间关系则往往着墨较少。以上编制主体的差异，也经常会造成商业发展规划与商业网点规划的混淆。

2. 商业网点规划编制过程不够合理。

一是商业网点规划编制的依据更新不及时。目前，各地的商业网点规划编制，曾长期以原国家经济贸易委员会《关于城市商业网点规划工作的指导意见》、商务部《城市商业网点规划编制规范》和商务部、建设部《关于做好地级城市商业网点规划工作的通知》等文件为基本依据，近年来仅有极个别省份出台了本省的《关于完善商业网点规划管理的指导意见》②。总体而言，面对复杂多变的商业环境，已有的指导意见与编制规范，对交通条件、人口集聚度、商业网点与周边用地空间关系等因素的考虑不足，实用性和适用性均有待提高。

二是商业网点规划编制的科学性待强化。从已出台的商业网点规划文本看，整体质量偏低。重要原因在于，规划编制机构专业性程度不高，规划编制中，理论基础比较薄弱，基础统计数据缺乏，行业基本事实不清，或多或少存在前期研究不深入、调研不全面、分析不到位等问题，直觉型、经验型分析居多，严格的调研和定量分析较少，无法深入反映规划背景及城市商业发展现状、特点与问题，缺乏对商业发展的针对性引导。

---

① 李金波. 新时期城市商业网点规划的编制理念和技术路线探讨 [J]. 价值工程, 2018 (31).
② 2019年12月19日，浙江省商务厅等13部门联合出台《关于完善商业网点规划管理的指导意见》。该意见的出台在全国省级层面率先将商务部门纳入规划议事协调机构，有利于缓解商务部门无法参与国土空间规划编制以及具体商贸项目建设管理的难题。2021年7月26日，江苏省政府办公厅也转发了江苏省商务厅等部门《关于完善商业网点规划管理指导意见》。

3. 商业网点规划与城市规划衔接不畅。

一是商业网点规划与城市规划的关系未能理顺。商业网点规划是从属性的专项规划，是对城市规划的补充和完善。不少大城市在编制城市总体规划时，都高度重视商业网点规划；有些城市的商业网点规划往往由城市规划专家和商贸流通专家共同研究编制，作为城市总体规划的一部分，从而避免规划部门和商务部门在规划编制上出现"两张皮"现象。但是，在很多城市，商业网点规划与城市规划的关系未理顺，尤其对商业网点规划的性质认识不足，有些部门和学者甚至否认商业网点规划的必要性。

二是商业网点规划与城市规划难以有效衔接。在很多城市，商业网点规划或试图纳入城市规划，或与城市规划相衔接，但在逻辑、内容等方面会出现诸多困境：（1）从规划编制的负责部门看，商业网点规划一般由商务部门牵头编制，而城市总体规划和城市控制性详细规划等相关规划由其他部门牵头编制，相互之间很难充分沟通和协调，商业网点规划常与城市规划之间内容冲突，甚至与相关部门的行动计划脱节。（2）商业中心体系在商业网点规划与城市规划之间难以有效衔接。虽然大部分城市商业网点规划都明确了对商业中心体系的空间引导，但难以与城市总体规划有效衔接。尽管在城市商业网点规划中一般都提出了对商业中心体系的空间发展要求，但这些要求很难落实到法定的城市总体规划编制中，更难以在"控规"中得到体现。商业网点规划中确定的商业设施面积与"控规"中确定的商业用地面积及开发强度间很难有效衔接，在空间布局上常出现商业网点规划中的商业中心与"控规"中的商业用地在发展区位上和总量上不一致的情形，极大地影响了商业网点规划对商业设施建设的指导性。

三是商业网点规划的商业设施规模与城市用地管理之间难以有效衔接。在"控规"编制及实际开发建设中，商业中心内的某些商业设施，甚至是部分大型商业网点，并非采用独立占地形式布局于商业设施用地中，而是与住宅、办公或其他建筑形式穿插混合。商业网点规划采用对商业用地面积进行量化的引导方法，在逻辑、程序和操作层面与城市规划编制进行衔接，均有较大难度。

4. 商业网点规划不太重视适老化要求。为缓解商业和消费领域的社会排斥（social exclusion）现象，很多国家的政府积极采取了包括规划在内的措施，以切实应对低收入聚居区、行动不便者和年龄偏大的人群的购物困境。针对老年人"数字鸿沟"问题，国务院办公厅下发《关于切实解决老年人运用智能技术困难的实施方案》，让老年人也可以分享信息化新成果。第七次全国人口普查数据显示，中国60岁及以上人口占比已达18.70%（比2010年上升了5.44个百分点），其中65岁及以上人口占比达13.50%。中国的老龄化速度在全球范围非常惊人：有数据显示，从老龄化（65岁及以上人口占比达7%以上）到深度老龄化（65岁及以上人口占比达14%以上），法国、瑞典、美国、英国、德国、日本和中国分别用了126年、85年、72年、46年、40年、24年和21年。加上近年来出生人口数量快速减少，人口老龄化速度将持续加快。在此背景下，空巢老人、失去自理能力的老人、渴望新生活的老人以及被"数字鸿沟"隔离的老人数量将快速增长，衍生出对各种不同类型服务与产品的需求，不仅需要生产制造企业研究设计相应的解决方案，也需要流通企业、商业网点、流通设施、流通空间做出必要的适老化调整与改造。从上述角度，很多地区商业网点规划编制至少存在如下问题。

一是未能充分反映商业活动空间与社会空间的结合。老年消费者的商业活动距离较小，且对社会生活空间依赖性更强，从而要求城市商业网点规划应充分结合社会空间。如将老年人休息座椅、医疗保健设施、移动药店、活动中心等公共设施融入商业空间规划中，打造适老化的城市综合化功能空间。同时调整商业业态比例，并从门店布局、商品陈列、空间设计、消除数字化障碍等方面进行适老化改造，满足老年人个性化、差异化需求。目前，大部分城市的商业网点规划仍聚焦于流通空间的规划布局，对老龄化社会面临的问题与趋势分析不够，达不到构建适合老龄化社会的城市流通空间要求。

二是"消费者视角"的流通空间规划理念尚未形成，不能满足老年消费者行为特征与消费特性。老龄化社会的居民消费习惯和消费结构都将产生很大改变，因此推动商业模式的转变。从日本的经验看，人口老龄化会带来小型商业业态比例的提升，小型超市、便利店、药店、微型百货店等都是主力业态，而与大家庭化、大量消费密切相关的百货店和大卖场比例大幅下降。老年消费者未来有可能是中国规模最大且增长最迅速的群体，城市商业网点规划有必要考虑老年消费者的视角，在商业中心体系规划中，推进各层级商业中心业态结构、商业空间功能布局等多个方面进行必要的适老化改造升级。

（五）必须正视流通网络布局的结构性矛盾

1. 流通网络布局优化缺乏整体化推进机制。在推进流通网络布局优化的过程中，必然会牵涉多个部门：商务部门管商业、发改系统管物流、交通运输部门管交通、市监部门负责市场监管、工信部门负责中小企业扶持、应急管理部门管应急流通、供销社管部分农村流通、农业农村部门管农产品产地市场、粮食局管粮食流通、烟草专卖局管烟草流通、邮政管快递。众多行政管理部门的很多业务在一定程度上交叉重叠，加上各部门管理职能归属变化和调整频率高，使协调衔接的工作量与难度很大，难免存在职能交叉重叠、职责不清、多头管理等顽疾，难以形成工作合力，难以形成有效监管，降低了工作效率，削弱了法律法规和政策执行效果。对于数字技术支撑的流通新业态新模式，更是跨部门、跨行业、跨领域、跨地区、跨主体发展的。上述多头管理必然导致更严峻的挑战，亟须通过深化管理体制改革贯彻系统化、整体化统筹推进的理念。

2. 流通网络布局未充分考虑需求的重大变化。一是未充分考虑城乡、区域、产业与人口布局变化导致的需求变化对流通网络布局的影响。以县域商业建设为例，其建设与县域消费需求的匹配度有待提高。（1）县域商业体系建设未高度重视县域人口与市场需求支撑。交通持续改善，电商迅速发展，快递到镇进村，似乎没必要担忧农民因乡村网点/站点少或不够现代化而买不到适销对路的消费品。在多数乡镇与行政村人口持续下降且加速老龄化的背景下，耗费大量资金新建、改造、升级乡镇和村级商业网点/站点完成之日，可能就是其闲置甚至废弃之时。（2）政府部门低估了县域商业可持续运营的复杂性。基层企业普遍反映，县域商业体系建设相关政策意见和《县域商业建设指南》的可操作性不强，不少指标尤其是约束性指标，有照搬发达地区之嫌，不符合很多地区县域市场需求的实际情况。很多地区简单移植发达地区和城市商业经验，提出在短期内实现某些难以完成的"约束性指标"，片面强调改造、新建、提升、织密网点，过度依赖政府补助资金，缺乏长期运营谋划与细致的成本—收益核算，在短期内虽可通过财政资金覆盖建设成本，但项目建成验收后，经济—社会效益低下，缺乏可持续性，"年年建，年年喊，但年年没进展"。（3）市场主体高估了县域需求并低估了市场开拓难度。很多企业都试图在以县域为代表的"下沉市场"开拓新天地，但经验表明，"下沉市场"看似"蓝海"，实为生意非常难做的"红海"，"折戟"受挫的著名企业很多。受经济下行影响，大型连锁零售企业与电商企业都遭遇不同程度的经营困境，市场主体开拓县域市场的能力在下降。

二是未充分考虑消费需求向线上转移对流通网络布局的影响。新业态、新模式不断涌现，但多数城市商业网点规划仍侧重于实体商业空间区位关系和区位特点，未能充分考虑平台经济对商业空间的规模、布局、业态、业种、场景等方面的复杂影响，未能结合平台经济从产业链、生态产业体系角度进行具体规划布局。

3. 主城区商业设施转型升级与外迁面临困境。在城市发展更新过程中，主城区内很多商业街区面临转型升级困境。各城市在积极探索传统街区转型升级路径时，做法差异较大，但很少有城市找到了行之有效的解决办法，很多城市采用了新旧混合的方式，即在传统街区的基础上增加新型商业网点，但整体融合度欠佳。传统商业街区发展与城市中心区更新紧密相关，如何与现代城市发展相协调，充满挑战。

与主城区商业街区类似，很多曾经非常繁荣的商品交易市场也面临严峻的转型升级难题。主要表现在如下方面。一是商品交易市场创新升级基础薄弱。多数商品交易市场采用传统的摊位出租、收取摊位费和管理费的"物业管理"模式，缺乏高素质的管理团队和规范的管理理念，缺乏引导场内商户创新的意识，创新服务能力明显不足。很多市场内摊位/店铺产权结构的复杂化（既有商户购买的自有摊位/店铺，也有商户租赁或转租来的摊位/店铺），也阻碍了市场举办方管理能力提升。另外，多数商品交易市场的物流配送中心和现代仓储等配套基础设施建设滞后，配套综合服务能力不足，多数商品交易市场仍以"摊位制"和"三现"（现场、现金、现货）交易为主。二是市场商户经营创新升级面临多重困境。长期的"融资难、融资贵"、商户的交接班难题、商户抗风险能力和缺乏行业自律，都影响商户创新升级。三是商品交易市场发展平台经济的模式仍须探索。商品交易市场的平台化探索，尤其是在商品交易市场积极试水的线上线下融合方面，可谓"八仙过海，各显其能"，但就其成效而言，可谓"教训比经验多，付出比收获多"。四是商品交易市场促进商产融合的功能待强化。首先是在利用现代信息技术强化农产品产销对接方面仍有较大的提升空间，线上线下融合的农产品产销对接平台建设方兴未艾。其次是在推动工业消费品市场跨界融合和促进生产资料市场向上下游延伸方面还有较大的改进空间。

商品交易市场外迁压力持续增大。在很多城市，不少商品交易市场始建于20世纪80年代或90年代，受当时建设条件的限制和市场快速发展影响，大部分市场的基础设施陈旧老化，配套设施不健全，市场布局不合理。伴随着城镇化快速推进，一些原来位于城乡接合部的商品交易市场周边地区已发展成为市区繁华地带。尽管在建设时对基础设施、配套设施都作了比较超前的规划，但相对于今天不断变动的市场交易需求而言又已滞后，而且还产生了交易环境差、消防隐患多、排污困难、场外摊点多、停车难、交通堵塞等现实问题。同时商品交易市场对所在城市发展的作用也在弱化。在上述背景下,很多城市尤其是大城市纷纷推出了商品交易市场外迁政策。但是外迁涉及多方利益,迁建的商品交易市场的区位和交通条件显然不如原市场,人气也很难在短期内恢复,能否成功存在极大的不确定性,导致商品交易市场的管理方和商户均不愿外迁。在政府外迁决策执行过程中面临复杂挑战,处理不好容易造成群体性事件。

4. 流通网络建设中的过剩与短缺现象并存。一方面,商业网点总量相对过剩形势日益严峻。2021年8月商务部发布的《城市商圈建设指南(征求意见稿)》明确指出,要坚持总量控制。要求根据城市经济发展水平、人口规模和消费升级需求,结合城市相关规划,合理确定城市商圈总体规模。要求对城市中心区商业过度饱和的商圈实行商业设施规模总量控制,严格控制新建、扩建商业建筑规模。要求将城市商圈更新改造与城市更新相结合,立足现有城市商圈基础,着力优化存量,盘活闲置商业资源。上述重要判断,与我国绝大多数城市商业网点建设实际完全相符。而且,近年来,伴随网络零售与"本地生活"服务的快速发展,加上疫情的持续冲击,叠加经济持续下行压力,百货中心、购物中心与街边底商的空置率持续上升,导致商业网点总量相对过剩形势更加严峻。另一方面,社区商业与农产品流通设施,尤其是产地的农产品流通设施仍有突出短板。

三、优化全国流通网络布局,建设高效顺畅的流通体系的政策建议

(一)厘清流通网络布局的整体思路

1. 在发挥市场"决定性作用"的基础上优化政府职能。优化流通网络布局,推进现代流通体系建设,必须首先处理好"市场决定"与"政府有为"的关系,把"看不见的手"和"看得见的手"都用好,改变当前市场取向改革不足与市场取向改革过度并存的低效现象。首先是切实充分发挥市场在资源配置中的决定性作用。在观念层面更加尊重市场决定资源配置这一市场经济的一般规律,在行动层面大幅减少政府对资源的直接配置,进一步放松管制与简政放权,推动资源依据市场规则、市场价格、市场竞争高效配置,让企业和个人有更多活力和更大空间去发展经济。其次是"更好"而非"更

多"地发挥政府作用。政府应从"管经济"转变为以"改善经济环境"为主,充分发挥政府对市场失灵失效领域的调节作用,松手而不甩手,成为既有为又有效的政府。全面落实市场准入负面清单制度。聚焦塑造市场化、法治化、国际化、便利化的营商环境,加强反垄断和反不正当竞争执法工作,破除地方保护和行政性垄断,并助力部分流通基础设施建设。

2. 修复消费需求与流通网络布局优化有机结合。党的二十大报告提出的"把实施扩大内需战略同深化供给侧结构性改革有机结合起来",对于优化全国流通网络布局、推进现代流通体系建设、助力发挥超大规模市场优势意义重大。一方面,坚持牢牢把握扩大内需这个战略基点。2022年年底,中央经济工作会议明确指出,要把恢复和扩大消费摆在优先位置。通过包括提升城乡居民收入、稳定就业岗位以及发放消费券在内的各种措施,促进消费是当前恢复和扩大需求的关键所在,对筑牢经济回升向好的基础十分重要,也是以规模扩大、结构升级的需求牵引和催生优质供给以及优化流通网络布局的重要基础。另一方面,坚持以深化供给侧结构性改革。优化流通网络布局,是供给侧结构性改革在重要举措,将有利于市场主体强化创新能力,优化供给结构,提升服务质量,更好地满足消费者的多样化、个性化需求,推动经济实现质的有效提升和量的合理增长,从而形成产销并进、供需互促的良性循环。

3. 强化商业与物流、交通三大网络间的协同。党的二十大报告明确指出,"加快发展物联网,建设高效顺畅的流通体系,降低物流成本"。在同一句话中将物联网、流通体系与物流并提,表明应强化商业网络、物流网络与交通网络之间的协同。上述三大流通网络之间的协同,恰恰是中央财经委员会"统筹推进现代流通体系建设"的应有之义。应进一步加强现代流通体系建设的全局性谋划与整体性推进,促进商业网络、物流网络与交通三大网络的统筹协同以及金融、信用等的融合联动,统筹推进流通国内外顺畅衔接、跨区域高效运转、城乡融合发展。

(二)着力补齐城乡流通网络的短板

1. 推进城市各类流通载体现代化。促进城市更新、商品交易市场转型升级与商业网点优化的有机融合,推动形成多层次、多样化的消费载体。

一是继续加大多层次消费中心城市建设力度。引导北京、上海、天津、重庆和广州等国际消费中心城市进一步提高国际消费资源要素配置能力,进一步提升国际影响力、竞争力与美誉度。培育更多有条件的特大城市建设国际消费中心城市。支持有条件的大城市打造全国性或区域性消费中心，支持部分中等规模城市打造地方特色消费中心，推动形成多层级多节点的消费中心体系。提高城市中心街区商业活力，将中小企业与文化、观光、旅游、地产、特产及大型购物中心等联系起来，打造文商旅深度融合发展的地域复合型商业区和城市时尚标杆。

二是高质量改造提升重点商圈与特色商业街区。支持对重点商圈和特色商业街区进行合理改造与再开发，通过设施现代化、购物环境改善与业态升级，为顾客创造更好的消费体验。统筹推进智慧商圈、智慧商店示范创建，带动传统商业数字化、智能化转型，打造沉浸式、互动式、体验式消费场景。促进形成一批人气旺、特色强、有历史文化底蕴的步行街，打造一批文化特色鲜明的旅游休闲街区。打造沉浸式演艺新空间，建设新型文旅消费集聚区。

三是加快推进一刻钟便民生活圈建设。按照"试点带动、典型引路、全面推开"的路径，聚焦补齐基本保障类业态、发展品质提升类业态，优化社区商业网点布局，改善社区消费条件，创新社区消费场景，提升居民生活品质，提升社区服务的便利化、标准化、品质化、智慧化水平，继续扩大城市一刻钟便民生活圈覆盖范围，推动多种类型的一刻钟便民生活圈建设，将一刻钟便民生活圈打造成保障和改善民生、恢复和扩大消费的重要载体。

四是支持打造更多的消费平台。支持中国国际消费品博览会打造全球消费精品展示交易平台，办好各类品牌活动，鼓励各地因地制宜组织购物节、美食节、生活节等形式多样的消费促进活动。

2. 加大农村商业设施补短板力度。

一是加快弥补产地农产品集配设施短板。聚焦全国重要流通节点和优势农产品产区，推进农产品品质提升和农业标准化，引导农产品流通企业、农民合作社等在产地就近建设改造田头市场、产地专业市场、产地集配中心、产地仓等，配备清洗、杀菌、加工、包装、分拣、分级、仓储保鲜等设备，提高农产品商品化处理能力。

二是继续推动农产品批发市场与农贸市场升级。促进农产品批发市场数字化、智能化建设与运营管理模式创新，稳健推进电子商务与农产品批发市场高效衔接，进一步提升保供稳价能力。支持农贸市场现代化发展、数字化转型。支持各级政府通过投资建设、入股参股、公建配套等方式，建设改造一批布局合理、辐射面广的公益性农产品批发市场与农贸市场。推动农产品生产、运输、仓储、消费等环节数据互联互通、设施共用共享。

三是加快补齐农产品冷链尤其是"最先一公里"短板。加快建设覆盖农产品加工、储运、销售的冷链网络，降低生鲜农产品在流通领域的损耗。聚焦主产区和特色农产品优势区，推进包括田头小型冷藏保鲜设施在内的农产品产地冷链保鲜设施建设，加快建设产销冷链集配中心。加强农产品产地预冷、分拣包装、移动冷库等设施建设。鼓励涉农企业购置、租赁共享式移动预冷设备。支持产地"冷藏库"建设，助力延长农产品储存期和货架期，稳定和增加农民收入。继续加强通村畅乡农村公路建设，支持村内道路建设与改造，加快乡村产业路和资源路建设，有效串接田头市场、住户与邮政快递网点。

3. 促进商品交易市场转型升级。

一是加快培育大型批发企业。在提升监管能力的前提下，聚焦部分生产资料市场和纺织服装鞋帽、日用品等消费品市场，在加快打造一批面向全球的商品流通大市场和大平台的同时，加快培育一批能与国外大型批发企业抗衡的大型批发企业，改变中国制造业缺乏知名品牌、缺少核心技术、销售渠道与商业信誉方面短板明显的被动格局，成为国内外知名的出口基地和国际化采购中心。

二是加快建设境外分市场。充分利用国内专业市场发达和跨国网络化布局优势，加快培育境外分市场，投资建设一批海外仓，使国内实体商品交易市场、电子商务园区与国外的分市场形成无缝连接，进一步做实做强中国流通的全球产业链。

三是建立健全现代生产资料分销网络体系。支持大型生产资料流通龙头企业通过兼并重组等方式加快发展，依托"一带一路"倡议和自贸试验区等国家战略，推动交易、物流、金融、信息、大数据等功能融合发展，大力推进生产资料口岸直销和分销体系建设。

四是打造具有国际竞争力的商产融合的贸易中心。发挥重点商品交易市场、重点跨境电商平台和重点港口的优势，打造具有国际竞争力的商产融合的贸易中心城市和商贸功能集聚区。支持有条件的地方建设高标准消费品市场，推动现有消费品骨干市场转型升级，打造"一站式"商品采购中心。

五是建设具有较大影响力的交易平台。支持创建国际贸易平台，探索发展展贸一体的商品交易市场。通过股份制改造、兼并重组等多种方式，在油气、电力、煤炭等领域积极培育形成运营规范、具有较大影响力的交易平台。鼓励具备条件的资源型地区依托现有交易场所，探索建设区域性能源资源交易中心。

4. 强化数字基建为代表的新基建。

一是加大新型基础设施投资力度。推动第五代移动通信、物联网、工业互联网等通信网络基础设施，人工智能、云计算、区块链等新技术基础设施，数据中心、智能计算中心等算力基础设施建设，尤其是算力、算法、数据、应用资源协同的全国一体化大数据中心体系建设。建设高速泛在、天地一体、云网融合、智能敏捷、绿色低碳、安全可控的智能化综合性数字信息基础设施。有序推进基础设施智能升级。稳步构建智能高效的融合基础设施，提升基础设施网络化、智能化、服务化、协同化水平。高效布局人工智能基础设施。加快推进能源、交通运输、水利、物流、环保等领域基础设施数字化改造。推动新型城市基础设施建设，提升市政公用设施和建筑智能化水平。考虑现实条件，分批次分阶段逐步加强农村新型基础设施建设。

二是实施智能商业发展示范工程。新型基础设施优先覆盖核心商圈、消费集聚区与城市交通枢纽，积极发展"智慧商店""智慧街区""智慧商圈""智慧社区"，建设一批智能消费综合体验馆。推动企业上云上平台，构建上下游贯通、内外部互通的企业协同网络。加强流通领域数字化公共服务，为企业数字化转型提供解决方案，为科技创新、成果转化和人才培育等提供支撑。结合京津冀、粤港澳大湾区、长三角及海南自由贸易港等区域市场发展需求，针对跨境电商、跨境寄递物流、跨境支付和供应链管理等典型场景，构建安全便利的国际互联网数据专用通道和国际化数据信息专用通道。

三是强化新基建应用场景建设。以应用带动需求发展，打造智慧交通、新能源和节能环保、智能制造、现代农业等新模式、新业态。推动仓储、运输、分拣、包装、配送等物流设施设备信息化、智能改造。实施教育、医疗、快递物流等网络基础设施改造提升工程，推动互联网医疗、在线教育、第三方物流、即时递送、在线办公、网上办事等新型服务平台发展。

（三）加快推动全国流通网络一体化

1. 加快城乡商业一体化发展。

一是以县城为中心促进商业网络下沉。县域常住人口呈下降趋势，但很多县城的常住人口在稳步上升。在多数省份，县城仍是很多农民子女入学、就医、务工的首选和置业兴业的重要选择。鼓励流通企业通过数字化、连锁化等手段，以县城为中心，对县城购物中心、综合商贸中心、连锁商超等商业网点改造升级，强化数字赋能，加快打造消费新模式新场景，推动商旅文体多种业态加快集聚，提升县城商业的综合服务能力和辐射带动能力，将县城打造成为农村消费升级的"排头兵"，助力释放消费潜力。以县城为基础，引导大型连锁流通企业下沉，在有条件的地区建设改造购物、娱乐、休闲等业态融合的乡镇商贸中心，在提升商品品类品质的基础上，不断丰富各种生活服务与便民服务。

二是以县城为关键节点推动物流体系下沉。以县城为关键节点，布局建设县域物流配送中心，完善县乡村三级物流配送体系，补齐仓储、配送等基础设施短板。适应网点分散、订单量少、频次低、物流半径大等市场特点，支持邮政、快递、物流、商贸企业开展合作，实现统一仓储、分拣、运输、配送、揽件，推动统仓共配。推进"快递进村"工程，鼓励农村电商服务站点、村邮站、供销社、便民店、农村运输站场、乡镇综合运输服务站等多站合一、服务共享，提升末端网络服务能力。扩大电商进农村覆盖面，推动电商与快递物流协同发展，引导电商平台投放更多适应农村消费特点的工业品下乡。

三是将健全农产品上行网络作为城乡商业一体化的重点方向。进一步完善农产品流通骨干网络。加快欠发达地区农产品主产区的全国性、区域性产地市场和田头市场建设，完善农产品集散中心和物流加工配送中心。培育农产品网络品牌与电商主体，加快农产品电商发展。

2. 促进流通网络区域一体化。

一是废除已存在的限制地区间要素自由流动的政策及规定，从根本上破除传统的行政垄断型资源配置的束缚，同时建立一系列由地方政府之间共同执行的政府行为准则和市场游戏规则，加强地区间联系，促成区域合作，实现优势互补。

二是建立和完善包括决策、执行、监督、仲裁等功能的跨区域协调机构，实现多层次协调互动。重点打造地区经济协作和技术、人才合作的多平台的政府合作载体，为正确处理地区间的竞争关系、建立完善统一的市场体系等创造条件。

三是进一步完善区域综合政策体系，保证各层次、各类别政策间的统一性与协调性以及政策实施过程中的权威性、有效性。在分层次、分类别推出各地区相关产业发展政策、人才引进政策、财政与金融支持政策等基础上，科学划分各层次、各类别政策的空间尺度，避免出现因尺度过大导致政策普惠性偏差或因尺度过小造成政策碎片化。

四是推动区域市场一体化战略的实施、监督、评价和考核体系。如完成统一规划布局情况、一体化基础设施与平台建设情况、人才流动与引进情况、创新要素开放共享情况等指标，纳入当前政府的行动、激励和考评体系，真正从施政层面促进区域高质量一体化发展。

3. 加速内外贸一体化发展。

一是完善内外贸一体化调控体系。促进内外贸法律法规、监管体制、经营资质、质量标准、检验检疫、认证认可等相衔接，进一步健全内外贸一体化的政策体系。提高国际标准转化率，完善强制性产品认证制度。鼓励行业商协会制定发布内外贸一体化产品和服务标准。加快促进内外贸相关规则体系衔接。全面梳理涉及外资外贸的法律、法规、规章和政策性文件，推动限期废止或修订同国家对外开放大方向和大原则不符的法律法规或条款，促进内外贸法律法规体系的衔接。

二是积极打造内外贸一体化供应链生态。积极鼓励市场主体开拓国内国际两个市场，充分利用两个市场两种资源，降低出口产品内销成本，大幅提升内外贸企业供应链上下游其他环节的配套能力。建设一批为"同线同标同质"服务的公共平台，发挥认证作为国内外市场统一评价制度的作用，缩小内外销产品的质量差距、信任差距，带动国内相关产业加快提质升级。通过自身创新发展、兼并重组，整合要素资源、联通内外市场，形成一批内外贸融合、经营能力强的供应链核心平台企业，为上下游企业提供贸易、物流、仓储、金融、信息等"一站式"服务，构建高效共赢的供应链生态圈。发展多式联运，实现铁路、公路、航空、河运、海运等运输方式融合发展，形成运输模式集成。加快培育跨境电子商务主体，更好地发挥跨境电子商务在连通国际国内两个市场的积极作用。

三是培育内外贸融合发展平台。发挥自由贸易试验区、海南自由贸易港、国家级新区、国家进口贸易促进创新示范区、综合保税区、国家级经济技术开发区等开放平台的引领示范作用，对接国际高标准经贸规则，优化进出口管理和服务，提升贸易便利化水平。提升中国国际进口博览会、中国国际服务贸易交易会等吸引力和国际影响力，培育若干国际知名度高、影响力大的境内外展会，发展线上线下融合的"云展会"模式，促进国际商品、服务、技术贸易发展。

四是创新内外贸融合发展模式。培育一批经营模式、交易模式与国际接轨的商品交易市场。推动外贸企业与电商平台、连锁商业企业合作，开辟线上线下外贸产品内销专区，积极开拓国内市场。引导外贸企业与物流企业加强业务协同和资源整合，共建共享物流中心等物流基础设施网络，提高物流运作效率和资产利用效率，支持国内物流企业发展国际业务。鼓励内外贸资源整合，推动行业组织、企业联合体与国际采购联盟加强对接。

4. 助推线上线下流通一体化。

一是整合数据资源实现差异化发展。引导流通企业整合线上线下数据资源，孵化线上线下的新产品、新卖点和新品牌。推动第三方技术服务商和电商平台赋能实体店，利用大数据优化开店布局、进销存管理、物流配送、商品追溯等环节，加强商流客流智能分析，实现店铺个性化运营。整合线上线下物流与供应链等资源，满足线上线下消费者对于物流配送等差异化需求。

二是加强互动合作协同发展。支持新媒体与零售企业互动，聚合新媒体开展品牌促消费活动，利用直播、小程序、微视频等媒介，策划产品和服务营销。鼓励实体零售企业与电商平台合作，联合打造购物节、购物季、品牌展、发布会等促进消费的活动。

三是统筹资源实现全渠道发展。构建深度交互的全渠道消费场景。引导企业运用大数据、云计算、移动互联网等现代信息技术，实现门店管理和物流配送智能化，以技术引领发展无人零售等新业态。

（四）优化商业网点规划编制与实施

完善商业网点规划实施机制、商贸设施建设政策促进机制和社会投资公共信息引导机制，加强商业网点规划管理，引导商贸流通投资，积极发挥商务部门的作用，缓解商务部门难以参与国土空间规划编制等难题。具体方案：

1. 尽快更新商业网点规划编制的相关指导性文件。由商务部牵头，联合自然资源、住建、发改、财政等部委尽快出台《关于完善城乡商业网点规划工作的指导意见》，加快配套更新完善出台新版《城市商业网点规划编制规范》《城市商业网点规划资料汇编》和《城市商业中心等级划分》等文件。尽快发布《城市商圈建设指南》。

2. 在有条件的城市推动城乡商业网点规划编制工作。围绕商务部即将出台的《关于完善城乡商业网点规划工作的指导意见》，会同相关部委，指导各地结合"十四五"专项规划编制，抓好《关于完善城乡商业网点规划工作的指导意见》贯彻实施，并做好政策宣传解读、规划编制培训、专家库设立、管理平台建设、督导落实、跟踪研究等工作，并在有条件的地区启动新一轮城乡商业网点规划编制工作。促进城市更新与商业网点优化有机结合，在有条件的城市支持加快打造"国际消费中心城市"或"区域消费中心"，提高城市中心街区的商业活力,将流通业发展与文化、观光、旅游、地产、特产及购物中心建设联系起来,打造文商旅深度融合发展的地域复合型商业区和城市时尚标杆。

3. 在新一轮城乡商业网点规划编制中强化人文关怀。将人性化和人文关怀作为底线,设法确保城市流动商贩群体的基本权利、中低收入群体需求与城市治理间的平衡,高度关注老年人、"数字鸿沟"中的"掉队者"消费需求的满足,在商业网点规划中,更加重视社区商业、连锁便利店和农产品流通体系建设。

(五) 缓解流通网络的结构性矛盾

1. 强化全国流通网络优化的整体谋划。认真贯彻落实党的二十大报告中"建设高效顺畅的流通体系,降低物流成本""优化基础设施布局、结构、功能和系统集成,构建现代化基础设施体系"等重要精神,结合国家"十四五"总体规划、"十四五"数字经济发展规划、"十四五"国内贸易发展规划、"十四五"电子商务发展规划等,服务商品和资源要素跨区域、大规模流通,强化全国流通网络优化的整体谋划。贯彻流通系统化或整体化推进理念,将商品从生产到消费的流通全过程和所有流程都视为一个系统,加强商务、发改、市监、农业农村、供销社、交通运输、人民银行、自然资源、住建、邮政等部门间的沟通配合。推进条块分割与多头管理的流通管理体制改革,改变按职能对流通不同环节、流程切块管理这种不适应现代流通体系建设需求,也不符合现代产业链供应链运行规律的行政管理体制,实现流通相关行政管理职权分工明确、简单清晰和集中统一。针对流通领域新趋势、新变化与新特点,实现治理主体多元共治,治理标准依法依规,治理手段与时俱进,加强行政管理体系的协调性与统筹性。着力推动商业、物流、交通、金融、信用等有机衔接,加快优化商业、物流、交通等设施空间布局,构建东西互济、南北协作、内外联通的现代流通骨干网络,"统筹"加快建设系统完备、创新引领、协同高效的现代流通体系。地方政府应该加强组织领导,建立健全协调机制,结合本地统筹推进本地现代流通体系建设工作,不断优化流通网络布局。

2. 加快疏通法律与政策层面的堵点。围绕现代流通体系建设与流通网络布局优化,国务院以及国务院办公厅、商务部、国家发改委都已出台过多项专门的政策意见。但是,在"深化改革""规范化""安全"等名义下,涌现出越来越多的"一票否决"事项或考虑，加上很多已严重过时的"办法"或"暂行规定"并未废除，导致市场主体和基层在很多方面缩手缩脚，运营效率显著下降，运营成本明显提高。在某些方面出现的"懒政""躺平"现象，在很大程度上是上述困境的重要表现。必须找出有关政策意见在地方和基层执行中的困难及深层原因，设法克服困难挑战，落实落细中央已出台的政策意见。在此基础上，推动政策执行与落地。除了要建立健全执行监督机制并对存在的问题及时调整外，还必须加快推动对各种阻碍政策落实落地的"办法"或"暂行规定"中具体条款的修正和废除，从而可以降低行政人员的避责倾向，也可以显著压缩基层在具体执行中的自由裁量权。

3. 流通网络布局必须回到需求导向。

一是充分考虑不同类型城市流通网络建设布局的重大需求差异。在全国范围内城镇化水平稳步提升的同时，不同地区、不同经济量级、不同类型的城市对人口的吸引力正在发生迅速分化，尤其是很多中西部地区的三线及以下城市，甚至东北地区的部分省会城市，都出现了持续的人口净减少现象，反映出这些城市的经济活力、产业发展、发展潜力等方面都在相对退化。在已公布 2022 年人口数据的 286 个城市中，人口减少城市多达 156 个，绝大多数都是三四线城市。加上绝大多数经济欠发达省与自治区（如四川、湖北、湖南、安徽、河南、陕西、广西、吉林、黑龙江等）已开启强省会模式（以四川省为例，省会成都 GDP 超过 2 万亿元，超过四川省 GDP 的 1/3，其余 20 个城市的 GDP 加起来不到全省的 2/3），从而很可能加快这些省级行政区内其他三四线城市的人口净减少进程。在上述背景下，在流通网络建设布局方面，这些省（自治区）的省会与非省会城市显然会面临极大的需求差异。

二是顺应城乡人口年龄结构与需求变化，加快社区商业发展与商业设施适老化改造。由于大量年轻人从部分城市和县域流失，人口老龄化速度会更快。在老年群体占比日益提升的背景下，应加快一刻钟便民生活圈建设，通过政策倾斜与补贴等措施，重点促进社区商业发展，提升社区商业多重社会功能与多领域综合服务能力，并将商业设施适老化改造作为重要的政策支持方向。

三是全面提升县域商业网络布局与县域消费需求的匹配度。首先是精简《县域商业建设指南（2021）》中的约束性指标。高度重视县乡村网点建设的人口与市场需求支撑，删除村级便民店的数量和覆盖率等部分约束性指标，降低网点闲置废弃的可能性。其次是县域商业建业项目与资金支持应更多强调市场需求与产业基础。一些中西部偏远县域交通设施落后，产业基础薄弱，缺乏需求支撑，但在项目指标的倾斜与完成考核计划的压力下勉强上马农村电商，很快沦为缺乏竞争力的半拉子政绩工程。商务部牵头的农产品供应链体系建设项目向中西部倾斜，江苏等东部省份未安排任何项目，但从市场需求角度，东部发达地区农产品冷链与相关基础设施升级的需求更大，而且也面临准公共物品提供难题。在项目安排中，向中西部倾斜的同时，应兼顾发达地区。由于有更好的需求基础，项目安排在发达地区，可以产生更好的试点示范效应。

4. 营造优化流通网络布局的良好氛围。加大现代流通体系建设宣传引导力度，帮助公众理解现代流通体系建设的意义、目标和实施策略，增强公众对流通体系建设的认知和支持，在整个社会范围内形成共识，在观念层面更加重视消费体系、市场体系与流通体系建设，尽快在法律法规与政策层面全面清理对消费、市场与流通领域建设的系统性歧视，尽快在消费、市场与流通领域补齐各种短板。通过加大宣传引导力度，还可以向市场主体明确政策导向，鼓励其主动对接国家政策，积极参与流通体系建设；同时可以提高市场主体的自律意识，减少市场违规行为，提升市场的公正和公平性。统筹开展健全现代流通体系建设综合试点工作，综合集成推进改革试验。推动高等学校、研究机构、行业协会、企业和相关政府部门等共同参与现代流通体系建设，加快建立若干现代流通体系研究基地。营造全社会共同关注、积极参与现代流通体系建设的良好氛围。

作者：
徐振宇，南京大学长江产业发展研究院特聘研究员，南京审计大学教授

第三部分

产业创新发展新质生产力：
　　新质生产力支撑

第十章　将新能源汽车产业"弯道超车"经验应用于其他五个重点产业

经过多年培育和发展，我国锂电池新能源汽车产业实现了从跟随到领跑全球的巨大飞跃，产业规模和技术水平全球领先，产业链完整度不断提升，成为引领全球汽车电动化转型发展的重要一极。主要经验有六：第一，把握和塑造有利的外部环境，破解了外部遏制；第二，建立完善的产业政策体系是最大驱动力；第三，完整的产业基础、正确的创新路径提高了成功率；第四，发挥资源禀赋比较优势，防止战略资源"卡脖子"；第五，加大核心技术攻关力度，避免技术"卡脖子"；第六，培育超大规模市场，防范市场"卡脖子"。建议其他重点行业科技创新在充分借鉴新能源汽车弯道超车经验的同时，要考虑我国新能源汽车"换道发展"成功经验的特殊性及局限性，尽量做到"量身定做、量体裁衣、量力而行"。

一、中国新能源汽车"弯道超车"战略取得阶段性成果

经过多年努力，我国新能源汽车弯道超车战略取得阶段性成功，具体来说：

从市场占有率看，2015年至今，中国新能源汽车产销量连续8年位居全球第一，占全球比重超过60%。特别是2020年以来，新能源汽车增量连续3年超过100万辆，平均增长率超过100%，使2022年我国国产自主品牌新能源汽车产销量首次超过合资品牌。

从汽车等级看，我国新能源汽车呈现在高端市场和中低端（入门级）市场两头发力向全领域渗透局面，效果显著。2022年，在A级车（紧凑车）中，我国新能源销量为238.6万辆，渗透率达到48.2%，其中A00级车（微型车）销量为107.75万辆，渗透率高达99.6%；在C级车（中大型车）中，

我国新能源销量为43.2万辆，渗透率达到46.57%（同比增长169.75%）。

从动力来源看，纯电动车和混动汽车渗透率节节攀升，迈过市场驱动的关键拐点。2022年，我国纯电动车占据绝对的主导地位，销量为536.5万辆，占比77%；混动汽车销量为151.8万辆，占比23%。全年总销量超过688万辆，全年渗透率达到27.6%。

从品牌看，国产自主品牌在纯电动和混动市场占有率分别超过80%和90%，占据了新能源整车市场统治地位。而在2022年全年全球新能源汽车品牌分布上，排名前八的电动汽车厂商占据了超一半的市场份额（52.05%），且均为来自中国、美国和欧洲的企业。其中，中国、美国与德国的优势极为明显，中国在前八强中占据四席，比亚迪的份额（18.31%）超过特斯拉，排名第一。美国特斯拉占据一席，排名第二，所占份额达到13.02%。德国则凭借大众、宝马和奔驰在前八强中占据三席。

从出口看，我国新能源汽车品牌获得国际认可，产品国际竞争力持续上升。2022年中国出口汽车340万辆，首次超越德国，成为全球第二大汽车出口国，其中新能源汽车出口量同比增长1.2倍，达67.9万辆。2023年第一季度，我国出口汽车99.4万辆，首次超过日本，成为季度市场全球第一大汽车出口国，其中新能源汽车出口数量占比为24%，金额占比超过43%，出口新能源车均价超过24万元。

从新能源汽车产业链看，在整车方面，我国新能源汽车产业规模稳居全球首位，在车辆纯电平台化和模块化设计、整车批量化生产工艺、质量及成本控制等方面与国际领先水平差距逐渐缩小；关键零部件技术水平总体进入世界先进行列，在续驶里程、动力性、能耗等方面已处于世界领先水平；整车控制器、驱动电机、电机控制器、电驱动力系统、减速器等技术与国际水平同步；在动力电池领域，我国已成为全球产业规模最大、产业链条最完整的动力电池大国，产能和产量占全球比重超过70%，销量占全球市场份额超过60%，基本实现关键材料、制造装备等各细分领域和关键环节全覆盖，并且下一代新体系电池（钠离子电池、固态电池以及相应的新型正负极材料等）具备先发优势。

二、中国新能源汽车产业"弯道超车"的成功经验

（一）把握和塑造有利的外部环境，破解了外部遏制

一方面，新能源汽车发展全球起点大致相同的基础为我国换道发展新能

源汽车提供了广阔的空间，有力规避了技术壁垒（专利）。另一方面，我们与美国坚持开展你中有我、我中有你的"缠斗"，并做到"斗而不破"，使美国在新能源汽车领域对我国的遏制手段相对有限。再一方面，积极参与标准体系等国际规则制定，争取国际话语权，破解外部遏制。

（二）产业政策注重全面性、延续性和与时俱进

一是建立全面的政策体系，覆盖央地的宏观规划、科技专项、财税、应用示范等多种政策，形成体系化、规范化、协调化与统筹化的产业政策体系。二是完善政策长效机制，保证政策延续性，提振供需两端信心。三是政策支持从供需两端出发，以培育真实市场需求为核心，以提升技术水平、扩大应用效果为评价基准。四是政策补贴适时退出，从政策驱动转变为市场驱动和技术驱动。

（三）完整的产业基础、正确的创新路径为"弯道超车"保驾护航

一方面，中国是全世界唯一拥有联合国产业分类中所列全部工业门类的国家，是全球最大汽车产销国，在产业规模、制造技术水平、成本竞争力等方面具有明显的竞争优势。另一方面，电化学领域相对机械、材料等学科技术更迭周期短，容易以"小步快跑"的形式积累竞争优势，实现"弯道超车"。因此，我国选择了电化学体系作为主要突破口，重点突破电池、电驱、电控"三电"核心技术。同时通过混动、纯电动、智能网联多个技术路线、几乎所有研发方向的并举，虽然没有形成全面优势，但通过差异化技术优势，对合资品牌、外资厂商形成了"田忌赛马"的效果。例如，通过电池技术的进步，以插电式混动在混动技术路线上实现了逆袭。

（四）发挥资源禀赋比较优势，防止战略资源"卡脖子"

中国的基本能源条件是"富煤、缺油、少气"，而目前电力来源又以"煤电"为主，发展电动汽车不仅是"扬煤长""避油气短"，还可以减少中国对进口石油的依赖。更重要的是，发展动力电池、电驱动系统所需的锂、稀土等关键战略资源在国内储量较为丰富，可避免产业发展早期供应链受制于人；

电机、电池、电控作为新能源汽车的核心零部件,其原料成本受资源价格影响波动,与新能源汽车生产成本息息相关。数据显示,中国锂资源储量为 700 万吨,占全球锂资源储量的 14.89%（美国锂资源储量约为 690 万吨,占全球锂资源储量的 14.68%）；在稀土资源方面,中国是稀土资源最大的生产国和消费国,常年占据世界产量的 60% 以上,资源禀赋优势更加明显（美国稀土开采经历了全球第一、关停、重启、被收购重启过程,长期停止开采的状态直至 2018 年才有所改变）。

（五）加大核心技术攻关力度,坚持自主品牌,避免技术"卡脖子"

强化企业主体地位,提升企业创新能力,健全科技创新市场导向机制,坚持自主品牌,是实现核心技术攻关和产业化的必由之路。在创新环境方面,国内营商环境和创新环境不断改善,劳动力综合素质、人均 GDP、创新人力资源不断攀升,科研拨款比例、高新技术企业数量不断增长,为激发市场主体活力和促进产业科技创新提供了良好环境。我国全球创新指数排名从 2012 年的第 34 位上升至 2022 年的第 11 位,成功进入创新型国家行列。在创新机制方面,新能源汽车产业科技创新机制,朝着"政府搭台、企业牵头、政产学研用联合、集中优势资源和多方位力量"的方向转型。利用该机制,通过政策引导内外资企业资源共享,鼓励中外双方合作研发、投资产业链的薄弱环节和短板领域,支持零部件企业建立产业创新联盟,有利于实现某一领域产业链的自主突破,增强了关键环节自主可控能力。坚持自主品牌,在新能源汽车"弯道超车"过程中,以民营企业（比亚迪、吉利、长城等）、部分国企（广汽、奇瑞、上汽通用、五菱等）为代表的自主品牌大放异彩,而大部分国企受制于合资品牌的"资源陷阱",反而落后一步。

（六）培育市场规模,防范市场"卡脖子"

超大规模市场是全球稀缺资源。激发我国庞大的国内市场潜力,促进形成新能源汽车的强大市场规模成为"弯道超车"的必然选择：首先,随着经济高速发展和人们的收入水平提高,2009 年以来,中国连续 14 年成为世界第一汽车生产国和消费国,中国汽车市场规模不断增长；其次,近十年来,欧美等国及中国出台了史上最严格的排放法规,要求降低能耗、降低温室气体排放,限制燃油车发展,倒逼中国成为全球最大的新能源汽车市场;最后,在此基础上,中国完善产业链配套保障,包括鼓励充电桩技术及配套基础设施的创新与发展,出台一系列正向激励新能源汽车供给的政策法规等,通过供给、需求"两头挤"的组合式政策为新能源汽车消费带来供需两端的经济性、便利性,促成了市场供需的良性循环。

三、对其他重点行业科技创新的启示和借鉴意义

(一)我国新能源汽车"换道发展"成功经验的可借鉴性

客观地说,我国新能源汽车"换道发展"的成功经验,具有在产业背景与规模、技术背景、专业转移规律等条件下的特殊性及局限性。在充分借鉴其经验的同时,要审慎评估相关科技产业面临的战略机遇和可借鉴性。应从技术就绪度、产业基础、资源禀赋、国际局势等角度通盘考虑,充分评估技术风险和产业自主可控能力。其中,针对市场规模大、未来市场增量大、技术迭代快、国际竞争充分,且国内具备一定优势或能充分发挥产业优势的行业,可参考新能源汽车产业"弯道超车"战略。要充分利用战略机遇窗口期,及时果断地扩张产业、抢占产能、技术高地,确立领先位势。而针对产业周期性明显、技术创新周期长、国内技术短板多、市场"卡脖子"突出的行业,则宜保持战略定力,坚持长周期追赶。

(二)针对具备自主知识产权、拥有成本优势的长板产业的启示和借鉴意义

一是强化企业创新主体作用。二是引导产业资本助力创新驱动发展。三是坚持技术和市场驱动,加大核心技术攻关力度。四是推动产业链充分竞争与高度协同,形成良性的系统性创新局面。

在数字经济产业科技创新上:第一,支持民营企业高质量发展,激发市场主体活力,加快基础研究和关键核心技术攻关,改变芯片、操作系统、关键算法等基础元器件、基础软件受制于人的局面;第二,加快产业融合发展,提升产业数字化水平;第三,优化数字经济产业生态,防止超级互联网平台

垄断，以生态主导型企业带动中小企业向专精特新发展。

在新能源产业科技创新上：第一，保持政策延续性和灵活性，在持续支持可再生能源发展基础上，注重发挥市场机制作用，通过产业链的充分竞争与高度协同推进科技创新，更加重视装备、材料等基础创新为产业的竞争优势赋能；第二，坚持技术驱动，部分细分领域在技术壁垒不够坚实的情况下，应以技术优势结合我国产业门类齐全、市场规模大等特点，厚植成本优势、产能优势；第三，创新金融工具，完善投融资体系，引导资本向科技创新和成果转化聚集，为行业兼并重组、做优做强提供金融支持。

（三）针对知识产权保护薄弱、成本优势不明显的短板产业的借鉴意义

一是把握和塑造外部环境，减轻外部压力并争取国际合作。二是保持国家战略规划执行能力和战略定力，构建全面、持续、与时俱进的产业政策体系。三是加快培育市场规模。四是发展新型举国体制下的中国特色技术路线。

在集成电路产业科技创新上：第一，尊重产业发展规律，注重长周期发展，慎用逆周期调节，不盲目扩张产能。第二，以培育市场规模为核心，构建市场需求拉动的产业格局，防止技术突破之后再被市场"卡脖子"。第三，引导产业链协调发展，整合优质资源发展龙头企业。第四，发挥产业资本引领作用，特别是引导地方基金高质量投资，杜绝"一窝蜂"式上马新项目。第五，把握外部环境机遇，加强与区域性集成电路强国合作。

在工业母机行业科技创新上：第一，在关键核心技术攻关中，发挥重大工程的示范和牵引作用，推动关键零部件、整机系统厂商与应用单位之间的"一条龙"协同，以应用单位牵头重大专项。第二，着力培养国产化市场，推动首台（套）装备、首批次材料、首版次软件的示范应用。第三，抑制资本炒作，创新风险评估和控制机制，完善科技成果评价机制，通过引入ESG、团队专业技术背景评价等方式，提升基金垂直行业投资管理能力，引导资本进入科技创新项目更早期阶段。

在新材料产业科技创新上：第一，重视实验室、中试基地等科研、产业化创新平台作用，提升行业科技服务能力，降低创新门槛。第二，强化应用导向，重视生产应用结合。第三，在技术路径选择上，发挥"供给引领下的前沿突破""供需驱动下的快速迭代""需求牵引下的融合创新"三种机制在

不同细分领域的差异化作用，实现更快更具针对性的创新。

作者：
张月友，南京大学长江产业发展研究院研究员
徐亮，南京大学长江产业发展研究院特约研究员，江苏泰坦科技服务有限公司总经理

第十一章 未来产业发展研究

一、未来产业的内涵、分类与特征

(一) 未来产业的概念

关于未来产业概念的提出和使用较多来源于各国和地方政府的产业政策实践。在政策文本中，往往以列举的方式来界定未来产业。如 2019 年 2 月，美国白宫科技政策办公室（OSTP）发布《美国将主导未来产业》，提出未来产业要关注的四项核心技术即人工智能（AI）、先进制造、量子信息科学（QIS）和 5G，并呼吁资本投资于富有远见的基础设施项目，以确保美国在未来工业中占据主导地位。我国《"十四五"规划和 2035 年远景目标纲要》中提出"在类脑智能、量子信息、基因技术、未来网络、深海空天开发、氢能与储能等前沿科技和产业变革领域，组织实施未来产业孵化与加速计划，谋划布局一批未来产业。"

而学界关于未来产业的概念、内涵、外延，目前尚未达成共识，"未来产业"这一概念属于学术范畴还是仅为商业性或政策性概念也尚存在争议。表 11-1 给出了近年来我国学界关于未来产业的定义，可见 21 世纪初，就有学者关注到未来产业，并认识到其具备多元的知识基础、巨大的发展潜力以及对人们生活质量提高的重要意义。进入"十四五"时期以来，学界关于未来产业的讨论逐渐增多，逐渐从更多维度认识和界定未来产业，如其技术基础是来自重大突破性的科技创新、对经济社会具有变革性影响等特质。

表 11-1 文献关于未来产业概念的界定

文献	未来产业定义
陈俊英（2005）	未来产业是以知识运用为基础、以人们的生活质量提高为目标，产业间关联性很强的产业
丛知（2005）	未来产业指在后资本主义社会科技知识和全球化背景下，因融入了科学、工程、技术、社会等而无法归类到哪一个特定产业部门，具有巨大发展潜力且满足人们新的社会价值观的重要经济组织形式
陈劲（2020）	未来产业是重大科技创新产业化后形成的，与战略性新兴产业相比，更能代表未来科技和产业发展的新方向，是对经济社会变迁起到关键性、支撑性和引领性作用的前沿产业
余东华（2020）	未来产业重大科技创新产业化后形成的、代表未来科技和产业发展新方向、对经济社会具有支撑带动和引领作用的前瞻性新兴产业
沈华等（2021）	未来产业是以满足未来人类和社会发展新需求为目标，以新兴技术创新为驱动力，旨在扩展人类认识空间、提升人类自身能力、推动社会可持续发展的产业
李晓华、王怡帆（2021）	未来产业是由处于探索期的前沿技术所推动、以满足经济社会不断升级的需求为目标、代表科技和产业长期发展方向，会在未来发展成熟和实现产业转化并形成对国民经济具有重要支撑和巨大带动，但当前尚处于孕育孵化阶段的新兴产业
杨丹辉（2022）	未来产业是重大前沿科技创新成果商业化的产物，是富有发展活力和市场潜力，对生产生活影响巨大、对经济社会发展能够产生全局带动和引领作用的先导性产业

综合各类政策文件与文献，本研究使用如下未来产业定义：未来产业是基于重大前沿科技创新成果、以新技术为推动力，满足人类不断升级的需求为目标，对经济社会发展具有重要支撑、带动和引领作用，当前处于萌芽或产业化初期的前瞻性新兴产业。

（二）未来产业的主要领域

结合现有研究和各地出台的指导性政策文件，综合考虑学科类型、技术属性、应用场景等，可以发现，未来产业涉及的各个领域都来自人类对自身、物质、能量、信息和时空多个领域的不断认识和探索的诉求，即人类对自身生命体的探寻和维护、对新物质新能源的发现和使用、对海量信息的创造与获取以及对人类文明生存发展空间的探寻和开拓，为此，本研究将未来产业所涉及的领域按表 11-2 作如下划分。

表 11-2　　　　　　　　未来产业涵盖的主要领域及代表性技术

领域	探索目的	代表性技术
自身域：未来健康	生命长度更长、生命质量更高	合成生物、再生医学、基因编辑、脑机接口、类脑智能等
信息域：未来智能	数字要素利用更高效、信息获取与传播速度更快、虚拟现实体验更丰富	量子计算、量子通信、智能计算、通用 AI、6G 技术、元宇宙、VR/AR、数字孪生、视觉触觉听觉融合产品等
物质域：未来材料	满足其他产业硬件和基础支撑的新材料的发现、制造和使用	高端膜材料、高性能复合材料、第三代半导体材料、3D 打印材料等
能量域：未来能源	清洁、高效的新能源的发现、开采和使用	氢能、先进核能、可控核聚变、新型储能等
时空域：未来时空	对物理生存空间的利用更广阔、更深远	深海探采、深地探索、空天探索等

1. 自身域：未来健康。对人类自身域的拓展主要是为了满足人类对自身生命长度更长、生命质量更高的追求。主要涉及生命与健康领域，代表性技术为合成生物、再生医学、基因技术、脑机接口等。合成生物是对蛋白质和基因、生化反应和代谢通路等进行编辑，组成细胞，利用该项技术有望延缓衰老。基因技术主要集中在基因制药、基因诊断、基因治疗、基因编辑等领域，成果将极大地改变人类生存状况。

2. 信息域：未来智能。对信息域的拓展是为了要素利用的效率更高、信息获取与传播速度更快。主要涉及数字技术及其深化细分领域，代表性技术为量子信息科技、通用 AI、未来网络等，以及在此技术基础上，衍生的一系列为了生命体验与生产生活场景更加丰富的虚拟现实相关产业，如元宇宙、VR/AR、数字孪生、视觉触觉听觉融合产品等。

量子信息科技根据其应用范围主要分为量子通信、量子计算和量子精密测量三大领域。量子通信利用量子力学原理进行信息传输和处理，主要研究量子密码、量子隐形传态、远距离量子通信的技术等，因其具有高安全、高容量等优点而逐渐发展成为一种极为重要的通信方式，量子通信产业是未来全球信息安全产业的重要领域之一，因其富有未来的前景而被誉为富矿产业。量子计算是一种遵循量子力学规律调控量子信息单元进行计算的新型计算模式。传统的通用计算机的理论模型是通用图灵机，而通用的量子计算机的理论模型是用量子力学规律重新诠释的通用图灵机，从计算的效率上，由于量子力学叠加性的存在，某些已知的量子算法在处理问题时速度要快于传统的通用计算机。量子精密测量旨在利用量子资源和效应,实现超越传统精度的测量,是原子物理、电子技术、控制技术等多学科交叉融合的综合技术。目前,从全球范围来看,量子通信技术发展较为成熟,产业化进程最快;量子精密测量技术成果不断涌现;量子计算发展进度相对缓慢,也成为各国争相研究布局的领域。

过去几十年,专用人工智能得到了快速发展,通过运用机器学习,能够更准确地预测洪灾、翻译上百种语言、更准确地预测和诊断疾病。而通用人工智能,也被称为强人工智能、完全人工智能,是智能代理理解或学习人类所能完成的任何智力任务的能力,它是一些人工智能研究的主要目标。类脑智能是在人工智能发展到较高阶段,与生物学、医学等技术深度融合交叉的前沿技术,是以大脑的神经机制和认知行为机制为模仿对象,通过计算建模手段和软硬件协同实现模拟大脑功能器件的物理呈现。其技术根基是根据人脑结构和功能,利用微纳器件模拟神经元和突触的信息处理和传递功能,实现在器件和架构层面认识脑、模拟脑、增强脑(见表11-3)。

表11-3　　　　　　　　类脑智能技术各层级及其研究方向

硬件层	大脑认知设备、类脑智能元件、类脑智能芯片
软件层	大脑认知手段、神经形态模拟、脑机接口技术
应用层	神经疾病诊疗、超级智能终端、行为功能增强

未来网络是面向新需求的下一代信息通信网络,具备高速泛在、全域互联、智能敏捷、服务确定、绿色低碳、安全可控等主要特征。当前,未来网络相关核心技术全球正处于同发状态,融合、开放、智能、可定制、网算存一体已成为未来网络技术发展的关键趋势。未来网络的发展将聚焦高速全光通信网络、第六代通信系统(6G)和算力网络等细分方向。其中,近年来受到广泛关注的领域是元宇宙(Metaverse),是具备新型社会体系的数字生活空间,是人们利用科技手段进行链接创造出的与现实世界映射交互的虚拟世界。在元宇宙中,人们拥有永恒的数字身份,利用基于区块链的数字身份证构建经济体系,在其中生活、学习、工作、娱乐。元宇宙将加速推动5G、6G、VR/AR、数字孪生、人工智能、区块链等新技术交互融合,打造一个与现实世界交互的虚拟世界。

3. 物质域:未来材料。对物质域的探索是对新材料的发现、制造和使用,这也是多种未来产业所需的关键材料、硬件与集成系统的基础支撑。包括新型储能材料、第三代半导体材料、3D打印材料等。其中新型储能材料包括新型太阳能电池材料、储氢材料、固体氧化物电池材料，特别是氢能储存与运输材料技术的突破，将加速氢能的大规模开发应用。第三代半导体材料包括砷化镓、氮化镓、碳化硅等新型半导体材料；石墨烯、碳纳米管等碳基新材料将是未来集成电路领域的颠覆性材料。超导材料在打破超导温度壁垒后，将被应用在发电、输电和储能中，大幅提升发电输电效能。

4. 能量域：未来能源。对能量域的拓展即对新能源的发现、开采、控制和使用，是为了能源资源利用更清洁和永续。代表性技术为氢能、可控核聚变、新型储能等。

目前，全球范围正在加速进行能源转型，以氢能为代表的清洁能源将在未来社会能源供给中占有更大比例。近年来，氢能已受到各国政府的关注，中、美、日、英、法等国已将发展氢能提升到国家能源战略高度。随着天然氢开采、人工制氢等氢能技术的突破，将大幅降低成本，提升氢能单位效率。氢能储存与运输技术的突破，将打破储能应用瓶颈，加速氢能的大规模应用，实现氢能"制储输用"全链条发展，推动新一轮能源革命，重塑全球能源格局。

5. 时空域：未来时空。时空域的开拓建立在人类对更广阔、更深远的生存空间的需求上。而对深海、深地、深空展开的多维度探索，代表性技术为深远海油气矿产资源、可再生能源、生物资源开发，太空探索、航天技术、高端空天装备等。

综合来看，未来产业所涉及的各个领域，都是基于人类对自身生存发展多个维度的需求而展开的探索，这也是历次技术革命的源动力。而其依赖的技术基础和产业演进方向，也都清晰地遵循着数字化和绿色化两条主线。

（三）未来产业的特征

相较于传统产业以及战略性新兴产业，未来产业具备如下特征，即通用技术创新的颠覆性、需求的引领与创造性、影响的变革性以及发展的不确定性。

1. 通用技术创新的颠覆性。支撑和驱动未来产业发展的核心技术属于具有突破性和颠覆性的前沿技术。相较于单个企业或机构的设备更新、工艺改进、产品开发等常规化研发投入，未来产业的创新活动更具原创性、前沿性、颠覆性、系统性和融合性。未来产业是由材料革命、基础设施更新、通用技术迭代和生产组织方式再造互促共融的跨学科、跨组织创新，集中体现了新一轮科技革命的群体性突破特征。数字、生命、能源、材料等多个维度的正处于变革中的通用技术将支撑未来产业的发展。同时，未来产业的核心技术虽然处于萌芽期，但并不同于早期在实验室的基础研究，而是已有产品原型或已经进入小试阶段，其产业价值已得到初步验证。

2. 需求的引领与创造性。未来产业将帮助人类突破极限、拓展物理意义和认知意义上新的生存和发展空间，相较于满足人类当下需求，更是在创造人类对智能能力、生命质量、资源利用、空间拓展等多个维度潜在的、尚未被满足的需求和新的应用场景。此外，未来产业往往属于复杂产品系统，产品架构、生产系统或应用系统复杂程度高，因而其不仅自身具有巨大的增长潜能，而且具有很强的产业关联性，利于带动上下游关联产业的发展。未来产业要实现从技术突破到大规模产业化，对原材料、生产设备、中间投入品以及各类生产性服务业都有较高质量的需求。

3. 影响的变革性。未来产业是对传统技术领域、生产技术路线及生产关系的突破，将会对人类自身、经济、社会、文化等多个维度产生变革性的影响和重塑。随着数据技术逐步演化为未来产业的通用技术之一，数据要素作为新型生产要素，其大规模投入和开发利用将贯穿未来产业的从研发到生产再到商业模式的全链条，改变产业发展的要素结构和定价机制，经济活动和公共治理对算力的需求也达到前所未有的高度，算力已经上升为国家竞争力的重要组成部分。同时，低碳化、清洁化能源也是未来产业发展的必然要求，从而将引发能源、矿产等传统要素投入结构的调整。

4. 发展的不确定性。未来产业处于产业生命周期的初创孕育阶段，从识别、培育到产业化需要一个漫长的过程，目前市场上没有公认或既定的技术标准，具有极强的不确定性和风险。其不确定性首先来源于产业颠覆性创新固有的破坏性，会增加选择决策和把握风口的难度、放大决策失败的破坏力。同时，创新成果的产业化难题也是未来产业发展面临的巨大挑战，市场需求不稳定、政策跟进不及时、监管方式不合理等均有可能阻碍前沿突破性创新的产业化进程。未来产业的发展在技术、市场和组织等方面存在巨大的不确定性、驱动技术的前沿性、产业化的长期性和发展高度的不确定性。

（四）相关产业概念比较

1. 支柱产业、主导产业与未来产业。未来产业与支柱产业、主导产业的核心差异在于技术的成熟度和产业的成熟度不同，三者之间有明显的接续性。

支柱产业指在国民经济体系中占有重要战略地位，产业规模在国民经济中占有较大份额，起着支撑作用的产业。支柱产业大多处于产业的成熟期，立足于现实经济的规模和效率，最显著的特征是在总产出中占有较大的份额。主导产业处于产业的成长期和成熟期之间，着眼于未来的长期发展，主要强调对技术进步、产业结构升级的关键性导向和推动作用。支柱产业与主导产业存在时间上的继起性，主导产业是未来的、潜在的支柱产业。未来产业是一个动态的概念，某个产业现在被认为是未来产业，几年后随着产业化进程的加快，会逐渐成长为主导产业；同样也可能会有一些曾经被认为是具有产业化前景的前沿技术被市场证明没有经济价值，从而退出未来产业行列。

2. 先导产业、战略性新兴产业与未来产业。与未来产业较为相似且关联性较强的产业是战略性新兴产业和先导产业。先导产业是在各地产业规划中比较常用的概念，是政府产业规划部门主观上对产业地位与作用发挥的一种期待或定位，尚未有国家标准出台，在学术文献中使用也相对较少。如《上海市先进制造业发展"十四五"规划》中，提出以集成电路、生物医药、人工智能三大先导产业为引领，大力发展电子信息、生命健康、汽车、高端装备、先进材料、时尚消费品六大重点产业，构建"3+6"新兴产业体系。先导产业更强调产业的引领性、率先形成产业规模，是能在技术创新方面发挥引领作用的产业。

2010年的《国务院关于加快培育和发展战略性新兴产业的决定》指出，战略性新兴产业是以重大技术突破和重大发展需求为基础，对经济社会全局和长远发展具有重大引领带动作用，知识技术密集、物质资源消耗少、成长潜力巨大、综合效益好的产业。2016年11月出台的《"十三五"国家战略性新兴产业发展规划》指出，战略性新兴产业代表新一轮科技革命和产业变革的方向，是培育发展新动能、获取未来竞争新优势的关键领域。《战略性新兴产业分类（2018）》划定的战略性新兴产业为新一代信息技术产业、高端装备制造产业、新材料产业、生物产业、新能源汽车产业、新能源产业、节能环保产业。

战略性新兴产业和未来产业有显著的差异。一是技术阶段的差异，未来产业是处于更加前沿、技术处于萌芽阶段的产业，现在的战略性新兴产业在技术上已经比较成熟、技术路线也相对清晰。已经形成一定的产业集聚规模，两者的技术成熟度和发展阶段不同。二是地位作用的差异，现在的战略性新兴产业正在或已经成为当地的主导产业和支柱产业，而未来产业处在引导和培育阶段，很难在短期内形成地方产业实力的支撑，更重要的价值在于布局前沿、引领未来。

未来产业是"用明天的技术锻造后天的产业",是科技更加前沿、技术路线尚未明确、可能带来颠覆性影响的领域,或甚至是处于无人区探索阶段的领域,培育周期长、发展不确定性大。未来产业与战略性新兴产业有很强的接续性和根植关系,未来产业是战略性新兴产业中技术更前沿、变革更颠覆的部分。从历史接续性与动态角度来看,当时的战略性新兴产业相对于传统产业来说,也带有一定的"未来"色彩,今天的战略性新兴产业可视作"昨天的未来产业"。如在战略性新兴产业中,新能源产业涵盖核能产业、风能产业、太阳能产业、生物质及其他新能源产业和智能电网产业,这些能源产业都是在现有技术框架下的产业化领域;而氢能产业则属于未来产业,因其技术仍在探索阶段,也尚未开始大规模产业化。因而在今天培育发展未来产业,是为战略性新兴产业做好接续储备,谋划布局未来产业,要有历史和动态的视角,在当地战略性新兴产业发展的基础上,结合各地资源禀赋、创新能力和产业基础,向更前沿的领域进行及早布局和谋划,以培育未来的潜力产业领域,积蓄未来发展的新动能。

二、国内外未来产业布局现状

(一) 世界主要经济体未来产业布局情况

随着新一轮科技革命和产业变革正在重构全球创新版图、重塑全球经济结构,世界主要经济体都在前瞻布局人工智能、量子信息科学、先进制造、生物技术、未来网络等前沿产业,持续加大研发投入力度,提前谋划颠覆性、变革性的产业变革,以期赢得未来全球产业发展的先机,抢占未来竞争的制高点(见表11-4)。

未来产业正在成为衡量一个国家科技创新和综合实力的重要标志,表11-4摘选了主要发达经济体关于未来产业布局的重点领域。2019年2月,美国白宫科技政策办公室发布《美国将主导未来产业》的报告,指出人工智能、先进制造、量子信息科学、5G等是能够保证美国长期繁荣、改善国家安全的关键技术;2020年1月,美国一个由两党参议员组成的团体提出了《2020年未来产业法案》,要求确保在人工智能、量子信息科学、生物技术、下一代无线网络和基础设施、先进制造、合成生物学等未来产业的联邦研发投入。欧盟于 2019 年发布《加强面向未来欧盟产业战略价值链报告》，将重点发展人工智能、工业互联网、自动驾驶、网络安全、氢能技术及其系统、智能健康、公共卫生与新药开发等领域。日本于 2018 年出台《集成创新战略》，制定了未来在人工智能、超级计算、智能实验室、生物技术、环境能源等关键领域的发展目标，提出将日本建成"世界上最适宜创新的国家"。在量子科技领域，日本发布《量子技术创新战略》等文件，系统指导支持量子技术研发，同时成立量子技术新产业创造协议会（Q-STAR），有组织地推进量子技术应用。

表 11-4 主要发达经济体未来产业布局的文件与重点领域

国家	未来产业指导文件	未来产业布局重点领域
美国	美国将主导未来产业（2020）	量子信息科学、5G 通信技术、人工智能、先进制造业
美国	无尽前沿法案（2020）	人工智能与机器学习、半导体、量子计算科学与技术、机器人、先进材料科学、数据管理、基因组学与合成生物学、生物技术、电池与工业能效
美国	NSF 未来法案	量子信息科学、人工智能、超级计算、网络安全和先进制造
英国	产业战略：建立适应未来的英国	人工智能与数据经济、未来观众、量子技术商业化、创意产业集群、数字安全、下一代服务、机器人技术、无人驾驶汽车、先进医疗保健、低成本核能
法国	"未来工业"计划	新资源、智慧城市、绿色交通、未来运输、未来医学、数字经济、智能设备、数字安全、健康食品
日本	新产业结构蓝图	自动驾驶汽车、保险与评级管理智能化、功能食品、生物能源

（二）我国中央及地方未来产业布局情况

1. 中央未来产业布局情况。习近平总书记多次强调要加快布局和培育发展未来产业。2020 年 5 月 14 日，中共中央政治局常务委员会会议强调要深化供给侧结构性改革，充分发挥我国超大规模市场优势和内需潜力，构建国内国际双循环相互促进的新发展格局。要实施产业基础再造和产业链提升工程，巩固传统产业优势，强化优势产业领先地位，抓紧布局战略性新兴产业、未来产业，提升产业基础高级化、产业链现代化水平。2021 年 3 月，国家"十四五"规划和 2035 年远景目标纲要中提出要着眼于抢占未来产业发展先机、前瞻谋划未来产业，"在类脑智能、量子信息、基因技术、未来网络、深海空天开发、氢能与储能等前沿科技和产业变革领域，组织实施未来产业孵化与加速计划，谋划布局一批未来产业。在科教资源优势突出、产业基础雄厚的地区，布局一批国家未来产业技术研究院，加强前沿技术多路径探索、交叉融合和颠覆性技术供给。实施产业跨界融合示范工程，打造未来技术应用场景，加速形成若干未来产业。"这是首次在五年规划中提出"未来产业"这一概念，也是国家面向未来特别是2035年远景目标提出的一个重要战略思想。

随后，各部委相继发布各类相关文件。如2021年5月，教育部公布在北京大学、清华大学、东南大学等12家高校开设首批未来技术学院，意图培养"瞄准未来10—15年的前沿性、革命性、颠覆性技术，突破常规、突破约束、突破壁垒，强化变革、强化创新、强化引领，着力培养具有前瞻性、能够引领未来发展的技术创新领军人才。"2022年11月，科技部印发《"十四五"国家高新技术产业开发区发展规划》，明确提出要建设未来产业科技园，重点面向类脑智能、量子信息、未来网络等领域，前瞻部署一批未来产业，并依托高校、地方政府及科技领军企业，批复量子信息、未来能源与智能机器人、未来网络等10家未来产业科技园建设试点。同时，我国也出台了一系列氢能、虚拟现实等未来产业细分领域的指导性政策文件。2022年1月，发改委、国家能源局印发的《"十四五"新型储能发展实施方案》提出"到2025年，新型储能由商业化初期步入规模化发展阶段，具备大规模商业化应用条件""到2030年，新型储能全面市场化发展"的发展目标。2022年3月，发改委、国家能源局出台《氢能产业发展中长期规划（2021—2035年）》，指出了氢是未来国家能源体系的组成部分，提出了氢能产业发展基本原则及发展目标，部署了推动氢能产业高质量发展的重要举措。2022年10月，工信部、教育部、文旅部等多部门联合印发《虚拟现实与行业应用融合发展行动计划（2022—2026年）》，提出了推进关键技术融合创新、提升全产业链条供给能力、加速多行业多场景应用落地、加强产业公共服务平台建设和构建融合应用标准体系的任务。强调要"强化虚拟现实与5G、人工智能、大数据、云计算、区块链、数字孪生等新一代信息技术的深度融合。"（见表11-5）。

表11-5　　　各部门出台的关于未来产业细分领域指导文件

出台时间	发布部门	文件名称
2022年10月	工信部、教育部、文旅部等	虚拟现实与行业应用融合发展行动计划（2022—2026年）

续表

出台时间	发布部门	文件名称
2022年7月	工信部、发改委等六部门	关于加快场景创新以人工智能高水平应用促进经济高质量发展的指导意见
2022年3月	发改委、能源局	氢能产业发展中长期规划（2021—2035年）
2022年1月	发改委、能源局	"十四五"新型储能发展实施方案
2021年6月	工信部、网信办	关于加快推动区块链技术应用和产业发展的指导意见
2019年8月	科技部	国家新一代人工智能创新发展试验区建设工作指引

2. 地方未来产业布局情况。未来产业前景广阔，是区域经济发展的重要增量，全国各省市都在积极布局。截至目前，31个省级行政区中，已有山西、河南、江西、浙江、上海5省市先后印发关于未来产业的专项规划文件，未发布专项文件的省市则在"十四五"规划或其他相关政策文件中不同程度地提及要加快布局未来产业（见表11-6）。

表11-6　　　　　　我国省级行政区域关于未来产业的政策文件

省级行政区	文件名称/出台时间	提及的未来产业领域
浙江省	浙江省人民政府办公厅关于培育发展未来产业的指导意见（2023年2月）	优先发展：未来网络、元宇宙、空天信息、仿生机器人、合成生物、未来医疗、氢能与储能、前沿新材料、柔性电子 探索发展：量子信息、脑科学与类脑智能、深地深海、可控核聚变及核技术应用、低成本碳捕集利用与封存、智能仿生与超材料
上海市	上海打造未来产业创新高地发展壮大未来产业集群行动方案（2022年10月）	未来健康产业：脑机接口、生物安全、合成生物、基因和细胞治疗 未来智能产业：智能计算、通用AI、扩展现实（XR）、量子科技、6G技术 未来能源产业：先进核能、新型储能 未来空间产业：深海探采、空天利用 未来材料产业：高端膜材料、高性能复合材料、非硅基芯材料
河南省	河南省人民政府关于印发河南省"十四五"战略性新兴产业和未来产业发展规划的通知（2022年1月）	量子信息、氢能与新型储能、类脑智能、未来网络、生命健康、前沿新材料

续表

省级行政区	文件名称/出台时间	提及的未来产业领域
山西省	山西省人民政府关于印发山西省"十四五"未来产业发展规划的通知（2021年4月）	主导性产业：信息技术应用创新、大数据融合创新、碳基新材料、特种金属材料、半导体、先进功能材料、新能源、先进轨道交通、智能网联新能源汽车 先导性产业：云计算与工业互联网、煤炭清洁高效利用、核能、氢能、电子信息装备、航空航天、海洋装备 颠覆性产业：量子产业、区块链、碳基芯片、高速飞车 前瞻性产业：人工智能、数字孪生与虚拟现实、下一代互联网、生物产业、智能传感及物联网
北京市	北京市科学技术委员会、中关村科技园区管理委员会等五部门关于印发《标杆孵化器培育行动方案（2022—2025年）》的通知（2023年1月）	原创新药、基因技术、智能硬件、元宇宙、量子信息、类脑智能、未来网络、智慧能源、关键材料
天津市	天津市人民政府关于贯彻落实《国家标准化发展纲要》的意见（2022年10月）	"芯火"工程和物联网、区块链、云计算
河北省	河北省人民政府办公厅关于印发加快河北省战略性新兴产业融合集群发展行动方案（2023—2027年）的通知（2023年4月）	空天信息产业、先进算力产业、鸿蒙欧拉产业生态、前沿新材料产业、基因与细胞产业、绿色氢能产业
辽宁省	辽宁省人民政府关于印发辽宁省推进"一圈一带两区"区域协调发展三年行动方案的通知（2022年1月）	增材制造、第三代半导体
江苏省	省政府办公厅印发关于推动战略性新兴产业融合集群发展实施方案的通知（2023年2月）	未来网络通信、第三代半导体、前沿新材料、氢能与储能、基因技术及细胞治疗、深海空天开发、先进计算、虚拟现实、量子科技、类脑智能

续表

省级行政区	文件名称/出台时间	提及的未来产业领域
安徽省	安徽省人民政府办公厅关于印发安徽省"十四五"科技创新规划的通知（2022年1月）	量子信息、生物制造、先进核能、类脑智能、大数据、云计算、工业互联网、区块链
福建省	福建省人民政府关于印发促进高新技术产业开发区高质量发展实施方案的通知（2021年8月）	人工智能、区块链、泛物联网、量子科技、类脑科学、柔性电子、高效储能、无人驾驶
江西省	江西省人民政府办公厅关于印发江西省打造全国新兴产业培育发展高地实施方案（2022—2025年）的通知（2022年7月）	氢能及装备、生命健康、柔性电子、微纳光学、量子科技
山东省	山东省人民政府印发关于促进实体经济高质量发展的实施意见暨2023年"稳中向好、进中提质"政策清单（第三批）的通知（2023年4月）	空天信息、深海极地、人工智能、虚拟现实、量子科技、生物制造、氢能
湖北省	湖北省人民政府关于印发湖北省制造业高质量发展"十四五"规划的通知（2021年10月）	量子信息、下一代网络、精准医疗、脑科学与类脑研究、液态金属
湖南省	湖南省人民政府办公厅关于印发《湖南省"十四五"战略性新兴产业发展规划》的通知（2021年8月）	6G技术、类脑智能、氢能核能利用、合成生物、低维材料、超材料、深海深地深空
广东省	广东省国民经济和社会发展第十四个五年规划和2035年远景目标纲要（2021年4月）	区块链、量子通信、人工智能、信息光子、太赫兹、新材料、生命健康
广西壮族自治区	广西壮族自治区人民政府关于印发广西科技创新"十四五"规划的通知（2021年11月）	第三代半导体、生物工程、生物育种、氢能与储能、深地深海

续表

省级行政区	文件名称/出台时间	提及的未来产业领域
海南省	海南省推进知识产权强省建设强化知识产权保护和运用的实施意见（2022年2月）	南繁育种、深海科技、航天科技
重庆市	重庆市人民政府关于印发重庆市科技创新"十四五"规划（2021—2025年）的通知（2022年1月）	未来通信、卫星互联网、前沿新材料、后摩尔时代微电子、合成生物
四川省	中共四川省委关于制定四川省国民经济和社会发展第十四个五年规划和二〇三五年远景目标的建议（2020年12月）	人工智能、生物工程、量子信息
云南省	云南省人民政府办公厅关于印发高新技术产业开发区高质量发展18条措施和高新技术企业加快发展9条措施的通知（2022年6月）	数字医疗、人工智能、产业互联网、细胞治疗、新型疫苗、智能电网
陕西省	陕西省人民政府关于贯彻落实《国家标准化发展纲要》的实施意见（2022年7月）	人工智能、氢能、未来通信技术、北斗导航、生命健康

同时，各地级市也在抓紧布局未来产业，如《深圳市培育发展未来产业行动计划（2022—2025年）》提出考虑自身产学研深度融合的技术创新体系，主要发展合成生物、区块链、细胞与基因、空天技术、脑科学与类脑智能等未来产业；《南京市加快发展未来产业六大专项行动计划》确定了在新一代人工智能、第三代半导体、基因与细胞、元宇宙、未来网络与先进通信、氢能与储能六大细分赛道上发力；《无锡市关于构建"465"现代产业体系、加快重点产业集群建设的实施意见》提出重点布局人工智能和元宇宙、量子科技、第三代半导体、氢能和储能、深海装备五大未来产业等。

总体来说，各地关于未来产业的布局初步呈现"现有产业未来化"和"未来技术产业化"两大发展趋势，也初步探索出"无中生有""有中育新""优中培精"等多种发展模式。同时，各省市也在充分认识自身资源优势和产业基础的前提下，进一步谋求构筑新的竞争优势，布局下一轮可能要爆发的产业。如福建、山东、浙江等沿海地区，倾向于布局现代海洋、生物技术、新材料等未来产业，而甘肃、陕西等中西部地区，则借助区域航天产业的优厚基础，培育航空航天技术等相关未来产业。但也应注意到，一些地方对未来产业的认识不足，出现"抄作业"式的"扎堆"苗头，不考虑本地产业基础与发展情况，盲目将量子信息、元宇宙、人工智能、氢能等名词写入文件。赛道重叠引发未来产业同质化问题，在某种程度上已经背离了以差异化的利基市场塑造核心竞争力的政策初衷，在后期难免会造成要素配置的扭曲，长期来看会不利于未来产业的健康发展。

三、培育发展未来产业的路径

未来产业发展面临的风险和不确定性是政府运用产业政策工具进行扶持或干预的依据，政府干预反过来又可能放大风险和不确定性。建立和完善未来产业发展的政策供给机制，加大创新、知识产权、财税、金融、人才等政策支持力度，构建协同高效的政策体系，为未来产业营造良好的产业发展生态。

（一）坚持创新引领

创新是发展未来产业的灵魂，未来产业的创新又区别于传统产业的创新，有赖于"全链贯通、组合创新"的有效支撑。从全球主要国家推动未来产业发展的逻辑来看，未来产业朝着模式创新带动产业孵化的方向发展，如美国从源头创新到技术、产业一系列布局，通过有组织的创新把基础研究、应用研究、产品研发布局的链条贯通起来，通过研发模式、生产方式、业务模式、组织变革推动产业发展。

1. 注重基础研发。与应用研究不同，基础研究界定为创造知识性的劳动，是知识增量，基础科学是未来产业萌芽发展的基础。培育和壮大未来产业必须将基础研究提高到更加重要的地位，加大对未来技术领域研究、研发计划以及应用场景建设的倾斜支持，着力解决关键核心技术、带动前沿技术突破、实现颠覆性的技术创新。一是，未来产业在世界范围内都处于发展初期，技术、市场和规制标准尚未成熟，难以利用后发优势开展模仿创新，必须将基础研究提高到更重要的地位，引导社会资本投资，提高全社会基础研发投入。

二是，关键核心技术的形成依赖基础科学问题的突破，当前我国关键核心技术面临许多"卡脖子"的困境，其重要原因是受制于核心技术背后的基础科学问题，如我国人工智能与美国的主要差距是基础理论和底层算法的缺乏，过度依赖国外开源框架和数学模型，因而存在"卡脖子"风险。因此，突破关键核心技术、确保战略性产业安全，必须加大基础研究投入。需要加强对未来产业发展方向的预测研判，持续跟踪国内外产业发展态式和技术演进趋势，布局一批前瞻性、基础性、战略性研究课题。加快氢源、人工智能、未来网络、量子计算等前沿技术的研发和应用推广，支持顶尖科学家领衔实施一批前沿引领技术基础研究重大项目。

2. 探索创新模式。积极发挥高校、企业、科技平台等在原始创新、产学研合作中的重要作用，强化基础性研究和前沿技术多路径探索、交叉融合和颠覆性技术供给。孵化一批具有未来产业特征的高成长性科技型中小企业，按照产业成长规律，鼓励多元路径探索，支持以企业为创新主体进行关键核心技术和关键元器件的攻关。如在量子计算领域，支持突破量子处理器、稀释制冷机、低温器件等核心硬件攻关，推动量子计算软硬件国产化。整合各类创新资源，促进高校、企业、科研院所、新型研发机构等科技创新主体融通创新，打造自主创新平台。提升高新技术转化效率，打通未来产业技术创新链条的上下游环节。支持重大前沿技术产品示范应用、设置创新风险转移机制、企业与科研院所共同验证关键核心技术等。探索建立政府、高校、科研院所、企业、投资机构等多元主体共同参与的协同创新机制。

3. 培育转化平台。基础研究的主体是高校，产业化的主体是企业，中间阶段则需要高水平的研发和成果转化平台，目前来看，这个平台是最短缺的，理应成为未来产业发展政策关注的重点。搭建科技成果转化平台、产学研联合体或科技成果市场，才能有效促进科学创新到技术创新，促进创新成果产业化，进而推动未来产业的有效产业化，促进实体经济与科技创新的协同。

4. 加强知识产权保护。未来产业是"用明天的技术锻造后天的产业"，其高度依赖技术创新，而"保护知识产权就是保护创新"。知识创造类投资存在的普遍性问题在于研究成果容易遭到非法剽窃或利用，因而政府需要注意加大知识产权保护力度，保障投资者的投资回报。

（二）重视需求牵引

1. 搭建应用场景。我国具备强大的市场潜力和场景需求，巨大的消费者市场、消费者对于新事物的高接受度、对于新体验的高期待值、对现实世界和虚拟世界的双重消费需求,将孕育许多未来产业商机。中国消费者接受新兴技术的意愿很高,毕马威在2018年发布的《Me, My Life, My Wallet》报告中称,相比于美国、英国等其他主要市场,中国消费者更愿意接受新技术,尤其是在移动支付领域。目前,中国在移动支付领域处于世界领先地位。因此,应当关注消费者的兴趣所在,鼓励企业家、创业者们不停地去探索各种新生事物、打造更多元丰富的应用场景。瞄准智慧城市、智慧医疗、智慧教育等民生需求领域,以需求导向培育构建多领域、多维度的场景应用体系。例如在VR/AR领域,消费者对于个人虚拟空间、社区虚拟空间、元宇宙电商、虚拟办公空间等有较高的需求和期待,重点可以在这些领域开发出实用产品;又如对VR体验的进一步拓展,将原有的视觉体验扩展到触觉、味觉、嗅觉等领域,创造用户的多重体验需求。

2. 建立对接机制。通过政府搭桥,建立供需对接机制,通过举办各类对接活动、搭建对接平台的方式,促进供需对接。加强新产品和新技术的推广应用,通过政府采购等方式提高新产品的认知度,通过示范应用让大众接受新产品,试验新产品的技术成熟度和可靠性。聚焦应用范围广、带动能力强的典型未来技术,推动应用场景创新与迭代示范,加快探索可复制、可推广的商业模式。此外,在市场准入方面,面对市场的不确定性,以往的招商侧重于考核投资额、税收贡献、产值贡献等,但该标准并不适合未来产业,应更多考虑初创团队的创新水平、技术前沿性和可爆发性等。

(三) 强化要素支撑

1. 设计利于未来产业的战略投资机制。资金问题或是未来产业发展面临的最大难题,这集中表现在培育发展未来产业需要庞大的基础研发投入。这使政府的科技计划、创新战略以及产业政策对未来产业培育发展具有重要作用,因而对未来产业的支持和投资需要具有长远的战略眼光。

首先,在前期布局阶段,需要加大财政资金对基础研究的支持,才能促进新技术落地、新产业形成。新技术的基础研究背后蕴含的商机尚未显现,不确定性风险较大,私人部门通常缺乏投资动力,就需要政府部门发挥财政资金功能,为创新提供资金保障;同时,只有通过市场化的竞争,才能不断推动技术进步和市场成熟,从而逐渐形成新的产业。其次,政策引导与政府资金投入能够撬动更多企业资本和社会资源,在一定程度上减少发展风险和不确定性。尤其在基因编辑、类脑智能、深地深海探测等基础性、前沿性领域需要政府在较长时期在调动创新资源中发挥前置作用。如设立和完善专项科技创新基金、未来产业培育发展基金等，发挥长期性基金对未来产业的技术革新和产业发展的保障作用。引导风险投资、银行信贷、企业投入等多元化资金进入未来产业，以分担产业发展的不确定风险。同时，针对不同技术发展阶段和市场主体的特点，充分利用各具优势的不同融资体系和多层次资本市场，引导金融机构、各类基金对未来产业重大、特大项目的精准支持。

2. 探索适合未来产业的人才供给机制。推动高校针对未来产业增设研究院或专业；建立健全尖端人才评价机制、海内外专业人才柔性引进和流动机制，突破教育、科技、产业人才培养的体制障碍；加强对未来产业专业人才培养倾斜支持，激发人才创新活力，满足未来产业发展的新需求。加强尖端人才制度建设，培育和引进高端人才，完善人才培养、引进、管理和评价等机制，激发人才创新活力。

3. 重视支撑未来产业的基础设施建设。未来产业需完善和加强新型基础设施建设。加大5G、数据中心、云计算设施、智能计算中心等为代表的算力基础设施的投资力度，打造体系完备的基础设施。支持国家重点实验室体系重组、积极推进国家级创新平台建设。优化数字要素交易机制及数据收益分配方式，促进数字要素和传统要素的融合。

作者：
孙瑞东，南京大学长江产业发展研究院助理研究员

第十二章　中小企业特色产业集群高质量发展路径研究

一、我国中小企业特色产业集群发展的新形势与意义

在新形势下，促进中小企业特色产业集群高质量发展具有特别的意义：

1. 中小企业特色产业集群是发挥中小企业生力军作用的重要依托。中小企业广泛分布于细分领域，是我国经济韧性、就业韧性的重要支撑，既为广大人民群众直接提供大量物质产品和服务，又是吸纳和调节就业的"蓄水池"。中小企业的集群化特色化发展，能进一步增强中小企业在扩大就业、改善民生、促进创业创新方面的作用。中小企业特色产业集群也是优质中小企业梯度培育体系中的重要组成部分，集群化特色化发展有助于加快中小企业创新能力和专业化水平提升，通过产业集群汇聚生产要素和服务资源，引导中小企业深耕区域特色产业，促进中小企业在资源集聚的土壤中快速成长。

2. 中小企业特色产业集群是县域产业发展的重要支撑。县域是我国国民经济的基本单元，县域经济GDP占全国比重近四成，户籍人数超过全国总人口的六成。因此，定位于县域的中小企业特色产业集群对增加就业、提高人民收入和扩大内需具有重要作用。发展中小企业特色产业集群有利于解决县域范围内资源有限的问题，发挥集群在资源整合方面的作用，打造覆盖广、专业强、服务优的中小企业服务网络，缓解企业在资金、供需、人才等方面的困难。同时，有利于促进县域经济高质量发展，充分发挥地方特色产业优势，激发县域经济发展活力，打造县域经济新增长极。

3. 中小企业特色产业集群是构建中国现代产业体系的重要一环。目前我国大型制造业企业的技术水平正在逐步追赶国际先进企业，但中小企业的科

技竞争力仍然存在较大差距，在一定程度上造成了我国在制造业整体系统层面的竞争力薄弱。中小企业特色产业集群尤其中小企业高技术产业集群是培育高新技术企业、专精特新小巨人和中小型科技企业的重要载体和容器。集群化发展有助于中小企业在高性能材料、智能芯片、精密器件、新能源汽车动力系统、工业机器人等重点产业链供应链关键环节，形成高水平专业化的配套协作能力，解决"卡脖子"问题，为保障我国产业链安全贡献力量。

因此，集群化特色化发展对增强我国中小企业核心竞争力、激发县域经济活力、提升产业链供应链韧性和关键环节配套能力具有重要作用。同时，我国许多中小企业特色产业集群也面临着诸多的机遇、风险和挑战，正在告别原先粗放发展的模式，急需从规模增长转型升级到质量提升，再到研发创新的高质量发展阶段。为此，本报告将从保障供应链安全、培育中小企业和促进县域经济的角度，研究中小企业特色产业集群高质量发展的模型与路径。

二、中小企业特色产业集群高质量发展的理论与各国产业集群政策

（一）中小企业特色产业集群高质量发展的相关理论及其演变

产业集群理论最早是以中小企业的空间集聚为起点进行研究的，而柔性专业化是中小企业集群的典型特征。因此实际上中小企业特色产业集群一直是产业集群理论的研究对象，贯穿着产业集群理论的发展过程。自 20 世纪 70 年代末以来，国内外学术界对产业集群的研究大概经历了三个阶段。

第一阶段是 20 世纪 90 年代以前。这一阶段主要以研究中小企业集聚的"新马歇尔式产业区"理论为核心，强调地方组织和地域环境的相互作用对区域创新的影响，并重视地方根植性（embeddedness）的重要性。学者们以中小企业间的分工协作网络作为研究对象，从劳动分工和交易成本的视角对产业集群的运行机制进行解释，即具有投入产出联系的中小企业在空间上邻近，既竞争又分工合作，从而形成柔性专业化的生产模式，能够使集群内企业在减少交易成本的同时，获得规模经济和范围经济，并创造出区域内的创新空间。因此，中小企业要与大企业为核心的区域相竞争，就必须形成竞争分工

协作的产业集群。

第二阶段从 20 世纪 90 年代至 21 世纪初。这一阶段关注产业集群的系统性以及通过产业集群的发展获得国家或区域竞争优势。一方面，波特在 20 世纪 90 年代初提出构造国家竞争优势的钻石模型，并指出产业集群是实现国家竞争优势和区域发展的重要手段。受波特理论的启发，各国的研究者和决策者们开始探索产业集群的机制及其应用。另一方面，学者们对马歇尔新产业区理论的研究继续深入，发现集群内部的创新是特定地域内各行为主体互动的结果，并涉及地域内的制度安排、文化惯例和组织结构。而集群内如大学、政府、协会和其他组织都是产业集群创新系统的一部分，对创新过程具有重要影响。因此，为强调区域系统环境对集群创新的影响，学者们提出"区域创新系统"理论。

第三阶段从 21 世纪初至今。这阶段全球集群网络、知识通道理论被发现，并在进一步演变中。由于意识到仅重视区域内部联系可能会导致对集群外部联系的忽视，引发集群衰退，人们开始重视地方生产系统和全球网络组织之间的联结性。Harald Bathelt 等人在 2014 年提出"全球集群网络"理论，并迅速被理论界和决策者们所接受。人们认识到，处于不同区位的产业集群之间事实上存在着投资、技术、供应链等不同方式的联系，从而形成跨越地理边界的全球集群网络；这些跨越地理边界的创新集群网络之间相互依赖，导致超级集群的出现；成功的产业集群是那些能够有效地建立和管理本地和跨地区网络，以获取相关知识和资源优势的集群。这一点甚至对于发展中国家的中小企业高技术集群更加重要。因为生产高度专业化的产品需要获得先进国家的专业化知识并最终在国际市场销售，而发展中国家的科技中小企业经常缺乏获得国际市场资源的渠道和能力，因此它们往往需要和发达国家产业集群的伙伴建立长期战略合作关系（见图 12-1）。

（二）西方各国的中小企业特色产业集群的相关政策

为推动创新和提高国家竞争力，欧美各国制定了明确的产业集群政策。欧美各国的产业集群政策既结合当地的优势特色和文化传统，也积极吸收当时的产业集群理论用于实践。无论哪一国政策，均将提高中小企业的专业竞争力作为产业集群政策的主要任务，对中小企业给予特别关注。因此按其重点与脉络，西方各国与中小企业特色产业集群相关的政策大致可以分为三个阶段。

第十二章 中小企业特色产业集群高质量发展路径研究

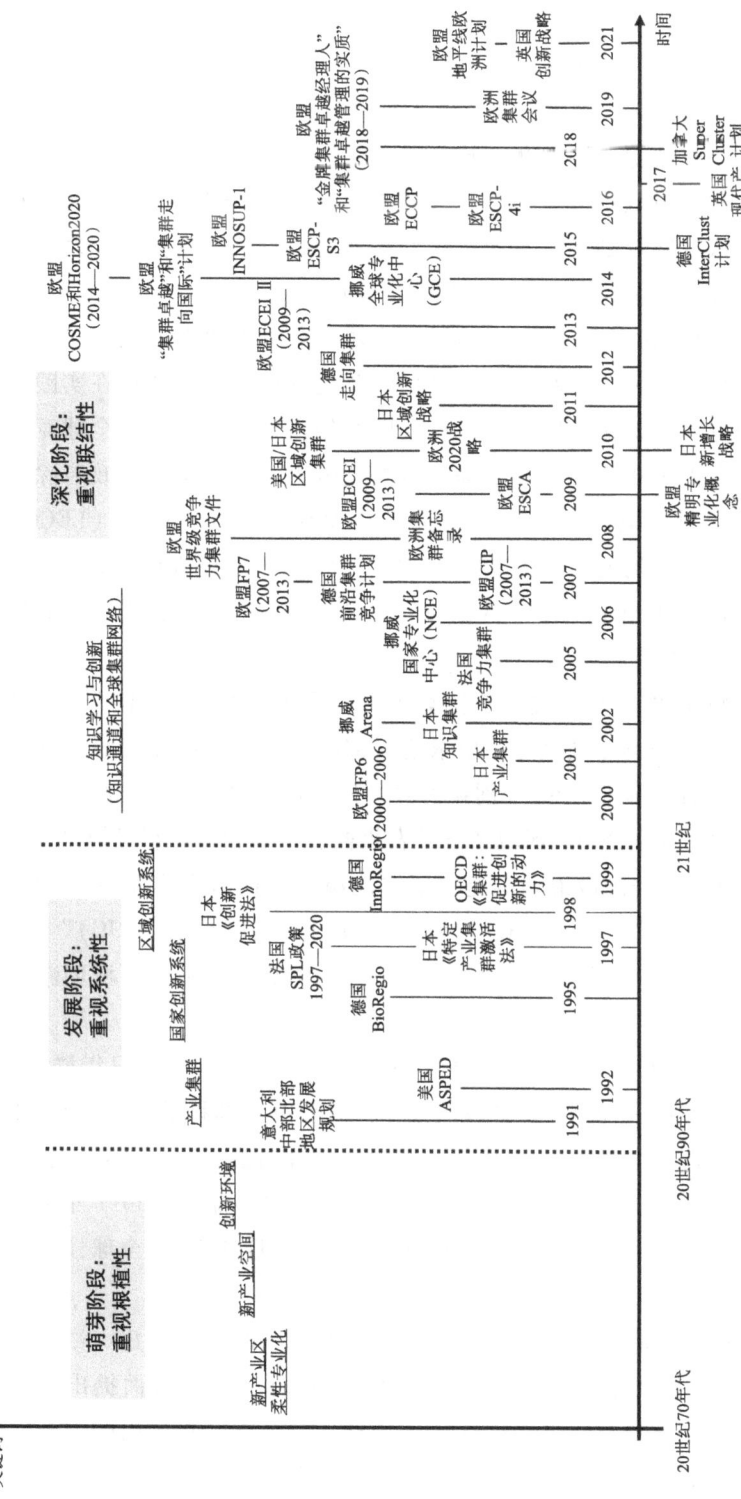

图12-1 产业集群理论的发展阶段及其在各国产业集群政策中的应用

数据来源：根据张佩、赵作权（2019），"世界级竞争力集群培育的欧盟模式及其启示"，《中国软科学》，原图作了修改。

一是 20 世纪 90 年代到 2000 年，零星的区域产业集群政策阶段。该阶段各国仅有零星的区域产业集群政策。其中德国政府最先以集群理论为指导，分别在 1995 年和 1999 年推出生物区域计划（BioRegio）和创新区域集群竞赛（InnoRegio）。其他国家的产业集群政策则体现在地方发展规划中，如 1992 年美国亚利桑那州发布《21 世纪经济发展战略规划（ASPED）》，以及意大利中部和北部的地区发展规划等。在产业集群战略的指导下，这些产业集群政策大大促进了当地中小企业集群和区域经济的发展。

二是 21 世纪初到 2010 年，区域创新计划和竞争力集群大发展阶段。波特竞争力集群理论和区域创新理论的盛行以及先行地区集群政策在实践中的成功，激励西方各国纷纷从国家层面设立区域创新计划，并打造全球竞争力产业集群，以促进中小企业创新，提升本国竞争力。如德国联邦政府除了延续原先的创新区域计划以外，2007 年推出"尖端集群竞争计划（LECC）"，采取竞赛方式遴选一批尖端产业集群，试图打造 15 个世界级创新集群。2012 年又推出"走向集群计划（Go-Cluster）"，用专项扶持基金等手段支持近 100 个创新集群的发展。

美国国会则在 2010 年通过《美国竞争力再授权法案》，推出"区域创新计划"并成立产业集群专项基金，要求建立部际协调机制推动区域创新集群形成与发展。前后陆续推进 66 个创新集群，为小企业提供创业导师和咨询服务，并引导大学、基金公司、区域经济开发机构、企业和非营利机构等成立集群投资基金。同年，美国政府相继建立了"能源区域创新集群计划（ERIC）""工作加速器合作集群计划（JIAC）"和"区域创新集群计划（RIC）"。2011 年，美国政府更新"美国创新战略"，公布了多个部门负责的区域创新集群计划。

日本政府先后制订了"产业集群计划"（2001 年），"知识集群计划"（2002 年）和"城市区计划"（2002 年），后两者由文部科学省于 2002 年启动。其中知识集群计划建立了 18 个知识集群，旨在打造世界级产业集群；城市区计划建立了 89 个城市区集群，旨在打造小规模产业集群。2011 年文部科学省将两者合并，设立"区域创新集群计划"，用于打造 17 个全球性产业集群和 23 个城市区的产业集群。

欧盟在 2008 年确立打造世界级集群的战略目标。2009 年提出"欧洲集群卓越计划"，从集群政策协调、信息综合服务、国际合作等方面提出具体措施，评选和认定在管理实践上表现突出的集群。为了支持集群内的创新活动尤其是中小企业的创新，欧盟于 2007 推出竞争力和创新计划（CIP）。该计划包含创业及创新计划（EIP）、咨询及通信科技政策支援计划（ICT–PSP）和欧洲智能能源计划（IEE）3个子计划，为中小企业提供更便捷的融资渠道及商业服务。同时，为解决欧盟内部的国家层面上创新资源过度分散和同质化竞争日益严重的问题，2009年欧盟出台"区域特色与专业化政策（RIS3）"。该政策试图在欧盟产业体系的共同框架下，发掘各国各地的产业优势，筛选出若干根植于地方特色的优先发展领域，实行差异化错位发展和重点投资。典型项目包括支持瑞典西约塔兰地区纺织产业转型以及帮助英国威尔士地区实现特色化产业集群发展等。截至2020年，区域特色与专业化政策的参与国家和地区制定了200多个区域特色与专业化战略项目，共计融资650多亿欧元，极大地促进了欧盟中小企业产业集群的发展。

由于几乎产业集群中80%以上是中小企业，且各国的产业集群政策特别关注培养中小企业的竞争优势和专业化能力，因此这些政策均大大促进了中小企业的集群化和特色化发展。为了进一步扶持中小企业集群，各国集群计划中通常还有特别安排。包括：第一，要求申请资助的成员中必须包含一定比例的集群内中小企业，以强化中小企业、大型企业、科研机构与大学之间的关系；第二，通过不同行业协会鼓励中小企业加入，并举办各种不同活动促成中小企业与其他成员间的交流；第三，制定中小企业产业集群发展专项资金，或专注某一领域提升中小企业能力；第四，鼓励中小企业向集群外发展，鼓励形成技术合作和企业网络等。

三是2010年前后至今，产业集群国际化的阶段。随着全球集群网络、全球知识通道等理论的发展，决策者们意识到集群间合作和开放的重要性，开始打造跨部门跨地区跨国境的超级集群，迅速带动中小企业产业集群的国际化。部分国家和地区甚至专门设立中小企业集群的国际化计划，帮助其进入全球集群网络。典型的是欧盟的COSME计划、INNOSUP–1计划以及加拿大的超级集群计划。

欧盟2013年为了提高集群内中小企业的竞争力和国际化水平，立法设立"企业及中小企业竞争力计划"（COSME），并在此计划中分别设立"集群卓越计划"和"集群走向国际计划"，由中小企业执行局负责。其中"集群卓越计划"是欧盟委员会在"竞争力和创新计划"（CIP）框架下于2009年推出的"欧洲集群卓越计划"（ECEI）的延伸，"集群走向国际计划"是欧盟委员会2011年在CIP框架下提出的"集群国际化计划"的拓展。前者旨在加强集群管理的卓越性，提高集群组织管理水平，后者强调加强跨国境跨部门集群之间的合作。COSME还资助了若干中小企业国际化项目，包括支持欧洲集群伙伴关系战略（ESCP）中的走向国际化战略（ESCP-4i），帮助世界级竞争力集群内中小企业抓住国际机遇，推进国际协作。2018年开展了区域智能专业化项目（ESCP-S3），包括25个走向国际化项目和5个卓越集群项目。此外，COSME还资助欧洲集群合作平台，鼓励集群组织交流，深化开放合作等。

特别值得注意的是，2015年欧盟委员会在欧洲研究与创新的框架性计划"Horizon2020计划"中推出了INNOSUP-1计划（2015—2020年），支持中小企业产业集群在跨部门跨国价值链的创新。目的是通过集群促进跨部门、跨区域合作，帮助欧盟和地平线2020相关国家形成新的产业价值链和业务网络。到目前为止，该计划已经启动了18个涉及不同领域新兴产业的集群项目，包括区块链技术、工作场所创新、创新机构实验等，帮助中小企业在跨技术、服务和生态等方面实现了创新和突破。

2018年，加拿大为了解决创新资源分散的问题，决定启动"超级集群"战略。项目的具体对象是企业主导的联盟，旨在将各种规模的大中小企业和研发机构等聚集在一起，解决骨干企业和中小企业之间供应链薄弱的问题，并促进整个价值链以及表面上不相关部门间的知识交叉。该计划最终包括5个超级集群项目。以加拿大先进制造超级集群为例，该计划的实施者是行业领导组织——次世代制造组织（Ngen）。项目资助新设或现有产业集群，但要求项目参与方必须至少包括5家NGen成员中小企业，目的是促进集群内中小企业开展优势互补的协同合作，将超级集群打造成为由多个小集群构成的创新协作网络。Ngen设立4类资助计划：超级集群项目、重大挑战项目、中试项目和可行性研究项目。后两者的支持对象为超级集群内的中小企业，以促进其先进制造技术或工艺的开发和应用。Ngen还与欧盟正式签署了集群合作协议，与美、日、德、法、意等多个国家对口机构共同组织集群交流活动，帮助集群内中小企业成员开展国际合作搭建平台。

此外，德国2015年发布InterClust集群计划，并于2015年、2016年和2017年连续进行三次"集群竞赛"。每轮竞赛选出10个有国际化经验的优秀产业集群加以资助，要求被资助集群应与国际合作伙伴开展合作研发项目。目的是促进集群在集群管理、跨文化管理、创新管理等方面，特别在构建"全球知识通道"方面取得重要进展，以加强德国与其他国家集群、网络或地区的国际合作。

总之，欧美各国和地区的中小企业集群政策发展出不同的模式，既有自身特点，又及时将最新集群理论应用到实践中。其中，德国致力于集群的国际化，发展国际合作项目和国际合作伙伴；加拿大设立超级集群，打造多个小集群构成创新协作网络；美国和日本主要是发展区域创新集群运营；欧盟由中小企业局负责产业集群的卓越和走向国际计划，并促进中小企业集群的跨部门跨国合作创新。各国都在推出区域产业集群计划的同时，强调集群间的跨国跨部门联系和国际合作。在集群理论与实践的双向互动下，各国的集群政策均获得了不错的效果，对如何促进我国中小企业特色产业集群的高质量发展有重要的启发。

三、中小企业特色产业集群高质量发展的实践路径

（一）中小企业特色（传统）产业集群的高质量发展路径

1. 中小企业特色产业集群高质量发展的阶段。参照产业集群的生命周期与集群动态演化理论的一些研究（阮建青等，2014；Otsuka 和 Sonobe，2011；Menzel 和 Fornahl，2010），我们可以把中小企业特色产业集群的高质量发展路径大致划分为三个阶段：数量扩张期、质量提升期、研发与品牌创新期，不同的发展阶段基于集群不同的禀赋优势，且在每个阶段跃升的时候都存在集群衰退的风险。

在数量扩张阶段。基于初级生产要素、地理位置或者产业基础条件的优势，某些中小企业开始在空间上集聚。随着越来越多的上下游生产企业、配套商和贸易商陆续加入集群，企业通过彼此分工合作和共享生产要素而获得规模经济，从而进一步强化了其特色优势。集群生产效率得到提高，集群中企业的业绩超过非集群企业，从而刺激集群内的企业数量和总产量在短期内快速增加。但随着企业数量的不断增加，企业之间为争抢订单的价格战也变得激烈起来。"逐底竞争"往往引起产品质量危机，导致集群声誉下降，市场规模萎缩，企业数量减少，甚至产业集群消亡。如果集群内主体能够采取集体合作行动，制止企业间恶性竞争，杜绝不合格产品的生产，就能度过质量危机，顺利过渡到质量提升阶段（见图 12-2）。

在质量提升阶段。企业通过生产高质量或高复杂度的产品，提升专业化优势，脱离低质低价竞争，进入高品质细分市场。这时尽管企业数量平稳或下降，但优秀的中小企业可能通过淘汰兼并迅速成长为大企业，集群产业集

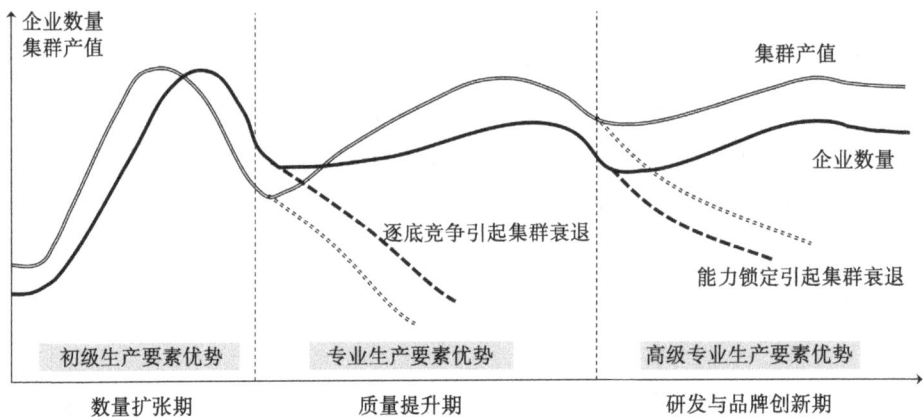

图 12-2 中小企业特色产业集群高质量发展的路径

资料来源：阮建青，石琦，张晓波．产业集群动态演化规律与地方政府政策［J］．管理世界，2014（12）：13．原图有修改。

中度提高。集群的产值也因为生产高质量产品而上升。但当产业集群进一步发展，劳动力、土地等初级生产要素价格将上升，集群原有的生产要素优势逐渐消失，这时集群内企业就需要过渡到附加值更高的价值链两端，实现功能升级。但由于企业资产的专用性和核心能力的刚性，企业可能会固守原有的技术和经营模式，无法消化不断上升的生产成本而被迫外迁，导致集群的竞争力下降、空心化甚至消亡。如果集群内企业能够打破经营模式的固化和知识技术能力的锁定，集群就发展到了下一个阶段。

在研发与品牌创新阶段。基于高级生产要素的特色优势，集群内企业通过提升研发水平、创建品牌等方式进行升级，即从价值链的低端向高端演进，实现功能升级。集群企业数量和总产值将会维持在相对稳定的水平上，但单位产品的价值和附加值会上升。企业开始对外投资建立生产基地，将附加值较低的生产环节转移到生产要素价格较低的地区，但仍保留附加值较高的环节，如研发、营销、核心部件生产等。外移出去的生产能力会在新的空间上形成新的集群，但仍然与迁出地的集群保留供应链、人员和信息知识等方面的密切联系，从而在更大空间上构成了供应链集群网络。随着集群内企业生产能力进一步外移，集群中企业和员工数量可能平稳或有所下降，但集群赖以生存的竞争优势发生了根本性的结构变化。

2. 地方政府与集群促进组织在中小企业特色集群高质量发展中的作用。地方政府与集群促进组织对中小企业特色产业集群的高质量发展具有重要影响。一般认为，地方政府需要提供或者帮助提供各种公共品，如城市规划、招商引资、土地利用、财政税收、资金金融、外贸、就业培训、技术创新平台等。而集群促进组织则在地方政府的指导下，旨在解决集群中的过度竞争、产品质量、产权保护和公共研发等问题。因此，在产业集群的不同发展阶段，地方政府和集群促进组织的作用发挥可能有所不同。

（1）在数量扩张阶段。地方政府在集群发展初期发挥着主导作用，主要是把控集群的战略发展方向，引进企业并促进产业集聚。可选择当地有产业基础和比较优势的产业，引进企业构建产业链，并逐步扩大本地配套能力，形成专业化配套和服务功能齐全的中小企业集群。应注意引进供应链上的系统集成企业，有助于带动当地配套企业的发展。在数量扩张阶段后期，地方政府应推动建立集群发展促进组织。当集群出现恶性竞争时，集群促进组织应在地方政府的监督和引导下进行行业自律管理，比如建立严格的质量监督与检查制度、成立质量检测公共平台等阻止低质量产品的生产，并通过集群宣传、举办博览会以及建立淘宝村和抖音直播基地等电商网络开拓销售渠道，避免集群出现衰退。

（2）质量提升阶段。地方政府和集群促进组织需密切合作，帮助企业实现质量升级，形成集群专业化优势。集群促进组织向地方政府提出建议，反映企业诉求，并支持地方政府的工作。地方政府负责引进先进技术标杆企业，并为企业的技术研发、质量管理以及共性技术的发展等提供政策支持。为帮助企业提升产品质量和智能化水平，政府可通过优惠政策推动先进企业率先"智改数转"和广大中小企业的智能诊断等，赋能传统产业转型升级。可树立高质量典型企业发挥示范作用，着力培育集群内专精特新企业，通过一批领头企业的升级来带动整个产业集群的升级。在这一过程中，集群促进组织是地方政府集群升级政策的协助者和执行者。此外，集群促进组织还可通过招商推介会等方式支持集群品牌的建设，帮助宣传产品高质高价的形象。随着生产要素成本上升和资源禀赋进一步变化，集群治理的方向应帮助企业打破经营模式和技术能力的锁定，促进集群的功能升级。

（3）在研发与品牌创新阶段。这时地方政府和集群促进组织应创造条件，帮助集群内企业向价值链的高端环节延伸。为此，地方政府应从外部引入创新性和价值链高端环节的标杆性企业，并由集群促进组织出面促进本地企业与引进企业的联结，鼓励其知识溢出，从而带动产业集群的发展。需引导和鼓励企业建立集群的外部联系，尤其是建设联结世界同类先进产业集群的知识通道，使本地集群嵌入更大范围的全球集群网络内。要帮助集群保持对技术潮流和时尚的警惕，延续其在价值链高端的竞争力。政府应引入和培养高级人才，专业研发机构以及风投机构等高级生产要素，保持供应链、资金链、人才链的畅通，并通过集群促进组织对集群内企业家进行培训，来改善和优化产业集群赖以生存的资源禀赋。

（二）中小企业高技术特色产业集群的高质量发展路径

1. 中小企业高技术特色集群高质量发展的阶段。上述中小企业特色产业集群的高质量发展阶段的理论，基本上是以内生性传统产业集群的演化路径为例的。然而有一些研究发现，可能中小企业高技术产业集群的发展路径有所不同。尤其是发展中国家高度融入全球生产网络中的高技术产业集群的演化路径，往往呈现出由外生向内生的演变特征。这样的集群中，经常是地方政府有意识地规划和引进特定产业的高技术企业并建立或推动建立一系列集群专业服务机构而形成的。

在中小企业高技术产业集聚区阶段。起初，地方政府利用本地的要素优势结合国内外产业发展的趋势，决意新建或引进某个产业。于是地方政府制订产业规划，开始大量招商引资，引导相关企业入驻到规划好的园区。地方政府引入的企业有可能是跨国企业的分支机构，先进地区企业的分部，或是海归人员成立的新公司，或是多种形式混合而形成产业集聚区。这时跨国企业分支机构或先进地区企业往往是独立运营自己的全国甚至全球的供应链网络，并在不同的集群中设立子公司以转移商品、服务、知识和人员；而归国创业人员则往往来自发达国家的著名跨国公司，产品的供应链联系和知识联系也主要来自海外。如在青浦区北斗导航集群建立之初，既有引进的海归人员创办的公司，也有国内外先进企业在当地成立的上海分公司。这时不同来源的企业间并没有明确的关联，园区只是企业的集聚区，还不能称为产业集群。

在中小企业高技术产业集群形成的阶段。这时，跨国企业或先进地区企业可能吸引跟随投资的上游供应商或者下游企业进入集聚区；地方政府也可能根据产业地图加以扩链、补链和延链，大量引进符合产业规划的园区同类型企业以及产业链的上下游企业。导致集聚区内企业数量不断增加，企业间的专业化分工逐渐展开，企业群或服务机构群开始按照价值链分化出不同的上下游生产企业和服务机构。同时，随着归国创业者和工程师的人数和流动性的增加，区域间的隐性知识传播在园区内发生，人们对社区的认同感不断增加。于是，原来的中小企业高技术产业集聚区逐渐转变成为全球通道发达、集群内部联系迅速发展的中小企业高技术产业集群。

在中小企业高技术产业集群的成熟阶段。这一阶段，产业集群联系的重点逐渐由全球通道转向本地的联结和根植性。表现在外来先进企业的高管和研发人员慢慢本地化，集群内外部的知识通道也随之转化为由本土人员来建立或维护。中小企业开始出现衍生，本地非正式交流发展、创新环境改善和本地知识互动等内生性因素作用凸显；全球通道的地位相对下降，但集群内高端技术和高端人才仍需要通过全球通道从先进国家和地区获取。集群内企业与当地的学校和科研院所等开展密切合作，与行业协会、科技中介机构等非生产组织联系进一步增强，风险投资、审计、猎头等更专业细化的服务公司纷纷入驻，机构稠密性日益增加，基于知识生产和创造的创新服务体系等集群要素开始形成，从而进一步加强了中小企业高技术集群的专业化优势和竞争力。

这种中小企业高技术特色集群演化的例子在我国很常见。如张江高科技园区的集成电路产业集群、苏州工业园区的纳米产业集群，均遵循了类似的发展模式。此外，Bresnahan、Gambardella 和 Saxenian 在 2001 年对硅谷信息和通信技术集群的研究中发现，在集群的最初发展阶段，结网协同并不十分重要，企业的成功取决于企业进入外部市场的能力，即集群能够从外部吸引专业化的技能，因此，开放和积极寻找大型外部市场是成功集群形成的关键。

2. 地方政府与集群促进组织在中小企业高技术集群高质量发展中的作用。在产业集聚区阶段。地方政府必须全盘考虑当地的地理位置、前期产业基础、科教人文或是技术条件等潜在比较优势，来制订适合当地发展的产业规划。为此地方政府需要成立专门的领导小组，制定明确的集群发展的路线纲领。包括建立专业性的工业园区，提供基础设施服务，开展招商引资活动，吸引龙头企业入驻园区等。尤其是政府要制定相应的产业政策、税收优惠政策和人才引进计划，以促进生产要素的集聚和产业集聚区形成。由于高技术产业的发展路径有时不确定，因此地方政府有必要引入更多关联但不同类型的企业，避免落入同质化陷阱，让集群能有更多的空间和路径选择机会。

在产业集群形成阶段。地方政府根据龙头企业的产业联系和人脉联系，大量引进其供应链的上下游企业以及同类型的企业，于是产业集群迅速形成与扩张。为促进产业集群有机整合，地方政府需要推动建立集群促进组织，由后者帮助企业穿针引线，创建集群内企业与引入企业的联结，以形成紧密的上下游产业链和配套协作关系。当产业集群的发展方向进一步明确后，地方政府往往需要集中政策资源，从海内外引入集群所需的尖端人才，以提升本地知识库的数量和质量，并促进知识的本地化传播。同时，政府应以集群促进组织为中心，推动集群建立产业研究院、行业协会、产业联盟等这类专业服务机构，让集群能更快形成专业化竞争力。

在产业集群的成熟阶段。这个阶段，地方政府需要促进本地企间的深度联结，促进知识溢出和改善创新创业环境。比如推动本地企业与引入企业之间的股权投资或者成立合资企业。集群促进组织应积极发挥其功能，通过会展、企业俱乐部等正式和非正式的安排，创建高效的知识传播通道。推动建立高校科研院所与集群内企业的联系，建立研发中心、公共检测服务等专业平台，形成集群在本地的知识源泉和中心。地方政府需引入或建立更高端的专业服务机构，比如众创空间这样的孵化器，以促进企业的衍生和孵化。引入风投机构和其他专业化服务公司，以降低企业的运营成本，增加本地集群的黏性。继续通过高级人才计划和吸引跨国公司的研发中心入驻，构建和维护全球知识通道，保证集群能够获得产业相关的全球最新技术和知识等。

对于产学研为中心的中小企业高技术产业集群，其演化过程与上述外生型中小企业高技术集群极为相似。也需要引入大量外来企业并使之逐步本地化和内生化。但不同的是，这类产业集群中高校和科研院所是集群的知识来源和驱动力，科研成果转化往往是集群内初创企业的重要技术来源。因此地方政府和集群促进组织需要推动高校科研院所与企业界进行密切合作和知识双向交流，以保证高校和科研院所的研发成果能够适应市场需求，从而转化为产业集群现实的生产力。为此地方政府要鼓励高校科研院所建立大学工业园，鼓励师生创业，尤其是要建立技术转化办公室。通过产学研的成果转化、原有企业的衍生和模仿等多种途径产生新的公司，增加集群的活力。但初创企业因为规模小风险大、资产结构不稳定，普遍面临融资问题。而运作良好的风险投资市场是新企业衍生的土壤和催化剂。专业性的创投机构不仅能筛选出最有希望成功的企业项目，还直接帮助新企业改进经营管理。因此地方政府需要引入专业性服务机构尤其是头部的创投机构，以促进新企业的衍生。另外，地方政府和集群促进组织还要帮助集群建立和维护全球知识通道，保持本地集群与世界技术高地的知识联系等。

作者：
张晔，南京大学长江产业发展研究院研究员、南京大学商学院副教授
梅丽霞，南京大学长江产业发展研究院特约研究员

第十三章　推动传统制造业改造升级路径研究

一、传统制造业的现状

(一) 传统制造业的内涵

按照原中华人民共和国国家质量监督检验检疫总局和中国国家标准化管理委员会联合发布的《国民经济行业分类》(GB/T 4754—2017)，制造行业覆盖了 C13—C43 号共计 31 个门类。但是，对于传统制造业缺乏相对清晰的定义。一般认为，传统制造业指以物质原料为基础，通过人工和机械设备进行生产加工的行业。传统制造业通常依赖传统的生产工艺和技术，其产品制造过程相对传统和常规，以大规模的批量生产为主，劳动力密集程度较高。它涵盖了各种生产和制造领域，包括但不限于纺织品制造、钢铁生产、化工制造等。

(二) 我国传统制造业的特性

根据《中国统计年鉴 2022》的数据显示，我国第二产业占国内生产总值的 39.4%，制造业规模以上企业营业收入占工业企业的 88.2%，其中消费品制造业 (国民经济行业分类 C13—C24，C27，C28，C292，C385) 规模以上企业营业收入占制造业企业的 25% 左右。

从地区层面来看，制造业营业收入前三的排名与省级地区工业增加值和省级地区生产总值排名一致，分别是广东省 (161397.02 亿元)，江苏省

（145626.21亿元）和山东省（93421.64亿元）。而工业增加值近三年累计增速最快的三个省级单位分别是资源大省（自治区）山西（54.6%）、西藏（44.2%）和内蒙古（43.5%）。

根据对传统制造业的内涵认识，课题组对2021年规模以上制造企业分行业的劳动密集程度、资本密集程度、盈利能力分别进行了降序、升序和升序排列（见表13-1）。

表13-1　　2021年规模以上制造企业分行业的特征排名

观察指标	劳动力密集程度	资本密集程度	盈利能力
	每亿元营业收入吸纳劳动就业数	资本产出比	行业平均利润率
排序方式	降序	升序	升序
1	纺织服装、服饰业	铁路、船舶、航空航天和其他运输设备制造业	铁路、船舶、航空航天和其他运输设备制造业
2	皮革、毛皮、羽毛及其制品和制鞋业	金属制品、机械和设备修理业	农副食品加工业
3	金属制品、机械和设备修理业	医药制造业	废弃资源综合利用业
4	家具制造业	专用设备制造业	金属制品、机械和设备修理业
5	其他制造业	仪器仪表制造业	木材加工和木、竹、藤、棕、草制品业
6	文教、工美、体育和娱乐用品制造业	酒、饮料和精制茶制造业	黑色金属冶炼和压延加工业
7	印刷和记录媒介复制业	其他制造业	石油、煤炭及其他燃料加工业
8	纺织业	通用设备制造业	纺织业
9	仪器仪表制造业	非金属矿物制品业	金属制品业
10	橡胶和塑料制品业	造纸和纸制品业	有色金属冶炼和压延加工业

课题组通过研究认为，如表13-1所示，传统与现代制造业的区别主要表现为：传统制造业使用传统的生产工艺和技术，寻求通过规模经济创造效

益,劳动密集程度较高、资本密集程度相对较低、盈利能力较弱。对照表13-2同期的全国商品出口结构状况,像服装、纺织这类传统制造业依然是我国出口的主要商品品类。因此,传统制造业主要以国内市场为主、出口国外市场为辅,在一定程度上受国际外经贸形势影响。

表13-2　　　　　　　2021年全国商品出口结构情况

排名	商品大类	出口（亿美元）	占比（%）
1	自动数据处理设备及其零部件	2555.8	7.6
2	服装及衣着附件	1705.1	5.1
3	集成电路	1539.2	4.6
4	手机	1464.4	4.4
5	纺织纱线、织物及制品	1454.6	4.3
	其他		
总额		33639.6	100

传统产业发展历史悠久,产业链上下游企业众多,但企业发展水平参差不齐。对于传统制造业在制造业整体中的比重,各地呈现出一定的异质性。以制造业排名第二的地级城市苏州为例,2021年苏州31个制造业大类中10个传统支柱性制造业的规模以上产值占到了全市总产值约6成（表13-3合计中的79.76%包含了特定产业中的新兴产业）。从全国层面上来讲,传统制造业在规模上仍然占据国民经济和地方工业的较大比重,但部分制造业发达省份（如广东和江苏）的现代制造业占比正逐渐超过传统制造业。

表13-3　　　　2021年苏州规模以上工业总产值排名前10的制造业门类

行业	规模以上工业总产值（亿元）	占比（%）	排序
计算机、通信和其他电子设备制造业	11623.27	28.14	1
通用设备制造业	3772.29	9.13	2
电气机械和器材制造业	3337.75	8.08	3
黑色金属冶炼和压延加工业	3114.8	7.54	4
汽车制造业	2412.56	5.84	5
化学原料和化学制品制造业	2149.81	5.20	6
专用设备制造业	2077.45	5.03	7

续表

行业	规模以上工业总产值（亿元）	占比（%）	排序
橡胶和塑料制品业	1658.71	4.02	8
金属制品业	1525.4	3.69	9
纺织业	1278.13	3.09	10
合计		79.76	

二、新时期传统制造业面临的问题

传统制造业在过去几十年中一直是国家经济发展的重要支柱，但随着科技进步和产业转型以及地方政府将更多的资源优先分配给了战略性新兴产业和先导产业，在中国经济呈现新常态、以高质量发展作为全面建设社会主义现代化国家首要任务的条件下，传统制造业正面临着新的挑战和变革。课题组在广东、江苏、山东、河南、湖北、重庆六个省份（其规模以上企业营业收入全国排名分别为第1、第2、第3、第6、第9和第18）抽取有效企业样本689个，样本企业统计描述（见表13-4）。

表13-4　　　　　　　　六个省份689家样本企业统计描述

行号	指标	指标值
1	样本数（个）	689（100%） 其中广东138（20.0%）；江苏136（19.7%）；山东102（14.8%）；河南133（19.3%）；湖北86（12.5%）；重庆91（13.2%）；其他3（0.4%）
2	注册成立（年）	2006/2006
3	注册资金（亿元人民币）	4.32/0.88
4	企业性质	上市企业（包括新三板上市），概念有交叉，优先选填为上市企业93（13.5%）；中央或地方国有企业61（8.85%）；外商投资企业（包括独资或合资）67（9.72%）；民营企业441（64%）；混合所有制企业17（2.47%）；其他性质（有限责任公司，股份有限公司，个体户）10（1.45%）

续表

行号	指标	指标值
5	行业门类样本分布（个）	C13 农副食品加工 20（2.9%）；C14 食品制造业 23（3.34%）；C15 酒、饮料和精制茶制造业 6（0.87%）；C16 烟草制品业 2（0.29%）；C17 纺织业 59（8.56%）；C18 纺织服装、服饰业 23（3.34%）；C19 皮革、毛皮、羽毛及其制品和制鞋业 6（0.87%）；C20 木材加工和木、竹、藤、棕、草制品业 7（1.02%）；C21 家具制造业 5（0.73%）；C22 造纸和纸制品业 9（1.31%）；C23 印刷和记录媒介复制业 3（0.44%）；C24 文教、工美、体育和娱乐用品制造业 12（1.74%）；C25 石油、煤炭及其他燃料加工业 5（0.73%）；C26 化学原料和化学制品制造业 57（8.27%）；C27 医药制造业 29（4.21%）；C28 化学纤维制造业 5（0.73%）；C29 橡胶和塑料制品业 24（3.48%），其中 C292 塑料制品业 14（2.03%）；C30 非金属矿物制品业 35（5.08%）；C31 黑色金属冶炼和压延加工业 22（3.19%）；C32 有色金属冶炼和压延加工业 14（2.03%）；C33 金属制品业 39（5.66%）；C34 通用设备制造业 47（6.82%）；C35 专用设备制造业 33（4.79%）；C36 汽车制造业 64（9.29%）；C37 铁路、船舶、航空航天和其他运输设备制造业 14（2.03%）；C38 电气机械和器材制造业 39（5.66%），其中 C385 家用电力器具制造 6（0.87%）；C39 计算机、通信和其他电子设备制造业 62（9.14%）；C40 仪器仪表制造业 5（0.73%）；C41 其他制造业 13（1.89%）；C42 废弃资源综合利用业 4（0.58%）；C43 金属制品、机械和设备修理业 3（0.44%）
6	消费品制造企业数（家）	229（33.2%）
7	企业在册员工数（人）	1536/402
8	销售收入（亿元人民币） 注：有效样本数 684	37.56/3.67
9	平均出口额占比 注：有效样本数 684	25.23%

注：第 1、4、5、6 行单元格内的数字分别为绝对数和百分数；第 2、3、7、8 行单元格内的数字分别为平均数/中位数。

在"新时期传统制造业改造升级面临问题"排序中，"传统产业资源匮乏"被企业排在了第一位，随后是"观念上不重视传统产业""产业链上导致的问题"和"市场不完善导致的问题"。基于样本企业的问卷调查结果,再结合六场29家传统制造企业视频座谈会的深入探讨,针对新时期传统制造业面临的问题,课题组总结归纳如下。

(一) 传统制造企业资源匮乏

传统制造业分散化经营现象严重。经过多年的招商引资,传统产业所属的制造企业大多分散在各个开发区、产业园内。在中美贸易争端和新冠疫情的冲击下,一方面它们面临激烈的外部竞争,另一方面,自身的转型升级又面临各类要素(土地、资金、人才)供给不足的困境。譬如,有些企业反映想扩大规模,但因为不归属战略性新兴产业,很难获得土地资源和金融支持,但其他二三线城市的招商条件又让这些企业时常徘徊在去留之间。这导致了传统产业的集聚度低,规模效应不明显。在"企业进行改造升级过程中,遇到的最大问题"这个单选题中,35.27%的企业回答"缺人才",30.48%的企业回答"融资难,缺改造资金",20.32%的企业回答"缺改造所需要的技术和设备",9%的企业回答"缺工业用地"。

1. 人才和技工荒。山东一家卡车工厂指出,制造业一般分布在中心城市周边的卫星城市,但人才都往中心城市跑,企业发展所需的人才一直是一个瓶颈问题;广东的一家大型燃炊具生产集团则认为他们缺搞产品研发的博士,缺少"智改数转"的人才;重庆的一家民营农机生产企业认为,人才的"引育用留"中"如何留住人才"既是关键又是难点。而江苏的纺织服装企业普遍反映,人员结构老化、生产人员后继无人是传统制造业改造升级的主要历史包袱之一。调研还发现,许多传统制造企业都面临设备缺少保养工的困境。

2. 缺改造资金,融资难。在"政府给予公司改造升级的专项资金和补贴太少"的李克特5级评分题中,样本企业的平均评分为3.6,接近"赞同"。山东济宁一家精密机械公司反映,地方政府从扩大受益面角度实行的"撒面粉式"的补贴形式,使发放的补贴金额相对平均,与企业扩建或改造的总投资规模不匹配。从六个省份视频座谈了解的情况看,对于疫情前获得改造升级资金补贴的企业,各类补贴的综合金额大致占到企业改造升级项目总投资的5%—15%。但是,广东一家调味品企业也反映,有些地方追求高资助比例,在资助总额有限的条件下,反而造成大的改造项目得不到资助。多家企业坦言:改造升级是企业的自发行为,希望政府加大支持力度。但当前日趋紧张的财政预算,又加大了政府提高改造升级专项资金规模的难度。

此外，政府改造补贴资金还存在不少申请限制。例如，江苏企业反映，获得改造资金补贴的门槛设在 800 万元以上，有点高；山东烟台另一家精密机械集团公司反映，由于其子公司本身从事"智改数转"设备的生产，因此被告知由于可能存在关联交易，被取消申请资格；而重庆一家新能源汽车的配套企业反映，政府改造补贴资金的申请时间窗口短，对于企业先期已经执行的"智改数转"项目，因为改造期与申请期时间上的不契合，而失去了申请资格；湖北一家大型制药企业同样反映，改造项目的合同期、付款期、发票开票日三者都必须同时符合政府改造补贴资金下文规定的时段，否则就会丧失申请资格。企业座谈过程中，发现类似严格限定申请窗口期的情况在各省非常普遍。

3. 工业设备落后，改造缺乏借鉴和指导。在"您认为影响传统制造企业改造升级的最主要的传统历史包袱"这个选择题上，53.99% 的企业认为是"工艺和技术设备落后"。湖北的一家企业反映，制药生产设备大多被国外垄断，设备改造更是被"卡脖子"；重庆的一家化工企业反映，设备老化是制约企业改造升级的主要因素之一；江苏一家牛仔服装企业反映，企业缺乏进行工艺改造方案的借鉴，全靠自身摸索，也缺乏软硬件设备制造商的支持；河南一家生产企业在紧急上马环境保护设备时，对供应商和改造方案都不甚了解，只能一次性购买整套环境保护设备，却为后续设备维修保养带来了巨大的隐患。

4. 缺工业用地。山东一家工业气体公司反映，缺改扩建的工业用地一直是他们公司发展的心病；江苏一家汽车行李架制造企业建议有关部门出台工业整块用地可以按照厂房进行分割登记的政策，这样企业可以根据实际融资规模进行融资，同时降低整块土地抵押的风险。

（二）对传统制造业存在观念上的误区

1. 产业关注度低不受各方重视，导致企业对未来发展没有信心。当前社会上普遍认为，传统制造业是低端产业，技术含量不高，附加值偏低，发展空间不大。政府对待传统制造业面临两难抉择。一方面，这些产业占用资源要素（如土地）不少，但对地方经济的直接贡献有如"鸡肋"，且大多为较高能耗企业或部分为污染企业。另一方面，这些产业大都是劳动密集型企业，又能在很大程度上解决就业问题，甚至有些产业还在全国专业领域具有一定的知名度。因此各地政府在对待传统产业的态度上，没有像对先导产业、战略性新兴产业那么积极，专项支持政策偏少，在一定程度上影响了企业发展信心。这也导致传统制造业从业人员年龄偏大、平均学历偏低，创新投入增长缓慢，转型升级动力不足。

此外，一些经过改造后的传统制造企业依然被区别对待。例如，江苏苏州一家纺织机械企业反映，作为纺织行业的上游装备制造企业，近年来主要专注于生产智能化的高端纺织机械，其主要产品提花机的运行速度已经达到每分钟 600 转，目前已经申报全国专精特新"小巨人"企业，但其在申请银行贷款时，还是被当作传统产业纺织业，无法获得新兴产业能享受的低息贷款；而河南一家已经实现废气和粉尘改造并达标排放的耐火材料制造企业表示，想从本地的"双高"目录中除名却不容易。对于这类经过改造后不再具有传统产业落后特性的企业，大量被调研企业都表示希望全社会改变观念，给予足够的重视。

2. 部分地方在环保和生产安全政策执行过程中"一刀切"，在一定程度上限制了改造升级。部分地方对环保和安全政策内涵边界的理解不到位、执行的"一刀切"以及政策之间的协调不足，都在一定程度上限制了改造升级。山东一家精密机械公司反映，各类环保和生产安全检查过于频繁，且每次检查的内容和标准都不尽相同，而传统产业的企业又是被检查的重点，这给企业日常生产经营带来较多影响。从对环保和生产安全督察的情况来看，像长江上游的重庆、长江下游的江苏相较其他省份更为严厉，江苏的服装生产企业反映，纺织服装业在太湖流域一般采取"一刀切"的政策，即不能新扩建，只能改造！这一政策与大量传统企业希望保留原厂、通过同步实施"智改数转"来扩建新产品生产线的设想相悖，反而断了许多传统企业技术改造的念头。另外，江苏一家汽车配件企业反映，现在指定的环保设备动辄百万元以上，且严重缺乏专业人才的指导。

（三）传统制造业普遍存在产业链上的问题

在"产业链上下游企业的变化，会影响我公司的供应链"的李克特 5 级评分题中，样本企业的平均评分为 3.88，接近"赞同"。在对"产业链问题影响传统制造业改造升级因素"的排序题中，"原材料和能源涨价"被企业排在第一，随后的影响因素是"国际和国内两个市场需求不足""生产运营过程中的智改数转的障碍"和"比较优势弱，产业链向外转移"。

1. 原材料和能源涨价。原材料和能源涨价已经成为企业反映最多的一个普遍性的问题，它直接推高了产品制造成本。过高的制造成本削减了企业的利润，抑制了企业进行改造升级的需求。因此，山东一家正在进行数字化改造的粮食精加工企业建议，对于长供应链的产业，要努力降低全产业链的生产成本。

2. 国际和国内两个市场销售不畅。广东的一家大型燃炊具生产集团认为目前国内需求不足；而广东的一家奶制品集团则认为目前产能过剩；湖北一家乘用车轮毂轴承制造企业反映，其原先出口占比达到30%，中美贸易争端已经严重影响了该企业的出口。销售不畅导致现金流入减少，同样会抑制企业进行改造升级的需求。

3. "智改数转"面临"五不"障碍。广东和江苏的多数企业指出，同行的数字化改造对其产生了压力，自身有"智改数转"的计划和行动。但在对"影响企业数字化改造的进程的影响因素"进行排序来看，"缺专业人才不敢转"成为第一大原因，随后是"缺钱缺技术不愿转""设备制式数据标准不统一不能转""缺智能化诊断和后续服务不会转""头部企业示范引领作用不强，中小企业缺抓手不善转"。依赖固有的生产模式、转型成本大、缺乏系统性解决方案是传统制造业转型升级的主要痼疾。对照巨大的转型成本和投资风险，许多勉强维持规模化经营的制造企业主调侃道："不转型将来要死，但一转型可能马上就死"。

4. 传统制造业国际比较优势弱，产业链向外转移趋势明显。江苏一家牛仔服装生产企业表示，迫于成本压力，该公司在越南开设工厂后，生产成本比国内约降低了一半；广东一家针织面料生产企业，疫情前90%的产品出口，受"新疆棉"制裁影响，已经在越南和中美洲设厂，目前国内的研发总部放在珠海，而生产部门大部分搬迁到了江苏省苏北地区。

（四）传统制造业面临不少市场问题

在对"在新时期传统制造业改造升级面临的市场问题"的排序题中，"市场竞争激烈"被企业排在第一，随后是"市场不统一""营商环境"等因素。

1. 市场竞争激烈，主要表现为价格战和企业盈利能力减弱。在"国内同行的竞争已经对我公司的业务产生了压力"的李克特5级评分题中，样本企业的平均评分为3.62，接近"赞同"。重庆一家国有汽车变速器生产企业反映，产业链下游的价格战会向上游零部件制造企业转移；而河南多家企业指出，大量小作坊企业的低价竞争在现有只关注价格的竞价模式下，只会导致企业降低产品质量；湖北一家大型生活用纸制造企业反映，同质化竞争是恶性竞争的主要原因。良性竞争会促进企业进行技术改造，但以价格战为主要表现形式的同质化恶性竞争，只会削弱企业的盈利能力，与上述的成本上升、销售下降现象一样，最终抑制企业进行改造升级的需求。

2. **市场不统一和营商环境上的短板削弱了企业的竞争力**。总部在浙江的一家重庆化工制造企业反映，由于各地公路分段建设和收费，造成异地运费在总成本中占比过高，不同路段相同距离的运费差异很大；河南的一家客车企业反映，许多地方政府明文规定公交车采购实施本地采购的保护性措施，破坏了市场竞争规则，限制了该企业国内市场的拓展。

广东一家大型针织面料生产企业反映，因为是传统产业，他们公司与中心城市较远，产业链配套相对较差；湖北一家制造企业反映，县级产业园的基础设施配套不足，企业迁入后要自建污水处理池，自建电厂又受限。

以上所描述的市场不统一现象和营商环境的短板，从根本上削弱了企业的竞争力，抑制了企业进行改造升级的需求。

三、新时期推动传统制造业改造升级路径

（一）转型升级理论

在全球产业链重组的基本趋势和背景下，作为实体经济主体的制造业的转型升级一直是全球各国关注的最重要的话题之一，探寻制造业转型升级之路也是各国工业政策经久不衰的议题。Gereffi（1999、2005）提出了全球价值链（GVC）升级理论，指出"产业的转型升级表现为产品升级、经济活动升级、部门内升级和部门间升级四个方面"；Humphrey 和 Schmitz（2000）提出了产业升级的四种方式："工艺升级、产品升级、功能升级、跨产业升级，前三种都是产业内升级，第四种是产业间升级"。从全球实践来看，1970—1990年，以丰田生产模式为代表的精益生产（Lean）、摩托罗拉公司首推的六西格玛（6δ）质量过程管理、哈默和钱皮提出的业务流程再造（BPR）等管理变革，推动全球制造业不断提升和优化经营效益；20 世纪末随着网络技术的普及应用逐渐折射到制造业，在此基础上，2013 年以德国为代表提出了以大规模定制为特征的工业 4.0 概念。在工业 4.0 时代的智能制造，"其核心是动态

配置的生产方式,关键是信息技术应用,本质是基于'信息物理系统(Cyber - Physical Systems)'来实现'智能工厂'"。

从中国制造业转型升级的实践来看,改革开放后大量落户我国的外资制造企业及其本地配套供应商,在 20 世纪末、21 世纪初陆续实施了一定的运营改善活动,但是由于当时我国的制造业处于"微笑曲线"的低端,这些运营改善并没有使我国实现在 GVC 上的转型升级,与世界制造业的发达水平依然存在较大的差异。考虑到我国加入世界贸易组织(WTO)后可能面临的外部竞争压力,国内许多专家在"入世"前后提出了国内制造业的转型升级问题,譬如刘志彪(2005)指出,"沿着'微笑曲线'从低端的'生产'到两端的'创新'和'营销',逐步从 OEM 推进到 ODM 再到 OBM,需要分阶段采取不同的转型升级措施";金碚(2011)指出,"中国工业发展的一个突出特点是资源环境约束的压力越来越大"。

然而,关于转型升级的研究持续了近二十年,为什么没有在中国制造业实践发生质的变化?课题组研究后认为,一方面,由于受制于全球产业分工和国内资源条件约束,我国的制造业整体缺乏转型升级的自主性;另一方面,我国的制造业整体处于工业 2.0 和工业 3.0 之间的水平,尚处于追求效率和规模的粗放型增长阶段。但是这种困境近十年来逐渐获得了扭转:一方面,我国制造业增加值从 2012 年的 16.98 万亿元增加到 2021 年的 31.4 万亿元,占全球比重从 22.5% 提高到近 30%,持续保持世界第一制造大国地位,同时成为拥有全球产业门类最齐全、产业体系最完整的制造业强国;另一方面,我国制造业发达的东部地区持续多年的"用工荒"不断推高了制造业的用工成本,同时"智改数转"所需的软硬件供应商发展迅猛,像苏州、深圳这些制造业强市又陆续推出工厂数字化改造专项补贴,使企业"智改数转"的实际成本快速下降,这同步的"一升一降"推动了更多的企业高管作出"智改数转"的决策。

(二) 改造升级的内涵、目标和任务

党的二十大报告指出,建设现代化产业体系,坚持把发展经济的着力点放在实体经济上,推进新型工业化,加快建设制造强国、质量强国、航天强国、交通强国、网络强国、数字中国。实施产业基础再造工程和重大技术装备攻关工程,支持专精特新企业发展,推动制造业高端化、智能化、绿色化发展。巩固优势产业领先地位,在关系安全发展的领域加快补齐短板,提升

战略性资源供应保障能力。推动战略性新兴产业融合集群发展，构建新一代信息技术、人工智能、生物技术、新能源、新材料、高端装备、绿色环保等一批新的增长引擎。构建优质高效的服务业新体系，推动现代服务业同先进制造业、现代农业深度融合。

以上会议精神清晰地阐明了传统制造业改造升级的内涵、目标和任务。我国目前仍然是世界上最大的发展中国家，工业发展水平大致平均在工业2.5的水平，从国际分工定位来看，处于从微笑曲线低端向左右两端攀升的阶段。从"十四五"到21世纪中叶，我国在建设现代化产业体系进程中，必须坚持把发展经济的着力点放在实体经济上，推进新型工业化。因此传统制造业改造升级的内涵必定是制造业的高质量发展，而党的二十大报告又明确把制造业的高端化、智能化和绿色化作为改造升级的目标。

为了达到上述目标，现有的文献支持政府扶助传统制造业完成以下重点任务：

1. 通过为客户提供系统性的解决方案，推动制造业服务化，帮助企业价值向微笑曲线的两端攀升。

2. 推动企业加强技术创新和节能减排，重塑自身品牌和培育智能化制造，提高企业经济效益和社会效益。

3. 打造产业供应链生态系统。通过"强链、延链、补链"工程推动工业2.0、3.0与4.0融合发展，构建主导产业、新兴产业、特色产业和优势传统产业共生的新兴产业体系，加速制造业多元资本整合，不断增强我国产业供应链的竞争力、创新力、自主性和控制力。

（三）传统制造业改造升级的路径

在回答"您认为传统制造业企业改造升级四种方式中最适合贵公司的是哪种"这个问题时，43.4%的企业选择了"工艺升级"，31.93%的企业选择了"产品升级"，11.32%的企业选择了"功能升级"，11.18%的企业选择了"跨产业升级"。通过视频座谈会的进一步了解，课题组认为：一般中小企业会选择"工艺升级"，因为该方式最为直接，且由于是在现有基础上进行优化，因此易于操作和控制；而大型企业在面临较大市场压力的情况下，会选择"产品升级"，而"产品升级"随之又会带来相应的"工艺升级"，因此相对比较复杂，企业的投入也较大。而发达省份如广东省和江苏省则将改造升级的路径专注放在制造业的"智改数转"上。因此，课题组认为，推动传统制造业改造升级，主要有以下四条实施路径：

1. 加大科技创新和研发，实施产品升级和创新。企业的永续发展在于获得市场的认可，而企业在市场获得现金流的主要载体是产品。被调研单位中铝集团郑州一家下属公司反映，汽车电池的技术迭代，会迅速反映到产业链上游，他们公司必须立即进行新产品开发，现有产品的生命周期人人缩短。面对日益激烈的市场竞争，企业必须根据市场和客户的需求，加大科技创新和研发，不断升级或创新自己的产品，才能立于不败之地，正如微软公司的视窗操作系统和苹果公司的苹果手机一样。

2. 实施工艺升级，当前主要实现途径是"智改数转"。工信部在全国大力推进制造企业的"智改数转"，课题组的问卷调查展示了较为乐观的前景：例如，在回答"公司近五年来，是否有改造升级的计划"的选择题时，回答"有，但尚在计划中"的占30.19%，回答"有，正在实施"的占55.73%，回答"改造升级已经完成"的占7.84%，综合来看，计划、正在和已经实施的样本企业多达93.76%。又如，在回答"贵企业开展的数字化改造，已经进行到哪个阶段"这个问题时，有53.27%的企业回答"整个企业的管理信息系统，如上了ERP、OA系统等"。

3. 对于具有竞争能力的中小企业，主要走专精特新道路。中小企业对GDP的贡献超过65%，税收贡献占到了50%以上，出口超过了68%，吸收75%以上的就业人员。但是，中小企业在资源、能力、价值链定位等方面的不足导致其在科技创新道路上的发展并不顺畅。为此工信部发布的《中国产业发展和产业政策报告（2011）》首次从国家层面上提出了《"十二五"中小企业成长规划》，其中把中小企业专精特新发展道路作为"十二五"时期促进中小企业成长的基本原则之一。《国务院关于进一步支持小型微型企业健康发展的意见》中提出，要支持创新型、创业型和劳动密集型的小型微型企业发展，鼓励小型微型企业走专精特新和与大企业协作配套发展的道路，加快从要素驱动向创新驱动的转变。

12年来，工信部通过开展梯度培育，引导中小企业以专注铸专长、以配套强产业、以创新赢市场，实施专精特新新发展。同时各地也多措并举支持中小企业发展，涌现出众多专精特新中小企业，为高质量发展注入强劲动能。截至2023年8月，全国已培育"专精特新"中小企业9.8万家、"小巨人"企业1.2万家。

4. 对于规模较小的中小企业，建议走集约化生产的"吴江震泽"之路。那些身处传统产业、规模较小的制造企业规模都偏小，面对激烈的市场竞争往往落于下风；另外，由于资金、土地、技术、用工、环保等要素投入的缺乏，它们也普遍感到日常经营举步维艰；而"智改数转"对于它们来说，在操作层面普遍觉得有"杀鸡用牛刀"的感觉。课题组成员2022年调研的苏州市吴江区震泽镇彩钢板产业就属于这类情况。

2018年在该产业被列为污染整治产业准备予以关停之际，震泽镇政府认真听取了相关企业的意见，最终并没有采取"一刀切"关停企业的做法，而是采取了产业链抱团、实现产业集群化发展的思维来促成传统产业的转型升级，走出了一条"吴江震泽"之路，他们的具体做法是：在政府引导下，100多家"小散乱"的彩钢板企业抱团重组为赛马科技、平创、智尚和中晟盛等企业集团。其中，赛马科技公司由原来48家小企业抱团重新组成企业集团，实施共享车间模式，专注于终端产品彩钢板板房的生产；而中晟盛公司则是原材料供应商抱团，致力于集中采购、市场批发和B2B模式创新应用。通过以上积极引导企业实施集约化生产和经营，并鼓励企业加大生产设备投入和环保工艺改造，原先的环境安全隐患和土地资源浪费两大痼疾得以解决，并为当地彩钢板产业集群化发展提供了许多全新的机会：

（1）提高了产品设计和服务能力。2021年，国家要求1个月内提供解放军所需的500套营房供应任务，当时没有一家国内企业愿意接单，只有赛马科技公司连夜出营房图纸及时递交给国家有关部门确认，迅速组织生产并派专人到现场铺设运输道路，在20天内将部队所需的500套营房运抵并安装到位。

（2）扩大了产能，创造了单日同时700套疫情防控隔离用房组装的纪录。这一记录的背后既是众多小企业聚集在一家大企业集团后的产能集体提升，也是同行业企业集团间协同合作的结果。

（3）抱团后的新企业资金实力超过"单打独斗"，它们在获得市场认可后，不断加大生产设备投入、技术革新和环保工艺改造，如引进电焊机器人、龙门切割机，集中建设自动喷塑流水线、集中喷涂车间等，逐渐进入业务发展的良性循环，做大做强的企业如赛马科技公司成为全国产钢板产业的专精特新"小巨人"企业。

传统彩钢板产业转型升级的直接效果是增强了企业的综合实力，同时提高了对地方经济的贡献度，震泽镇彩钢板产业的亩均年税收达到40多万元，与苏州吴江区高新技术企业50万的亩均税收水平相差不大，从根本上扭转了传统产业"低贡献""粗放""污染"的形象。更重要的是，彩钢板产业转型升级产生了积极的社会溢出效应。"小散乱"企业抱团成为大企业后，实现了土地集约使用。原先48家企业占地250多亩,重组为赛马科技公司后仅占地41亩。"小散乱"企业原先占据的村集体土地被归还,并被改造成村民绿色用地,农村"绿水青山"的人居环境不断改善。

四、传统制造业改造升级的措施及建议

(一)各级政府要转变观念,重视传统制造业的发展,为改造升级创造条件

1. 传统产业转型升级,既不能完全依靠市场力量(比如成本倒逼实施自然淘汰),也不能以政府的政策偏好完全"一刀切",需要从实际情况出发,结合改造升级的目标,探索政企合作的模式,寻找双赢实施路径,才能有效实施传统制造业的转型升级,实现经济效益和社会效益的双赢。因此各级政府应转变思维,从"保持制造业比重基本稳定,巩固壮大实体经济根基"的认知高度来看待传统制造业。应利用"政策计算器"服务功能,积极主动做好对传统产业所属制造企业的优惠政策服务工作。

2. 建议国家设立传统企业改造升级的专项补贴和导向性的政策措施。再传统的产业,只要经过现代技术的改造,积极运用科技创新成果,都可以成为现代产业体系的一部分。人工智能和自动化技术的大量应用,促进传统产业从劳动密集型转变为技术密集型。整个产业的边界、产业的效率、效益都发生了彻底的变化,如中国唯一获评纺织业"灯塔工厂"的阿里巴巴犀牛服装工厂,通过实施"智改数转",已经将行业平均1000件起订、15天交付的流程缩短为100件起订7天交货,有效地激活了定制T恤的国内市场需求。因此对于经过改造后已经不再拥有传统产业那些落后指标特性(如劳动密集型、高能耗等)的企业,应该赋予他们与其他产业平等发展的权利,并从相应的负面清单中有甄别性地进行摘除。

3. 政府提供精准的政策性资金支持。例如,苏州市政府在2020年出台了《关于推进制造业智能化改造和数字化转型的若干措施》,以各种政策性资金支持的形式,促进数字化产业集群的生成。例如,苏州工信局设立专项资金为开展企业智能化改造水平诊断"买单";各产业园通过产业引导基金支持开展"智改数转"的企业在股票市场直接融资;苏州工业园区通过企业发展服

务中心提供智能制造风险贷款,为实施智能化改造的企业提供利息总费用50%的贴息;省市区三级联合为实施智能化改造的企业提供改造设备的10%左右的补贴;对获评省市区各级智能车间的企业分别提供50万元、20万元、10万元三个等级的奖励。此外,为了更好地引导培育优秀"智改数转"制造业企业输出技术、产品、服务和解决方案,服务产业链上下游、产业集群相关企业,苏州又在2022年6月制定了《苏州市加快培育"智改数转"技术服务输出企业实施意见》,围绕重点产业集群,筛选一批有基础、有能力、有意愿对外提供"智改数转"技术服务输出的优秀制造业企业。对这些已经实施智能化改造且具有技术服务输出能力的企业,凡是成立服务子公司开展产业链上下游"智改数转"技术服务的,给予一次性50万元的奖励,以此带动相关行业整体性提升智能制造水平、加快数字化转型步伐。

(二) 强化改造升级的顶层设计

针对改造升级过程中广大企业反映的"工业设备落后,改造缺乏借鉴和指导"问题,需要从改造升级的对象、诊断、方案、设备等角度分别予以解决。

1. 企业的信息化改造,极易陷入"集成化陷阱"和"中小企业困境"。所谓"集成化陷阱"指企业管理信息的全局优化需求与碎片化供给的矛盾。具体表现为企业在工业化和信息化融合发展的初期阶段,各个职能部门各自搞了许多信息系统,却鲜见信息系统间的连接与集成,最终成为一个个"信息孤岛"。所谓"中小企业困境"指对于广大中小企业来说,由于缺资金、缺人才,对数字化转型大都抱有"不敢转、不愿转、不能转、不会转、不善转"的态度,即使有勇于尝试者,也大都在没有超越前期沉没成本、尚未突破"集成化陷阱"、数字化改造效果尚未显现前消耗完了所有的资源。因此为了避免陷入"集成化陷阱"和"中小企业困境",对于改造升级的对象,不要为了改造而改造,至少要根据企业的实际需求和能力来做出改造升级的决策。例如,苏州工业园区经济发展委员会产业发展促进处依托中国工业互联网研究院、工信部赛迪研究院、上海工业自动化仪表研究院等国家专业院所,仅对1亿元以上销售规模、有改造升级意愿的制造企业提供免费的企业智能化改造水平诊断并提供解决方案,就是为了避免规模过小的企业陷入"中小企业困境"。

2. 注重传统产业链头部企业的转型升级。苏州获评的6家"灯塔工厂"——联合利华、博世、纬创、强生医疗、宝洁、亿滋食品全部是世界500强跨国公司在苏的运营工厂，其中强生医疗苏州工厂还是强生集团的"World Class"级工厂。苏州作为外资制造业高地，拥有一批经营状况良好、有工业自动化基础、愿意实施持续改善的运营工厂，它们在苏州的"智改数转"推进工作中发挥了龙头驱动作用。例如，美国知名电气制造商霍尼韦尔苏州码捷工厂，以二维码扫描设备产品为核心，建立了自己的数字化研究院，10多年来面向社会开放工厂参观，实施向下游的业务拓展，帮助客户进行数字化仓储改造。

3. 注重传统产业链上游的装备制造业的转型升级。因为产业链上游装备制造业的改造升级，可以直接促成产业链中游的产品生产制造企业直接进入高端化、智能化和绿色化。例如，江苏一家轮胎内酯布生产企业与上游机械制造厂积极沟通需求，寻求高质量的改造合作效果。

4. 制造业企业的改造需求差异性较大，因此随着头部企业"智改数转"需求的释放，必须通过市场手段和政府平台，吸引大量能提供"智改数转"解决方案的软硬件服务商。例如，2018年以来，苏州先后招引了国家级29个工业互联网双跨平台中的14家落户。大量通信、数据、场景应用设计、业务流程优化、信息安全等领域的服务商云集苏州，形成了具有一定规模的产业集聚，为苏州的"智改数转"提供了软件和硬件技术服务保障。

（三）形成以企业培养为主，高校、政府、社会协同支持的转型升级人才培养体系

当前企业的数字化转型要经历从"自动化到数字化再到智能化"的过程，在这个转化过程中企业高管重视是重点，人才是关键。但是对于这类跨越生产运营、工业工程、IT、管理科学和工程、项目管理等学科的复合型人才，目前高校还不能承担起全部的责任。针对传统制造企业改造升级过程中最为关注的人才培养问题，可以借鉴苏州的经验："智改数转"实施企业大都建立了自己的企业大学来培养数字化转型的各类人才；政府则组织在线"云课堂"，并与各类职业技术学院组织了多期高管的《智能制造》、中层干部的《技术赋能》线下课程；行业协会则陆续建立起"智改数转"高端人才和高级技工的人才库，建立"智造学院"，组织"政策汇""人才汇"、产业培训、产学研交流，并通过组织各类大会、论坛、沙龙、游学、评选活动，促进产业内的交流。

对于其他领域人才的培养，重庆一家玻璃生产企业建议除了产学研合作、高校定向培养、企业内部培训外，还可以通过建立柔性合作机构、新型联合研发机构等形式来培养高端人才。湖北一家压缩机生产企业除了与高校联合研发外，还实施人才联合培养：学生毕业前一年到公司专业部门实习和企业高级工程师受邀去高校开课。而江苏一家毛纺生产企业建议除了校招、社招、校企合作外，还特别强化对新技术设备的操作培训，而对于新设备的操作工，企业给予一专多能的岗位补贴。湖北一家钢筋水泥预制件制造企业的做法是实施淡旺季用工制度，企业用工淡季帮助工人输出；企业与下游建筑公司共同培养人才；与企业上游的设计院实施员工借调互换，既培养了人才，又加强了产业链上的业务沟通和合作。从政府层面来看也有不少好的做法，例如湖北孝感政府授权经过审核的企业实施技工自主鉴定，而江苏省和湖北省都对当地的高学历和高技能人才实施人才补贴。

（四）提高土地使用效率

各地现行招商的土地亩均税收指标虽然形式上提高了土地的产出效益，但对于亟须改扩建的传统制造企业来说，本来就有限的改造升级投入基本没有更多的资金用于购买土地。因此，由广东最先推行的"腾笼换鸟"模式就值得推广。例如，湖北一家大型生活用纸制造企业在提交"智改数转"改造方案后，由政府另择新址提供置换土地，协助企业新建数字化工厂。待新工厂建设完工后，企业老厂整体搬迁进入新工厂，而老厂的土地由当地政府回购。

而对于那些对地坪承重没有特殊要求的轻工业以及为制造企业配套的生产型服务业，则可以推动开展"工业上楼"厂房空间建设计划，这些做法都快速有效地平衡好了企业发展与土地资源紧缺的矛盾。

（五）增强传统产业供应链能力

1. 挖掘具有地方特色或比较优势的传统产业，重点发展专精特新制造企业。在传统制造业转型升级过程中，各地应坚持地方产业特色，全面认识当地传统产业的特点，寻找需求痛点和堵点，识别潜在的增长点。市属区县乡镇应梳理地方特色或比较优势，建立具有传统产业特色的产业园，形成产业集聚。在专业化和特色化上下功夫，发展为产业链配套型的专精特新企业。

2. 扶持一批关键核心科技攻关项目，推进传统产业成长为先进的新兴产业。很多传统产业自身通过不断的技术迭代、产品升级以及对于各类新技术新设备的广泛使用，不断激发创新的活力。例如，纺织业中的冷转印技术实现了"无水印染"，解决了环保问题，成为纺织产业链中提高附加值的关键环节。因此推动传统产业向高端跃升，需要政府制定鼓励性的产业政策，汇聚国内外一流创新资源，加快打造关键核心技术"策源地"，组织产学研合作攻关，着力解决产业链"卡脖子"问题。

3. 各级政府应着力发展生产性服务业，生产性服务业与制造业存在紧密的相互影响关系，生产性服务业是制造业的心脏，是它起飞的翅膀，是它聪明的脑袋，生产性服务业的投入构成了制造企业的主要生产成本。研究表明，对生产性服务业高投入的地区，其制造业的转型升级水平大大高于其他地区。传统制造业可以配套、外包等方式，加强同行业内企业的合作，营造健康的实体经济产业生态圈。链主企业可通过外包，把生产性服务业交给中小企业，中小服务企业则要不断提高配套能力和行业地位，在细分市场内力争成为"隐形冠军"，两者通过产业内协作共同提高本产业链的自主性和可控性。

（六）按照市场规律推进兼并重组

对于竞争力较弱的中小传统制造业，应通过集约化生产提高要素的投入产出效率，催生一批"链主"企业和品牌企业。在土地资源紧缺、资金放贷向先导性产业倾斜、各地抢夺高端人才、对生产企业环保要求日趋严格的条件下，必须通过集约化生产，来提高生产要素的投入产出效率。可以借鉴苏州吴江区震泽镇对传统彩钢板产业改造的经验，采用"政府引导、企业抱团发展、集中控制污染、共享技术升级、一起做大做强"的模式。在抱团集约化生产的过程中，政府应该扮演好产业链"链长"的角色，做好分散土地的集中置换、企业抱团引导、产业引导政策制定等政府职能工作，头部企业则应发挥产业链"链主"的角色，协调好本产业的集中采购、共享车间生产、共同科技研发、集中污染处理等市场职能。

（七）通过异地转移、拓展海外新兴市场，延展产品的生命周期，促成传统产业新的增长和实现转型升级

要紧紧把握区域一体化战略机遇，推进传统产业先在有产业基础的一定

区域内优先集中开展智能化改造、绿色化转型，提升企业产出效率，降低能耗水平，提高产品国际竞争力。

同时，利用产品生命周期中地区或国别差异，实施产业的区域间转移。例如，不少江浙企业家到新疆投资纺织业，那儿有充足的土地资源、丰裕的劳动力和西亚广阔的市场。尽管这些异地产业转移看似流失了本地的GDP，但通过课题组研究发现，这种产业转移在本质上是一种产能的异地扩张，会给本地带来总部经济的效应，带来生产性服务业（研发、物流、信息服务、商务服务、人力资源服务、经纪服务、生产性支持服务）的巨大增长。

以上正效应也同时发生在我国在他国的FDI上。因此要支持企业充分利用国内国际两个市场、两种资源，执行"走出去"战略，在全球范围内合理布局生产基地、发展海外仓，鼓励企业向非洲、拉丁美洲直接投资。例如，苏州在非洲埃塞俄比亚建设的东方工业园，纺织、建材等国内"夕阳产业"在那里都获得了飞速的发展。统计数据表明，近几年，我国对非洲和拉丁美洲的进出口贸易急剧增长，我国许多传统制造业对于这些新兴国家的市场来说是亟待发展的产业。沿海外向型经济发达的城市完全可以利用既有的外贸优势，增加对以上地区的出口。

（八）扩大市场开放的领域，优化营商环境

在回答"您认为中国庞大的市场是贵公司持续经营的主要原因吗"这一单选题时，有92.6%的企业回答"是"。这表明，在国内企业普遍感受到激烈竞争的情况下，国家有关部门应考虑进一步扩大市场开放的领域，鼓励和引导非国有资本投资主体通过参股、资产投资等形式，参与传统制造业的改造升级。

在回答"目前贵单位有与地方政府沟通的平台吗"这一单选题时，有68.65%的企业回答"不多"。尽管有27.72%的企业认可现有与政府沟通的形式（如政务网站和公众号、政务一站式服务中心、市长直通车、微信和QQ工作群、邮件、电话、精准政策推送、线上沟通、线下企业家座谈会、主管处室面对面、政府调研和企业走访、干部包企业、企业服务平台、协会和行业组织、党组织共建、政府组织的各类专业化会议、培训和参观访问、一对一帮扶、产业链工作平台、万人助万企工作组等），但政府部门有限的人力和服务窗口显然无法完全满足面广量大的中小微企业的政务服务需求，因此加快"一网通办"等电子政务的实施，推动实施惠企政策"免申即享"和"即

申即享"，实现财政奖补、退税退费等快速审核、快速拨付等新型政务服务模式是必然的选择。

此外，在环保、生产安全政策上，应针对特定行业制定环保、生产安全检查清单，尽量统一监管标准，执行定期巡检制度。要完善细化"两高"项目边界范围，重新研究制定"两高"项目管理目录，对于精细化工、新材料、短流程炼钢、绿色建材等项目不再纳入"两高"目录管理。对于经过改造或拟进行改造升级的限制产业的企业，也不能实施"一刀切"的政策，应该开设"重新认定"的申述通道。

课题组成员：

徐天舒，苏州科技大学商学院教授，南京大学长江产业发展研究院苏州研究中心主任

徐宁，南京大学长江产业发展研究院副院长

汪晓亮，苏州市工业和信息化局信息化推进处处长

姜能涛，苏州石湖智库研究员，南京大学长江产业发展研究院苏州研究中心副主任

朱天一，苏州科技大学商学院讲师，南京大学长江产业发展研究院苏州研究中心研究员

第四部分

改革创新发展新质生产力：
　　新质生产力动力

第十四章 美西方产业政策动向、对我国影响与对策

一、美国产业政策新动向及其呈现的涉华新特征

美国在保持既有竞争性、功能性产业政策的同时，其新动向表现为隐蔽的选择性产业政策得到强化和显性化。主要目的有二：一是力图增强本土制造业产业比重，提升美国本土链竞争力和所谓的安全度；二是以针对中国为目的，通过技术、市场、投资等多个维度削减中国产业的相对竞争力。

1. "胡萝卜"+"大棒"吸引对美国本土的先进制造业投资。"胡萝卜"表现为对到美国或美加墨自贸区投资的重要产业链企业给予高额补贴，拜登政府在供应链百日审查报告的基础上，提出《2022通胀削减法案》《2022芯片与科学法案》，对新能源汽车、动力电池、芯片等关键产业链本土化制造进行具体的高额补贴；"大棒"表现为政治施压要求产能转移，典型案例就是要求台积电等关键企业将部分高端产能设在美国。由于在产业政策中加入显著的意识形态和政治因素，美国苹果等链主大企业，也倾向于要求产业链配套企业转向符合美国政治要求的地区设厂。

2. 对华"三明一暗"的标准对华产业链制裁。美国以国家安全等多种理由对华进行产业链限制和制裁，具体来看，"涉军""涉俄伊""涉疆"成为三条明面标准，实质标准则是"涉科"。课题组通过对美国商务部产业安全局公告数据的分析，2023年1—6月，美国将我国125家机构纳入实体清单，其中，以涉及军事工业和安全为由的有73家，以涉及俄伊为由的有42家，以涉及新疆为由的有6家，三者占比为98.4%。企业被列入清单的直接影响是供应链受限，无法或受限与美国企业进行出口管制条例管辖内物项的交易，

并且美国以长臂管辖的方式,限制用到美国技术的海外企业向清单实体出口管控物项。

涉军,重点打击可能增加中国军工实力及参加南海开发建设的企业。这类理由对我国企业打击面最广、最深,早在2020年6月,美国国防部先后将华为、中国移动、中国电信、北方工业、中芯国际等关键产业链上的企业认定为"涉军企业"。2022年、2023年这两年,长江存储、寒武纪等芯片民营企业以及中国电子科技集团、中国航天科技集团等央企的大量子公司均被纳入制裁或限制名单。对此,美国毫不讳言,2023年4月以来,耶伦和沙利文讲话都反复以国家安全为借口,明确将集中在可能倾斜军事平衡的技术上采取出口管制的形式,增加实体清单范围,限制我国获取可能用于军事的技术。

涉俄伊,在俄乌冲突的背景下对我国与俄罗斯、伊朗等国的正常贸易施加压力。随着俄乌局势持续紧张,美国以中企与俄伊之间管制物项交易为由的制裁显著增多。2023年4月12日,美国公布实体清单增添12家中实体,均为我国粤港地区的电子分销商,理由是获取或试图获取美国原产产品,并为相关俄罗斯实体进行采购。2023年2月24日,美国商务部实体清单新增5家均为中国科技类公司,理由是这5家公司被指称为俄罗斯军事和国防工业基础作出贡献。

涉疆,以"人权"为由,打击光伏产业链、农业产业链等产业及其他地区雇用新疆员工的重点企业。美国将合盛硅业、大全能源、协鑫新能源、新疆东方希望四家国产光伏硅原料生产厂商列入实体清单,禁止产业链下游采用新疆产硅料企业出口美国。本来美国已经对我国光伏产品设置了高关税,该规定进一步限制了我国光伏产品出口美国。美国加大限制进口新疆棉产品并采用基因溯源抽检,存在与国际产业链剥离的风险,影响我国棉纺织产业链的发展。地处江苏武进的今创集团从事轨交车辆零部件制造领域,产品具备较强的国际竞争力,因为公司所在地是援助新疆尼勒克县的对口地区,录用部分新疆员工,被美国以"强迫劳动"名义被列入清单。

美国以"涉军、涉俄伊、涉疆"借口对我产业链限制和制裁,本质是"涉科",即打击我国高科技产业链。不管以何种名义入"实体清单",大多数涉及的企业都聚焦于中美战略竞争的关键技术领域,只不过美国无法将"涉科"作为台面上的理由。

3. 产业政策的盟国圈层协作。实施主体从"美国先行"到"盟友联合围堵"已成雏形。美国对盟国恩威并施,要求对华产业链制裁进行政策协调,目前已从建立原则共识阶段进入制定实施政策阶段。如积极构建供应链联盟倡议、印太经济框架、美欧贸易与技术委员会、美洲经济繁荣伙伴关系、芯片四方联盟等合作机制，力图重构以美国为中心的全球供应链体系并进一步促进友岸外包。美欧贸易和技术理事会已召开三次部长级会议，突出地缘政治和价值观因素，明确稀土、太阳能、半导体、人工智能、6G领域等具体领域的互补性合作，试图展现产业链"去中国化"的协同效应。美国主导、日荷韩台参与的对华围堵的半导体联盟已经基本形成，近期日本发布六大类23项先进芯片制造设备的出口管制清单，德国、荷兰均放风要制定新的对华半导体禁令，韩国近期频频对美国主导的半导体四方联盟示好。美国虽然处于重要产业链高端环节，但占据的产业比重并不高，美国对华产业链遏制的效果与盟友的配合程度高度相关，同时希望遏制中国的成本让盟友整体承担。

综上所述，美国产业政策的新动向与中国密切相关。美国政要反复喊话要制定对华新的经济政策，比如，美国贸易代表戴琪在去年上半年的国会听证会扬言，要拿出新办法遏制中国"损害"美国利益的经济行为，关税在内的传统贸易政策工具已经不够，美国需要更新工具应对。目前来看，美国涉及中国的产业政策工具已经初步定型，呈现出以下特征：

1. 以相对产业的相对竞争力为目标，而不一定以美国产业的绝对经济效率为目标。所谓从安全出发，以针对中国为目的，削减中国的相对竞争力，政策工具的制定标准从"本国经济得失标准"转向"国家间竞争输赢标准"。特朗普时代以关税为手段打压中国，总体上还是较多考虑经济利益，特朗普就以收取中国商品的巨额关税为政绩炫耀，并且在征收关税政策上精心设计了各类商品从7.5%—25%不等的额度，对中国商品依赖较大的笔记本电脑、手机等产品进行额外关税排除。而耶伦近期的讲话则明确表示，"即使对华实体清单的政策可能在经济方面造成影响，这些政策的依据是从国家安全方面的考虑的，美国在这些问题上不会妥协，即使这样的措施使经济利益方面付出代价也是值得的"。从美国政策实施的实际情况也可见一斑，一是在美国国内通胀严重的环境下，美国并没有回应市场呼声取消对华部分关税，而是宁愿选择连续激进加息等直接伤害市场的政策。二是美国《削减通胀法案》宁愿采取高额补贴的方式也要将产能吸引到美国国内，减少对中国具有竞争力的动力电池、光伏等产品的进口。

2. 产业链限制范围既是"小院深墙"，又是构建"全面产业链打压"。虽然美国一再声称，在一个"狭窄的领域"对中国实施实体清单制裁而不是全面脱钩，所谓在高科技领域构建"小院深墙"。但除了打击数字经济、人工智能这些前沿领域外，美国实施政策工具试图在中等技术的领域减少中国的产业影响力。一是采取"友案外包"策略针对性选择支援与中国具有产业重叠的国家，促进中国产业向他国转移。美国长期搁置了中美投资协定，选择性与越南、印度等国加强贸易联系，通过关税、清洁能源支援、意识形态等显性和隐形的工具，支持苹果等在华重要跨国公司整合产业链企业组团产业转移。二是利用美国大规模市场优势排斥中国产业链。2023年开始，新能源汽车包括动力电池和矿产原材料若大部分在北美生产和组装，则可以获得美国政府补贴，这在经济上可以理解为变相对非美企业恶意加征关税，对内提供多少补贴，对外就相对加征多少关税。中国企业要么承担进入美国投资的风险，要么在与日韩企业竞争中承担更高的成本，美国的政策意图就是将中国新能源车、动力电池等产业链的长板优势范围限制在中国国内，并且压制核心企业的成长机会和研发能力。韩国LG新能源在谈及与宁德时代的竞争时就表示，"在中国的竞争与全球市场竞争明显不同，LG的业务环境相对有利"。

3. 技术、市场、投资的对华三重限制。围绕遏制我国产业竞争力的总目标，美国采取的政策是多管齐下。第一，技术限制的主要表现，除了上述的实体清单外，还包括高科技人才流动限制、科技合作限制。比如，美国实施新的签证政策，对于计划学习航空、机器人和先进制造业的中国留学生，签证期限从以前的5年缩短为1年。针对中国先后收紧了STEM专业的留学申请或时限加强对来自中国的申请赴美学习或进修学生与学者的审查，利用程序化甚至"模糊区域""工业间谍"等问题打击为中国提供技术的服务者。第二，在市场方面，关税、进口管制、本国补贴等都是限制中国产品进入美国市场的政策杠杆。美国市场在全球具有特殊地位，一个企业如果不能在美国市场占有一席之地，往往不能称为国际型企业。第三，限制对中国高科技企业投资。2023年8月9日，拜登签署行政命令，授权美国财政部审查美国投资者的特定对外投资活动，现阶段明确拟加强对华半导体和微电子、人工智能和量子计算技术等特定领域，尤其是该领域"敏感技术"的投资审查监管。此前，相关政策还包括美国对中概股的大范围审查等，这些政策的目的都是减少国际金融资本对中国高科技企业的支撑。

二、美西方产业政策对我国影响及其走向判断

1. 短期影响。

（1）科技冲击。美西方产业政策的涉华部分对我科技冲击几乎无处不在，

而且愈演愈烈，短期内较难改变。具体可分为以下情况：一是我国高科技产业链面临直接"断链""断供"。ChatGPT 模型诞生之后人工智能领域的竞争更加成为焦点，美国限制英伟达向我国出口高演算能力的 GPU，并将我国从事 GPU 产品研发的上市公司景嘉微纳入实体名单，严重制约我国人工智能企业的算力能力建设。二是我国重点产业升级面临"釜底抽薪"。最典型的就是华为，本来已经上升为国际主流芯片设计企业，但是由于美国制裁芯片设计后无法实现代工生产，其手机等消费者业务大幅萎缩。半导体是通信和数字经济的底层和基础技术，现在美国始终围绕半导体产业链挥舞制裁大棒，随时可能升级打压我国崭露头角的企业，试图以此为切入点获得限制我国整个数字经济产业链的主动权。

（2）市场受阻。这对中国长板领域将竞争优势持续转化为市场优势形成障碍，光伏、动力电池等出口势头强劲的领域存在市场隐忧。光伏新能源是我国产业的长板领域，比如，光伏上市公司东方日升通过转道马来西亚基地向美国出口太阳能电池组件，组件正常成本在 1.5 元/瓦左右，而按照美方要求追溯上游非新疆产的硅料，不仅使用国产硅料受到限制，需要追溯的直接法律文件成本就需要 0.2 元/瓦左右。多家企业在课题组调研中表示，光伏产业链效率已经在全球极具竞争力，并且在制造环节已经占世界的 70%，但是最大风险还是地缘政治导致的市场风险。

（3）产业转移。美国政策导致全球产业链重组的速度可能要快于我们的预期。2021 年之前的数据比较支持这样的观点：产业转移主要是下游终端部分转移到东盟等国，中国由于产业链优势将继续保持中间品环节的优势。比如，徐奇渊（2023）的研究表明，2017—2021 年，美国进口增加值中我国占比从 19.3% 降至 17.9%。同期东盟进口增加值当中我国占比从 14.5% 上升至 19.1%。从增加值数据来看，中美之间的产业链供应链双边联系确实出现了弱化，而我国与东盟、与全球范围的联系则在显著增强。但是，这种产业链的"中国中间品+东盟组装"模式可能过于乐观了。

近两年来，美国的政策越来越倾向于迫使中国包含产业链重要环节的整体转移。近期，美商务部调查来自柬埔寨、马来西亚、泰国和越南的光伏组件进口是否规避关税，但若要获得认证，产品必须包含非中国制造的晶圆和其他三个关键组件。课题组在江苏丹阳汽车零部件产业集群调研，某车灯企业对通用汽车供货，拟去墨西哥投资建厂。据该企业介绍，目前美国对通用公司的整车补贴实际大致为 1000 美元/台，前提是 70% 的零部件在美国、加拿大和墨西哥生产，因此，整车企业有较强的经济动力要求零部件企业搬往北美。出海的中国汽车零部件企业大约有20%选择美国本土,80%选墨西哥。去北美投资的好处还在于可以进一步开拓市场。该车灯生产的企业由于运输的原因原本只能做小灯,因为大灯、尾灯因为长距离运输的风险难以实施,到北美设厂之后则可以解决这一问题。

2. 中长期影响:形成全球平行产业链的竞争。美国对华关税、实体清单以及《削减通胀法案》《芯片法案》对先进制造业的补贴扭曲了各国比较优势的规律,其参与者必须持续付出成本。据台积电的表态,在美国修建工厂的成本是在中国台湾的4倍,芯片生产成本比中国台湾高50%,测算美国针对芯片制程的390亿美元生产补贴,相当于在亚洲200亿美元左右所产生的效果。再根据美国智库彼德森经济研究所测算,美国出口芯片数量不多,但处于单价高的高端;进口数量多,但都是单价低的低端,美国进口中国大陆芯片的单价为0.06美元,进口中国台湾芯片的单价为0.16美元,而对应出口的芯片单价分别为4.28美元和3.47美元,该研究认为美国提高自给率必须放弃比较优势生产大量低附加值的基础芯片,这种政策长期并不可行。又比如,我国光伏龙头企业隆基绿能科技股份有限公司(以下简称"隆基")测算,如果我国光伏组件能够顺利进入美国市场,盈利空间将是其他市场的数10倍。这也说明美国为了打压我国产业链,本土市场也在承受高价和低效的代价,美国在持续加息下的高通货膨胀,与此也不无关系。全球区域化的实质是逆全球化,缺乏中国参与的区域市场必然存在效率损失,尤其是仅将制造业转移到美国本土的设想,根本不可行。在美国中长期政策体系中,寄希望印度、越南等国家能够替代我国世界工厂的地位,从而增进美国主导的经济循环的效率。因此,美国一系列政策最有可能形成的是"友岸外包+美国本土生产"相结合的供给体系,这一供给体系的消费端主要是美国市场以及部分其他发达国家市场。

与之相对应是,美国市场对中国产品进行全方位限制,其他发达国家进行不同程度的追随。但是,我国工业体系完备、产业链配套效率高,如果仅从经济角度出发,我国中等技术水平产品的国际竞争力仍具有比较优势。在加快构建双循环新发展格局过程中,很可能形成"中国本土生产+'走出去'生产"的供给体系,在这一供给体系中,中国本土生产将更多地满足中国国内市场和非美市场,"走出去"生产将更多针对美国市场和其他西方国家市场。在这一条产业链体系中,我们的主要关注点在于形成"以内供内,以外供外,投资在外,发展在内"的特征。

综上所述,过去二十多年以全球价值链分工为特征的产业链体系,将总体演化形成两条平行产业链：一条是中国主导的供给体系，另一条是美国供给体系，但并不代表两个体系会完全脱钩，而是体现以竞争为主、又存在部分合作的复杂博弈关系。主要表现为以下特征和影响。

第一，美西方主导的产业链在美国市场占据优势，但并没有改变美国自身作为全球消费国而非生产国的地位。美国商务部贸易统计数据显示，2023年1—5月美国从中国进口商品的金额为1686亿美元，同比下降24%，占其进口总额13%，低于去年的16.5%和2017年21.6%的峰值水平。与此同时，美国从墨西哥进口商品的金额则同比上升5%，由2022年同期的1845亿美元上升为1950亿美元，占比则由14%升为15%，中国在美国第一大进口国的位置，已经被墨西哥、加拿大超越。2021年6月至2023年6月，墨西哥对美国出口三年复合增速达到12.5%，增速远高于中国。与此同时，2022年美国货物贸易逆差上涨9.3%，至1.19万亿美元，2023年上半年在多种因素作用下有所缓解，但不改美国货物贸易逆差长期处于高位。

第二，平行产业链尚没有削弱中国产业链的全球地位，但中国企业销售市场发生结构性变化。天合光能董事长高纪凡形容全球产业链，正在由"中国造，全球卖"向"全球造，全球卖"转变，这种结构性的变化影响国际、国内两个市场。一是我国占全球出口贸易的比重总体稳定，同时出口伙伴排名发生变化。2022年我国出口占全球份额14.8%，与疫情之前的2018年、2019年的14.9%、14.7%相仿，低于2020年、2021年的15.9%、15.7%，基本稳定但继续提升的空间有限。2023年以来，我国对东盟、欧盟以及"一带一路"共建经济体的出口额稳定增长，在相当程度上抵消了对美出口有所下降。二是我国产业链整体面临竞争过度的"内卷"趋势。制造业产能扩张但内外部市场增长趋缓的情况下，企业之间恶性竞争加剧，当前PPI、CPI、工业企业利润持续下降，均与此相关。

第三，我国并没有与美西方主导的产业链体系脱钩，重要融合模式是"走出去"投资、迂回进入美欧市场。我国企业为稳住发达国家市场，努力绕开各种壁垒，形成两条"走出去"的路径。第一条路径：在产业转移过程中，主要将组装环节转向东盟和墨西哥、核心中间品环节留在国内。这是对我国比较理想的模式，但美国越来越倾向于迫使中国包含产业链重要环节的整体转移。比如，2022年美国商务部调查来自柬埔寨、马来西亚、泰国和越南的光伏组件进口是否规避关税，但若要获得认证，产品必须包含非中国制造的晶圆和其他三个关键组件。第二条路径：中国终端企业联合部分配套企业一起出海，实质是产业链的大部分转移。这是现阶段美欧能够接受的模式，但对我国产业发展的利益得失影响是复杂的。一方面，这是中国企业面临"不出海，就出局"形势下的被迫之举，有利于我国产业链长板领域继续保持国际竞争力，成为我国避免经济外循环快速下降的次优选择。另一方面，我国在中西部地区工业化程度仍然不高的情况下，要进入大规模对外投资和产业转移的阶段，需要协调好国内国外布局的关系。比如，汽车配件上市公司爱柯迪的国内和墨西哥工厂有不同的分工，新产品在国内研发生产后，会陆续转移到墨西哥工厂。从国内新工厂投产到通过验收、新订单转移，至少需要三年时间。

第四，全球平行产业链在客观上加快了部分发展中国家的工业化进程，虽然增加了我国制造业的竞争者，但也有利于世界经济的多极化，扩大了我国企业的潜在市场。东盟、墨西哥等地区和国家的工业化加速，与我国直接竞争的制造业领域逐渐增加，但只要我国产业升级，这些国家在工业化过程中将为中国商品提供新的市场空间。

第五，在全球平行产业链的格局下，中美两国竞争的得失根本上取决于两条平行产业链创新和效率的增进动力。在芯片等高科技领域，美西方国家可能通过技术封锁获得较长一个时间段的产业垄断红利，但中等技术产品市场容量大，这些领域往往是中国主导产业链的高效部分，并且其他发展中国家短期内与中国仍有差距。过去"中国生产、美国消费"的模式是美国持续多年"低通胀、高增长"的重要原因，当前美国市场对中国产品的排斥将损害自身经济体系的福利和繁荣。对中国来说，美西方国家在技术、市场、投资等方面对华限制严重阻碍中等技术能力为主的产品结构向高端赶超升级，出口贸易占全世界比重长期维持高位的难度较大，能否摆脱这些不利因素实现产业链现代化，取决于我国科技自立自强、扩大内需以及"一带一路"倡议的实施效果。

三、对策建议

1. 构建中国产业政策的国际话语体系。中国的产业政策历来受到美西方政界的"挨骂"，其中一个核心理由是认为中国进行高额的产业补贴。但是，美国的《削减通胀法案》《芯片法案》以及德、日等国吸引半导体产业投资，其产业补贴强度前所未有，甚至叹为观止。有迹象表明，西方国家对我产业政策攻击的重心已经从"补贴"更多地转向"补贴的透明度"。当前背景下，我国政策界、学术界应从产业政策的角度全面回应美西方对我的攻击点，据理力争反对我国产业政策长期"挨骂"的情形，指出西方国家扭曲要素价格推动全球产业链重组的政策实质。同时，汲取美西方产业政策的有效部分，尤其以市场机制推动产业政策的内容，在构建新发展格局的过程中不断完善我国产业政策。对碳排放等全球关注的焦点问题，尽快从有利于我国参与全球产业链重组的角度提出合理的政策主张。

2. 加强中央产业政策与地方产业政策协调。从美国的情况看，以产业链本土化、友岸化为核心的产业政策是由联邦政府推动的，联邦政府层面除了贸易政策和准入法规外，核心工具是利用财税资源进行补贴政策。相对应的，美国州政府的产业政策更关注创造就业、吸引新企业入驻等目标，政策工具也是相对温和的税收减免、贷款等工具。我国的情况有所不同。我国中央产业政策的核心目标是坚持统筹发展和安全，构建现代化产业体系，重点是推动"卡脖子"技术攻关、产业"链强链补链"等工作。我国地方政府尤其是省级以下政府，产业政策则主要体现为以招商引资为主的投资促进，并不主要涵盖产业安全的目标。但从我国整个产业政策体系来说，产业补贴主要是由地方政府在招商引资过程中实施的，而不是中央政府。我国产业政策的中央政府与地方政府协调的核心问题是，需要实现主要政策工具（国家产业补贴的主要部分）与政策目标（统筹发展与安全）相一致，建议：可以考虑逐步推动地方政府以公开透明方式的地方留成税收减免、就业补贴等方式为主，在统一大市场下逐渐规范地方产业政策，重要产业链主要由中央制定和实施投资补贴和研发补贴政策。

3. 千方百计强化欧美产业联系防范抵制脱钩断链。开放市场对我国的风险要小于"断供、断链"的风险，通过精准开放保持我国与欧美产业联系水平，为构建新发展格局赢得时间和主动。建议：一是推进部分高科技领域进一步开放，加深高科技产业之间的联系。半导体等领域不是我们不开放，而是发达国家和跨国公司自身的限制进不来，但在生物医药、农业科技等高科技领域，我国还有扩大开放的空间，并且这些领域的高水平外资进入有利于对我国的技术溢出。二是重点加强日、德、法、荷等与我国产业正面竞争少、互补性强的国家的产业链联系。多进口这些国家的高科技设备、材料等工业品，利用好这些国家呼应对华制裁时与美国政策的微妙差异。

4. 以统筹发展与安全的思路实施关键产业链国产化的优先顺序。确立底线思维，在半导体等关键产业链中实现中低端的全产业链国产化。当前美国时刻盯住我国的重点企业的技术进展，一旦有赶超的苗头就以借口进行制裁打压,大大增加了关键环节独立赶超的难度。同时需要认识到,半导体产业的中低端产品还是占大多数,这部分是保产业运转的关键。在半导体高端设备被禁运的情况下,需要做好长期打算,先通过中低端全产业链的国产化守住安全底线,积累突破"卡脖子"技术的能力基础。

5. 适当主动"走出去"参与面向美欧市场的产业链。在积极鼓励东部沿海产业转移到中西部地区的同时,辩证看待对外投资的问题。客观来看,美国仍是全球最大单一市场,某些产业中国企业要壮大,必须分美国市场一杯羹,就只有"走出去"投资。部分产业链可以到墨西哥、部分东欧国家等营商环境风险较小、受制裁可能小、对华总体友善的国家投资,迂回进入欧美终端市场。对"走出去"的企业,我们的关注点应是"投资在外、回报在内"。一是细化重点产业链企业海外投资的政策。从统筹发展和安全的角度,对海外投资的技术、规模、投资模式等提供进一步的指引。二是重点满足和支持治理规范的上市公司的海外投资需求。民营上市公司在国内资本市场有核心利益,治理结构清晰规范,应当是值得信赖的"走出去"的企业群体。三是可以借鉴日本企业在海外投资过程中,政府成立贸易振兴会(JETRO)等高度组织化的经验做法,设立或整合现有驻外部门,成立政府主导、市场化运营的海外服务独立机构,体系化服务企业"走出去"的需求,为企业组团海外采购、投资、园区建设的提供纽带,重点以海外避险增效为切入点促进国内企业海外合作。

作者:

陈柳,南京大学长江产业发展研究院副院长、研究员

第十五章　城乡居民基本养老保险筹资、待遇确定和调整机制研究

自2014年国务院发文、着手在全国范围内建立统一的城乡居民基本养老保险制度以来，无论是制度参保缴费人数、领取待遇人数，还是缴费水平、待遇水平，抑或保险基金收入、支出和累计结余规模，都在不断增长，制度建设取得了有目共睹的阶段性成绩。尽管如此，现行制度仍然还存在进一步改革完善的空间，尤其是若将其定位为名副其实的社会保险制度，在筹资、待遇确定与调整等制度运行机制方面还存在一些突出问题与不足，其中包括居民缴费水平较低，保费收入占基金收入的比重比较低，包括保费与政府补贴在内的筹资水平总体上偏低，由筹资水平决定的待遇水平较低，有的甚至根本难以保障老人的基本生活需要。诸如此类的问题，不仅直接关系约5.50亿城乡参保居民的切身利益，影响基本养老保险制度功能充分发挥，而且影响制度公平、可持续和高质量发展。

不仅如此，尤其需要引起注意的是，越发错综复杂且不确定的国内外发展环境与日益凸显的人口变化形势，也给现行社会保险制度的长期可持续发展与自主运行带来严峻挑战。一方面，我国面临的发展环境异常复杂、不确定，经济下行压力仍然较大，直接影响整个社会的负担能力，进而影响保险制度筹资水平及待遇水平的稳步提高；另一方面，人口老龄化持续深化，劳动年龄人口、劳动力和就业人员业已连续减少数年，人口结构出现的双重不利变化趋势必然带来老年抚养比不断攀升，制度可持续发展与自主运行面临越发严峻的人口结构挑战。鉴于此，在新发展阶段，亟须进一步深化城乡居民基本养老保险制度改革，不断优化制度运行机制，以期在更好地保障城乡居民老年基本生活需要、充分发挥制度多方面积极功用的同时，促进制度长期可持续、高质量发展，并以此支撑经济社会高质量发展、新发展格局构建以及国家治理体系现代化建设。

一、城乡居民基本养老保险制度建设：主要进展与成绩

2014年2月发布的《国务院关于建立统一的城乡居民基本养老保险制度的意见》决定，将当时正在实行的新型农村社会养老保险（简称"新农保"）和城镇居民社会养老保险（简称"城居保"）两项制度合并实施，在全国范围内建立统一的城乡居民基本养老保险制度（简称"城乡居民养老保险"）。随着制度建设逐步推进，城乡居民养老保险的参保人数（包括缴费人数、实际领取待遇人数）不断增长；而且，随着缴费水平和财政补贴水平的不断提高，筹资水平也在持续上升。尽管实际待遇领取人数在增长，但待遇水平仍在持续稳步提高。就整体而言，制度建设取得了有目共睹的阶段性成绩。

（一）参保与领取待遇人数不断增加，制度覆盖面持续扩大

自国务院决定合并实施新农保和城居保、着手在全国范围内建立统一的城乡居民基本养老保险制度以来，城乡居民养老保险制度的参保人数稳步增长，制度覆盖面持续扩大。2022年，参保人数已经达到54952万人，从横向比较看，比城镇职工基本养老保险参保人数高出4000多万人。

从纵向来看，如图15-1所示，相较于2014年的50107万人，2022年增加了4845万人，增长了9.67%。进一步看缴费人数，2014年为35794万人，2021年已经增长至38584万人，尽管2022年略有下降，降至38488万人，但相较于2014年，仍然增长了7.53%。从实际领取待遇人数看，已经由2014年的14313万人增长到2022年的16464万人，增长了15.03%，制度受益人群不仅一直在扩大，而且增长幅度远超过缴费人数。越来越多的城乡居民感受到制度带给他们的真真切切的益处，这有助于激励更多的未覆盖人群参加城乡居民基本养老保险制度，进一步提高制度覆盖面。

第十五章 城乡居民基本养老保险筹资、待遇确定和调整机制研究　257

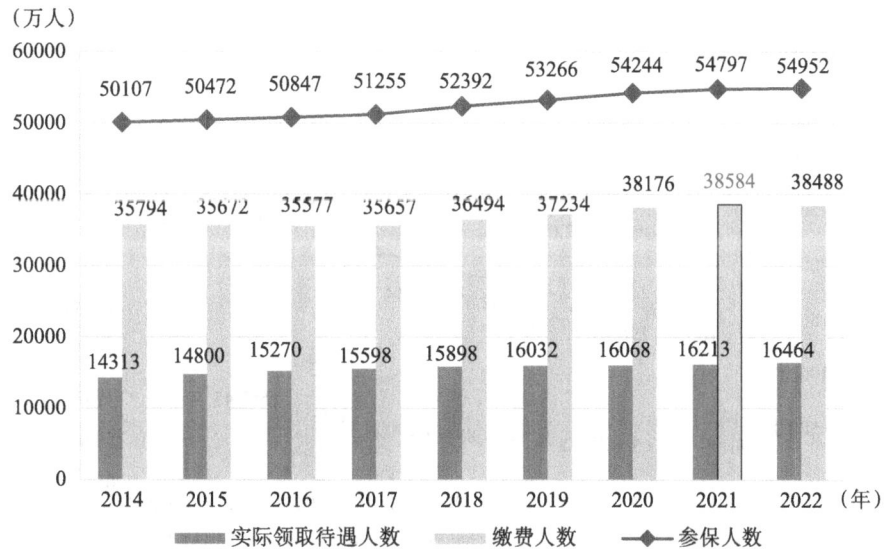

图 15-1　城乡居民基本养老保险覆盖人群变化状况

数据来源：人社部发布的各年度《人力资源和社会保障事业发展统计公报》。

（二）财政补贴收入持续增长，人均缴费水平也在不断提高

目前城乡居民基本养老保险基金的筹资渠道主要包括居民缴纳社会保险费、各级财政补贴、利息收入、委托投资收益以及集体补助、社会资助；其中，财政补贴收入是目前保险基金的主要来源收入，另一重要来源则是居民缴纳的保险费收入。

从图 15-2 中的数据可以看出，财政补贴收入一直在持续稳步增加。根据财政部公布的历年全国社会保险基金决算数据，2022 年，城乡居民基本养老保险基金中的财政补贴收入已经增长至 3442.22 亿元，相较于 2015 年的 2043.99 亿元，增长了 68.41%，而同期社会保险费收入也从 707.65 亿元增长至 1675.32 亿元，增长了 136.74%，这既得益于参保缴费人数的不断增加，也与人均缴费水平持续提高有关。如图 15-2 所示，人均缴费水平已经由 2014 年的 190.52 元提高至 2022 年的 435.28 元，提升了 128.47%，提升幅度非常明显。毫无疑问，保险缴费水平与财政补贴收入的不断增长，都会带来保险基金筹资水平的进一步提升，进而提高制度的保障能力。

图 15-2 保费与财政补贴收入增长状况

数据来源：财政部的历年《中国财政年鉴》和人社部的历年《人力资源和社会保障事业发展统计公报》。

（三）保险基金收入和支出不断增长，累计结余进一步增加

事实上，不仅保险基金收入中的主要来源渠道——财政补贴和保费收入在持续增长，如表15-1所示，除了2022年因资本市场不振而导致委托投资收益明显减少外，利息收入、委托投资收益和集体补助收入等其他来源渠道的收入总体上都在增长，尽管它们所占的比重比较低。正因为如此，城乡居民基本养老保险基金总收入也在持续增长。

表 15-1　　　　　　　保险基金总收入及其主要来源　　　　　（单位：亿元）

年份	2018	2019	2020	2021	2022
保险基金总收入	3870.12	4149.44	4944.14	5362.36	5531.43
其中：社会保险费收入	881.10	1000.17	1262.12	1563.45	1675.32
财政补贴收入	2775.74	2880.51	3134.59	3310.51	3442.22
利息收入	142.86	189.13	182.23	212.10	188.56
委托投资收益	2.79	31.82	134.08	151.83	11.99
集体补助收入	8.85	9.10	10.77	13.54	54.76

数据来源：财政部的历年《中国财政年鉴》。

如图15-3所示，保险基金总收入在不断增长，基金总支出也在持续增加；而且，由于历年基金支出规模均小于收入规模，因而基金累计结余规模也在持续不断地攀升。进一步地，基金总收入由2014年的2310亿元增长至2022年的5609亿元，增长了1.43倍；同期，基金总支出则由1571亿元增长至4044亿元，增长了1.57倍，略高于收入增长幅度。由于目前每年基金支出均小于基金收入，因而基金累计结余也在不断增加，并由2014年的3845亿元一直攀升至2022年的12962亿元，增幅达到2.37倍。基金累计结余规模的不断增长，将有助于更好地保障城乡居民的老年基本生活需要。

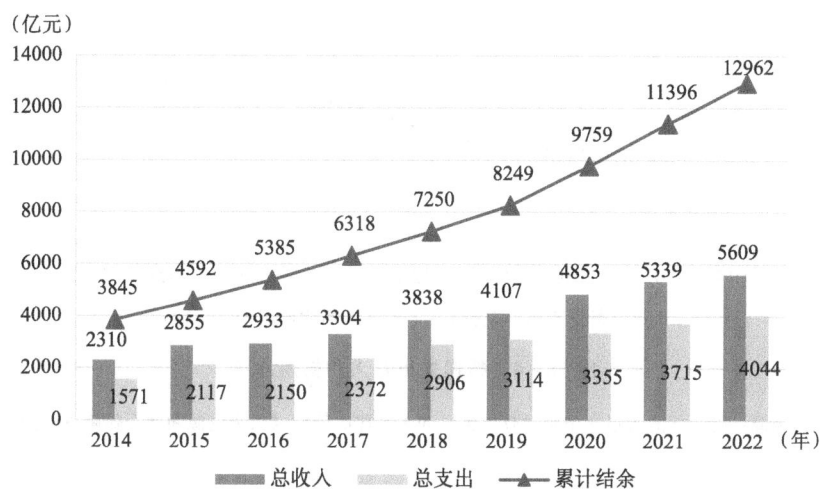

图15-3 保险基金收入、支出与累计结余状况

数据来源：人社部发布的各年度《人力资源和社会保障事业发展统计公报》。

（四）保险待遇支出规模持续增长，人均待遇水平不断提高

城乡居民基本养老保险制度建设取得的阶段性成绩，不仅体现在参保人数（包括缴费人数和待遇领取人数）的不断增长上，还体现在筹资水平持续提升、基金收支规模稳步增加以及累计结余规模不断攀升上，更表现在保险待遇支出规模持续扩大，尤其是人均待遇水平稳步提升上。毕竟，只有人均待遇水平才能最终体现出保险制度的保障功能。

如图15-4所示，相较于2014年的1537.30亿元，2022年社会保险基金支出中的待遇支出规模已经增长至4016.12亿元，增长了1.61倍，增幅十分明显。不过，待遇支出规模增长的原因中有实际领取待遇人数增加的因素。

进一步看人均待遇水平，2014 年仅为 89.50 元/月，2022 年已经上升至 203.28 元/月，增长了 1.27 倍，增幅尽管没有待遇支出规模那么大，但提升幅度仍然比较可观。

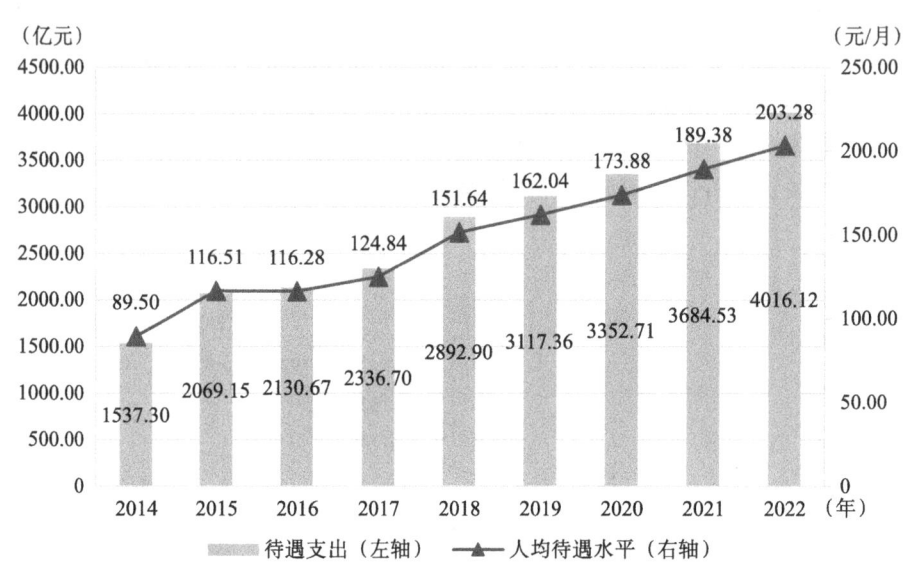

图 15-4　待遇支出及人均待遇水平

数据来源：财政部的历年《中国财政年鉴》和人社部的历年《人力资源和社会保障事业发展统计公报》。

二、现行保险制度在运行中发现的突出问题与明显不足

现行城乡居民基本养老保险，尽管名义上是社会保险制度，但实质上更像是狭义上的社会福利制度，因为目前居民缴费水平总体上比较低，保险费收入占保险基金总收入的比重比较小，保险制度对财政补贴的依赖过重，社会保险的特征与功能不够彰显。而且，在经济下行压力较大和人口结构双重不利变化趋向下，制度不仅面临严峻的可持续发展挑战，而且诸多积极功用未能得到充分发挥。因此，为了进一步深化改革，不断完善、优化城乡居民基本养老保险制度，必须直面在制度运行中发现的突出问题与明显不足，以便有针对性地加以突破与解决。

(一) 制度内老年抚养比居高不下，制度自主持续运行面临压力

从财务模式上看，社会养老保险制度可以分为现收现付制、完全积累制以及两者相结合的部分积累制等多种制度类型；从物质层面看，本质上都是现收现付制，亦即：退出劳动力市场的老年人在生活中需要的各种物质产品、无形服务，都是由在劳动力市场上工作的年轻人提供的。我国现行城乡居民基本养老保险采取的是社会统筹与个人账户相结合的财务模式，社会统筹部分的基础养老金来自财政补贴收入，个人账户的资金来源则更加多元化，其中包括地方财政补贴、居民个人缴费、集体经济补助、存款利息、委托投资收益以及社会资助等，而且个人账户基金目前并未实行独立封闭运行。鉴于此，养老保险制度的长期可持续运行，除了受到与经济发展状况密切相关的劳动生产率水平的深刻影响外，还受到人口结构以及由此决定的老年抚养比水平及其变化趋势的影响。具体到城乡居民基本养老保险制度，目前保险基金收入的主要来源——财政补贴即受到经济发展状况的深刻影响，而保险基金收入的另一重要来源——保险费收入水平以及取决于总体筹资水平的待遇水平还受人口结构决定的老年抚养比的影响，特别是，如果将城乡居民基本养老保险作为名副其实的社会保险制度来建设的话。

目前我国基本养老保险体系主要由分别面向城乡居民、企业职工和机关事业单位工作人员三类群体而建立的三项制度组成，各自相对独立自主运行。财政部公布的社会保险基金决算数据是分别提供的，但人社部公布的参保人数却只分为城镇职工（包括企业职工和机关事业单位工作人员）和城乡居民两大类，图 15-5 中的老年抚养比便是根据人社部提供的参保人数计算的。从图 15-5 可以明显看出，按制度内实际领取待遇人数与缴费人数计算的城乡居民基本养老保险制度内老年抚养比水平一直比较高，比同期的城镇职工基本养老保险都高，在两者相差最多的 2015 年前者比后者高出 6.62 个百分点，即使在相差最少的 2020 年也高出 3.25 个百分点，2022 年则高出 5.61 个百分点。较高的老年抚养比，不仅容易加重缴费者的负担，加剧代际之间矛盾与冲突，而且对养老保险制度的可持续发展与自主运行也是严峻挑战，尤其是对主要依靠税收融资的社会保障制度和实行以现收现付制为主要内容的社会保险制度。目前城乡居民基本养老保险基金收入中主要依靠税收融资的财政补贴收入以及尚未独立封闭运行的个人账户基金收入，都会受到较高老年抚养比的影响。

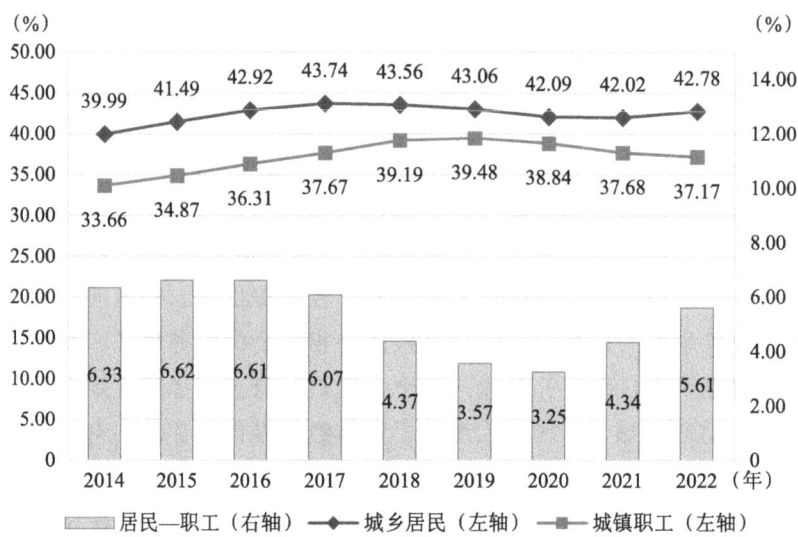

图 15-5 制度内老年抚养比：城乡居民与城镇职工

数据来源：人社部发布的各年度《人力资源和社会保障事业发展统计公报》。

按照国际通行口径，通常是用 65 岁及以上人口数量与 15—64 岁的劳动年龄人口数量相除来计算老年（社会）抚养比，图 15-6 即反映了在此意义上计算的我国老年社会抚养比水平及其变化趋势。从中可以看出，我国老年社会抚养比一直在持续稳步上升，2022 年已经上升至 21.86%，其主要原因即如前文所述，是由老龄人口持续增加和劳动年龄人口业已连续下降数年的人口双重不利变化趋势造成的。然而，这里需要特别指出的是，如果按我国现行法定退休年龄（男性 60 岁，女性 50 岁与 55 岁）计算，老年社会抚养比则会更高。图 15-5 中的制度内老年抚养比是按照制度内实际领取养老保险待遇人数与缴费人数计算的，2022 年我国城乡居民基本养老保险制度内老年抚养比已经高达 42.78%，即便按稍低一些的城镇职工基本养老保险制度计算，也达到 37.17%，都比按国际口径的人口年龄结构计算的老年社会抚养比要高出很多。究其原因，主要源于劳动参与与就业、参保缴费两个方面的原因。

由于劳动参与方面的原因，劳动力人数通常少于劳动年龄人口人数；由于失业方面的原因，就业人员数则会少于劳动力人数。如前所述，目前我国这三个口径的数据都已经在达到波峰之后连续下降了数年，因而，如图 15-6 所示，按就业人口计算的我国老年经济抚养比，比按劳动年龄人口计算的老年社会抚养比要高出一些，2022 年高出了 6.81 个百分点，而图 15-5 中的制度内老年抚养比则比图 15-6 中的老年经济抚养比还要高，2022 年高出了 14.18 个百分点，除了劳动参与与就业方面的原因外，还有参保缴费方面的因素,即仍然有一部分人尚未参保,即便参保也未必实际缴费,还可能出现停缴、断缴等现象。因此,按照实际领取待遇人数与缴费人数计算的制度内老年抚养比,势必会更高一些。

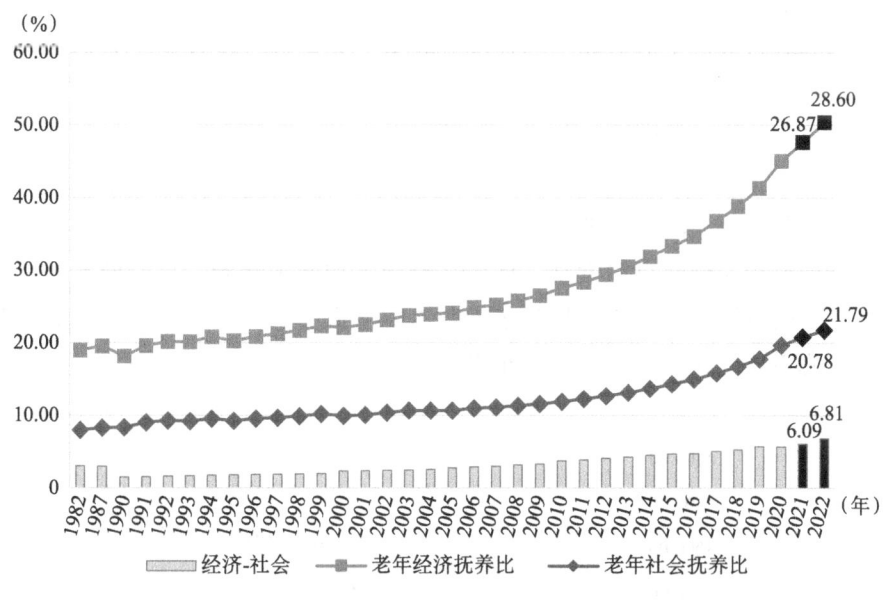

图 15-6 我国老年抚养比:社会与经济

数据来源:国家统计局的历年《中国统计年鉴》和《2022 年国民经济和社会发展统计公报》。

较高的制度内老年抚养比,不仅凸显了城乡居民基本养老保险制度可持续发展面临的严峻挑战,也反映出制度独立自主运行面临的现实困境。毕竟,一方面,职工养老保险制度的老年抚养比要更低一些,推进两个制度统筹建设不仅有利于降低城乡居民养老保险制度独立运行面临的偿付压力进而应对可持续发展挑战,而且可以更好地实现以家庭为单位整体加入基本养老保险制度,实现保险制度公平发展;另一方面,城乡居民基本养老保险制度的个人账户基金目前并未实现封闭独立自主运行,而且其收入也并非完全来自居民个人缴费。

(二) 人均待遇水平较低,难以切实保障老年人的基本生活需要

城乡居民基本养老保险作为保障城乡居民老年基本生活需要的基础性制度安排,其基本功能尚待进一步增强,而且这一功能直接影响制度其他多方面积极功用的充分发挥,如稳定对未来的预期、促进消费水平提升以及拉动

经济增长等。

图15-7对城乡居民基本养老金水平与城镇职工基本养老金水平、城市和农村最低生活保障平均标准进行了比较。从中可以明显看出，城乡居民人均基本养老金水平不仅远远低于同期城镇职工人均基本养老金水平，也远低于城市和农村最低生活保障平均标准。表15-2则进一步计算了它们之间的比例关系。2022年城乡居民基本养老金水平与城镇职工基本养老金之比为1∶17.37，其他年份尽管有所波动，但大体上存在比较大的差距，尽管其中有缴费水平存在巨大差距方面的根本原因。即使不论城乡居民基本养老金与城镇职工之间存在的巨大差距，仅比较它与城市、农村最低生活保障平均标准之间的差距，仍然可以发现，即便从全国平均水平来看，目前城乡居民基本养老保险待遇是难以切实保障老人基本生活需要的，而且与社会养老保险制度"保基本"的基本功能定位相去甚远。

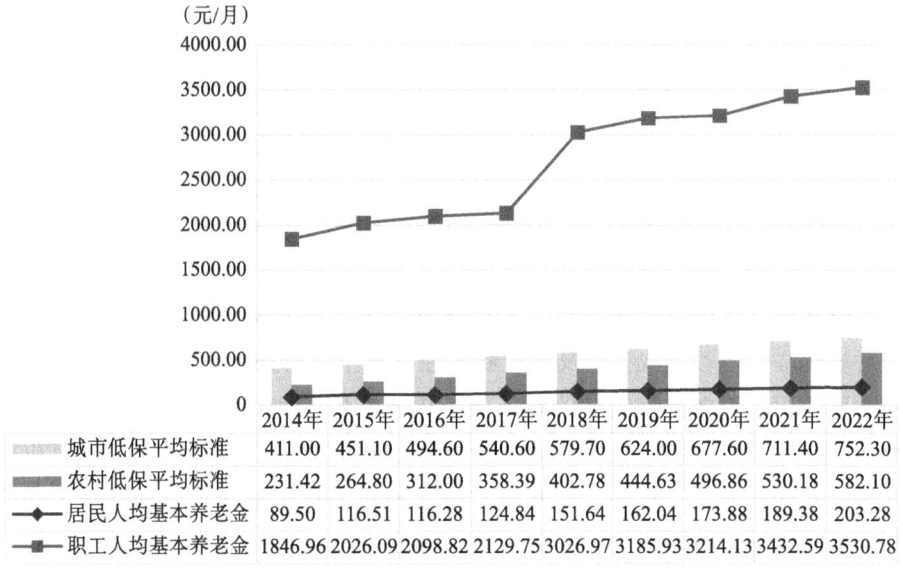

图15-7 城乡居民基本养老金与相关待遇、标准的比较

数据来源：财政部的历年《中国财政年鉴》和人社部的历年《人力资源和社会保障事业发展统计公报》。

注：从2018年开始，职工包括企业职工和机关事业单位工作人员两项基本养老保险制度涵盖的人群。

表15-2 城乡居民人均基本养老金与相关待遇、标准的比较

年份	2014	2015	2016	2017	2018	2019	2020	2021	2022
城镇职工/城乡居民	20.64	17.39	18.05	17.06	19.96	19.66	18.48	18.13	17.37

续表

年份	2014	2015	2016	2017	2018	2019	2020	2021	2022
城市低保标准/居民养老金	4.59	3.87	4.25	4.33	3.82	3.85	3.90	3.76	3.70
农村低保标准/居民养老金	2.59	2.27	2.68	2.87	2.66	2.74	2.86	2.80	2.86

数据来源：图15-7和民政部的历年《民政事业发展统计公报》。

在学理上通常认为，最低生活保障标准，是保障居民基本生活需要的最低要求。从图15-7可以看出，自2014年在全国范围建立统一的城乡居民基本养老保险制度以来，城乡居民基本养老金水平总体上是在不断提高的，但它一直低于同期的城市、农村最低生活保障平均标准，而且低了很多。换言之，从平均水平来看，城乡居民基本养老金水平根本难以保障老年人基本生活需要，而且无论是与城市最低生活保障平均标准，还是与农村最低生活保障平均标准相比较，差距都比较大。如表15-2所示，尽管各年之间有所波动，但相对差距都在2倍以上，2022年城乡居民基本养老金仅相当于城市低保标准的10/37、农村低保标准的50/143。因此，城乡居民基本养老保险制度要实现其"保基本"等多方面的积极功能与作用，必须有效提升其待遇水平，并建立起科学合理的缴费和待遇确定、调整与关联机制。

（三）筹资水平较低，保费收入尚未成为保险基金主要收入来源

城乡居民基本养老保险待遇水平较低，难以切实保障老年人基本生活需要，从根本上来说，是源于筹资水平较低。如前所析，城乡居民基本养老保险的人均缴费水平是不断提高的，如前文中的图15-2所示，2022年已经上升至435.28元，尽管相较于制度统一建设初始年份不到200元的水平，已经提高了1倍多，但如果对照2014年国务院的政策文件，仍属于当年制定的较低档次缴费标准。根据《国务院关于建立统一的城乡居民基本养老保险制度的意见》的规定，当年的缴费标准设为每年100元、200元、300元、400元、500元、600元、700元、800元、900元、1000元、1500元、2000元12个档次，省（区、市）人民政府可以根据实际情况增设缴费档次。对照这一缴费标准可以发现，2021年的平均实际缴费水平仅相当于2014年政策文件中的中低档次标准，缴费水平之低非常明显。对于强调权利义务对等、待遇与缴费挂钩的社会保险制度，缴费水平低决定了待遇水平必然低。

进一步看包括社会保险费、财政补贴等多种来源收入在内的保险基金整体筹资水平，可以发现城乡居民基本养老保险基金的筹资水平总体上仍然比

较低。图15-8反映了城乡居民和城镇职工基本养老保险基金的人均筹资水平及其变化状况。从中可以看出,尽管城乡居民基本养老保险基金的人均筹资水平已经由制度统一建设之初的50—60元/月,提高到2022年的121.44元/月,提升了1倍多,但总体上绝对水平仍然比较低。如果与城镇职工基本养老保险基金的筹资水平作比较,则可以看出相对水平亦比较低,两者之间的差距则尤为明显。从图15-8中可以看出,尽管城镇职工/城乡居民基本养老保险基金的人均月筹资已经由波峰的16.16倍下降至2020年的10.62倍,但2022年又进一步扩大至11.84倍,差距仍然非常大。如此低的筹资水平,势必影响待遇水平提高,进而影响制度多方面积极功用的充分发挥。

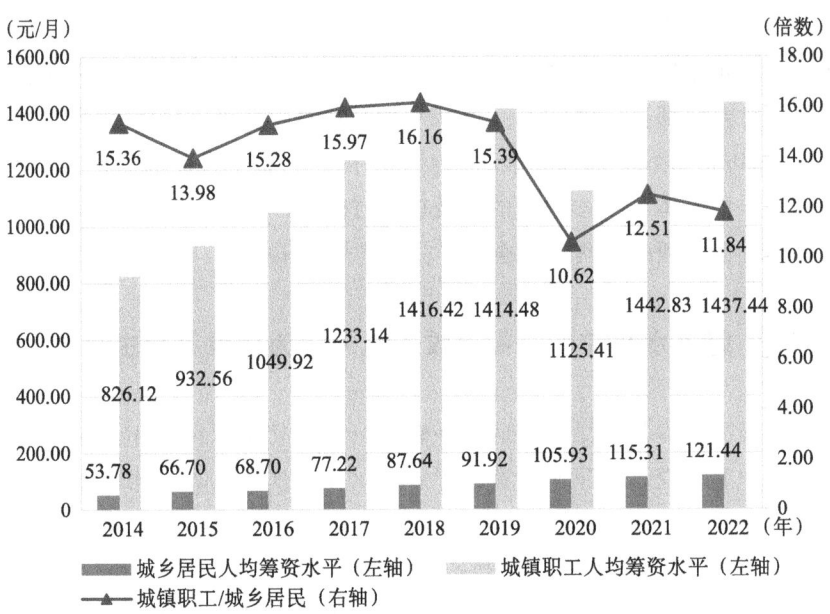

图15-8　基本养老保险基金人均筹资水平比较:城乡居民与城镇职工

数据来源:人社部发布的历年《人力资源和社会保障事业发展统计公报》。

图15-9是根据财政部公布的历年全国社会保险基金决算数据计算的城乡居民基本养老保险基金收入及其中包括社会保险费收入在内的主要来源收入增长状况。从中可以看出,尽管社会保险费收入在不断增长,其占保险基金总收入的比重在2018年达到波谷(22.77%)之后开始逐步上升,2022年已经上升至历史最高水平(30.29%),但相较于总体上逐步走低的财政补贴收入占比,它仍然未能成为城乡居民基本养老保险基金的主要收入来源。如图15-9所示,即使是财政补贴收入占比最低的2021年,依然占到61.74%,

2022年又略有回升，为62.23%，比社会保险费收入占比高出1倍多。因此，如果将城乡居民基本养老保险作为一项名副其实的社会保险制度来建设，其保险费收入水平还有相当大的提升空间。

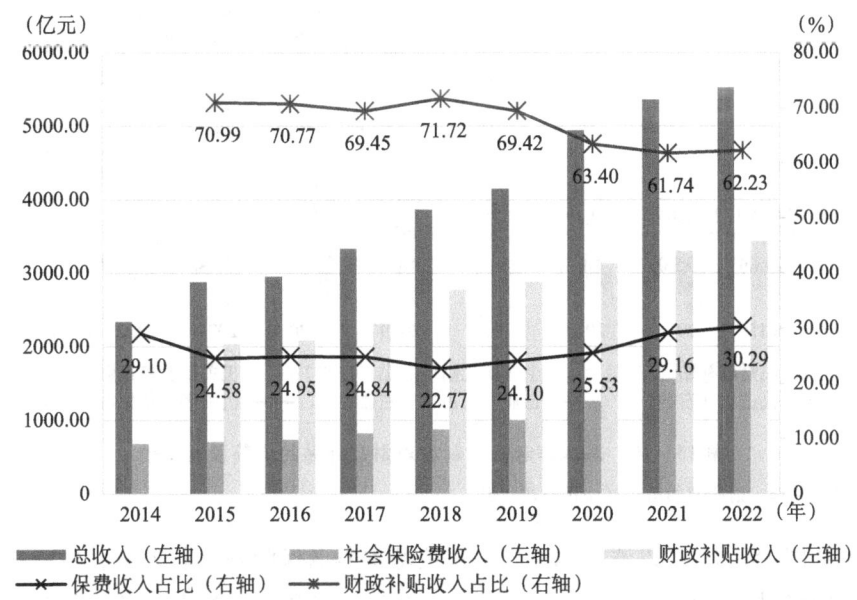

图15-9 城乡居民基本养老保险基金收入及其中主要来源收入增长状况

数据来源：财政部的历年《中国财政年鉴》。

（四）基金筹资对财政补贴的依赖过重，财政补贴效能有待提高

如图15-9和表15-1所示，城乡居民基本养老保险基金收入中财政补贴收入远比社会保险费收入要高，目前财政补贴收入还是保险基金的主要筹资渠道。这从另一个侧面也反映出，目前城乡居民基本养老保险制度对财政补贴的依赖过重。通过与其他基本养老保险制度的横向比较分析，还可以进一步看出城乡居民基本养老保险制度对财政补贴的依赖程度。

图15-10是根据财政部公布的历年社会保险基金决算数据计算出来的三项基本养老保险基金总收入中财政补贴收入及其占比状况。从中可以明显看出，相较于企业职工和机关事业单位工作人员等其他基本养老保险制度，城乡居民基本养老保险制度在筹资方面对财政补贴收入的依赖程度要高出很多。

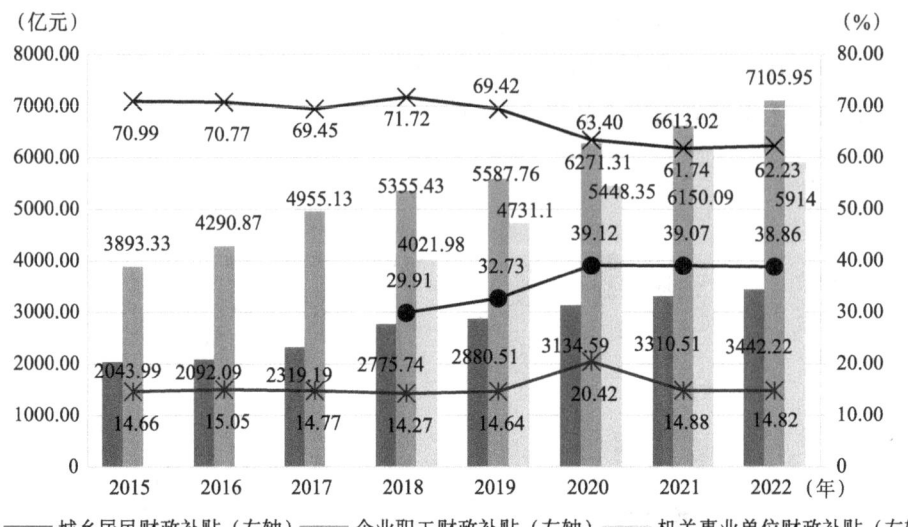

图 15-10　基本养老保险制度对财政补贴的依赖程度比较

数据来源：财政部的历年《中国财政年鉴》。

从图 15-10 可以清楚地看到，三项基本养老保险基金收入中，财政补贴收入的绝对水平都在逐年提高，但相对而言，城乡居民基本养老保险制度的财政补贴收入是明显低于企业职工和机关事业单位工作人员基本养老保险制度的。2022 年，企业职工基本养老保险制度的财政补贴水平是城乡居民基本养老保险制度的 2 倍多，此其一；其二，财政补贴在基金总收入中的占比不仅明显与众不同，而且变化趋势也显著不同。城乡居民基本养老保险基金收入中财政补贴收入的比重，明显比企业职工和机关事业单位工作人员基本养老保险制度高出很多，尽管在城乡居民基本养老保险基金收入中财政补贴的占比总体上呈下降趋势，而机关事业单位的财政补贴占比总体上呈上升趋势。2022 年，城乡居民基本养老保险基金收入中财政补贴占比已经降至历史上的次低水平（62.23%），分别比机关事业单位工作人员、企业职工基本养老保险高出 23.37 个和 47.41 个百分点，尽管机关事业单位工作人员基本养老保险基金收入中的财政补贴占比仍然保持历史较高水平（38.86%）。因此，如果将其作为一项名副其实的社会养老保险制度来建设，城乡居民基本养老保险必须大幅度降低对财政补贴的依赖程度，进一步提高社会保险费收入水平及其在基金总收入中的占比。

综合起来看，一方面是城乡居民基本养老保险制度对财政补贴的依赖程度比较高，另一方面则是这一保险制度的人均缴费水平比较低，居民缴费标准的档次总体上偏低。将两个方面结合起来可以得出一个基本判断，即财政补助和补贴的效能还有待进一步提升。换言之，财政补助和补贴尚未充分发挥出有效调动城乡居民选择较高档次缴费标准进行缴费的积极性。而对一项社会养老保险制度而言，只有参保者缴费水平提高，才能从根本上提升其待遇水平。结合前述三项基本养老保险基金中财政补贴水平的比较，财政补贴在城乡居民基本养老保险制度中的激励约束功能还有待进一步加强，无论是补贴水平，还是具体补贴方式。

三、深化保险制度改革、优化制度运行机制的总体思路

深化城乡居民基本养老保险制度改革，进一步优化制度运行机制，首先必须明确制度的社会属性与功能定位，到底是作为社会保险制度还是狭义上的社会福利制度来建设？如果是社会保险制度，还要进一步选择合适的财务模式，这直接关系制度未来改革的总方向；其次，根据改革总方向，选择短中长期改革目标，并探寻与之相适应的实现路径；最后，针对制度在运行中发现的突出问题与不足，确定进一步深化改革的重点内容与环节。

（一）明确制度社会属性，选好财务模式，确定改革总方向

尽管城乡居民基本养老保险在名义上是社会保险制度，但从目前基金收入的主要来源看，财政补贴一直占到60%以上，因而，实质上它更像是狭义上的社会福利制度。这属于典型的名不副实现象。从制度建设与改革完善角度看，首先必须进一步明确制度的社会属性、功能定位与财务模式，其次才能基于此确定改革的总方向与长远目标。

如果将其定位为社会保险制度，那么，强制性社会保险缴费应该是基金收入的主要来源，而且待遇与缴费之间应该具有紧密的精算联系。如果将其定位为狭义上的社会福利制度，那么，主要靠财政补贴来筹资则是合理的，这就涉及财政如何保障稳定、可持续的资金来源了。毕竟，在日益严峻的国内外发展环境和经济下行压力依然较大的客观形势下，财政收入及其支出结构也会受到很大的影响，而且目前城乡居民基本养老保险的参保人数已经达到5.50亿，要切实保障如此大规模的人口晚年基本生活需要，所需要的财政

资金绝非一个小数目，更何况，还是在社会保险制度的名义下，这显得名不正、行不顺。从目前我国的经济发展阶段与水平、面临的发展形势以及政府和财政的功能定位来看，难以主要依靠以税收为主要来源的财政收入来实现覆盖人口高达 5.50 亿的基本养老保险制度的保障功能与目标，更何况，我们已经专门建立了社会保险制度。鉴于此，比较适宜的选择是将城乡居民基本养老保险作为一项名副其实的社会保险制度来建设，并以缴费收入作为基金的主要筹资渠道，同时建立起待遇与缴费之间紧密精算联系，并通过配套改革，从多维综合施策，形成更加有效的激励约束机制；这样，既有利于充分调动居民参保缴费的积极性，也可以真正体现社会保险制度的本质特征与主要功能。

目前城乡居民基本养老保险制度实行的是统账结合型财务模式，社会统筹基金主要来源于中央和地方财政补贴，用于发放基础养老金，个人缴费、其他地方财政补贴等其他渠道的收入则进入个人账户，用于发放个人账户养老金，而且个人账户的余额是允许继承的。如前所析，尽管目前财政补贴占到基金收入的 60% 以上，但绝大多数居民仍然选择按照较低档次的标准来缴费，这也是目前保险待遇水平总体上比较低甚至难以从根本上保障老人基本生活需要的主要原因。按理说，个人账户型财务模式具有非常强的激励约束机制，但余额可以继承却使其失去了互助共济的横向风险分散功能，这是制度设计的先天内在缺陷，此其一；其二，占基金收入一半以上的财政补贴，未能有效调动居民提高缴费档次的积极性，因为用于发放基础养老金的财政补贴只要居民参保即可获得，与缴费标准高低没有建立起应有联系，记入个人账户的地方财政补贴也有其明显不足，因而，财政补贴总体上未能充分发挥出有效的激励约束功能。

鉴于此，合理可行的改革方向则是采取完全积累制社会保险财务模式，一方面继续通过个人在整个生命周期内的收入—消费平滑来实现养老保险纵向风险分散的功能，同时还保持着个人账户激励约束功能比较强的优势，另一方面则按照学理意义上的完全积累制本质要求，取消个人账户余额的可继承性，充分发挥短寿补长寿的横向风险分散与互助共济功能。为了便于制度模式顺利转轨，可以采取"老人老办法、新人新办法"的实施方式，新制度模式从新参加保险的"新人"开始实施，之前参保的"老人"继续实行原先的制度模式。

这里特别需要指出的是，正确理解学理意义上的完全积累制社会保险财务模式，对进一步深化养老保险制度改革至关重要。目前市面上流行的教科书几乎未能全面阐述并厘清社会保险制度中的现收现付制与完全积累制两种基本财务模式的核心要义与本质区别,对国际上后出现的名义账户制(NDC)等社会保险新财务模式也缺乏应有的介绍与阐释,这也是我们在做社会保险制度设计时出现明显缺陷的重要原因之一。我国现行社会保险制度中的个人账户由于缺乏横向风险分散与互助共济机制,并不是学理意义上的完全积累制模式,制度设计存在明显缺陷,其中的重要原因即源于此。

(二)选择短中长期改革目标,探寻与之相适应的实现路径

将城乡居民基本养老保险定位为名副其实的社会保险制度,并按照学理意义上的完全积累制财务模式来建设,这是进一步深化改革、加快推进制度建设并优化制度运行机制的总方向。如果进一步考虑到我国现行面向三类不同群体的基本养老保险制度在老年抚养比、缴费与待遇等方面存在的巨大差距以及目前基本养老保险制度尚未形成以家庭为单位的整体参保机制、国家正在积极推进个人养老金制度建设等现实状况,那么,改革的目标选择便要充分考虑不同制度之间统筹协调建设甚至整合的问题,最基本的要求起码包括制度之间转移接续能够更加合理顺畅;在此基础上,以建设能够切实"保障老人基本生活需要"的基本养老保险制度为基本原则,探寻与之相适应的合理可行改革实现路径,其中包括到底是走根本性改革之路,还是选择修补完善其他不同路径?

1. 长远目标:统筹建设城乡居民基本养老保险与城镇职工基本养老保险制度。如前文所分析,城乡居民基本养老保险制度内老年抚养比一直高于城镇职工基本养老保险,而且城乡居民基本养老金水平远低于城镇职工,加之我国目前尚未形成以家庭为单位的参保机制,因此,若要真正实现基本养老保险制度的公平、可持续和高质量发展,则必须将统筹建设城乡居民与城镇职工基本养老保险制度作为进一步深化改革的长远目标。但如何实现这一长远目标,则有不同的路径选择,其中既包括改革深度与广度不同的路径选择,也包括到底向哪个制度看齐的不同路径选择。

从待遇水平高低看,城乡居民向城镇职工看齐更容易被接受,而且可以采取城镇职工携带其配偶一起参加职工基本养老保险的方式,但这里面临城乡居民的社会统筹部分如何筹资的难题。城镇职工基本养老保险制度的社会统筹部分是由用人单位按16%的费率缴费,那么城乡居民这一部分缴费该由谁出?由于目前城乡居民参保人数比城镇职工多出4000多万,因而,指望通

过财政补贴来筹集这一部分统筹基金有相当大的难度，可行性极低。如果降低城乡居民的缴费费率，比如参照灵活就业人员参加职工基本养老保险的缴费办法，对于相当多的城乡居民来说，负担仍非常重，因而可行性也比较低。比较可行的办法是真正按照"保基本"的制度功能定位，适当降低城镇职工基本养老保险的缴费费率，同时对单职工家庭，借鉴国际经验，采取职工携带配偶一起参保方式，具体的参保办法还可以进行专门设计。这样，可以逐步解决职工与居民基本养老保险制度分立、老年抚养比悬殊等问题。

从保险制度财务模式看，如果城乡居民基本养老保险的改革目标是学理意义上的完全积累制社会保险模式，那么，就涉及城镇职工基本养老保险制度是否进行根本性变革，以便与城乡居民实现基本养老制度统一问题。毕竟，社会统筹部分占比较大的城镇职工基本养老保险制度，不仅直接面临持续深化的人口老龄化的严重挑战，也未能很好地适应新业态不断涌现、就业形势日益灵活多元以及人口流动日益频繁的新形势。即便转移接续问题可以得到逐步解决，但其程序和手续繁杂、时间成本较高，对社会仍然是一种无谓的福利损失。相较而言，学理意义上的完全积累制社会保险制度，则没有这些困扰，而且有利于以家庭为单位进行整体参保。按此改革思路，只需要用人单位把本该属于职工的所有收入全部发放给职工，而不用替职工缴费；职工取得全部劳动收入之后，携带配偶一起参保，政府原本给予企业的税前抵扣等优惠政策可以按职工家庭参保缴费水平继续实施。

如果不走上述两条根本性改革道路，而只是追求制度之间转移接续的顺畅性、合理性，那么，则可以走一条不断修补完善的改良道路。进而言之，一方面要持续不断地优化相关转移接续程序与手续，另一方面则必须切实解决目前由城镇职工基本养老保险向城乡居民基本养老保险制度转移时社会统筹部分福利严重受损的现实问题，比如可以参考职工基本养老保险基金在不同统筹地区之间的转移接续，将职工养老保险制度中社会统筹部分的基金转入城乡居民个人账户，以保障其福利少受损失。

2. 中短期目标：整合城乡居民基本养老保险与正在推行的个人养老金制度。鉴于城乡居民基本养老保险制度的改革方向是实行真正学理意义上的完全积累制社会保险制度，而现行城乡居民基本养老保险制度的缴费水平和待遇水平都还比较低，难以达到保障居民基本生活需要的基本功能，因而，如果立足于"保基本"、建设真正管用的城乡居民养老保险制度，那么，完全可以考虑将现行城乡居民基本养老保险与国家正在积极推行的个人养老金制度进行整合，将后者的个人账户也转型为学理意义上的完全积累制社会保险制度，进而使整合后的城乡居民养老保险制度既保持原本个人账户制激励性强的优势，又可以实现短寿补长寿的互助共济功能。在此基础上，进一步通过充分发挥财政补贴、税收优惠、投资管理等支持政策的综合效能，激励城乡居民有效提高缴费水平，进而使养老金待遇水平可以真正达到保障城乡居民基本生活需要的要求，同时还可以进一步发挥养老保险制度在稳预期、促消费、稳增长等其他方面的积极功用。

按照上述中短期改革目标与实现路径推进改革，需要相关部门转变政策思路。起码在"保基本"的制度功能尚未真正实现之前，贪多求大尚未到时候，因而，在短期内完全没有必要过分拘泥于养老保障体系支柱的多少以及不同支柱建设的先后顺序，而是应该全面践行"以人民为中心的发展思想"，脚踏实地，一步一个脚印，将建立的每一项制度都建成真正实现其基本功能的管用制度，而不是徒有其表，未有其实。从功能视角看待城乡居民养老保险制度改革建设，比起从形式视角看待问题，有助于更好地推进制度改革与完善优化。

（三）直面运行中的突出问题，确定改革的重点内容与环节

改革，既要有明确的目标导向，又要有强烈的问题意识，需要将两个方面结合起来。针对现行城乡居民基本养老保险制度在运行中发现的突出问题与明显不足，进一步深化制度改革的重点内容与环节主要在于优化制度运行机制，尤其是在筹资与待遇确定与调整方面的运行机制。良好的运行机制，有助于推进制度更加公平、可持续和高质量发展，并充分发挥其多方面的积极功用。

1. 优化筹资机制，必须将制度需要与居民可负担性结合起来。要建设好社会养老保险制度，关键是处理好基金筹集、偿付、投资、监督管理等几个主要环节的管理问题。筹资机制不仅影响偿付水平，关系居民负担水平，而且决定了投资规模。现行城乡居民基本养老保险制度因筹资水平太低而导致待遇水平较低，甚至难以保障一部分老人的基本生活需要。进一步看，筹资水平较低，既有居民对养老保险制度及其功能缺乏充分认知、视野具有局限性等方面的主观原因，也有他们收入水平较低、收入不稳定、负担能力有限等方面的客观因素。因此，进一步优化保险制度筹资机制，必须将"保基本"的制度功能定位、需要和居民能够负担得起保险费用结合起来。尽管财政补贴、集体补助、投资收益都是可能的筹资渠道，但作为一项名副其实的社会

养老保险制度，其建设还应以参保对象缴纳保险费用为主要收入来源，毕竟，社会保险制度强调权利义务对等、待遇与缴费挂钩，忽视精算联系的制度并不是真正意义上的社会养老保险制度。

如果将城乡居民基本养老保险制度定位于"保基本"，且保险费用又是居民负担得起的，那么，社会保险制度的强制性参保便可以推行起来。缺乏强制性的保险制度并不是完整意义上的社会保险制度，毕竟，强制性既是社会保险与商业保险的重要区别，也是其独特的制度优势，借助这一优势，社会保险可以更好地发挥纵向与横向风险分散功能，养老保险制度尤其要重视一个人在整个生命周期内的纵向风险分散功能。当然，横向风险分散也是不可或缺的，我国现行社会养老保险制度中的个人账户即缺乏这一功能，因而饱受各界争议。事实上，现行制度中的个人账户是偏离学理意义上的完全积累制社会保险制度本质要求的，是政策设计上的重要缺陷，需要在制度深化改革中予以纠偏。

2. 优化偿付机制，关键在于建立待遇与缴费之间的精算联系。完善待遇确定与调整机制、优化养老保险基金偿付机制，关键在于形成有效的激励与约束机制。保险理应强调待遇与缴费之间紧密的精算联系，否则便不是真正意义上的保险制度。养老保险尤其要重视待遇与缴费之间的精算联系，否则难以形成有效的激励约束机制，制度的长期可持续发展与运行便难以得到根本保证。现行的城乡居民基本养老保险制度，尽管其中的个人账户养老金具有很强的待遇与缴费挂钩机制，但主要来自财政补贴收入的基础养老金却缺乏紧密的精算联系，这也是现行制度存在的重要不足甚至缺陷。正因为占保险基金总收入的绝大多数份额的财政补贴所采取的方式未能建立起有效的激励约束机制，所以，居民缴费水平总体上比较低，整个筹资水平也极低，由此决定的基本养老金待遇水平难以从根本上保障一部分城乡居民的基本生活需要。

重构城乡居民基本养老保险基金偿付机制，重在建立待遇与缴费之间的精算联系，形成有效的激励约束机制。这样，一方面可以更加充分地发挥财政补贴的政策效能，调动居民参保并提高缴费水平的积极性，另一方面也让全体城乡居民全面树立起强烈的社会保险意识，认识到养老金待遇水平提高不是天上掉下来的，而是要靠自己的缴费水平提高来做有力支撑与根本保障的。再者，参加养老保险制度，不仅可以起到建立养老储蓄保障的作用，而且具有养老储蓄保障不具备的其他优势，其中既包括可以享受税收优惠、得到政府财政补贴、得到更加有效的投资管理，还包括可以通过多渠道积极应对长寿风险，如短寿补长寿的互助共济功能，而这是现行制度中的个人账户并不具备的横向风险分散功能。

四、深化保险制度改革、优化制度运行机制的政策建议

在国内外发展环境异常复杂不确定、经济下行压力依然较大、人口形势越发严峻的新发展阶段，要直面现行制度在运行中发现的突出问题，进一步深化城乡居民基本养老保险制度改革，优化制度运行机制，最终建立起能够切实保障城乡居民老年基本生活需要、长期可持续发展的养老保险制度。为此，需要综合运用相关专业知识与理论，积极借鉴国内外先进经验与有益做法，选择合适的制度财务模式，并配之以综合有效施策，着力增强制度内在吸引力，广泛调动包括城乡居民在内的多方社会力量积极参与基本养老保险制度建设，进而通过充分的保险缴费支撑足够的待遇水平，建设名副其实、真正管用的城乡居民基本养老保险制度。

（一）立足完全积累制模式，多维综合施策，着力增强制度吸引力

将城乡居民基本养老保险作为一项社会保险制度来建设，首先要选择合适的制度财务模式，让保险制度本身具有独特价值，能够吸引居民积极参加。如前所述，现行社会统筹与个人账户相结合的财务模式不仅未能充分发挥出有效的激励约束功能，而且个人账户余额可继承又使其失去了互助共济的横向风险分散功能，保险功能明显弱化。比起现行的统账结合型制度模式，学理意义上的完全积累制社会保险模式，具有更加明显的优势：一方面，其极强的激励约束功能是全账户规模的，而不像统账结合型制度模式那样仅是其中的个人账户那一部分的；另一方面，账户余额是不允许继承的，这样可以发挥出短寿补长寿的横向风险分散与互助共济功能，这是统账结合型制度模式下的个人账户所不具备的。因此，由现行的社会统筹与个人账户相结合的制度模式向学理意义上的完全积累制模式转型是一种帕累托改进，这样有助于促进制度更加公平、可持续发展，因此，新的制度模式可以从新参保居民开始实施，并采取"老人老办法、新人新办法"的实施方式，以便做好制度

转型过渡。

合适的制度模式，再配之以多维有效的综合施策，可以进一步增强制度的内在吸引力，一方面充分调动居民参保并提高缴费水平的积极性，另一方面激励相关人员参与制度建设，拓宽基金来源渠道，提高基金筹资水平，以期更好地保障老人的基本生活需要。具体地，一是对现行城乡居民基本养老保险制度所有支持政策仍然可以继续保留，如财政补贴、税收优惠、投资管理等，甚至有的还可以进一步提高支持力度，如根据经济发展水平与财政实力状况，适当提高财政补贴水平，补贴方式也可以进一步优化；二是加强基金投资管理，进一步提高投资管理绩效，并在此基础上提高记账利率水平，使其高于通货膨胀水平，真正实现基金保值增值，这对于相当多的普通居民来说，具有比较强的吸引力，因为目前他们的投资理财渠道十分狭窄、投资管理能力较为有限，而参加基本养老保险则不仅是一种保障，还是一种投资理财渠道；三是将适用于个人养老金、赡养老人费用的个人所得税专项附加扣除、慈善公益等税收优惠政策用于基本养老保险，以吸引老人的亲朋好友、个人志愿者、集体经济组织、社会组织等积极参与城乡居民基本养老保险基金筹资，有效提高保险筹资水平，进而支撑保险待遇水平稳步提高。

（二）立足于"保基本"，各地自主精算确定缴费水平与筹资调整机制

既然定位为基本养老保险制度，就要立足于保障老人基本生活需要确定筹资水平，太低保不了基本，太高又会偏离制度的功能定位。因此，需要把握制度功能定位及其资金需求，同时结合居民负担能力，运用保险精算方法，确定保险基金筹资水平，尤其是居民缴费水平，并根据相关因素的变化，建立相应的调整机制。需要指出的是，即便没有基本养老保险制度，城乡居民及其家庭成员也会为老年生活储备养老资金，尽管水平高低各异。基本养老保险，只是国家主动有为、积极履行的职能，为这一基本生活保障作出的制度性安排。

学理意义上的完全积累制社会保险模式，对于幅员辽阔，区域差距、城乡差距都比较大的中国，具有极强的制度适应性，它可以让各地根据本地经济发展状况、财政实力以及城乡居民生活水平、物价水平等相关因素而自主确定"保基本"所需要的待遇水平，进而精算确定城乡居民最低缴费标准、筹资水平，而不会不顾各地实际情况盲目追求全国各地区、城乡统一的待遇

水平、筹资水平和居民缴费水平。新的制度模式便携性更强，还有助于解决制度中存在的社会统筹部分、制度统筹层次较低而面临的诸多问题，因而也有助于减轻现行制度下居民参保缴费原本存在的多方面顾虑。制度简单、账户透明、便携性强，可以增强居民对保险制度的信任，这对提升居民参保积极性、推行强制缴费以及提高筹资水平也是大有裨益的。

现行城乡居民基本养老保险制度的资金来源主要包括居民缴费、中央和地方财政补贴、集体经济补助、社会力量资助等。中央和地方政府制定分档定额缴费标准与相应的补贴标准，居民自主选择缴费标准进行缴费。根据前面的分析，目前全国人均缴费水平处于国家12档缴费标准中的中低档次，因而，即便加上财政补贴等其他来源的收入，人均筹资水平仍然非常低，由此决定的人均待遇水平甚至远低于农村最低生活保障标准。鉴于此，可以让各地根据本地城乡居民基本生活需要，其中包括参考城市和农村最低生活保障标准，分别确定城乡居民保险缴费最低标准，并结合物价变化状况，建立动态调整机制，让居民家庭自主缴费，同时给予财政补贴，并通过税收优惠、高于通货膨胀率的计息利率等多维政策支持，鼓励其他渠道的补助、资助。如果最低缴费标准能够被居民负担得起，还可以要求居民全面参保，起码按最低标准缴费，而按照高于最低标准缴费的，则可以由居民自主选择。当然，各种来源渠道的基金收入，全部记入个人账户，实行真正的大账户管理。

（三）改革财政补贴方式，改补缴费为补账户利息，提升政策效能

目前财政对城乡居民基本养老保险的补贴收入总额在不断增长，但财政补贴收入占基金总收入的比重则在逐渐走低，而且相较于对城镇职工基本养老保险的补贴金额，对参保人数更多的城乡居民基本养老保险的财政补贴要少很多。因此，在经济发展水平不断提高、财政实力不断增强的情况下，对城乡居民基本养老保险的财政补贴金额还可以进一步增加，但同时也需要不断改革与创新具体的补贴方式，以进一步增强财政补贴的激励约束功能。

按照现行政策，财政补贴主要包括中央财政补贴和地方财政补贴两个部分。中央财政按中央确定的基础养老金标准，对不同地区给予不同比例补助：对中西部地区，中央财政给予全额补助，对东部地区给予50%的补助。可见，中央财政补助只区分地区，居民只要参加城乡居民基本养老保险，便可以获得，对于选择不同档次标准缴费的居民缺乏调节作用，更未能发挥出有效的

激励约束功能。财政补贴对居民缴费的激励功能主要体现在地方财政补贴上。目前地方政府对参保人缴费的财政补贴,随着缴费标准的档次提高而不断增加,但增加的幅度具有一定的累退性,亦即:地方财政补贴的边际激励效应呈现递减特征。此外,对重度残疾人等缴费困难群体,地方人民政府还会为其代缴部分或全部最低标准的养老保险费。正是基于此,有人提出财政补贴水平应该随着居民缴费档次提高而累进性地增加,以便体现出更强的激励功能。但是,这种政策建议不仅涉及财政负担进一步增加而产生的可行性问题,而且在某种程度上也有违于政府应该承担兜底扶弱的底线公平原则。

实质上,财政补助和补贴的激励效应,不仅取决于补助和补贴金额的多少,而且受补助和补贴方式的影响较大。一种值得探讨的财政补贴改革方式就是将财政对居民缴费的补贴改为对个人账户累积资产利息的补贴。这样,一是有助于改变居民过分依赖财政补贴的不良倾向,让他们早日形成养老保险要靠自己缴费的强烈责任意识,而且缴费越多,缴费时间越长,将来能够领取的养老金待遇越高,真正体现出权利义务对等、待遇与缴费挂钩的保险特征。二是有助于调动亲友、志愿者等社会力量给予补助、资助,进而提高缴费水平、为长寿风险准备更加丰厚养老资产的积极性。在养老保险制度模式选择适当、制度未来可期并值得信赖的前提下,这种新的财政补贴方式不仅可以激励参保者自身提高缴费档次,而且可能调动其子女亲友等帮助其缴费并提高缴费水平的积极性,毕竟,老人的晚年生活得到切实保障是子女等亲友的美好生活愿望。现行较低的基本养老金待遇水平显然不是城乡居民家庭成员所期望的,财政补贴个人账户资产利息可以进一步提高养老保险基金的保值增值能力,这是投资理财渠道狭窄、自身投资管理能力又十分有限的普通居民亟待解决共性社会问题。再者,帮老人适度缴费、达到"保基本"的目标,还可以享受个人所得税等方面的政策优惠,这无论对子女还是社会上的个人志愿者都有一定的激励效应。因而,新的财政补贴方式有助于增强补贴的激励功能等政策效能。

(四)针对不同改革目标与路径,借鉴国内外经验,优化偿付机制

基本养老保险待遇确定与调整机制不仅深受保险制度财务模式的影响,而且国内外已经有不少先进经验与有益做法可供我们参考借鉴。为此,需要结合前文分析,区分不同改革方向、目标与路径来进一步探讨养老保险基金

偿付机制的改革优化问题。

1. 个人账户型养老保险制度模式下待遇确定与调整机制优化。如果将现行社会统筹与个人账户相结合的城乡居民基本养老保险制度模式，转型为学理意义上的完全积累制社会保险模式，那么，原先的个人账户余额的可继承性便不复存在。如果不能进行上述制度模式的根本性转变，那么，也可从新参保的"新人"开始，取消现行制度中个人账户余额的可继承性，这样便能够通过短寿补长寿途径，恢复社会保险原本应该具有的互助共济与横向风险分散功能。在完全的大个人账户模式或制度中存在部分的个人账户养老金模式下，常用的偿付办法就是个人账户累积资产总额除以领取养老金时年龄所对应的应计发月数。养老金应计发月数通常是根据人均预期寿命和法定退休年龄之间的余命而确定的。

按理说，我国人均预期寿命在不断延长，法定退休年龄尚未作出延迟调整，应计发月数应该作出进一步延长调整的改革，但实际情况是我国已经多年未调整养老金应计发月数。无论从学理意义上，还是从现实需求角度看，都应该延迟法定退休年龄并根据人均预期寿命变化而带来的平均余命水平适时调整应计发月数。目前我国城乡居民基本养老保险制度，是按照普通男职工的法定退休年龄——60岁来确定领取基本养老金的年龄和应计发月数。无疑，这需要根据上述状况的变化而作相应的调整与改革。再者，为了鼓励参保人多缴长缴保险费、推迟领取养老金待遇，进而减轻养老保险基金偿付压力，还可以借鉴国内外经验，调低延迟领取养老金人员适用的应计发月数，调高提前领取养老金人员适用的应计发月数。

2. 统账结合型养老保险制度模式下待遇确定与调整机制优化。退一步而言，如果对现行统账结合型养老保险制度财务模式不作根本性改革，仍然希望保留一部分基础养老金，那么，养老保险待遇确定与调整机制仍然有进一步改革优化的空间，以便更加充分地体现多缴多得、长缴多得的激励约束机制。具体地，一是可以将全部记入个人账户的基金收入，从名义上划出一部分（比如20%）用于发放基础养老金，但其待遇偿付机制则需要作出进一步的调整优化，其中包括借鉴现行城镇职工基本养老保险制度中社会统筹部分养老金的发放办法。一方面与缴费时选择的档次标准挂钩，体现多缴多得，另一方面则与缴费时长挂钩，体现长缴多得，具体计发办法可以作专门设计。二是将个人账户里余下的基金用于发放个人养老金，其待遇偿付机制总体上仍然坚持上述深化改革的调整与优化思路，只不过现在用于发放个人养老金的总金额变少了。

实质上，这里的待遇偿付机制设计，借鉴了名义账户制的核心思想。相较于现行待遇偿付机制，它可以在全账户规模上建立待遇与缴费之间的紧密精算联系，因而有助于将养老保险制度较强的激励约束机制与互助共济机制有机地融合起来。

作者：

高传胜，南京大学长江产业发展研究院特约研究员，南京大学政府管理学院劳动人事与社会保障系教授、博士生导师

第十六章 发挥国债对基础货币投放的锚定作用

一、世界主要经济体基础货币投放的历史沿革及主要方式

传统主流的货币理论认为，中央银行是货币流通的唯一调控实体，其可以通过货币政策工具操作货币投放或者货币回笼，进而调控市场流通体系内的货币供给量和名义利率，最终实现物价稳定、供求平衡和充分就业的宏观货币政策目标。具体来讲，在现代信用货币框架下，"中央银行－商业银行"体系通常构成了基本的货币供给机制。央行通过公开市场操作（如回购交易和买卖国债等）、中央银行再贷款、再贴现以及存款准备金制度和创新货币政策工具等改变基础货币的供给量。这些基础货币再经商业银行和政策性银行系统派生更多的广义货币，以贷款创造存款的方式，为家庭、企业和非银金融机构提供合理的货币供应。

然而传统货币政策在现实操作面临挑战，尤其是2008年金融危机后主要发达经济体名义利率面临零利率下限。这些国家的中央银行在常规的货币投放措施收效甚微或面临掣肘时，往往积极实行非常规货币政策，包括大规模资产购买或"量化宽松"政策（Quantitative Easing，QE）和前瞻性指引（forward guidance）。其中，买卖国债成为当前西方发达经济体货币当局货币投放的典型特征，央行通过公开市场操作购买以国债、政府支持债券（GSB）、房地产抵押支持债券（MBS）等为主的中长期债券，向市场释放流动性、压低长期利率，实现信贷扩张和刺激经济的效果。这种非常规货币政策表现为货币当局资产负债扩张，资产端持有的国债规模增加伴随负债端基础货币投放增加（见图16－1）。美联储前主席、诺贝尔经济学奖获得者本·伯南克认

为，在接近零利率时或者传统货币政策传导不畅时，量化宽松能发挥三个方面作用刺激经济、预防经济衰退：一是央行资产负债表的扩张能够抵消私人部门资产负债表的收缩；二是改变央行资产负债表的结构，如购买国债和MBS等，支持特定行业的资产价格，并传递到金融市场；三是降低长期利率进而刺激投资和消费①。

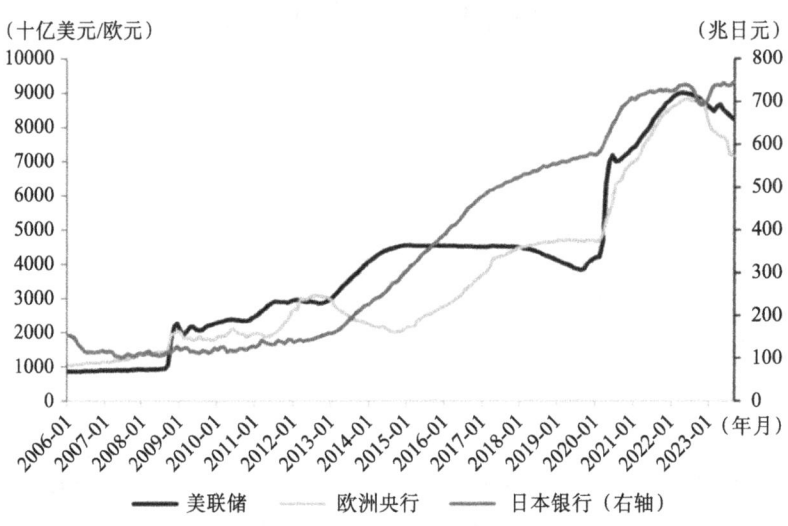

图16-1　欧美日央行资产负债表急剧扩张

资料来源：Wind。

以美联储为例，在2008年金融危机以前，美联储的资产负债表在规模和结构上一直保持着稳定，资产端和负债端分别以美国国债和联储票据（美钞）为主。美联储资产负债表的缓慢扩张主要是公众对流通中现钞的需求推动的②，美联储通过公开市场操作来调节银行的准备金影响联邦基金利率。然而，无论是2008金融危机以来，还是2020年新冠疫情袭后，美国实施了量化宽松货币政策，这对美联储的资产负债表的规模和结构都带来了巨大影响。在充裕的存款准备金环境下，面临着零利率下限问题，美联储的公开市场操作通过大规模购买中长期美国国债和MBS等压制长期利率营造宽松的金融环境、刺激经济和创造就业。截至2023年8月底，美联储持有的美债和MBS的规模分别为5万亿美元和2.5万亿美元，合计占到其总资产的92%。与此同时，美联储的负债端主要以存款性机构存款、联邦票据和逆回购为主，三者总计占到美联

---

① Bernanke, Ben S. The new tools of monetary policy [J]. American Economic Review, 110.4 (2020): 943-983.

② 徐鹏, 于祝焱. 美联储资产负债表演变及政策内涵研究 [J]. 宏观经济研究, 2023 (2): 4—22, 36.

储总负债的 93%。2022 年 3 月以来，为了缓解通货膨胀压力，美联储通过大幅加息和缓慢缩表来收紧货币政策，联邦基金利率由 0—0.25% 上调至 5%—5.25%，美联储的资产规模从最高点的约 9.0 万亿美元减少至约 8.1 万亿美元（见图 16-2）。由此可见，在后金融危机时代美联储基础货币的投放方式与其资产负债表的规模和结构密切联系，公开市场操作通常以买卖证券资产实现。

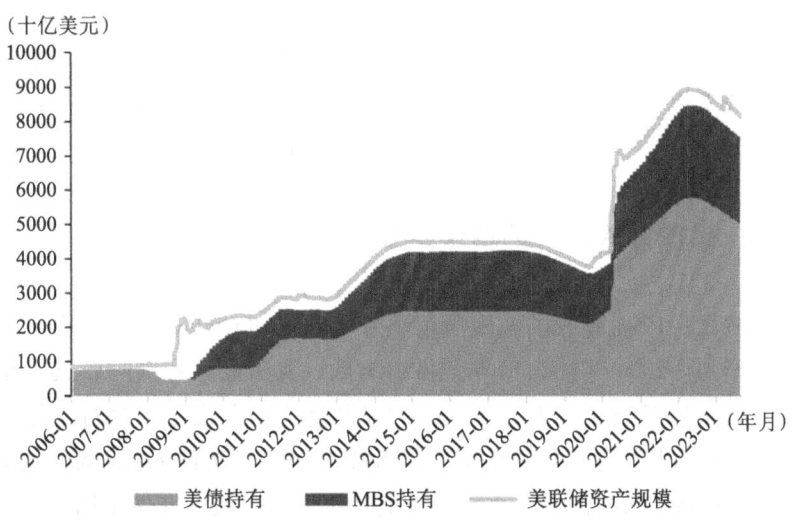

图 16-2 美联储资产结构变化

资料来源：Wind。

除了美联储外，西方主要经济体的货币当局大都采取了类似的非常规货币政策。为应对金融危机和欧洲主权债务危机，欧洲央行的资产负债表规模迅速扩张，欧洲央行的量化宽松政策核心同样是购债项目（asset purchase program）。在资产端欧洲央行的证券持有项目快速增加，伴随负债端欧元区信贷机构存款量的增长。日本央行更是量化宽松政策的开拓者，2013 年日本央行启动"开放式资产购买路径"，既不设资产购买终止期限，也不再圈定资产标的特殊范围，国债、商业票据、公司债等都进入日本央行的采购篮子。2015 年日本央行进一步推出国债收益率曲线控制（YCC）调控手段，2016 年形成了"收益率曲线控制的量化和质化宽松"框架，将 10 年期日本国债收益率波动控制在特定的区间。日本央行购债资金一般来自准备金账户，但是准备金规模非常有限，因此通过增发基础货币来进行维持。随着日本央行成为国债的最大买主，宽松的货币政策实质上发挥了公共财政的效能，基础货币投放完全锚定了国债收益率曲线。总体而言，自金融危机以来，西方主要发达经济体的央行基本上都采取了非常规货币政策，通过买卖国债控制基础货币投放。

二、我国基础货币投放的变迁历程及存在的问题

基础货币是商业银行信用扩张的基础,是实施货币政策的核心部分。在20世纪90年代初期,《中华人民共和国中国人民银行法》(以下简称《中国人民银行法》)的出台限制了央行给财政透支的行为,再贷款曾成为基础货币创造的主要渠道。随着经济形势的演变,我国基础货币投放机制也有所变化。自20世纪90年代中后期以来,大致可以分为两个阶段。

(一)投放方式变化的两个主要阶段

第一阶段:1994年我国人民币汇率并轨,叠加对外开放不断深化,出口总额大幅增加。2001年加入世界贸易组织后,我国面临着国际收支大幅双顺差格局,大量外汇资金流入。在当时的强制结售汇制度下,央行承接了大量的外汇,外汇占款快速增长导致基础货币被动投放。为了应对流动性过剩带来经济过热与通货膨胀等问题,央行一方面通过发行央票、开展正回购等公开市场操作回笼基础货币,另一方面通过连续上调法定存款准备金率来冻结流动性、降低货币乘数。整体来看,央行的资产端表现为外汇占款持续上升且维持在高位(见图16-3),该阶段外汇占款成为该阶段基础货币的主要投放机制。

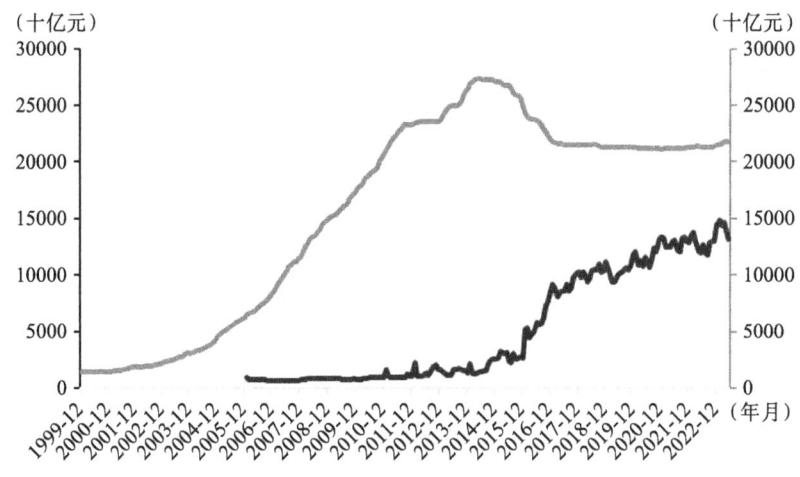

图16-3 央行资产的外汇占款变化情况

资料来源:CEIC。

第二阶段：随着国际贸易收支趋于平衡，外汇占款占资产端的比重开始下降。2014年后外汇占款系统性减少，公开市场操作和创新型货币政策工具逐步成为央行投放基础货币的重要手段。公开市场操作（回购交易、现券交易和发行央行票据）重要性逐渐提高，根据货币调控需要各种创新性工具层出不穷，主要包括短期流动性调节工具（1—7天，SLO，2013年初发起）、常备借贷便利（1—3月，SLF，2013年初）、中期借贷便利（3月、6月、1年，MLF，2014年9月）、抵押补充贷款（3—5年，PSL，2014年）、定向中期借贷便利（1—3年，TMLF，定向针对小微企业和民营企业贷款，2018年12月）以及结构性货币政策等（见表16-1），表现为央行资产端的"对其他存款性公司债权"规模迅速扩张。这一阶段央行的调控思路开始从数量型向价格型转变，由总量调控转变为结构化调节。同时，基础货币投放方式的改变标志着央行对资金面的掌控力和主动权得以增强，货币政策自主性逐步提高。

除了常规手段外，国库现金定存、再贷款和再贴现以及信用贷款支持工具等也形成基础货币投放，但这些工具旨在创新流动性管理方式和结构性调控，目前规模占比和影响有限。总体来看，我国当前基础货币投放形成了短期以公开市场操作逆回购为主，中期以中期借贷便利操作为主，定向以再贷款和再贴现为主的投放机制。与传统的货币政策工具相比，一方面，区别于由央行发起的传统货币政策工具，新型工具使用的选择权在于金融机构，央行通过设定利率对借贷成本进行调节，间接引导资金投放，具有较强的针对性；另一方面，这些创新性货币政策工具具有明确的期限，到期后会自动收回流动性，相比降低存款准备金率等政策更具灵活性。

表16-1　　　　　　　　　　　创新性货币政策工具

	创设时间	操作期限	实施对象	操作方式	利率水平
短期流动借贷便利（SLO）	2013年初	1—7天	公开市场业务一级交易商中符合特定条件的部分金融机构	国债、央行票据、政策性金融债、政府支持机构债券、商业银行债券	招标
常备借贷便利（SLF）	2013年初	1—3月	主要为政策性银行和全国性银行	高信用评级的债券类资产及优质信贷资产	央行设定
中期借贷便利（MLF）	2014年9月	3月、6月、1年	符合宏观审慎要求的商业银行、政策性银行	国债、央行票据、政策性金融债、高等级信用债等优质债券	招标

续表

	创设时间	操作期限	实施对象	操作方式	利率水平
抵押补充贷款（PSL）	2014 年	3—5 年	政策性银行	高等级债券资产和优质信贷资产	优惠

资料来源：根据人民银行官网信息整理。

（二）当前基础货币投放存在的问题

我国当前基础货币投放仍存在诸多问题。

第一，中期借贷便利（MLF）等货币投放工具在实践中面临明显制约，如引导成本下降作用有限和投放节奏错位等。目前的 MLF 的操作利率相对于大部分银行的计息负债成本而言并不低，进一步扩大 MLF 在银行负债中的比例可能无法有效降低银行成本，推动实体融资成本下降作用有限。MLF 投放节奏和信贷节奏存在错位问题，MLF 操作时间基本维持在每月的 15 日，但是银行的信贷投放是连续的，并且每个月的公开市场操作量难以预测，MFL 受操作时间限制不能平稳地匹配银行的资金需求。同时，创新性货币政策工具面临着抵押品不足的问题。现阶段央行的流动性工具往往需要合资质的抵押品支持。2018 年 6 月，央行首次将部分小微、绿色和"三农"金融债券、高质量的公司信用债等新增为 MLF 担保品，此前担保品的范围局限在国债、央行票据、政策性金融债、高等级信用债等优质债券。有研究表明，此次 MLF 担保品扩容能够显著降低中小企业的融资成本[①]。随着基础货币需求的增加，流动性缺口较大，抵押品的稀缺问题依然有可能制约货币政策有效传导到实体经济。

第二，创新型货币政策工具的运用越来越重要，但是各政策工具利率的差异导致了同一期限的利率价差，导致了市场利率波动的加剧。此外，部分创新性工具是"数量型"，"量价"的矛盾使市场难以理解和预期政策所释放的信号，使金融市场的波动性增加。

第三，目前的基础货币投放方式维持总量的稳定增长，但在结构上表现出针对不同金融机构投放偏向问题。央行在部分创新型工具的交易对手方明确限定于全国性商业银行或政策性银行，同时明确要求这些工具需要

---

① 王永钦，吴娴．中国创新型货币政策如何发挥作用：抵押品渠道［J］．经济研究，2019，54(12)：86—101.

银行提供高质量的抵押品或质押品，全国性大型银行无疑更有能力提供这些质押品，区域性银行和小银行在短期内很难通过业务上的竞争来获取这些新型投放渠道的资金。有研究表明，央行在公开市场操作过程中更偏向于以一级交易商为代表的大银行，使小银行无法直接获得央行的新增流动性，这实际上增加了小银行通过发行高息的表外理财产品的动机[1]。因此，央行在进行公开市场操作时，在交易对手选择上需要适度考虑公平性，在贷款抵押品的要求上能够适度放宽严苛的标准，从而避免在结构上表现出明显的投放偏向问题。

三、国债发行、使用和流通与基础货币投放

从理论上讲，货币当局可以通过增加银行债权或直接购买资产等方式来进行基础货币投放。目前，主要西方发达国家的央行基本上通过公开市场操作买卖国债和抵押贷款证券等资产的方式增加基础货币的投放。本研究通过四部门资产负债表分析国债的发行、使用和流通对基础货币投放的影响，表明国债发行将商业银行在央行的超额准备金转化成央行政府存款，减少了市场流通中的基础货币供给，由于央行政府存款无法像超额准备金一样通过信贷渠道进行货币派生，因此国债发行初期会降低货币乘数、导致流动性紧缩。一旦资金被投放至实体经济才会沿逆向路径补偿流动性。如果央行通过二级市场从商业银行买入国债，实际是在创造等额基础货币置换商业银行持有国债，增加了商业银行的超额准备金以及潜在的货币派生。

（一）国债发行和资金运用

为防止财政政策与货币政策界限不清，财政部门向央行机构透支货币进而导致恶性通货膨胀，在1995年通过的《中国人民银行法》规定，在非特殊情况下，央行不得在发行市场上向财政部门直接购买新发行国债。为研究国债发行对各部门资产负债表影响，假设在 t 期，政府财政部门新发国

---

[1] 邵新建，王兴春，肖立晟，等. 基础货币投放渠道变迁、资金来源竞争与银行理财产品的崛起[J]. 中国工业经济，2020（7）：155—173.

债量为 D。考虑到商业银行主要持有可流通的记账式国债，储蓄国债金仅为少量被动持有，这里忽略储蓄国债相关内容。为简化分析，财政部门新发国债全部由银行部门使用超额准备金购买。因而，四个部门的资产负债表变动如下：

1. 政府负债表：央行存款增加 D，政府债务增加 D；
2. 商业银行负债表：居民使用 D 的银行存款购买国债，其资产端对应减少 D 的超额准备金；
3. 居民部门负债表：保持不变；
4. 央行负债表：在仅分析政府发债过程中，央行并未介入市场交易，资产负债表总量不变，但基于政府和商业银行的操作，央行负债结构发生变化，表现为超额准备金减少 D，政府存款增加 D（见表 16-2）。

表 16-2　　　　　　　　　基础货币投放与国债发行影响

	中央银行	政府部门	商业银行	居民部门
资产	不变	央行存款：$+D$	超额准备金：$-D$ 国债：$+D$	不变
负债	超额准备金：$-D$ 政府存款：$+D$	政府债务：$+D$	不变	不变

在央行负债表中，超额准备金或流通现金属于基础货币，政府发债后央行负债中部分基础货币转变为政府存款，市场中货币存量减少。其中，超额准备金作为"超能货币"，在货币派生中创造了更多的流动性，因此政府发债减少了商业银行在央行的超额准备金，降低了商业银行潜在的创造信贷的能力，收缩了市场流动性。国债发行的流动性收缩效应的来源在于一旦政府将筹集的资金全部存在央行财政账户中，该部分资金无法通过货币乘数作用进行货币派生（见图 16-4）。不过随着国债到期或者资金运用，政府财政支出增加，政府存款减少，实现基础货币的投放过程。

最后，随着财政支出流向居民和企业，国库存款的使用不仅直接增加了基础货币的供给，还通过增加商业银行存款（央行超额准备金）的形式进行货币派生。此外，从经济循环的角度，增加家庭可支配收入可以通过乘数效应刺激消费需求，增加对金融资产的投资需求；增加企业营业收入，可以提高企业利润和固定资产投资需求，进而增加基础货币的需求。

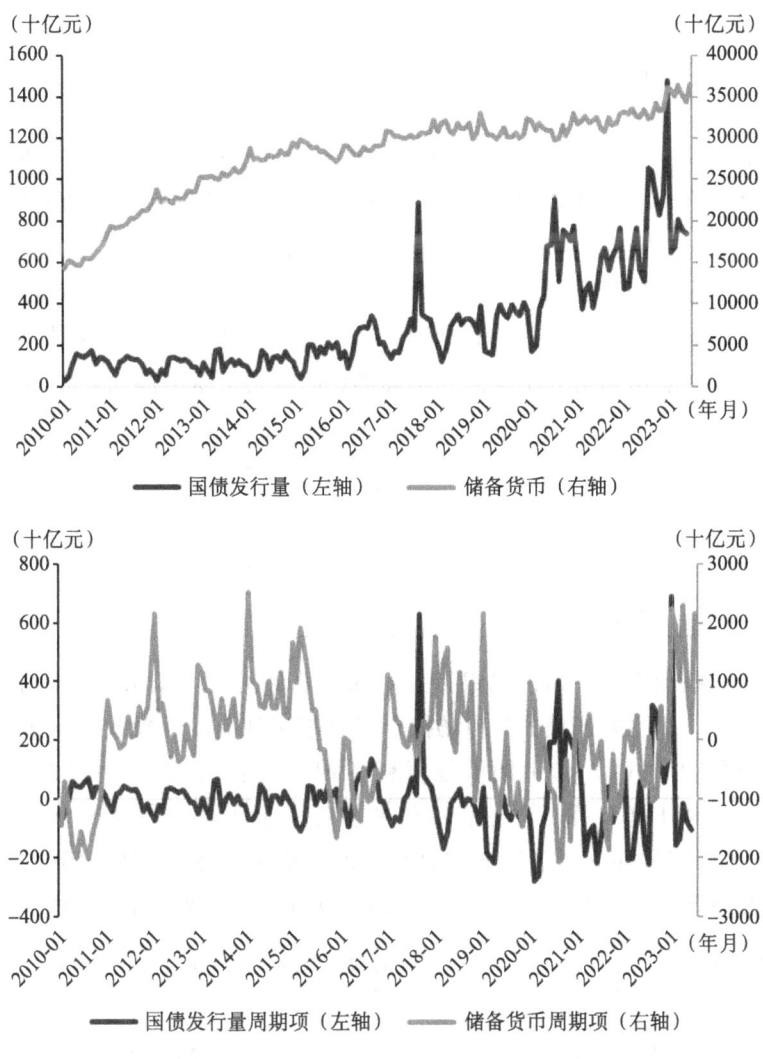

图 16-4 国债发行量与基础货币投放

数据来源：CEIC，波动性基于 HP 滤波为作者计算，两者在 2015 年后的相关性为 -0.128。

（二）国债的流通和央行购买

在国债存续期间，如果国债仅是在商业银行之间发生流通，这属于基础货币的转移，对基础货币的总量并不影响。不过，这有可能会优化存款准备金在商业银行之间的配置，出售国债的银行获得了超额准备金，增强了流动性，提高了商业银行的存款货币创造能力。如果国债在商业银行和非银金融机构之间进行流通，同样不会导致基础货币量发生变化，但会导致银行的存款货币量有所改变。

在西方发达国家的政策实践中，包括美联储、日本银行和欧央行等，央行通过二级市场从交易对手方（一般为商业银行）买入国债，实际是在创造等额基础货币，增加了商业银行的超额准备金以及存贷款潜在创造能力。这一过程体现在资产负债表的变化，央行买入 vD 的商业银行持有的国债，超额准备金等额增加，央行实现扩表向银行间市场投放流动性。与此同时，央行的量化宽松政策压低了国债收益率，并向其他金融产品市场和实体经济进行货币政策传导。以美联储为例，其持有的美债占总资产的比例常年维持在50%以上，买卖国债是其实现公开市场操作的重要交易工具（见表16-3）。

表16-3　　　　　　　　国债流通对商业银行流动性影响

	中央银行	政府	商业银行	居民部门
资产	国债：$+vD$	不变	超额准备金：$+vD$ 国债：$-vD$	不变
负债	超额准备金：$+vD$	不变	不变	不变

对比这些国家，中国人民银行并不像美联储通过频繁买卖国债来达到目标政策利率，而主要依赖公开市场操作工具来实现流动性投放，比如逆回购、常备借贷便利（SLF）和中期借贷便利（MLF）等。同时，中国央行的逆回购、SLF和MLF等操作，以银行提供的质押券主要以国债等作为担保工具，并没有发生所有权的转移，因此在央行的资产端并不表现为持有国债，而是表现为对其他存款性公司债权增加 M，从而实现基础货币投放（见表16-4）。

表16-4　　　　　　　　中国人民银行流动性投放工具效果

	中央银行	政府	商业银行	居民部门
资产	对其他存款性公司债权：$+M$	不变	超额准备金：$+M$	不变
负债	超额准备金：$+M$	不变	央行债务：$+M$	不变

四、以国债为"锚"投放基础货币的主要优势

（一）央行公开市场操作买卖国债制度上可行更具主动性

在西方发达经济中，基础货币投放以国债为锚已经是现实中的惯常操作，与之相比，我国的央行投放货币形式目前以逆回购和中期借贷便利（MLF）

为主,国债在公开市场操作中暂时仅扮演着质押品或担保品的角色。从我国央行的资产负债表来看,国债占到人民银行资产总量的 4% 左右,主要是 2007 年央行购买的特别国债,且长期变化不大,这表明央行现在并没有通过买卖国债来进行公开市场操作。

从制度上来看,我国央行参与国债二级市场交易并没有限制,过去的现券交易即是公开市场操作的一种,与逆回购、MLF 等在操作方式存在着区别:逆回购是人民银行向一级交易商购买有价证券,并约定在未来特定日期将有价证券卖给一级交易商的交易行为,其中国债作为抵押物,商业银行等需要承担投放流动性的成本;现券买断则是人民银行直接从二级市场买入债券。央行通过国债交易向市场投放基础货币更具有主动性。从货币当局角度,央行可以通过控制国债购买的频率、规模以及期限选择,对流动性调控进行精确把握。

(二) 央行公开市场操作国债从更多渠道来刺激经济

从操作效果上看,国债现券购买和基于国债的公开市场操作直接增加了商业银行超额准备金,补充了市场流动性,降低了货币市场资金使用成本,进而压低市场整体利率。

央行以公开市场操作国债买卖的方式来投放货币,除了改善金融系统内部流动性,压低无风险利率水平,使银行的资产状况改善,放宽信贷标准(从美国的政策经验看,见图 16-5),还通过信用利差传递到企业融资成本,刺激信贷和产出增加,更好地实现货币政策支持实体经济的意图。

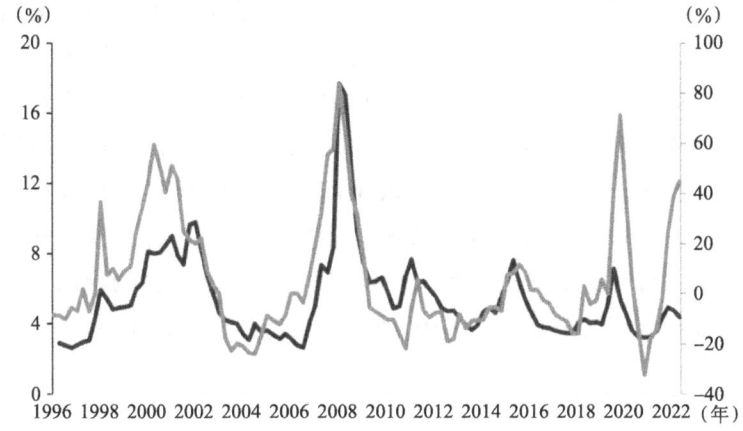

图 16-5 美国信贷标准和融资成本变化

资料来源:美联储。

(三) 央行公开市场操作国债能够利于国债市场稳定金融市场

基于国债开展操作使央行直接且频繁参与国债市场交易，提高了国债需求，减少了部分投资者对该类债券的持有量。为了从一级交易商手中买入足够数量的国债，必须提高所购债券的价格。此外，增加国债市场流动性可以提高央行对国债收益率曲线从短期到长期的管理，使国债收益率曲线发挥无风险利率作用。换言之，以国债为锚投放基础货币，能够充分发挥国债的金融属性，优化基础货币投放；同时培养更成熟的国债市场，使国债收益率曲线成为其他金融产品定价的"锚"。历史经验表明，当国债市场具有高度的流动性和高效率时能够有效提高金融稳定性，降低金融风险发生。

另外，国债收益率对宏观经济变量，如通货膨胀、经济增长和货币政策等能够产生引导作用，国债期限利差是预测经济增长与衰退关系的重要经济指标[1]，这也有利于完善利率定价机制，纠正在某些特殊时期国债市场的紊乱现象。

(四) 央行增加持有国债能够降低政府债务成本并实现政策协调

从政府债务的角度，长债收益率的下行能够部分减轻政府的债务负担，配合扩张性财政政策的实施。在目前面临经济可能存在下行风险的阶段，家庭部门和企业部门的消费和投资乏力，内生信贷需求偏弱；按照传统货币政策调节，资金可能在金融系统空转，通过信贷渠道刺激实体经济的效率比较低。因此在该阶段可以选择利用财政扩张的手段，即降低企业税收和增加转移支付和政府购买等方式，主动刺激总需求，相较于单纯货币政策更加快速有效。但如果没有货币政策配合，扩张性财政政策有可能引发利率上行，不仅增加了政府债务成本，还反过来抑制消费和投资产生挤出效应。因此央行有必要通过购买国债抵消扩张财政政策的影响，从目前看，我国央行资产负债规模相对于 GDP 处于历史低位（见图 16-6），有较大的扩表空间。

---

[1] Ozturk, Huseyin, and Luis Felipe V. N. Pereira. Yield Curve as a Predictor of Recessions: Evidence from Panel Data. Emerging Markets Finance & Trade, 49 (2013): 194–212.

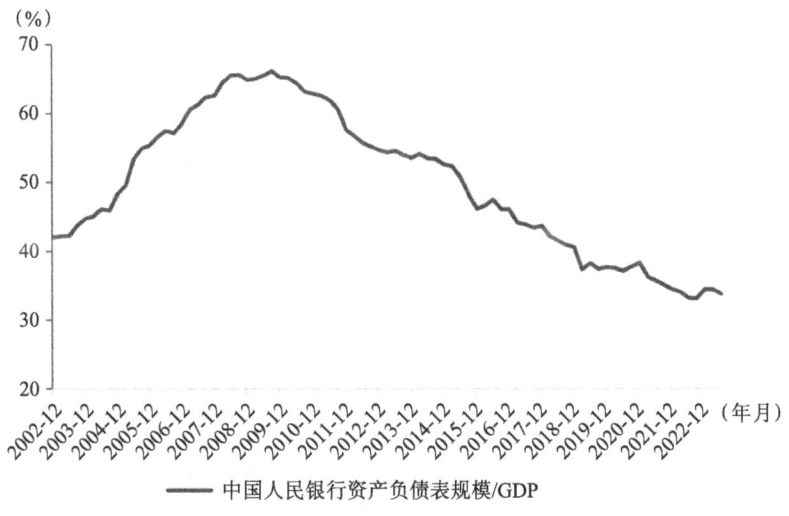

图 16-6 央行资产负债表相对规模

资料来源：CEIC。

美、欧、日等经济体的经验表明，当经济遭遇重大冲击时，央行启动针对国债等资产的大规模购买计划成为惯常应对。特别是 2020 年疫情后美国政府设立巨额援助计划形成巨大财政赤字，美联储配合进行大规模扩表。因此，本报告认为在应对经济下行时，央行以国债为锚进行基础货币投放是合理的政策选择，可以充分发挥财政政策和货币政策的协调效应。

五、政策建议

目前，我国央行并没有采取买卖国债的方式来进行公开市场操作，可能主要有以下两个原因：一方面，央行购买国债当前面临着"财政赤字货币化"或被简单等同于 QE 污名化分析。然而，央行作为市场参与者，从二级市场买入市场化发行的国债，本身就是央行执行独立货币政策的正常操作。从经济周期和金融周期的角度，财政与货币政策重合度较高，在经济下行和流动性收紧时期财政部增加发债规模以进行财政刺激和央行增加购债规模以进行宽松货币政策，本就是两部门为实现各自政策目标的合理应对，因此不能简单地将央行增加购买国债的行为划入赤字货币化的范畴。央行公开市场操作国债，如果不是持续、大额地买入国债，不能简单地等同于 QE。另一方面，我国国债市场规模相对比较小，国债流动性仍不高。截至 2023 年 5 月，我国国债市场存量约为25.7万亿元，对比央行通过各种货币工具向其他存款性公司投放流动性形成的债权约为13.2万亿元，无疑规模有限。以换手率来测度流动性，虽然随着银行间市场流动性整体大幅改善，我国国债换手率稳步提升，但整体换手率在2—3倍，而美国国债的换手率则在10倍以上[①]。我国国债市场的做市报价平均价差，也明显高于美国。因此，如果央行直接大幅购买国债，有可能会造成国债市场的大幅波动。

不过，如前文所述，央行从二级市场上参与国债买卖进行公开市场操作，有诸多的优势，既能优化基础货币投放方式，又是完善货币政策传导和利率定价机制的有效补充。因此，需要健全和完善我国的国债市场，对此我们有以下建议。

其一，要打破国债交易在银行间和交易所市场隔离的状态。目前，我国国债的二级市场在银行间市场交易的主体是银行及相关金融机构，而交易所市场则更为广泛，包括个人和非银行机构投资者。交易主体的差异形成市场隔离，致使国债在两个市场之间存在着监管套利，这种交易成本的存在无疑会阻碍国债流动性的提高，也妨碍了货币政策的传导，因此需要消除银行间和交易所国债市场分割的状态，进一步推动国债市场化。

其二，国债市场的投资交易主体需要更多元化。如今，国债市场的交易主体主要是商业银行。因国债期货交易市场不完善，商业银行出于资产配置的需要，往往会持有规模庞大的国债直至到期。一方面，商业银行在信息获取、市场风险判断和交易模式方面的差异非常细微，由此容易导致所谓的交易行为趋同和投资同质性问题。另一方面，金融机构普遍将国债作为高信用质押品，而不会选择现券交易来获取资金，这也是导致国债交易换手率不高的重要原因。未来可以丰富国债期货市场投资者结构，推动包括股份制银行、保险、基金、券商、外资银行和其他境外投资者在内的多元主体积极参与国债期货市场。

其三，除了扩大国债市场规模外，还应该丰富不同期限的国债品种，完善国债收益率曲线。从期限结构来看，出于成本考量，财政部门偏好发行中长期国债，这就导致中长期国债占比偏高，无法满足交易主体的不同流动性需求，短期利率缺乏重要锚定。国债收益率曲线不完善也导致货币政策无法通过影响短端收益来影响中、长期投资行为。

最后，在完善国债市场、提高国债市场规模与深度的前提下，央行应当

---

① 邓可欣，张珂，陈楚．中国债券市场流动性分析［J］．中国货币市场，2023（8）：60—62．

基于国债市场表现和流动性谨慎设立针对中长期国债的日常资产购买计划；在设立初期可以设立较低的每月购买计划，根据市场反应逐步调整。另外央行也可以增加短期国债交易以调节短期利率，增加市场投资者对短期国债的需求。

作者：

施康，南京大学长江产业发展研究院特聘研究员，香港中文大学经济系教授

第十七章 工业和信息化领域国际标准化形势分析及对策研究

一、我国工业和信息化领域国际标准化面临的形势

(一) 国际标准化成为发达国家获取国际规则主导权的战略路径

标准能够实现不同产品或系统之间的兼容,标准领先国家能够通过非兼容和排他性策略,在国际技术、产业和市场上获得控制地位。获取国际标准主导权,是确立一个国家产业领先、经济繁荣的必备条件。美国在 2023 年 5 月发布的《关键与新兴技术标准国家战略》中提出,要争取在新兴和关键技术(CET)标准领域的国际标准委员会中担任领导角色,强化美国在国际标准治理方面的代表性和影响力。德国积极向国际标准化组织渗透工业 4.0 标准化路线图的价值理念,并借助智能工厂标准化将制造业生产模式推广到国际市场。日本在电子通信、电气工程、新能源、新材料等新兴产业领域,通过"开发新市场的标准化制度"和"标准化应用支援合作制度",积极推动本国标准转化为国际标准。

(二) 标准数字化成为发达国家推动工业互联网升级的关键抓手

在工业数字化转型过程中,供应商、物流企业和制造商在一个复杂的增值系统中通过技术系统相互提供价值,机器可读的标准数字化有助于各个独立主体相互交换信息并实现互操作性。英国在 2021 年发布的《第四次工业革命标准行动计划》中指出,数字技术的广泛应用已经从根本上改变了传统的

生产方式和商业模式，需要加速标准的数字化进程以提升工业生产的效率。德国在 2023 年发布第 5 版《工业 4.0 标准化路线图》中，围绕互操作性、主权性及环境和社会可持续性打造数字生态系统，将管理外壳标准化为"数字生态系统"的集成器，通过标准数字化使网络数字生态系统中能够实现机器—机器、人—机器自动交换数据，提升工业效率。

（三）标准开发成为发达国家获取新兴技术领先地位的战略工具

对新兴技术进行标准开发能够迅速聚焦技术方向，提供知识编码协调各主体进行创新，获得创新的规模经济和群聚效应，实现技术突破。美国在 2023 年 5 月发布的《关键与新兴技术标准国家战略》，优先在通信和网络技术、人工智能和机器学习技术、量子信息技术等 8 个关键新兴技术领域强化标准开发，支撑美国在关键与新兴技术领域的领先优势。2023 年 3 月，欧洲标准化委员会和欧洲电工标准化委员会发布了《量子技术标准化路线图》，围绕产业需求明确了量子使能技术、量子计算和模拟技术、量子计量传感与成像等关键技术的标准布局和时间表，覆盖了量子技术的全生命周期，强化欧盟在量子技术领域的国际竞争力。2023 年 4 月，德国标准化协会和德国电气电子和信息技术委员会联合发布《德国人工智能标准化路线图（第 2 版）》，围绕人工智能基本原理、测试和认证、社会技术、工业自动化等九个关键主题确定了 116 个标准化需求，从一致性评估和认证、建立数据基础设施和质量标准等方面提出了 6 项行动建议，提升德国在人工智能产业和科学领域的国际竞争力。

（四）我国"一带一路"建设需要标准先行

国际标准化是进行全球治理和经贸合作发展的技术基础。在"一带一路"建设推进过程中，深化同共建国家和地区在标准化方面的务实合作和互联互通，积极推进标准互认，有利于推动中国标准"走出去"，更好地支撑并服务于我国产业、产品、技术等方面"走出去"。为此，我国推进"一带一路"建设工作领导小组办公室先后印发了《标准联通"一带一路"行动计划（2015—2017）》和《标准联通共建"一带一路"行动计划（2018—2020年）》，聚焦重点领域、重点国家、重要平台和重要基础，统筹全国标准化资源，充分发挥企业、行业和地方作用，通过重点消费品对标行动、海外标化示范推广行动、国家间标准互换互认行动、标准外文版翻译等方式，推动"一带一路"共建国家认可、接受和使用我国标准，推动中国国际标准化进程。2014年以来，我国市场监管部门积极加强与共建"一带一路"国家的联络沟通，推动签署标准、合格评定等双多边合作文件。截至2022年，我国已与36个"一带一路"共建国家（包括1个国际/区域组织）签署了43份标准化合作协议，与30多个国家和地区签署127份合格评定合作文件和协议，扩大了我国与"一带一路"共建国家在共同关注领域的合作交流和互相支持。

（五）我国增强产业链供应链自主可控能力需要国际标准化

我国拥有联合国产业分类中全部的工业门类，是全球工业供应链体系中的重要一环，产业链供应链的安全稳定成为我国构建双循环新发展格局的基础。根据WTO发布的《2023年世界贸易统计评论》，中国2022年在世界出口中的份额占14%（排名第一）；在世界进口中的份额为10.6%，紧随排名第一的美国（13.2%）。然而，中国产业链供应链体系建设相对迟缓，产业链供应链核心技术不强，抗风险能力不足，容易受到发达国家技术保护和技术壁垒的影响。例如，美国能够通过标准制定从源头上控制技术进步的方向和节奏，主导产业链的发展。因此，我国要深化国际合作，在打造全球供应链体系的基础上，主动承担国际标准化技术委员会及国际标准制修订项目的任务，运用国际标准构建与供应商、客户、行业和社会共生的价值体系，提供共生共享共赢的系统解决方案，增强产业链供应链自主可控能力。

二、我国国际标准化建设的现状与不足

（一）我国国际标准化建设的现状

1. 加快实施国际标准化战略。推进国际标准化有助于我国在国际竞争中赢得主动权，掌握制定国际规则的话语权。2021年10月，中共中央、国务院出台《国家标准化发展纲要》，明确提出深化标准化交流合作，积极参与国际标准化活动，2025年国际标准转化率达到85%。党的二十大报告指出，要"推进高水平对外开放""稳步扩大规则、规制、管理、标准等制度型开放"。

国家标准化管理委员会（以下简称"国家标准委"）积极推动与各国、区域标准化机构和国际组织开展标准化双多边合作与交流，签署标准化双多边合作协议。截至2022年，国家标准委已与63个国家、区域标准化机构和国际组织签署了106份标准化双多边合作协议。我国先后成为三大国际标准化组织（ISO、IEC、ITU）的常任成员，张晓刚、舒印彪、赵厚麟等人先后当选三大国际标准化组织的主要领导。

2. 推动我国与"一带一路"共建国家标准互认。在2017年第一届"一带一路"国际合作高峰论坛期间，国家标准委首次与俄罗斯、白俄罗斯、塞尔维亚、马来西亚等12个国家的标准化机构签署了《关于加强标准合作，助推"一带一路"建设联合倡议》。截至2022年，国家标准委已经与哈萨克斯坦、蒙古国、新加坡、塔吉克斯坦、亚美尼亚等36个"一带一路"共建国家签署了44份合作协议，签署了127份合格评定合作文件和协议，为我国与"一带一路"共建国家合作交流搭建了标准信息平台。目前，该平台共展示包括我国在内的149个"一带一路"共建国家标准化信息，以及国际标准化组织（ISO）、国际电工委员会（IEC）、国际电信联盟（ITU）等6个国际标准化组织标准题录信息，题录总量达129万个，为"一带一路"共建国家标准互认提供了基础。

3. 主动参与国际标准化治理。我国通过担任国际标准委员会委员、进行标准提案和推动工作项目等方式来影响国际标准组织的决策。截至2023年8月，我国共担任748个ISO/TC和SC的成员，也是另外7个委员会的观察成员（见图17-1），是担任ISO/TC和SC成员数量最多的国家。其余国家分别是德国（706个）、英国（703个）、日本（648个）和法国（633个）。

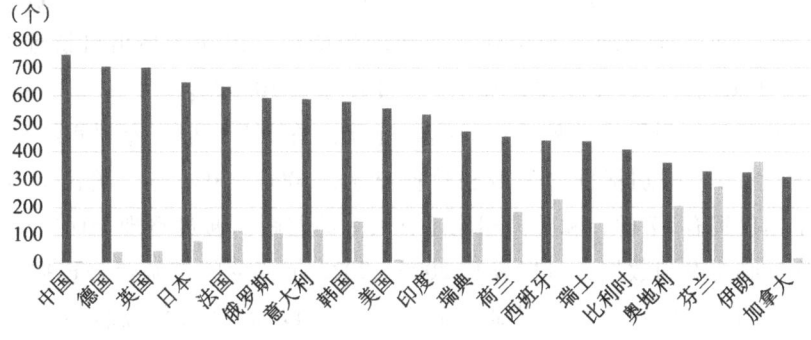

图17-1　参与ISO/TC和SC数量排名前20的国家

资料来源：根据国际标准化组织ISO官网整理。

与此同时，我国参与制定的国际标准数量在不断增加。据国际标准化组织（ISO）统计，2000年以前中国仅制定了13项国际标准，截至2022年，我国主持制定的国际标准总数已经超过800项。但是在反映高新技术领域的ISO、IEC国际标准制定中，我国主导制定的标准占比不到2%，美国等少数发达国家制定的国际标准占了标准总数的95%左右，说明高新技术标准化领域的实质性工作仍由发达国家主导。

从国内来看，2022年，我国全国专业标准化技术委员会新增外资企业委员752人，共有792项国家标准采用了ISO、IEC国际标准。国际标准合作更加广泛深入，东北亚、中欧、中德、中俄等国际标准化合作机制进一步深化。2022年，发布国家标准外文版335项，涵盖大宗贸易商品、对外承包工程、节能低碳、装备制造、服务业等领域，水电、公路标准在海外工程中得到更加广泛应用。

4. **企业积极参与国际标准化活动**。我国企业积极参与国际标准化活动。截至2022年底，全国共有5万多家企业瞄准国际国内先进标准开展对标达标活动，累计发布对标信息11万余条，涉及1800余类产品和服务门类。我国现阶段全产业领域平均国际标准转化率为75%。在标准转化方面，我国包括家用电器、消费量电子产品等在内的九大重点领域的消费品与国际标准接轨程度达到了96.15%，与2016年的81.45%相比有了较大程度的提升。在经济全球化浪潮下，我国工业标准不断提档升级，重点装备制造、新一代信息技术等领域国际标准转化率超过90%，主要消费品国际标准转化率上升到至95%。截至2022年，国家电网累计推动525项中国标准海外应用，实现中国技术、装备、标准、建设、服务全链条"走出去"。南方电网联合柬埔寨、老挝等国家电力公司发起成立澜湄区域电力技术标准促进会，推进区域电力标准化合作。通过标准增强与国际经贸活动的衔接，带动产品出口持续增长，以2022年为例，我国全年出口额比上一年度增长10.5%。

标准必要专利作为一种重要的战略资源，是技术标准与专利相结合的产物。ISO公布的国别标准必要专利数据显示，2000—2022年，美国拥有817件，中国仅拥有57件，和美国相比还有巨大的差距。通过整理ISO中企业层面的标准必要专利数据，可以发现2000—2022年芬兰的诺基亚公司拥有186件，排名第一，韩国电子通信研究院（ETRI）以85件数量位居第二，3—5名均为来自美国的企业，分别是易腾迈72件、斑马技术62件和微软53件。中国企业在ISO中的标准必要专利数量较少，排名最高的是华为13件，与惠普、麦哲伦、日本电信等6家公司并列第35位。

5. 推进绿色低碳标准化建设。绿色低碳标准化建设是推动绿色低碳科技创新，提高能源资源利用效率的重要支撑。截至2023年，我国发布"双碳"国家标准1800余项，行业标准2300余项，"双碳"领域团体标准363项，涵盖碳排放核算核查、节能、非化石能源、新型电力系统、化石能源清洁利用、碳汇、汽车、钢铁、太阳能、循环经济等领域。深入实施企业标准领跑者制度，在节能、新能源、新材料、绿色消费品等领域有320多家企业、600多项标准被评为标准领跑者。

技术标准是减缓气候变化的重要技术途径，成为各国气候政策的必要支撑和补充。我国积极参与国际标准化组织气候变化政策文件的制定，2022年积极推动ISO应对气候变化为主题的《伦敦宣言》实施，参与《ISO和气候变化》白皮书的制定，推动ISO新成立小水电、供热管网等4个新的技术机构。

（二）我国国际标准化建设的不足

1. 国际标准化战略路线图不清晰。国际标准化建设是发达国家标准化战略最突出、最重要的内容。美国自2000年发布第一版《美国国家标准战略》以来，每隔五年就根据国际形势对标准战略进行调整，但其国际标准化内容的主体保持相对稳定，始终把通过国际标准化反映本国需求、原则和设想，推动以美国为主导的国际标准化发展作为战略目标。日本于2006年发布"国际标准综合战略"，明确了国际标准战略思想、战略目标和战略措施，调动整个国家力量积极参与国际标准竞争。我国标准化战略尚处于建设进程中，尚未形成明确的国际标准化战略。2018年修订的《中华人民共和国标准化法》首次提出要积极推动国际标准化建设。截至2022年，我国国家标准达4.2万多项，远超过制定的国际标准数量。

2. 在国际标准化领域缺乏影响力。中国国际标准组织参与度、承担领导职务、提案数量方面都呈现良好的发展势头，但在国际标准竞争中被胜利采标的比率较低，提案的认可度也仍有较大上升空间。在担任ISO秘书处方面，中国担任79个行业标准的秘书处，排名第五位（见图17-2），低于德国（130个）、美国（92个）、日本（81个）和法国（81个）。

我国标准外文版数量占原创标准总量的比重较低，限制了中国标准的国际影响力。在我国政府制定的17余万项标准（国行地标）中，转化为英文版的不足2千项。一方面，是由于我国进入国际标准领域较晚，缺乏相应的经

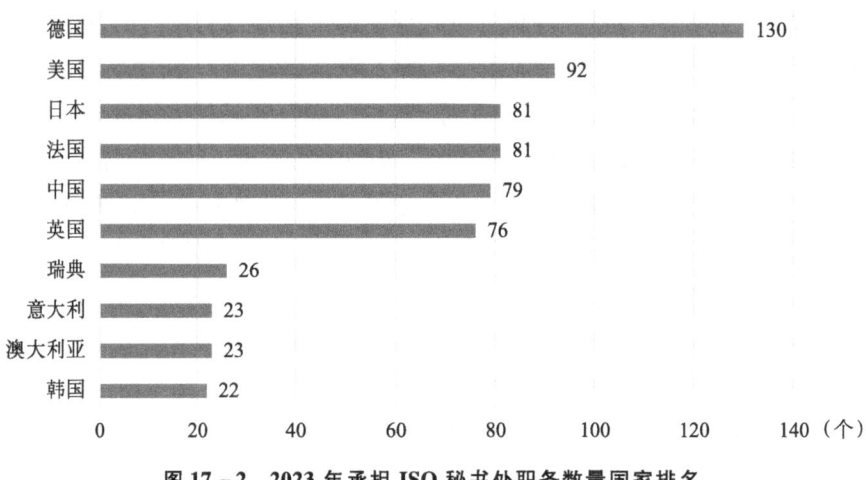

图 17-2 2023 年承担 ISO 秘书处职务数量国家排名

资料来源：根据国际标准化组织 ISO 官网整理。

验和人才；另一方面，大多数英文版标准中有翻译专业词汇不准确的现象，中式英语成分较高，对标准的国际推广造成一定的困惑。

3. 新兴技术领域标准国际化进程相对滞后。我国在《国家标准化发展纲要》中提出要加强人工智能、量子信息、生物技术等关键技术领域标准研究。根据 ANSI 汇总的数据来看，自 2016—2021 年中国向 ISO 提交新兴技术领域提案 28 个，获批提案的仅有 13 个，提案成功率为 46.43%。从反映成员参与和分配标准化资源能力的秘书处和主席职位两项指标来看，美国在人工智能、量子信息技术、定位导航和定时服务、清洁能源发电和储存等领域居主导地位，德国在半导体和微电子技术、生物技术等领域居主导地位，韩国在通信和网络技术、物联网和数字孪生等领域居主导地位。整体而言，我国在新兴技术领域的标准国际化进程滞后于发达国家，缺乏标准制定的话语权（见表 17-1）。

表 17-1　　　　　　　　新兴制造领域的国际标准话语权

国际标准小组委员会	所属领域	国际标准主导国家
ISO/IEC JTC 1/SC 6	通信和网络技术	韩国
ISO/IEC JTC 1/SC 25	半导体和微电子技术	德国
ISO/IEC JTC 1/SC 42	人工智能	美国
ISO/TC 276	生物技术	德国
ISO/TC 20/SC 14	定位导航和定时服务	美国

续表

国际标准小组委员会	所属领域	国际标准主导国家
ISO/TC 307	数字身份基础设施和分布式账本技术	澳大利亚
ISO/TC 301	清洁能源发电和储存	美国
I3O/IEC JTC 1/WG 14	量子信息技术	美国
ISO/IEC JTC 1/SC 41	物联网和数字孪生	韩国
ISO/TC 197	氢能源	加拿大
ISO/TC 85	核能	法国
ISO/TC 180	太阳能	澳大利亚
IEC TC 114	海洋能	英国

资料来源：根据国际标准化组织 ISO、IEC 官网整理。

4. 工业互联网领域的标准国际化建设尚处在初期。发达国家已经围绕工业数字化转型出台了标准国际化战略，如美国 2023 年出台《关键与新兴技术国家战略》、德国 2023 年出台工业 4.0 标准化路线图（第 5 版）、日本 2021 年出台《科学与技术基本计划第六版》等，共同就工业互联网发展过程中的核心问题、关键技术需求等制定标准，并积极向国际推广以获取主导权。中国工业互联网平台方面目前仅有 GB/T 42021—2022《工业互联网总体网络架构》、GB/T 39471—2020《云制造服务平台制造资源接入集成规范》、GB/Z 32235—2015《工业过程测量、控制和自动化生产设施表示用参考模型（数字工厂）》等少量基础通用性标准，在工业设备接入上云、工业大数据、工业机理模型与组件、工业微服务与开发、工业 APP、平台服务与应用等方面标准较少，容易造成系统冲突、信息不畅、设备相互间的兼容性和通用性较差等问题。

5. 标准化人才缺口大。我国标准化人才总量较少，许多企业缺少产品开发、生产、销售一体化的标准化人才。目前，企事业单位从事标准化工作人员具有标准化专业背景的仅占 2.13%。从学历构成来看，本科层次的占比高达 50%，研究生学历的占 33.52%，高职大专层次的占 15.48%。在专业设置方面，我国仅有中国计量大学、中北大学、济南大学等少数高校开设标准化工程本科专业，培养数量相对较少。在国际化人才培养方面，我国在国际标准化领域尚缺乏足够数量的优秀复合型人才。在标准化人才队伍建设方面，我国企业还存在一些认识误区，一些中小企业将标准化人员视作成本投入，过于重视控制、使用，没有充分挖掘标准化人才的价值。

三、发达国家国际标准化的经验

（一）将国际标准化作为优先战略

发达国家极其善用标准利器来实现市场在全球快速扩张，实施标准化战略，追逐国际标准主导权乃至控制权。德国作为出口型经济大国，为提高产品和技术在全球市场竞争力，启动"标准化研究2030"，鼓励本国企业、标准化机构参与国际标准化活动，使德国标准在全球范围得到认可和应用。在经费投入上，德国将国内80%的资源投入欧洲标准和国际标准，只有20%投入本国急需的国家标准工作上，使德国的标准始终保持在国际先进水平。在新兴技术领域，美国的《关键与新兴技术标准国家战略》和欧洲的《量子技术标准化路线图》中，均明确提出了国际标准化的要求。

（二）高度重视参与国际标准组织工作

发达国家承担了ISO/TC和SC和标准工作组中的大多数职位，以此占据国际标准制修订的主导权。根据大西洋理事会对39个重要的国际标准制定机构（SDO）的调研结果，美国2022年在W3C、IEEE等11个SDO中拥有50%以上的选票。在成熟的SDO中任职会获得更大的影响力，美国担任全球最大的ICT标准委员会ISO/IEC JTC1的主席，45%的JTC1相关小组委员会秘书处来自美国。总体而言，美国在关键的SDO中拥有巨大的话语权和标准化资源调配潜力，为美国获得国际技术主导权提供了有力的支撑。

（三）强调标准制定的市场导向

国际标准化战略是一项系统性工程，需要政府和市场的协同参与。发达国家遵循市场化原则，形成了政府监督、授权机构负责、专业机构起草、全社会征求意见的标准化工作运行机制，能够满足政府、制造商、用户等相关主体的价值导向和利益需求，提高制定标准的效率。此外，发达国家许多企业直接参与国际标准化活动，通过将企业标准转化为国际标准而获得国际竞争优势。德国的西门子公司目前有 1568 名雇员在 269 个标准化组织中承担 4272 项工作，其中有 192 名主席、48 名秘书长。日本在 2014 年制定的标准化官民战略中，建立了企业主导的标准化工作机制，鼓励企业将先进的技术与产品转化为国际标准。

（四）强调科技创新与标准研制协同推进

发达国家和地区的政府及各行业头部企业通过"技术专利化、专利标准化、标准全球化"的发展方式，构筑技术垄断性竞争优势，以最大化获取实体价值及利益。在新一代信息技术、生物技术、新能源、机器人、数字化等战略性竞争领域，发达国家积极主动将科技研发与标准化工作紧密联系在一起，特别是在 5G 等高技术领域，以标准为先导引领产业发展的模式，进一步推动了标准化与科技创新的一体化融合发展。

美国在科技创新标准化发展方面，首先利用标准化战略确定技术蓝图，进而推动关键技术发展，最后反哺关键技术标准，形成了标准与技术创新互相促进的整体闭环。日本政府高度重视基础研究，注重推行技术标准与科技研发系统协同发展，实现标准化促进科技创新。例如，日本政府高度重视"产业技术综合研究所""产品评价技术基础机构"等机构，将科研院所的标准化理论运用到产业实践中。

（五）重视标准化人才培养

标准作为一门学科，是以标准和标准化活动为研究对象，依靠标准化教育传播标准学科中的知识，由国家或组织向对有标准化知识需求的群体或对象提供包括动态化、系统化、实用适用的课程服务。作为标准化战略实施与推进的重要支撑，开展系统性的国际标准化教育越来越重要，我国对培养更多高水平国际标准化人才的需求极为强烈与迫切。

欧美发达国家的标准化水平处于世界前列，其标准化教育各具特色。欧美发达国家目前已经形成了一套完整的教育体系，并将标准化知识融入国民教育体系中。美国重视培养中小学生的标准化基本素养，普及数千种国内和国际标准读物，高校为了塑造大学生在标准化领域的综合能力，在教学方案和行动措施中融入国际标准化内容。在标准化继续教育方面，美国根据培训者的从业特点而进行模块化设计，培养熟悉标准制定规则、契合组织利益且具备国际化思维能力的标准化人才。同时，面向私营部门为标准化人才提供能力成长平台，协助中小型公司参与标准开发，扩大标准开发的职员数量。

四、推进国际标准化的对策建议

（一）推进国内标准与国际标准制度相容

第一，积极推荐中国专家在重要的国际标准化组织中任职，全面谋划和参与国际标准化战略、政策和规则的制定，建立国际与国内标准化项目同步发展的工作机制，提升国际国内标准的一致性程度。第二，深化与相关国家的标准化合作机制，以"一带一路"带动高水平制度型对外开放，通过制度型开放扩大对全球多边规则框架的影响力。第三，政府加大对标准化事业的投入，将标准化纳入普通高等教育、职业教育和继续教育中，建立国际标准化人才激励机制，健全国际标准化人才评价选用机制。第四，加强外语翻译能力，实施标准一致性的程序来验证有关翻译，促进我国标准在全球快速传播。

（二）以标准开发促进新兴产业和未来产业发展

从国际上看，美国、德国、日本等发达国家不仅在装备制造、新能源、信息产业等新兴产业领域强化标准制定，还在人工智能、氢能汽车、大数据等未来产业领域加快标准布局。我国应依托《国家标准化发展纲要》和《新产业标准化领航工程实施方案（2023—2035年）》，实施富有前瞻性的技术标准研发计划：第一，围绕新兴产业和未来产业关键技术领域，根据技术特点制定标准化路线图，明确标准化布局及时间节点；第二，以制定的路线图为基础，广泛征集新兴产业和未来产业的标准化需求，推动新兴产业和未来产业关键技术标准化；第三，动态跟踪评估新产业标准的实施效果，及时开展标准复审，确保标准满足新产业发展需求，不断优化完善现有标准化技术组织体系；第四，要面向新兴产业和未来产业核心技术开展攻关，进一步突破关键技术标准、基础性标准以及行业应用标准，推动优势标准转化为国际标准，构建新产业技术研发和标准研制联动的创新机制，为我国抢占新产业国际标准话语权夯实基础。

（三）推进标准数字化以提升工业互联网竞争力

第一，成立专门的标准数字化转型工作机构，以标准国际化为战略指引，编制数字化标准工作指南，为制定工业互联网应用标准提供顶层框架和路径指引。第二，基于传统标准化工作与数字技术的深度融合需求，加快研制一批科学合理、技术含量高、能够支撑创新发展的基础标准，如标准数字化元模型、术语、数据处理、数据存储、数据交换、数据安全等，指导标准数字化工作有序推进。第三，结合产业基础再造和供应链发展需求，将大数据、人工智能等先进适用的科技创新成果融入工业互联网数字化标准中，逐步优化标准的技术体系和标准体系。第四，平台体系是工业互联网的中枢，要加快推动工业企业和工业设备上云上平台，将工业互联网标准转化为机器可读取、可解析的数据，提升工业互联网的国际竞争力。

（四）推进标准化战略评估

第一，开展标准化战略实施评估指标和方法体系研究，科学评价标准化发展水平。立足工业和信息化领域发展实践，以及标准化战略实施的阶段特征，从标准化全要素、全过程出发，全面梳理标准化发展评价指标体系。同时，研究测度指标体系和总体实施情况的方法，如通过召开相关方会议研讨、定期收集工作数据、委托第三方测评等方式，形成适应我国工业和信息化领域标准化战略的评估方法，推动标准化工作依据数据进行评价和决策，加快标准化工作从管理标准向管理数据、管理经济绩效转型。

第二，在标准化战略评估中确保开放性和透明度。坚持标准化战略评估的开放性，提高公众在评估过程的参与度，以保证评估结论客观公正。要建立健全标准化战略实施评估的信息公开制度，及时发布可公开的评估内容，接受公众评议，汇集各方意见，提高评估质量。要依据标准化战略实施的评估内容，加强与从事标准化战略实施机构的交流合作，通过优势互补、资源共享来提高评估的质量和水平。同时应建立广泛的国际交流平台，通过加强对话沟通相互学习、相互借鉴，提高评估的理论水平和实践能力。

第三，依据评估结果改进我国标准化战略。标准化战略实施评估成果的运用一般包括三个方面。一是改进标准化战略的实施过程。针对评估发现的主要问题和困难，采取针对性措施加以改进，提高标准化战略实施的整体效能。二是优化标准化战略方案。结合评估结论及时对标准化战略方案加以修订优化，推动最终目的顺利实现。三是完善标准化战略管理。通过评估为今后标准化战略的编制和实施提供可资借鉴的经验教训，从而动态提高标准化战略管理工作的能力。

（五）加快标准化与科技创新协同发展

第一，坚持目标导向，推动标准化与科技创新互动，加强关键技术领域标准研究，建立重大科技项目与标准化工作联动机制，健全科技成果转化为标准的机制，同步部署技术研发、标准研制与产业推广，加快创新成果转化应用。推动科研与标准研究、科技成果转化与标准制定、科技成果产业化与标准实施"三同步"，实现"科研成果—标准—市场化产业化"三级跃升。

第二，建立标准化与科技创新之间的有效沟通机制，促进标准化组织和科技创新机构之间的交流合作。通过定期会议、研讨会、培训等形式，加强双方的了解和合作，推动标准化和科技创新的协同发展。

第三，标准化应紧跟科技创新的步伐，及时更新标准内容，适应新技术、新产品和新模式的发展。通过加强标准修订工作，确保标准体系与科技创新的需求保持一致，提高标准的前瞻性和适应性。

（六）培养国际标准化人才

第一，在普通高等教育、职业教育和继续教育中科学推进标准化专业发展，着力加强标准化高端人才培养，造就一批精技术、通外语、掌握产业发展趋势、熟悉标准化工作程序、具有国际水平的高层次标准化专家。要推进标准化专业人才培养与标准化组织机构之间的教育融合试点，深化标准人才专业知识和技术知识的融会贯通。同时，要设立一批国际标准创新研究团队，凝聚科技攻关人员和标准化专家的力量制定高水平国际标准化战略。

第二，政府要加大对国际标准化事业的资金投入，加快实施和推进国际标准化战略。要科学合理地制订人才培养规划，形成从地方、行业到国家的多层次人才培养体系，扎实推进标准化人才培养各项工作。同时，积极借鉴国外发达国家标准化人才培养模式，搭建中外人才交流渠道和平台，使我国标准化人员有机会参与国际标准活动，真正培养具有国际视野的复合型标准化人才。

第三，建立国际标准化人才激励机制。探索和实施标准化工程师职业资格制度，将国际标准化工作成果纳入职称评定等人才评价体系中。建立健全国际标准化人才评价选用机制，将国际标准化高端人才纳入政府特殊津贴推荐范围，支持引进或聘用海外标准化高层次人才。同时，加大标准化人才的"引智"工程，聘用国外专家在标准化制度设计、政策咨询、战略研究和标准化重点项目中发挥优势作用。鼓励在华外资企业和专家参与中国标准制修订工作，充分借鉴和发挥外国专家在技术、经验方面的优势，提升我国技术标准水平。

（七）实现标准供给由政府主导向政府与市场并重转变

充分发挥政府和市场的作用，有效提高标准供给的效率和质量。第一，加强政府和企业、行业协会等相关主体合作，加强关键共性技术领域的标准化战略布局和设计，明确国际标准化路线图。第二，坚持"企业主体、市场导向、政府推动"的标准化工作原则，以企业标准领跑者制度为抓手，通过标准化服务协助企业提高其研发能力和标准化战略，提升企业标准化工作水平。第三，聚焦国际标准，鼓励企业积极参与国际标准化活动，支持各行业龙头企业开展国际标准制修订工作，提高国际影响力。

（八）推进绿色低碳标准化

第一，政府要强化绿色低碳标准化战略的研究和部署，加大对低碳技术创新的支持力度，实现绿色低碳科技创新与标准化的统筹协调与协同优化。

第二，推动社会团体加大力度开展双碳标准制修订工作，以先进的团体标准为基础提出国际标准提案，制定满足市场需求和创新发展所急需的国际化绿色低碳标准，为各领域绿色发展提供有效的技术标准支撑。例如，以国际标准化建设引领新能源汽车、绿色航空器等行业创新发展，推动智能光伏在工业、建筑、交通、通信等领域的创新应用等。

第三，在强化国家标准实施的评价和监督工作的基础上，积极引导企业制定和执行更高水平的绿色低碳标准，鼓励更多企业参与对标达标活动，加入绿色低碳领域标准领跑者行列。

作者：
姜彩楼，南京信息工程大学商学院教授、博士生导师、经济系主任
李锋，江苏省工业和信息化厅副厅长、研究员
孙玉涛，大连理工大学经济管理学院党委书记、教授、国家优秀青年科学基金获得者
崔维军，南京信息工程大学教授、博士生导师
刘维树，浙江财经大学副教授
贺文洁，南京信息工程大学商学院研究生
谭海涛，南京信息工程大学商学院研究生
寇宴铭，南京信息工程大学商学院研究生

第五部分

因地制宜发展新质生产力：
新质生产力实践

第十八章 江苏社科数字化建设的思路、问题及对策

一、社科数字化的本质及内涵

(一) 数字化及其误区辨析

数字化的本质是使用计算机二进制来表达和映射现实世界，目的是借助计算机强大的计算能力来处理复杂的数据和信息，以辅助人类。在数字中国建设的背景下，各行各业都在推进数字化进程。根据调研，我们发现当前对数字化的理解存在几个明显的误区。

一是将数字化简单地理解为信息化。许多人认为数字化就是系统开发。纵然这是数字化的首要步骤和具体实现形式，但如果仅站在信息系统的角度来理解，完全没有触达数字化的核心要义，即将线上业务信息沉淀为标准化、规范化的数据资源，并对数据要素进行有效开发利用，形成生产力。

二是缺乏顶层设计和系统观念。当前数字化浪潮下，每个部门都在各自推行数字化，没有在更高层面的统筹设计和系统推进，在架构设计、数据规范等共性标准缺失的情况下，造成了严重的系统、数据等方面"孤岛"现象。这会给今后的整体数字化带来极大阻碍。

三是"重功能轻规范"。在数字化进程中，尤其是系统设计中，偏重功能和应用端的开发，而对数据、标准、规则等底层规范问题重视不够，尤其是这方面的基础研究缺失。例如，专家系统对于社科研究很重要，但如何定义专家？如何对其画像？这些问题都是首先需要研究的基础性问题。

四是对技术和业务"两张皮"问题认识不到位。数字化最难的就是"懂

技术的不懂业务，懂业务的不了解技术"，常常出现"鸡同鸭讲"的现象，沟通成本大、效率低。这将导致做出来的产品"四不像"或者不好用。机构在推行数字化时对这个问题的重要性的认识程度，常常决定数字化成败。

五是先进技术应用流于表面。当前 AI、元宇宙等先进技术迭代很快，但大都是基础研发的突破或是通用功能的形成，而数字化的推进需要结合自身领域进行深入研究、落地应用，也就是根据需要进行再开发。目前大都采取"拿来主义"，盲目跟"大厂"合作，新技术落地效果差、"烂尾"现象比比皆是。

在江苏省推进社科数字化进程中，需要极力避开这些"坑"，自上而下以高度共识推进"数字社科"高质量发展。

（二）社科数字化的本质及逻辑步骤

社会科学的核心资源是专家及其代表的知识，其产出的具体表现形式是各式各样的成果，如发表论文、出版图书、会议演讲、培训内容、采访观点等。因此，社科数字化的本质是利用数字技术将专家和成果所表达的知识进行数据化沉淀及开发利用，从而提升社会科学研究的效能和品质。这个过程需要分几个逻辑阶段来完成。

首先是要围绕社科工作打造若干信息系统，如课题管理、成果管理、会议管理、内参管理等，将社科工作流程线上化。一方面提升工作效率效能，另一方面为数字化工作打下基础。其中应注意系统的统一性和唯一性，避免各自为政、重复建设。

其次要对社科工作的核心要素进行标准化研究和数据化沉淀，如建立成果库、专家库、政策库（各类文件、领导讲话等）、情报库等。其中最为关键的是对底层数据标准及规则的研究与制定，这是社科数字化的重要软基础设施，也是进一步挖掘并发挥数据要素价值的前提工作。

最后是充分运用先进数字技术手段，根据社科工作的需求和场景研发智能化工具，并将其嵌入系统之中，以此来赋能社科的研究、管理等工作。这是社科数字化的应用环节，也是最为显性、最容易被感知的阶段，主要应围绕社科专家、社科界领导和部门以及各个社科工作者的工作需要展开。

（三）社科数字化的特征与目标

社科数字化不是为了数字化而数字化，应当以我国当前经济社会发展形势对社科研究和管理提出的更高要求为目标来推进数字化工作。因此，相较于过去而言，数字化之后的社会科学应当具有以下几个更重要的特征。

1. 即时性。数字化社科应该能快速响应需求，进行高效产出与应用，这与传统社科研究模式形成鲜明对比。例如，当美国出台一项新的针对某个产业领域的法案时，数字化社科平台可以快速针对这个需求特点通过专家库的搜寻和匹配，找到在技术、产业、政策领域相关方面专家组合，协同分析研判，支持决策者迅速做出有效应对的举措。

2. 跨界性。传统社科的学科边界极为明显，这也是当前社科领域提倡"有组织研究"的原因。另外，跨界的范畴在学科边界外，还要跨"政产学研"边界，从而在更广泛范围内整合专家和知识。以研究"社交媒体对青少年心理健康的影响"为例，这个问题不仅需要理解社交媒体的使用情况（通信学或者信息科学领域），也需要理解青少年的心理健康（心理学领域），同时还需要理解青少年的社会环境（社会学领域），具备跨界研究的能力。

3. 纵深性。社会科学研究深度将在数字化的推动下不断拓展，基于数据库和大数据的研究使专家可以对更广泛数据进行深入挖掘，从中提取更深层次的信息和知识。以"全球气候变化对社会影响"为例，在传统研究中，由于数据获取和处理的限制，研究者可能只能对某个特定地区、特定时期的气候变化和社会影响进行研究，这就限制了研究的广度和深度。数字化社科可以获取和处理全球气候数据和社会数据，探讨对各地区、各社会阶层、各年代的影响以及这些影响的深层次原因和长期趋势。

4. 开源性。数字化可以作为工具实现社科知识的开源共享，突破了传统研究模式的局限。这里有两层含义：一是研究方法和工具的开源，二是研究成果的开源。首先，许多研究方法和工具可以通过互联网被广大研究者共享，已有的开源数据分析软件如 R、Python 等无须从零开始学习就能够高效处理数据和分析。其次，研究成果（包括数据、文章、报告等）可以发布在互联网平台上，在一定范围内访问和使用。以"Github"为例，这是一个全球最大的开源软件平台，许多社科研究者将自己的研究方法、工具、成果发布于其上与全球研究者共享。

5. 媒介性。过去，社科成果常常缺乏有效传播路径；现在，社科数字化能够将研究成果、数据和相关材料都以数字形式沉淀，这有助于将其在互联网上迅速传播。与此同时，自媒体平台（微博、微信公众号、抖音、哔哩哔哩网站等）也提供了方便的平台，使这些研究成果可以更广泛地传播到公众中。因此，社科数字化和自媒体的兴起相辅相成，提升了成果的传播和影响力。

6. 交互性。传统的研究成果往往只能静态呈现，在数字化推动下，社科成果或数据可以在数字化平台上动态和交互式呈现，使用者可以直接与其互动。例如，筛选他们关心的特定群体的数据，或者改变数据显示的方式（比如切换成不同类型的图表），甚至可以下载原始数据进行自己的分析。这样，研究成果的呈现和使用方式更加灵活和多元，大大提高了成果的使用效率和价值。

7. 全样本性。社科数字化使全样本研究成为可能，避免了小样本研究可能产生的偏差误导，提升了研究的准确性。而传统的社科研究，常常只能通过小样本或局部调查来进行。例如，以前的研究可能会依赖几百或几千人的问卷调查，但现在可以通过在线调查或社交媒体数据等方式收集数以百万计甚至数十亿计的数据样本。这使我们可以更准确地理解和描述社会现象，减少了由于样本偏差导致的误解。

（四）支持社科数字化的主要技术介绍

1. 自然语言处理。自然语言处理（Natural Language Processing，NLP）是要让计算机"理解"自然语言，目的是实现人机交流。NLP 更多是对文本进行处理，即对人们日常使用的语言进行处理。核心是研制开发能有效地实现自然语言通信的计算机系统（主要是软件），主要任务包括文本分类、关键词提取、情感分析、机器翻译、语音识别等。自然语言处理通常使用机器学习和深度学习技术来实现。

2. 知识图谱。知识图谱（Knowledge Graph，KG）是知识工程的重要分支之一，是一种用图模型来建模世界万物之间的关联关系的技术方法。知识图谱的基本组成形式为〈实体，关系，实体〉的三元组，实体间通过关系相互联结，构成了复杂的网状知识结构。知识图谱可以由节点和边组成。节点可以是实体，如一个人、一本书等，边可以是实体的属性，如姓名、书名，或是实体之间的关系，如朋友、配偶。知识图谱获取信息，将其集成到本体中，并应用推理器来获取新知识，在一定程度上可以赋能 NLP 技术。

3. 多模态识别。这是一种对文本、图像、视频、语音等多种维度信息进行识别的方法，可以弥补 NLP 单一的只对文字识别的短板，从而针对某一个特定主体对象进行多媒体、全样本数据的描述和存储。例如，运用此技术可以让计算机从一段新闻采访中主动识别出主体人物，然后对其声音进行音频信息识别。这种融合识别的方式能够很有效地提升识别效果，利用单向补足信息的方法来获取更全面的信息。

4. 智能推荐算法。推荐算法是一种利用用户历史行为、兴趣和社交网络等信息，为用户推荐个性化的内容或产品的技术。智能推荐已经从早期的内容推荐升级到个性化推荐。常见的智能推荐算法技术包括基于协同过滤的推荐算法、基于内容的推荐算法、基于深度学习的推荐算法、基于矩阵分解的推荐算法、基于图像处理的推荐算法、基于时间序列的推荐算法和基于强化学习的推荐算法等。不同的算法技术适用于不同的场景和数据集，因此在实际应用中需要根据具体情况进行选择和调整。

5. 大语言模型。大语言模型（large language model，LLM）指使用大量文本数据训练的深度学习模型，可以生成自然语言文本或理解语言文本的含义。大语言模型可以处理多种自然语言任务，如文本分类、问答、对话等，是通向人工智能的一条重要途径。大型语言模型是通用的模型，常说的 GPT（Generative pre-trained transformers）就是一种大语言模型，是生成式人工智能的重要框架。第一个 GPT 于 2018 年由美国人工智能（AI）公司 OpenAI 推出。现在大火的 ChatGPT 也是基于 GPT 实现的一个落地应用。

二、江苏社科数字化建设的现状

（一）江苏社科数字化建设的基础与成效

1. 作为社科大省，江苏拥有丰富的社科资源和成果，为数字社科提供了丰富的场景。据初步统计，"十三五"以来，全省从事哲学社会科学研究人员约 4.5 万人，具有博士学位的人员近 60%，拥有省级以上各类哲学社会科学人才称号 2000 多人，省级人才团队 50 多个。全省共获得国家社科基金项目 3430 多项，教育部人文社科研究项目 2540 项，140 余项成果获得第八届教育部高等学校人文社会科学优秀成果奖，位居全国前列。省社科基金项目立项 3400 多项，评出 2450 多项全省哲学社会科学优秀成果奖。全省共出版社科学术著作 5000 多部，在 CSSCI 期刊发表论文 30000 多篇，提交研究报告 19000 多篇。建成 2 家全国重点马克思主义学院和 21 家省级示范马克思主义学院，建成省中国特色社会主义理论体系研究中心及 16 家基地、省习近平新时代中国特色社会主义思想研究中心及 51 家基地，布局建设 12 家省重点高端智库和28家省重点培育智库，推进建设11家省哲学社会科学研究基地、12家人文社科类协同创新中心、75家省决策咨询研究基地。实施江苏文脉整理研究与传播工程，着力研究阐发江苏文化精髓及其时代价值，已推出《江苏文库》1000余册。江苏这些丰富的专家资源、项目资源、成果资源等，都能够为社科提供坚实的场景支撑。

2. 江苏较早认识到数字社科的重要性，并从制度层面开始规划引导，形成了良好基础。2021年8月，省政府办公厅印发《江苏省"十四五"数字政府建设规划》，明确提出到2025年基本建成基于数字和网络空间的唯实领先的数字政府，"用数据服务、用数据治理、用数据决策、用数据创新"形成常态；到2035年，数字治理体系和能力现代化基本实现，"数字化、智能化、一体化"现代一流数字政府全面建成。2021年12月，省委宣传部印发《江苏省"十四五"哲学社会科学发展规划》，明确提出实施数字社科建设工程，创新开展数字社科建设，运用互联网、大数据、人工智能等现代信息技术手段，促进社科资源的价值开发、共享开放。2022年9月，《江苏省哲学社会科学促进条例》正式施行，强调应当加强哲学社会科学数字化建设，推动大数据、云计算、人工智能等现代信息技术在哲学社会科学领域的应用；哲学社会科学工作主管部门、有关部门、社科联应当建设哲学社会科学管理服务信息化平台，完善专家库、项目库、成果库等专题数据库，提升管理服务水平。2022年11月，省委办公厅、省政府办公厅印发《江苏省关于贯彻落实国家文化数字化战略的实施意见》，提出要全面梳理江苏文化资源，依托江苏文脉整理研究与传播工程、江苏地域文明探源工程等，建设《江苏文库》数据库、"江苏符号"数据库、江苏记忆数据库、江苏方志数据库等一批江苏历史文化研究数据库；积极参与国家文化数字化标准体系建设，推广信息与文献相关国际标准，建立健全全流程文化数据安全管理制度。这些政策制度的出台都为江苏下一步数字社科建设奠定了坚实制度基础。

3. 各个领域积极探索社科数字化，在高校、科研机构、各设区市形成了前沿性探索经验。近年来，有关部门单位和地方在社科领域积极开展信息化、数字化、智能化的探索实践，取得了初步成效。省委宣传部推进建设了理论之光、省社科规划网、江苏智库网、江苏大讲堂等社科类网站平台，开发了省社会科学基金项目申报评审系统、科研管理系统等信息系统，有效促进党的创新理论研究阐释、改进社科基金项目申报管理和服务。省社科联加强社科服务工作网络平台建设，先后开发省社科联信息管理系统、哲学社会科学优秀成果奖评奖系统、哲学社会科学科研诚信信息系统、社科联理事会信息管理系统等社科服务平台,并将省社科联目前所有信息系统整合为全省性社科综合信息系统,基本实现社科服务的数字化转型。无锡市试点"智慧社科"建设,完成"一中心三平台"搭建,即社科联大数据中心和社科科研管理平台、社科学会管理平台、社科普及服务平台。南京大学建设人文社会科学大数据研究院,整合、发展各类大数据资源和技术,服务人文社会学科的科学研究和学科建设;建设中国人文社会科学评价中心,在 CSSCI 基础上,统计和发布人文社科研究的相关统计数据,提出人文社会科学研究以质量、创新、贡献为导向的评价制度与实施方案,探索完善哲学社会科学评价体系;建设数据智能与交叉创新实验室,获批教育部首批哲学社会科学实验室(培育),设立"数据工程与知识服务""虚拟仿真与社会计算""数字人文创新与应用""社会经济数据融合与创新""网络空间安全与风险治理""学术创新评价与智库服务"六个主要研究方向,重点建设3C与哲学社会科学评价、科技创新与社会计算、南海十库与数据资料整理开发、数字人文与语义出版等数据平台;长江产经智库开发"智云"数字平台,通过人工智能及大数据技术手段,赋能新型智库研究与运营,提升决策咨询工作的科学性、精准性和效率性。南京文投集团率先发布全国首个城市文化数字化整体解决方案——南京文都数字云平台,打造了南京文化大数据母库、金陵大数据库、文都大数据库、长江大数据库四大数据库,对接深圳全国文化大数据交易中心,成为江苏第一个文化大数据综合交易服务商;参加国家文化大数据标识基地建设试点工作,按照国家文化大数据标识基地的建设要求进行积极探索。

(二)江苏社科数字化面临的问题与挑战

1. 社科数字化工作缺乏整体统筹和顶层设计。社科数字化是一项复杂的系统工程,需要协调政府各部门、不同高校、社科联、社科院以及各社会机构的资源。当前江苏省社科各分支领域或各类型机构都纷纷开展探索,有的还在国内走在前列,但这些只是社科数字化工作的一颗颗亮眼的"珍珠",未能串成一根代表全省社科数字化的"项链"。这种各自为政的问题主要表现在:首先,缺少系统政策指引,社科相关部门与机构对于国家数字化政策的解读水平与程度各异,容易走入误区,造成投入资源的浪费;其次,缺少长期发展路线,局部性及分散性的数字化建设难以发挥长期运作的效能;最后,缺少协同工作机制,"各自为政"与"闭门造车"都成为各部门发挥合力的巨大阻碍。

2. 社科数字化工作缺少统一数据标准。建立一套统一标准是社科数字化稳步建设、走向成熟的重要前提与支撑之一，但目前江苏省在成果认定、专家画像等重要的基础数据还未形成一套标准，这种情况下，社科数字化犹如"空中楼阁"，难以稳步落实，无法实现规范化、规模化建设。统一标准的缺失带来了社科数字化建设中的痛点。一方面，标准涵盖了数字工作、数字平台、数字技术等诸多方面，缺乏标准既不利于工作对接，也不利于后续统一平台的搭建。另一方面，缺乏统一标准，导致监管部门在监管工作开展时抓手不够，底气不足。

3. 数字化建设"孤岛现象"严重。"孤岛现象"是当前国内数字化推进工作中的统一痛点，主要指数字化工作由各个部门、各个领域缺乏统一指挥，自顾自地搞建设，产生脱离最终形成各自为政的系统及数据集，形成社科数字化体系中的孤立闭环，导致沟通障碍与系统失效。社科数字化建设中的"孤岛现象"存在诸多方面，如在工作对接中，由于宏观指引的缺失与信息接收的差异，部门、机构之间形成了沟通壁垒；各机构在数据处理时标准性与逻辑性的不统一，形成数据孤岛，阻碍了数据集成和共享；数字化研发活动中，部门与机构之间长期以来相对封闭的发展模式，也造成了人才、资金等资源孤岛。

4. 技术与业务"两层皮"现象普遍存在。由于社会科学与科学技术之间思维模式、工作风格各具特色，在信息传递与接收时容易出现沟通不畅的问题，进而导致业务与技术难以融合。从技术方面看，业技融合度低体现在技术人员对于业务理解存在偏差，导致数字化成果无法满足预期需求，同时增加了返工造成的额外成本。从业务方面看，业技融合度低提升了业务人员利用数据平台搜寻信息的难度，加大了沉没成本，数字化服务无法发挥其应有效用。

三、江苏社科数字化的设计框架、重点内容与重要场景

（一）逻辑框架

搭建"1+N+X"逻辑框架（如图 18-1 所示），是实现江苏省社会科学数字化的有效路径。其中，"1"指搭建 1 个江苏特色的信息系统，汇集归纳

社科工作中各项环节和资源,面向专家、管理层、社会等多维度受众,实现信息的自动聚合、同步与发布。"N"指建设 N 个数据库,充分利用江苏省"数据大省"的资源优势,沉淀数据资源,通过对各类知识资源标准化处理,形成一套数据库运行及管理的统一规范,实现数据共享,消除"数据孤岛",打造社科领域数字资源底座。"X"指提供 X 个智能化服务,利用知识图谱、多模态识别、大语言模型等各类技术,为使用人员提供适用不同场景的智能化工具与服务。"1+N+X"的三个部分按照逻辑顺序同步发展,从而实现知识资源信息化、数据化、系统化、智能化。

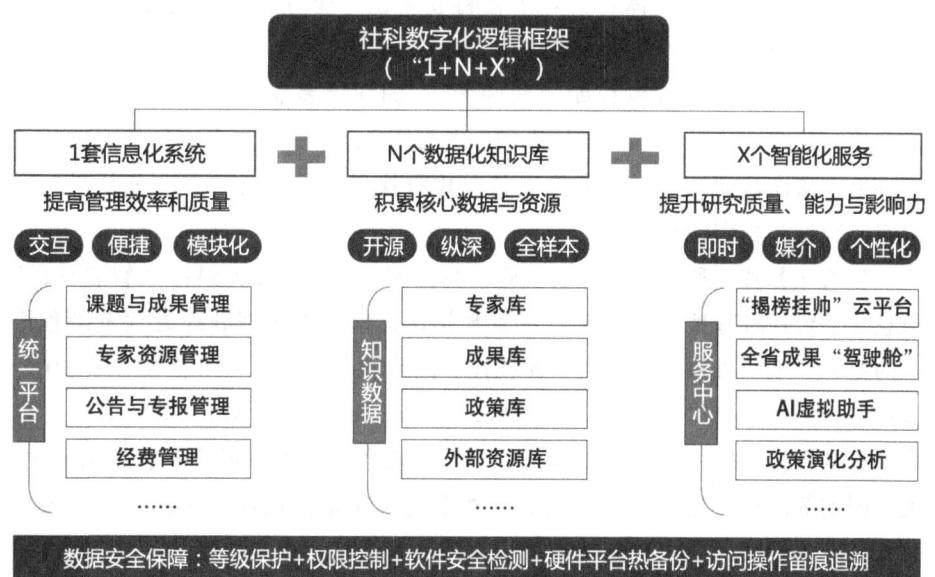

图 18-1 社科数字化"1+N+X"逻辑框架

(二) 应用场景

《中华人民共和国国民经济和社会发展第十四个五年规划和 2035 年远景目标纲要》对数字中国建设提出了"推动各类场景数字化"的需求,"场景"逐渐成为数字化建设的热点。社科数字化中的应用场景设计以社科工作者以及公众的需求为导向,聚合、沉淀、利用现有资源,利用大语言模型等技术构建交互系统,实现要素整合、流程再造、统筹管理。

1. 场景一:江苏文脉交互地图。江苏历史底蕴深厚,自 2016 年起,"江苏文脉整理与研究工作"启动,计划用 10 年时间全面梳理江苏历史文化脉络,该项工程在稳步推进中迎来下半场,截至2022年底,共计出版《江苏文库》1002册,收录与整理文献1985种,成为江苏社科的宝贵资源。

依托文脉工程的资源,将项目中收集的各类资源沉淀为数字信息,形成交互式的江苏文脉地图,除了基础的时间、事件、人物信息外,地图能够提供场景再现、语音解说等功能。对于参与文脉工程的社科工作者来说,能够拓展成果形式,讲好江苏故事和中国故事,同时,地图能够系统地展现工程已有成果,各个地点、事件、人物之间能够梳理出关系网络,更有利于后续研究;对于公众来说,交互式地图提供实景展示、实时解答等功能,具有更丰富的展示空间和互动体验;对于社科联来说,能打破与文旅部门的壁垒,共享双方资源,推动江苏文旅经济的发展。

2. 场景二:江苏社科智库"驾驶舱"。如同仪表盘能够反映汽车系统的工作运行情况,建设江苏社科智库的"驾驶舱",将社科智库工作情况体现在屏幕上,从而帮助社科智库工作人员、政府管理人员及时了解江苏社科领域的实时数据与相应动态。

目前江苏省社科领域已开始了建设数据库的尝试,如无锡市"智慧社科"信息化平台社科基地库、志愿者库等数据库,但由于数据处理方式及编程语言的差异,不同机构建设的数据库往往不能兼容或者合并,可以在"驾驶舱"建设时应用程序接口(Application Programming Interface,API)等工具,打通多源异构数据的壁垒,沉淀出标准化的数据资产,输出数据服务、数据地图、关联图谱等。最终通过数据中台,支撑前台应用敏捷响应、灵活创新,最大化数据资产价值,助力企业实现数字化的决策优化、业务创新。

"驾驶舱"可以开辟智库、政府、公众、第三方等多个端口,满足不同需求。同时打造不同的服务模块,如面向政府及第三方需求的智库专家画像展示、智库成果个性化推荐,面向智库需求的学术研讨活动发布、课题管理优化建议,面向公众需求的政策实时解读、舆论分析引导等。所需数据都可以从不同数据库中自动采集,并借助人工智能的学习,在"驾驶舱"输出不同端口需要的结果。

3. 场景三:江苏社科项目"揭榜挂帅"云平台。"揭榜挂帅"云平台可以从供需两方分别构建人才专家与政企榜单两大模块,实现社科专家与政府企业的点对点对接,极大地利用专家的智慧。

其中,需求层面的政企榜单按照社科类别、工作区域、合作类型、项目预算等条件提交信息;或根据政策规划,平台利用大语言模型(Large Language Model,LLM)自动生成需求,供政府企业选择确认。供给层面的人才专家相关信息可依托江苏省社科专家数据库，全方位获取研究方向、课题、知识产权、奖项等信息。

平台会根据两方包含的标签，自动进行字段的匹配，向需求方推荐合适的专家，向供给方传递适配的政企榜单，并及时更新榜单状态。

4. 场景四：智库服务能力考核及体检系统。系统可以提供智库能力考核与服务能力体检的功能。智库能力考核包括对智库的研究能力、政策咨询能力、社会影响力等方面进行综合评估，分别通过定量和定性评价的方式，对智库的能力进行全面考核。

体检系统通过收集智库的相关数据和资料，进行综合分析和归纳，以评估智库的服务能力。评估结果将生成能力体检报告，包括能力评估结果和突出的优势，也指出可能存在的不足之处。基于评估报告的结果，提供改进建议，通过帮助智库制订相应的提升方案。改进建议可以涉及人才培养、资源整合、研究方法创新等方面，以提高智库的服务能力和综合能力。

通过智库能力考核与服务能力体检系统，智库能够对自身能力进行客观评估，了解自身的优势和不足，并根据评估结果和改进建议进行提升。这有助于智库提高研究水平、加强政策咨询能力，增强社会影响力。最终目标是通过智库能力考核与服务能力体检系统，对智库的能力进行考核和体检，以评估其综合能力并提供改进建议。

5. 场景五：大模型赋能政策研究工具箱。该场景是利用大语言模型技术，构建一个政策研究工具箱，借助先进的技术和功能，深入分析政策问题，为研究人员提供科学决策的支持和辅助。

在使用过程中，系统会基于大模型技术构建一个功能强大的政策研究工具箱。该工具箱涵盖政策演化、政策评估等功能，可以帮助政策研究人员全面分析历史政策的延续和政策之间的关联。

工具箱可以分析历史政策的延续性，并关联历史政策与当前政策，以便更好地理解政策的演变和发展趋势。通过分析历史政策的延续性，帮助他们深入探索政策的演进路径和影响因素，以及不同政策之间的相互作用和效果传导。通过考虑政策间的关联性，工具箱可以提供更全面和准确的政策分析，为研究人员提供更深入的研究洞察和决策支持。在资政建言上，针对不同的政策方案提出更有针对性的建议。

（三）数字平台

数字平台由资源底座、业务系统、可视化前端三大板块组成，设计思路如图 18-2 所示。

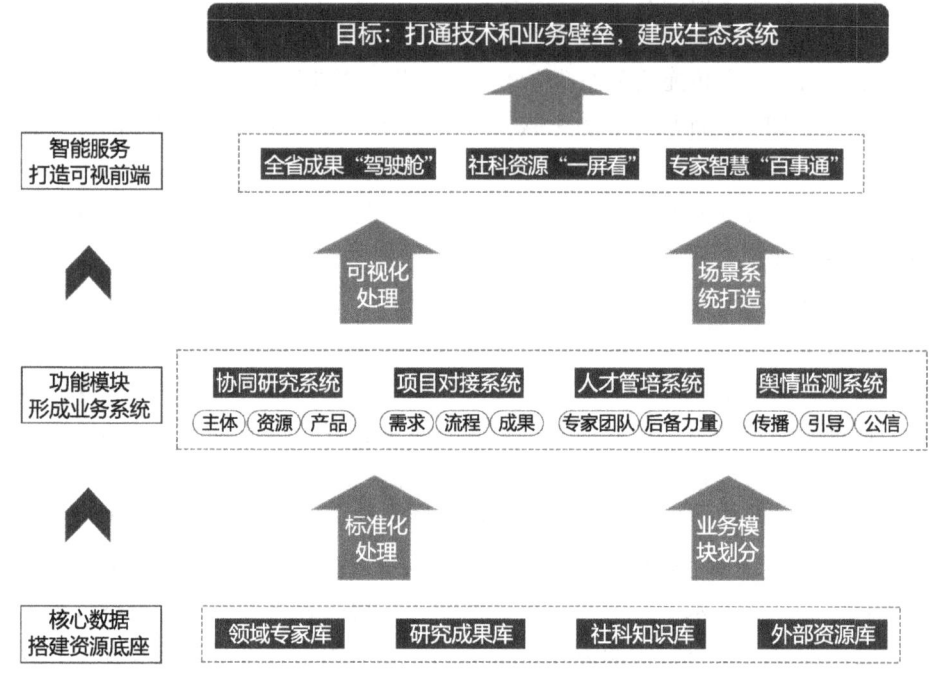

图 18-2　数字平台设计思路

1. 核心数据搭建资源底座。社科数字化的本质是将社科类的知识资源进行数字化的开发利用，因此江苏社科数字化的第一步是整理汇总现有资源，并通过信息化、标准化的处理，形成知识沉淀，搭建知识资源底座，供后续系统使用。与社科工作相关的数据库包括领域专家库、研究成果库、社科知识库、外部资源库。

领域专家库指社科及其他领域专家的详细信息资源库。专家库可以提供研究方向、知识产权、课题项目、学术成果、工作机构、资质奖项等系列信息，根据信息类型实现多维度的专家分类，分配相应属性标签。

研究成果库指社科类别下各种课题项目成果资源库，包括但不限于论文、报告等文字类成果，峰会、论坛等活动类成果以及技术应用类成果。

社科知识库指社科大类下各细分学科的理论知识资源库，包括以经管法政社五大类及其细分学科领域的各类理论知识、研究模型等从古至今所有的社科智慧。

外部资源库指江苏省社科组织架构外各研究机构、高校院所开放共享的数据资源库，如中国社会科学院开展的中国综合社会调查（Chinese General

Social Survey，CGSS)、中国人民大学中国调查与数据中心和中国人民大学中国政府统计研究院建设的中国社会调查开放数据库（Chinese Social Survey Open Database，CSSOD）等，作为江苏省资源的补充。

2. 功能模块形成业务系统。根据社科工作中的各类主客体划分出不同业务模块，并按照业务功能和场景需求整合为不同系统，以实现社科工作协同。业务系统包含协同研究系统、项目对接系统、人才管培系统、舆情监测系统等，业务模块与业务系统都不是独立的，而是处于一个动态的生态环境。

协同研究系统包含研究主体、研究资源、研究产品等与研究相关的各要素。研究主体包括智库专家、高校教师等研究人员，研究资源包括数据分析工具、数据库等辅助研究的各类资源，研究产品包括社科课题生成的成果、服务等。

项目对接系统包含项目需求发布、项目流程追踪、项目成果上报三个方面，保证需求和资源之间的高效及时对接。

人才管培系统包含专家团队组建、后备力量培养。专家团队模块对于入库专家进行推荐、评价、考核等方面的管理，后备力量模块通过慕课、培训等方式对于社科领域的新生力量进行有组织的引进和培养。

舆情监测系统紧扣传播力、引导力、影响力、公信力四个方面，利用政策数据库、新媒体资源库，进行政策解读、舆论监督及引导。

3. 智能服务打造可视前端。可视化前端能够整合业务系统，直观地展现所有信息，及时反馈资源库和系统的更新状态，并根据用户端的特征与需求提供个性化需求。可视化前端包括全省成果"驾驶舱"、社科资源"一屏看"、专家智慧"百事通"。

全省成果"驾驶舱"对于江苏省内各市县区的社科工作进行实时监管，通过文本分析工具辨别工作成果中的情感及舆论导向，以二三维图像和数据可视化手段感知社科工作态势，助力领导智能高效决策。

社科资源"一屏看"基于江苏文脉、社科平台、研究工具等社科类的资源，搭建社科数字全景，提取资源关键词，展现热点资源，并根据用户端的需求进行个性化推送。

专家智慧"百事通"是一类人工智能聊天程序。通过自然语言处理（Natural Language Processing，NLP）和大语言模型学习社科领域的资源，集聚所有专家智慧，使用者可以以各种形式向其提问社科问题，并得到专业反馈。

四、高质量建设江苏数字社科的建议

（一）完善数字顶层设计，推进数字资源共享机制

智库数字化建设是一项复杂的工程，其过程受到政治、经济、科技等各种社会因素的影响，所以江苏社科数字化建设要加强统筹协调，强化数字化转型意识，建立共享机制。第一，政府统筹协调，加强制度保障。目前江苏智库积累了大量的研究数据与业务数据，这些数据主要由各智库独自管理，并仅限于有限范围内的分享应用，人为地制造了数据壁垒。因此，需要政府制定相关政策，引导和促进各智库落实数据共享，提高数据汇集效率。政府应加强政策引导，营造良好大数据发展环境，构建开放、平等、公正、有序的数据生态，设立数据标准，规范数据格式，开展数据质量监管与动态评估，保障数据准确性、完整性和可及性。第二，强化数字化转型意识，树立共建共享理念。明确数字化发展目标，制订具有针对性的建设规划。智库应将创新数字化发展的理论、技术、规则等方面置于战略位置，持续深入推进顶层设计，在实践探索中，为智库数字化发展夯基垒土。一方面，智库应当针对自身信息化建设现状制订短期及中长期规划，明确未来信息化建设方面的发展定位和目标，制订具体的行动规划和宏观纲要。另一方面，实行差异化定位，避免重复生产和同质化竞争，努力形成定位明晰、特色鲜明、制度创新、引领发展的独具中国特色的社科数字化智库。第三，建立共建共享机制，实现互联互通。目前江苏智库大多信息共享意识不强，各自为政，缺乏有效的共享机制，容易出现重复建设现象。因此，江苏智库应利用互联网将自建特色资源、自有研究方法和工具、优秀成果等整合成智库研究平台，为丰富智库产出提供必要保障。

（二）梳理现有社科资源，优化数据资源利用效率

首先，对江苏社科资源进行全面盘点，确定每个机构的主要研究方向和优势领域，以便在需要进行跨领域研究时能找到合适的合作机构。其次，需要对现有的研究成果进行归类和整理，将相关的研究报告、学术论文、政策建议等按照主题、领域、发布日期等标准进行分类，方便后续的检索和使用。

最后,也需要对社科人才资源进行整理,包括了解每个专家的研究领域、研究成果、工作经验等,建立起一个社科人才库,以便在需要时能快速找到合适的专家进行决策咨询或合作。此外,还应对社科研究的资金来源和投入情况进行梳理,了解各种研究资助的申请条件和流程,提供给需要的研究人员。

(三) 确定数字化的标准,保障信息质量和一致性

数字化建设标准先行,首先要设立数字化保障体系工作小组,由数字化保障体系领导小组构建智库的大数据标准体系,以元数据规范采集并整合历史数据、业务数据以及与智库领域相关的其他多源数据,严格执行数据质量和数据安全管理,确保数据准确、来源可靠且可追溯。将智库大数据标准体系总体上分为基础标准、数据标准、技术标准、管理标准等模块,涵盖智库术语概念、元数据、数据分类、采集处理、数据服务和质量管理、安全管理、共享管理等内容的标准和规范,重点解决数字内容创建、描绘、交汇与组织过程中的标准化问题。如制定《智库成果标准》《数字资源唯一标识符规范》《智库通用元数据》《数据库集核心元数据规范》《统一认证规范》《数据安全管理规范》等文件,促进数据互联互通,推动数据共享和业务数据协同。同时,该标准体系也可以作为各智库信息化建设、信息系统和其他特色数据库建设的指导规范。

(四) 整合已有分散系统,提高智库资源协同共享

为了实现信息共享,破除"信息孤岛",智库系统的整合和优化显得至关重要。为了实现这一目标,我们采取三步策略:第一,可以建立一个跨智库的工作小组。这个工作小组应该由各个智库的技术专家和决策者组成,这样能够保证项目在各个方面的需求和挑战都能得到充分的考虑和应对。第二,对所有智库的信息化平台进行全面的盘点和评估。明确各个平台的主要功能、优点及存在的不足。同时,全面了解这些平台所包含的数据类型、数据量、数据更新频率等关键信息。第三,科学设计与规划整合方案。保留原有系统的优点并弥补其不足,在符合实际的情况下选择一种最适合的数据平台架构,并确定数据迁移和合并的具体步骤。

(五) 打造全社科一张网,实现社科资源无缝整合

全社科一张网需要整合各个学科的研究成果、数据资源、政策分析等内

容，涵盖内容较广，涉及对象较多，所以需要从数字化平台、工作机制、资金支持及人才培养四个方面进行实施。第一，打造全社科一张网的关键是建立一个统一、高效、易用的平台。这个平台需要具备强大的数据处理、分析和展示功能，可以通过人工智能、大数据等技术进行数据挖掘和智能化服务。第二，打造全社科一张网的核心是建立一个良好的工作机制。建立良好的互动机制方便智库专家进行交流、合作和学习，为智库和提供一种多元化、灵活的交流环境，同时，需要建立一套高效、灵活的管理制度，具体包括数据管理、内容审核、用户管理等。第三，打造全社科一张网的支柱是需要得到政策和资金的支持。政府可以出台相关政策，鼓励各个学科的整合和协同，同时提供必要的资金支持。第四，打造全社科一张网的基石是人才培养。智库的良好运营需要一支既懂技术又懂学术的团队，这需要对人才进行系统的培训和引导，培养他们的数据处理、分析和管理能力。

（六）寻求江苏建设特色，突出江苏智库独特价值

在寻求江苏社科数字化建设的特色方向时，可以从以下几个方面进行考虑：第一，强化区域经济特色，打造江苏特色数字化平台。江苏作为中国的经济强省，其经济特色多元化且地域性强。例如，苏南地区是中国改革开放的前沿，工业和现代服务业发达；苏北地区则是农业强区，有丰富的农业资源。因此，可以考虑建设以地域经济特色为主题的数字化平台，例如，苏南经济发展数字化平台、苏北农业数字化平台等。第二，凭借丰富的历史文化资源，建立江苏特色资源库。江苏有着丰富的历史文化资源，可以根据江苏的特定历史、文化和地理特征，建立与历史文化遗产相关的数据库，如江苏园林数据库、南京历史文化数据库等、红色资源库、文脉库等。第三，依托科技创新能力优势，开发高新技术领域资源库。江苏在科技创新方面具有显著优势，尤其是在新能源、人工智能、生物医药等高新技术领域，可以考虑建立以科技创新为主题的数据库，如江苏新能源数据库、南京人工智能数据库等。

作者：
徐宁，南京大学长江产业发展研究院副院长

第十九章 产业项目招引政策的风险与化解

一、我国产业项目招引政策的变迁历程

(一) 1978—2000 年：以外资为主阶段

1978—2000 年，我国地方政府产业项目招引工作处于起步和探索阶段，产业项目招引的对象主要以引进港澳台资和外资为主，产业项目招引的优惠政策也基本面向港澳台资企业和外资企业。

我国地方政府的产业项目招引优惠政策最初是从经济特区吸引外资开始的。1979—1980 年，中央先后批准广东、福建两省在对外经济活动中实行特殊政策和灵活措施，并在深圳、珠海、汕头、厦门四地试办经济特区，特区内对外商投资实行一些特殊优惠政策。1980 年 8 月，全国人大常委会批准施行的《广东省经济特区条例》第十四条规定："特区企业所得税税率为百分之十五。对在本条例公布后两年内投资兴办的企业，或者投资额达五百万美元以上的企业，或者技术性较高、资金周转期较长的企业，给予特别优惠待遇。"在开放之初，由于产业项目招引工作刚刚起步，缺乏经验，立法还很不完善，外商来华投资顾虑较多，因此，吸引外资数量不多。

1983 年 5 月，国务院召开了第一次全国利用外资工作会议，总结了对外开放以来利用外资的初步经验，统一了认识，进一步放宽了吸引外资的政策。1983 年 9 月，中共中央、国务院印发的《关于加强利用外资工作的指示》，在放宽税收政策、提供一部分国内市场、放宽对设备进口限制等方面对外资企业提出了明确的优惠政策。如在所得税方面，对中外合资经营企业实行

"两免三减半"政策。而根据1984年10月1日起施行的《国营企业调节税征收办法》,当时特区外国营大中型企业所得税税率高达55%。

1984年和1985年,国务院先后决定进一步开放上海、天津、大连、青岛、广州等14个沿海港口城市,将长江三角洲、珠江三角洲、闽南厦(门)、漳(州)、泉(州)三角地区开辟为沿海经济开放区,对这些城市和地区在利用外资方面实行优惠政策,同时采取了扩大地方外商投资审批权限等一系列措施,并逐步完善立法。1986年10月发布的《国务院关于鼓励外商投资的规定》,对外商投资举办的产品出口企业和先进技术企业,在场地使用费、信贷资金、企业所得税减免、利润汇出和再投资等方面,给予了特别优惠的"超国民待遇"。这些举措初步改善了我国的投资环境,发挥了各地利用外资的积极性,吸引外资的速度开始加快。1988年党中央、国务院决定将沿海经济开放区扩展到北方沿海的辽东半岛、山东半岛及其他沿海地区的一些市、县,批准海南建省和设立海南经济特区。1990年决定开发和开放上海浦东新区。这些规定和举措使吸引外资的环境得到了进一步的改善,外商投资有了较快地发展。

1992年南方谈话之后,国务院决定进一步开放6个沿江港口城市、13个内陆边境城市和18个内陆省会城市,在全国范围内全面推进对外开放,使我国的投资环境得到了很大的改善,引资工作在广度和深度上都有了新的大发展。当年10月,党的十四大报告提出,要"进一步扩大对外开放,更多更好地利用国外资金、资源、技术和管理经验"。此后,引进外资被当作改革开放的标志,政策上对外资企业的优惠力度进一步加大。一些地方政府率先成立了诸如招商局、外商投资服务中心、国际投资促进中心等产业项目招引机构。随后,地方政府竞相出台更大力度的产业项目招引优惠政策。有的地方政府甚至突破国家基本税率和"两免三减半"的优惠政策底线,出台"四免四减""五免五减"的税收优惠政策,或者直接承诺零税费。这些行为易造成政府职能缺位、错位和越位,导致产业项目招引初衷难以实现。

(二) 2001—2012年:外资、内资并重阶段

经过十多年的经济发展,东部沿海地区逐步建成了比较完善的外向型产业体系,完成了资本的初步积累,逐步从劳动密集型产业向技术密集型和资本密集型产业转变。2004年底,浙江省经济工作会议正式提出"腾笼换鸟"的发展思路。所谓"腾笼换鸟",就是要"按照统筹区域发展的要求,积极参

与全国的区域合作和交流，为浙江的产业高度化腾出发展空间"。2008年5月，广东省也正式提出"腾笼换鸟"的经济发展战略。与此同时，在区域经济非均衡发展战略下，广大中西部欠发达地区与东部发达地区的差距日益扩大的事实也越来越受到人们的关注。为改变这一状况，我国相继作出实施西部大开发（2000年10月）、振兴东北地区等老工业基地（2003年10月）、促进中部地区崛起（2004年3月）等重大战略决策。决策层希望通过加大对中西部地区政策、资金支持力度来逐步缩小区域间差距，中西部地区也适时提出一系列相关配套政策与措施，其中之一就是大力开展产业项目招引工作，主动承接东部地区的产业转移，吸引企业落户和资金流入，以推动经济增长。这一时期，民企、民资也逐渐成为了各地特别是中西部地区产业项目招引争夺的对象。

在经济全球化和我国加入WTO的背景下，我国进一步加强与国际经济的接轨，通过更加灵活多样的产业项目招引手段吸引更多的资金和更高端的产业进入。尽管东部沿海地区仍将是我国外商直接投资区位选择的首选地区，但也逐步由沿海地区向中西部地区推进。

在上述大背景下，我国地方政府产业项目招引的对象，由之前的以引进外资为主，逐步转向外资、内资并重。我国地方政府产业项目招引的优惠政策，也随之由对外资企业的"超国民待遇"转为国民待遇。2008年1月1日起施行的《中华人民共和国企业所得税法》，实行"两税合一"，内外资企业的所得税率统一为25%。自2010年12月1日起，我国决定统一内外资企业以及个人城市维护建设税和教育费附加制度，从而基本取消外资企业的"超国民待遇"。尽管如此，新的问题又出现了。为了吸引包括港澳台资和外资企业在内的外地企业落户本地，各地方政府竞相出台诸如提供更多税收返还和降低土地价格的优惠政策，甚至出现了"引税"现象，严重影响了国家的财政收入。

（三）党的十八大以来："双招双引"阶段

随着经济转入高质量发展新阶段，我国开始由出口导向型向内需扩大型转变，而转变的载体就是城市化和土地财政。城市化进程进入后半段，城市的发展和竞争开始出现分化，这个时候，各地开始出现"抢人"大战。随着市场经济的日益成熟和新常态下经济增长方式、增长动力的变化，政府主导招商引资、过于侧重招商引资从而忽略其他促进经济可持续发展因素的弊端逐渐显现，产生了诸如招商引资成本高、效率低、项目质量不高、环境代价大、经济发展可持续性不强等一系列问题。随着城市间竞争的日益激烈，部分地方政府逐渐意识到单纯招商引资已不能适应经济发展新形势，人才在城市间竞争中起着至关重要的作用，越来越重视人才对地方经济高质量发展的推动作用，部分地方将以招商引资、招才引智工作为主要内容的双招双引工作作为政府的头号工作。党的十八大提出，要"提高利用外资综合优势和总体效益，推动引资、引技、引智有机结合"，我国地方政府产业项目招引也随之转向"双招双引"（招商引资、招才引智）新阶段。

在"双招双引"新阶段，我国地方政府产业项目招引优惠和奖励政策也经历了从规范管理到"再加码"的变化。截至2013年10月，区域性优惠政策几乎涵盖了全国所有省份；有些地方政府或财税部门甚至通过税收返还等方式，变相减免税收，制造政策"洼地"。为此，2013年11月，党的十八届三中全会提出：完善税收制度，要"按照统一税制、公平税负、促进公平竞争的原则，加强对税收优惠特别是区域税收优惠政策的规范管理"。2014年11月，《国务院关于清理规范税收等优惠政策的通知》强调：在全面清理已有的各类税收等优惠政策的同时，要从统一税收政策制定权限、规范非税等收入管理、严格财政支出管理等方面切实规范各类税收等优惠政策。应该说，这既有利于营造公平竞争的市场经济环境，又有利于履行我国加入WTO时的相关承诺。

受美国等发达经济体"再工业化"和印度尼西亚等东南亚发展中经济体低成本要素优势的双重夹击影响，我国实际使用FDI增速不断下滑，外商投资企业实际使用FDI占全社会固定资产投资的比重等运行指标也持续下降。从2017年1月起，国务院连发四份文件，试图"稳外资"，即《国务院关于扩大对外开放积极利用外资若干措施的通知》（2017年1月）、《国务院关于促进外资增长若干措施的通知》（2017年8月）、《国务院关于积极有效利用外资推动经济高质量发展若干措施的通知》（2018年6月）和《国务院关于进一步做好利用外资工作的意见》（2019年11月）。2020年以来，新冠疫情给全球跨境投资带来巨大冲击。2020年8月，国务院办公厅印发《关于进一步做好稳外贸稳外资工作的意见》，从引导加工贸易梯度转移、给予重点外资企业金融支持、加大重点外资项目支持服务力度、降低外资研发中心享受优惠政策门槛等方面提出15项具体政策措施。

在上述背景下，从2017年起，地方政府再次掀起了新一轮产业项目招引热潮。以中部6省为例，湖北、湖南、河南、安徽、江西、山西纷纷制定新的招商引资和"双招双引"文件,从加大财政、税收、金融支持,加强土地供给、人才和用工保障等方面制定完善相关优惠政策。不仅如此,越到基层政府,产业项目招引优惠力度越大。以湖北省为例,各地级市政府纷纷将招商引资工作列为"一号工程"。2017年1月,武汉市和鄂州市最早把招商引资作为其赶超发展"一号工程"。同年4月,武汉市委、市政府印发《关于全面推进招商引资"一号工程"的实施意见》。随后,湖北省所有地级市政府均提出实施招商引资"一号工程"。利用高额奖励招商引资是"一号工程"最大的特色。如,根据自2018年1月1日起开始实施的《武汉市招商引资奖励办法(试行)》,对该市新引进注册落户的企业,其实际固定资产投资在2年内累计达到2亿元人民币以上的,最高可获得800万元人民币的奖励。产业项目招引优惠政策尽管有利于促进地方投资增长和经济发展,但也扰乱了市场经济秩序,加剧了地方政府恶性竞争,进而严重影响了企业公平竞争和统一市场环境建设。

二、地方政府产业项目招引政策的主要手段

(一) 提供税收优惠

税收优惠是改革开放初期地方政府产业项目招引最主要的优惠政策。自2014年国务院开展清理规范税收等优惠政策以来,税收优惠政策的规范性有所增强,但其仍为地方政府产业项目招引的重要优惠政策。广东《关于以制造业为重点促进外资扩增量稳存量提质量的若干措施》提出,落实境外投资者以分配利润直接投资暂不征收预提所得税政策,优化办税流程,对符合条件的企业实行"申报即享受"。落实国家科技创新税收政策,外商投资企业发生符合条件的研发费用支出可享受税前加计扣除,采购设备按照规定享受免退税优惠政策。

(二) 强化土地保障

与税收优惠相似,土地优惠也是改革开放初期地方政府产业项目招引最主要的优惠政策。随着我国经济转入高质量发展新阶段,土地资源变得越来

越稀缺,土地价格优惠政策也日益规范,但仍为地方政府产业项目招引的重要优惠政策。比如,扬州江都区提出,固定资产投资额1亿元(或1000万美元)以上项目,以土地出让价为基数,按基数的20%—90%通过基础设施补助形式分类分比例奖励给企业。福建省闽清县产业项目招引政策提出,以现行出让最低评估价格进行公开出让,按合同约定时限项目建成后,按每亩3万元给予基础设施补助。

(三)加大财政奖励

财政奖励和税收优惠有联系也有区别。近年来,财政奖励日益成为地方政府产业项目招引的重要优惠政策。如,南京市提出:对于新引进的综合型总部企业,可按其在宁实收资本的6%给予最高不超过1亿元奖励;对于新引进的区域型总部企业,可按其在宁实收资本的4%给予最高不超过1000万元奖励;对于新引进的功能型总部企业,可按其在宁实收资本的2%给予最高不超过500万元奖励。浙江省衢州市提出,新引进工业项目实际完成固定资产投资10亿元(含)以上,且其他各项控制指标达到协议约定有关条件的,可享受职工在衢购房补助100套(含),每套补助不超过20万元(含)。企业实际完成固定资产投资在上述基础上每增加10亿元,可享受职工在衢购房补助套数相应增加100套(含),每套补助不超过20万元(含),上不封顶。补助期限按协议约定执行,补助金额按企业实际在衢购房套数兑现。

(四)加大金融支持

与财政奖励一样,金融支持也是近年来地方政府招商引资的主要政策。如,南京招商引资政策提出,支持银行金融机构设立低于贷款市场平均利率的"专精特新贷"产品,优先给予再贷款、再贴现。设立"专精特新保"融资担保产品,为企业融资提供增信服务。在南京金服平台上,企业可享受年度累计6000万元额度的"零成本"民营企业转贷基金,可对授信2000万元以下无抵押、无质押"宁创贷"流动资金贷款申请免保费政策性担保。支持企业在北京证券交易所上市、融资,按照现行科创板标准给予补贴。

(五)加强基础设施和公用事业配套建设支持

尽管提供基础设施和公用事业配套是政府的公共责任,是改善营商环境的重要举措，但一些大的产业项目往往要求基础设施和公用事业具有一定的专用性，或者要求符合其特殊标准，政府往往会投入大量资金进行建设。我国各级经济开发区、高新技术产业开发区、出口加工区、保税区等各类工业园区大多采用此种优惠政策。

（六）征地拆迁、厂区建设方面的支持

在征地拆迁、厂区建设方面，我国地方政府发挥着特别重要的作用。尽管其不是直接优惠，但政府也有很多投入，因而也算是优惠政策。以湖南省邵阳经济开发区2021年的"春雷行动"为例，2021年3月，邵阳经济开发区提出，开启产业项目建设"春雷行动"，把征地拆迁、安置项目建设及交付、土地报批、土地出让、融资、招商引资六大方面作为主攻方向，全面推进园区发展。滁州市来安县汊河镇经济开发区提出，对符合园区主导产业，固定资产投资到位3亿元以上、科技含量高、产业带动力强的工业项目，确需代建厂房的，由园区根据项目需要出资代建厂房，投资方须交纳不低于其固定投资额10%的代建保证金并与投资方通过合同约定回购期，最多不超过5年。

（七）帮助招工和培训员工

在"招工难"时代，这项措施很受企业欢迎，其主要特征是"惠强惠大"。以2012年河南省引入富士康为例，2012年8月，富士康郑州公司需要新招收20万名工人。同年8月4日，河南省政府省长办公会决定协助富士康招募工人：将任务分配给该省17个省辖市政府和1个省直辖县级行政单位，并由省财政厅给富士康新招收的工人每人每月200元补贴，一直发放到2012年年底。再例如，广东《关于以制造业为重点促进外资扩增量稳存量提质量的若干措施》提出，支持外商投资企业与职业院校（含技工院校）、职业培训机构等开展新型学徒制培训，鼓励外商投资企业申报省高职教育现代学徒制试点，加快企业所需技能人才培养。支持外商投资企业在符合相关规划和用地政策前提下，利用自有存量土地建设保障性租赁住房等配套设施用于解决员工住房问题。

（八）地方国资注入或地方国企的支持性合作

地方国资注入或地方国企的支持性合作是最近几年兴起的优惠方式。以

2020年安徽省合肥市引入蔚来汽车为例，2020年4月29日，蔚来汽车对外宣布，其与合肥建投、国投招商、安徽高投等战略投资者签署关于投资蔚来中国的最终协议：蔚来汽车将向蔚来中国投资42.6亿元人民币，同时注入中国范围内包括整车研发、供应链与制造、销售与服务、能源服务等核心业务与相关资产（估值177.7亿元人民币）；合肥建投、国投招商和安徽高投等战略投资者将向蔚来中国投资70亿元人民币。投资完成后，蔚来汽车将持有蔚来中国75.9%的控股股份，合肥建投等三大战略投资者将合计持有蔚来中国24.1%的股份。这笔国资的注入，堪称蔚来汽车的"救命稻草"。蔚来汽车年度财务报告显示：2019年，其净亏损高达112.96亿元；2020年，其全年实现营业总收入162.58亿元。

（九）帮助重点企业引入配套企业、补齐产业链供应链

近年来，配套企业的引进、产业配套体系的促进、产业链供应链的强化等措施，逐渐成为地方政府产业项目招引的创新措施。目前，江苏、江西、湖南、湖北、安徽、广东、山东等20多个省份纷纷借鉴推广浙江省2019年首创的产业链"链长制"招商模式。这一模式是以培育产业集群为目标，以"建链、补链、强链、延链"为重点，以招大引强为着力点，以招引标杆性企业和引擎性项目为核心，推动产业链攀升和价值链提升发展的一种产业项目招引新模式。该模式取得了良好效果。2020年，浙江实际使用外资157.8亿美元，同比增长16.4%，增速高于全国平均水平11.9个百分点。

（十）对引进的研发人员等高端人才进行奖励

党的十八大以来，研发支持和人才引进鼓励支持日益成为我国地方政府产业项目招引优惠政策的重要形式。南京提出：对新认定总部企业年薪收入应纳税所得额50万元及以上的在宁高层次科技人才，根据其对南京市的科技贡献，给予每年最高50万元、总额最高100万元奖励。总部企业人才可依据相关规定申领紫金山英才卡，分层次享受落户安居、子女教育、健康医疗、文化旅游、体育健身、交通出行、法律金融等服务。

三、各地产业项目招引政策竞争面临的风险分析

（一）破坏全国统一大市场建设

廉价供地、税收减免是地方常见的招商引资优惠政策手段，这些在一定程度上会导致生产要素价格扭曲，公平竞争的市场环境不健全，进而阻碍全国统一大市场建设。一是扭曲市场价格。以土地供应价格扭曲为例，地方政府通常以符合国家规定的价格进行土地出让，用地人缴纳土地出让金后，再通过产业扶持资金、土地延期交付补偿、贷款贴息、基础设施补贴等方式给予补偿，间接实现低价格或者免费的土地使用权。这类行为不仅容易引发地区间在工业用地供给上的"逐底竞争"的互动模式，也扭曲了土地价格对土地稀缺程度的信号显示，企业对土地集约利用的紧迫感相对缺乏，催生了企业随意增加用地需求甚至发生"圈地"的行为。二是扭曲市场公平竞争环境。各地招商引资最有效、最立竿见影的办法就是给优惠政策。全国各地从省到县几乎层层都出台了优惠政策。比拼优惠政策的后果就是，企业往往通过在不同地区的比价，不断提高自己的谈判筹码，最终选择条件最优惠的地区。各地不规范的招商引资竞争扭曲了市场竞争环境，也容易产生地方保护和区域壁垒问题。

（二）积聚地方隐性债务风险

相比总体可控的显性债务风险，地方政府正面临较为突出的隐性债务风险，且已成为系统性金融风险的重要来源之一。地方政府隐性债务快速扩张的背后是"债务—投资"驱动模式的必然结果。在既有财税体制下，有效融资难以满足融资缺口，便会导致地方政府通过融资平台、明股实债的政府投资基金等渠道扩张隐性债务，进而积聚隐性债务风险。在地方政府隐性债务扩张过程中，市场主体对于政府投资项目普遍存在政府财政"兜底"幻想，后果就是将地方债务风险与地方财政深深绑定。此外，政府参与的经济活动不一定都会有很好的回报，或无回报，或回报较低，在助推债务规模的同时加剧了债务风险隐患。以政府投资基金为例，政府投资固然有不少成功案例，

如合肥对京东方、长鑫存储、蔚来汽车等项目的成功投资,但也有不少失败的案例,如南阳的水氢发动机、武汉弘芯计划、南通的赛麟汽车、潍坊的雷丁汽车等。

(三) 招致反补贴制裁

总体来看,我国地方政府招商引资现行优惠和奖励政策,仍然是针对特殊对象的"特惠"政策,其共同特征是"惠强惠大惠新",此类政策面临着如何处理国内国际平等竞争原则的挑战和压力,也有悖于《补贴与反补贴措施协议》(简称《SCM协定》)等国际经贸规则。地方政府在招商引资过程中普遍采取的"一企一策"做法,使补贴领域的透明性缺失。按照WTO的有关规定,成员国应当定时、定期地向组织公开国内补贴项目的具体信息,为其他成员国在补贴性质和补贴程度的判定上提供便利。然而,各级地方政府制定出台的招商引资政策,并不能完全为中央政府所掌握。这也导致我国在应对一些外国发起的反补贴调查中容易处于被动地位,在国家信誉上遭受损失。此外,社会生产总过程包括生产、分配、交换、消费四个环节,补贴选择的环节不同,对竞争的影响就不同。发生在生产和交换环节中的补贴,会对市场竞争产生直接影响。地方政府的招商引资政策就是将补贴直接发给生产者,属于WTO规范的范畴。

(四) 加剧产业过剩和经济波动

众所周知的是,在招商引资过程中,地区之间普遍采取投资补贴的形式竞争资本流入,这使企业过度投资以及市场协调供需均衡的机制难以有效运转,进而导致系统性的产能过剩和经济波动加剧。比如高耗能的电解铝、钢铁制造,新兴产业的光伏太阳能和风电,以及造船和钢铁业中高端产品的硅钢等均被业界公认为"产能过剩"。此外,在地缘政治驱动下,全球产业链重组和产业链"去中国化"等种种行为,导致中国巨大产能的国际订单的转移或消失。这些是当前中国在内需无法同步扩大的前提下,陷入订单不足、开工不足、就业不足困境的主要原因,且进一步加剧了产能过剩现象。

(五) 助推地区间发展不平衡

在产业项目招引过程中,地方政府所提供的税收优惠、财政奖励、金融支持等,背后隐含的前提是需要强大的财政实力作为支撑。而经济欠发达地区,在这方面往往处于劣势,招引政策的手段和优惠条件受到财力约束。在此情况下,先进地区凭借先发优势,利用本地收益补贴产业项目,加速企业聚集,而欠发达地区的招商引资工作则面临弱者愈弱的"马太效应",进而加剧区域失衡现象。以吸引外商投资为例,2021年东部地区10个省市的外商投资企业投资总额占全国的比重高达78.60%。

(六) 导致国家利益的流失

吸引外资项目在地方政府间的过度竞争,以整个国家的利益流出为代价。如在稳外贸、稳外资的背景下,三亚市招商引资项目按实际到位外资达到500万美元或其他等额外资以上的,一次性给予到位资金1‰的奖励;晋中市按照外资项目实际完成投资金额每100万美元奖励3万元人民币的标准奖励所属企业。这种力度的招引政策,是各地很普遍采取的一般化的针对外资的专门补贴,至于各种"暗补"方式所造成的国家利益流失,并没有明确的账本记录。此外,过度的补贴也引发了一些企业通过欺诈手段,恶意套取补贴,给国家造成了不小的损失。如2023年7月,上海青浦公安机关在全区范围组织开展"砺剑2023"集中清查整治行动,发现4名人员编造技术信息申请专利,将不符合资质的公司进行包装,通过高新企业审核申报骗取补贴及税务优惠进行诈骗。

(七) 增加经济发展中的隐性成本

一是弱化了地方政府的公共服务职能。当地方政府工作重心放在招商引资上,对地方软环境的治理就容易处于职能缺位的状态。事实上,良好的市场秩序、高效的行政审批、健全的社会保障、高水平的教育和医疗服务发展等地方软环境的改善,往往更有利于招商引资工作的长效发展。二是将公共权力推向市场,造成权力物化。比如,有些地方政府官员借招商引资之名,通过零地价划拨、不透明协议、串标式招标等方式权钱交易、牟取暴利。三是地方政府的违约失信。在招商引资过程中,有些地方政府急功近利、违规承诺、越权承诺,一旦投资者投资落地或项目建成,地方政府的衙门作风、权力寻租、设卡收费便随之而来,投资者形象地比喻为"进门斩手""关门打狗"或"闭门割草",这些严重损害政府信用。

四、对策建议

实际上,根据我们的调研分析,外商到中国投资首先看重中国的国内市场,其次是看重中国的营商环境,最后才是要素成本相关优势。因此,怎样千方百计地为外商和所投入的大项目降低综合性的交易成本,才是破解产业项目招引的"内卷化"、优化招引政策的根本之道。

产业项目招引政策"内卷化",是一个伴随中国改革开放长期存在的问题。这个问题的解决,是建设全国统一大市场的基本要求。同时,构建全国统一大市场这个任务,也将当前倡导中央主导型产业政策、降低地方政府以产业政策补贴形式增强竞争能力的问题,摆到了较为关键的决策地位。

(一)推动招商引资政策透明、公开化

当前西方国家利用各种产业政策,对意欲的国家战略目标进行补贴甚至是巨额补贴,但是它们的补贴政策是"透明化"的。我国产业项目招引政策需要在法律依据、主管部门、补贴标准等内容方面进行进一步完善,需要定期公布这一政策的执行情况和效果评估,提高政策的透明度和合规性。一方面,建立涉企优惠政策目录清单并及时向社会公开,明确规定产业招引项目的奖补资金使用,奖补条件、奖补金额、奖补程序等,避免暗箱操作,让市场主体能够理性地监督和评判。另一方面,可以考虑划定产业项目招引政策的几条红线,比如,清理规范并废止各级财政资金对企业生产经营的直接补贴,尤其是对国有企业的直接拨款;在政府投资基金方面,政府参股比重不得超过30%,等等。

(二)分类防范产业风险

首先,对于传统产业采取差异化手段支持。传统产业和新兴产业一样,都具有不容忽视的边际效益。一些地方政府在产业招商过程中,不能罔顾当地产业环境、智力配套、资金支撑的现实基础,造成环境与愿景的严重脱节,重金投入的园区长期抛荒,而本地原有的传统优势产业却被弃如敝履,无法做大做强。其次,战略性新兴产业要注意防一哄而上、产能过剩,未来产业

要重点防面子工程、形象工程。

（三）地方政府招商绩效考核

一是梳理利益分配机制。近年来，江苏的"南北结对帮扶"、浙江的"山海协作"等产业招商的"飞地"模式，实现了资源互补、互利共赢、协调发展，值得推广。其成功的关键在于构建"飞出地"和"飞入地"在税收分享、指标分享、土地成本等方面的利益共享机制。二是强化招商引资项目后续监管。要加大招商引资项目履约情况的监督考核，完善绩效评价办法，在企业未达到合同约定条件的情况下，不得提前兑现扶持政策，对主观原因没有如期开工建设或产能、税收没有达到合同约定条件的企业，依据法规及合同约定条款采取相应措施，并追究地方政府的相关责任。

（四）实行中央主导型产业政策

当前，地方政府主导型产业政策应让位于中央主导型产业政策，产业政策主体回归中央政府，避免地方政府各自为政。同时，重构产业政策导向体系，从选择性产业政策向更加强调竞争、公平的功能性产业政策转型，让地方政府站在统一大市场建设的高度，真正地强化竞争政策对各类市场参与主体的作用，使其在市场经济中适当地行使两类与区域协调、一体化发展有关的合法权力：一是就跨区域公共产品和服务的提供问题，如规划、交通、环保、科技创新联合等，加强地方政府间的政策协同和配合；二是贯彻执行国家统一的竞争政策，扫除地区行政和政策壁垒。

（五）推动地方政府财权与事权的对称化改革

随着房地产业的衰退和地方政府土地财政效能的骤降，地方财权与事权不对称的现象越发严重，地方政府的债务风险不断加大，治理能力进一步降低。如果中央主导型产业政策适时介入，承担起地方政策的一些公共性事务，同时收缩地方政府的事权和产业政策的数量，矫正其财政投入方向，从追求增长转向追求创新、就业、社会安全、生态环保等，将极大地改善中国社会治理，增加人民幸福获得感。与此同时，如果中央政府主导型产业政策聚焦为统一大市场提供全社会公共品供给以及平衡地区间的发展差距，也将可以直接降低企业交易成本并为形成全球一流的有竞争力的营商环境提供有利条件。

（六）建设具有竞争力的一流营商环境

企业投资和产业布局归根结底是市场行为，倘若地方营商环境的交易成本具有竞争力，那么企业自然会选择该地进行投资和布局。首先，切实减轻企业税费负担。比如建立增值税三档并两档制度，使国内增值税达到其他国家6%—12%的水平；进一步清理并规范地方非税收入，减少收费项目、降低收费标准。其次，优化法治化营商环境。把依法平等保护各类市场主体产权和合法权益贯穿审判执行工作全过程，努力营造各类市场主体都能够放心投资、专心创业、安心经营的司法环境。最后，改变地方政府官员业绩考核的标准，把争取政策获得发展为主的评价官员政绩的标准，转变为能否创造良好的投资营商环境。

作者：
孔令池，南京大学长江产业发展研究院助理研究员

第二十章 江苏省重大项目对固定资产投资支撑作用研究

一、江苏名义固定资产投资规模

(一) 经济增长的投资需求

1. 经济增长率与全社会固定资产投资增长率分析。长期以来，江苏省各项经济指标在全国走在前列。"强富美高"新江苏也成为中国式现代化发展的典范。如表20-1所描述的，2003—2022年，江苏GDP增速呈现下降趋势，GDP规模从1.24万亿元增长至12.29万亿元，实现近10倍的增长；江苏GDP占全国GDP份额从2003年的9.05%增长至2022年的10.15%。长三角地区其他省市中，上海GDP占全国GDP份额从2003年的4.95%下降至2022年的3.69%；浙江GDP占全国GDP份额从2003年的7.10%下降至2022年的6.42%；安徽GDP占全国GDP份额从2003年的3.14%上升至2022年的3.72%（见表20-1）。

表20-1　　　全国、江苏与沪浙皖GDP规模及年增长率　　　（单位：亿元）

年份	全国		江苏		上海		浙江		安徽	
	GDP规模	年增长率(%)	GDP规模	年增长率(%)	GDP规模	年增长率(%)	GDP规模	年增长率(%)	GDP规模	年增长率(%)
2003	137422.03	10.04	12442.87	13.62	6804.04	12.26	9753.37	14.70	4307.77	9.36
2004	161840.16	10.11	14823.13	14.07	8101.55	13.30	11482.11	13.10	5129.12	12.40

续表

年份	全国 GDP规模	全国 年增长率(%)	江苏 GDP规模	江苏 年增长率(%)	上海 GDP规模	上海 年增长率(%)	浙江 GDP规模	浙江 年增长率(%)	安徽 GDP规模	安徽 年增长率(%)
2005	187318.90	11.39	18121.33	14.49	9197.13	11.50	13028.33	12.90	5675.85	11.00
2006	219438.47	12.72	21240.79	14.94	10598.86	12.80	15302.68	14.00	6500.31	12.60
2007	270092.32	14.23	25988.36	14.94	12878.68	15.20	18639.95	14.50	7941.61	14.10
2008	319244.61	9.65	30945.45	12.70	14536.90	9.70	21284.58	10.05	9517.68	12.60
2009	348517.74	9.40	34471.67	12.45	15742.44	8.40	22833.74	9.00	10864.68	13.10
2010	412119.26	10.64	41383.87	12.72	17915.41	10.20	27399.85	11.90	13249.78	14.30
2011	487940.18	9.55	48839.21	11.00	20009.68	8.30	31854.80	9.00	16284.92	13.40
2012	538579.95	7.86	53701.92	10.24	21305.59	7.46	34382.39	8.10	18341.67	11.20
2013	592963.23	7.77	59349.41	9.71	23204.12	7.70	37334.64	8.30	20584.04	10.30
2014	643563.10	7.43	64830.51	8.60	25269.75	7.10	40023.48	7.70	22519.65	9.20
2015	688858.22	7.04	71255.93	8.60	26887.02	6.94	43507.72	7.96	23831.18	8.71
2016	746395.06	6.85	77350.85	7.80	29887.02	6.90	47254.04	7.50	26307.70	8.80
2017	832035.95	6.95	85869.76	7.20	32925.01	6.90	52403.13	7.76	29676.22	8.60
2018	919281.13	6.75	93207.55	6.70	36011.82	6.80	58002.84	7.10	34010.91	8.02
2019	986515.20	5.95	98656.82	5.90	37987.55	6.00	62461.99	6.80	36845.49	7.30
2020	1013567.00	2.24	102807.68	3.70	38963.30	1.70	64689.06	3.60	38061.51	3.70
2021	1149236.98	8.45	117392.30	8.30	43653.17	8.30	74040.80	8.70	42565.20	8.30
2022	1210207.24	2.99	122875.60	2.80	44652.80	-0.20	77715.40	3.10	45045.00	3.50

如表20-2所描述的，2003—2022年，江苏全社会固定资产投资（TIFA）增速同样呈现下降趋势，TIFA规模从0.52万亿元增长至6.50万亿元，实现超10倍的增长。江苏TIFA占全国TIFA份额从2003年的9.72%增长至2022年的11.22%。长三角地区其他省市中，上海TIFA占全国TIFA从2003年的4.64%下降至2022年的1.63%；浙江TIFA占全国TIFA从2003年的8.80%下降至2022年的8.27%；安徽TIFA占全国TIFA份额从2003年的2.63%上升至2022年的7.74%。

表 20-2　全国、江苏与沪浙皖名义固定资产投资规模及年增长率　（单位：亿元）

年份	全国 TIFA 规模	年增长率(%)	江苏 TIFA 规模	年增长率(%)	上海 TIFA 规模	年增长率(%)	浙江 TIFA 规模	年增长率(%)	安徽 TIFA 规模	年增长率(%)
2003	53841.20	23.77	5233.00	51.68	2499.14	12.89	4740.27	36.31	1418.69	32.04
2004	66235.00	23.02	6557.05	25.30	3050.26	22.05	5781.35	21.96	1935.25	36.41
2005	80993.60	22.28	8165.38	24.53	3509.66	15.06	6520.07	12.78	2525.11	30.48
2006	97583.10	20.48	10069.22	23.32	3900.04	11.12	7590.22	16.41	3533.56	39.94
2007	118323.20	21.25	12268.06	21.84	4420.37	13.34	8420.43	10.94	5087.53	43.98
2008	144586.80	22.20	15300.55	24.72	4823.15	9.11	9323.00	10.72	6746.96	32.62
2009	181760.40	25.71	18949.87	23.85	5043.75	4.57	10742.32	15.22	8990.73	33.26
2010	218833.60	20.40	23184.28	22.35	5108.90	1.29	12376.04	15.21	11542.94	28.39
2011	238782.10	9.12	26692.62	15.13	4962.07	-2.87	14185.28	14.62	12455.69	7.91
2012	281683.80	17.97	30854.24	15.59	5117.62	3.13	17649.36	24.42	15425.83	23.85
2013	329318.30	16.91	36373.32	17.89	5647.79	10.36	20782.11	17.75	18621.90	20.72
2014	373636.90	13.46	41938.62	15.30	6016.43	6.53	24262.77	16.75	21875.58	17.47
2015	405927.70	8.64	46246.87	10.27	6352.70	5.59	27323.32	12.61	24385.97	11.48
2016	434363.50	7.01	49663.21	7.39	6755.88	6.35	30276.07	10.81	27033.38	10.86
2017	461283.70	6.20	53277.03	7.28	7246.60	7.26	31696.03	4.69	29275.06	8.29
2018	488499.40	5.90	56173.22	5.44	7624.01	5.21	34199.55	7.90	32771.72	11.94
2019	513608.30	5.14	59038.05	5.10	8012.84	5.10	37619.50	10.00	35786.71	9.20
2020	527270.30	2.66	59215.17	0.30	8838.16	10.30	39650.95	5.40	37611.84	5.10
2021	552884.20	4.86	62649.65	5.80	9545.21	8.00	43933.26	10.80	41147.35	9.40
2022	579555.50	4.82	65030.33	3.80	9449.76	-1.00	47931.18	9.10	44850.61	9.00

注：由于统计局已不再公布 2017 年之后的固定资产投资具体数值，因此 2017 年之后的数据均为按照实际增长率计算的数据。考虑到 2017 年之后全国范围内统计数据开始"挤水分"，因此表中 2017 年之后的数据与真实值相比有所高估，且均为名义数据。

根据 2003—2022 年江苏 GDP 增长率和名义 TIFA 增长率的变动趋势，如图 20-1 所示，可知经济增长速度和投资增长的正相关关系明显，这也符合经济学理论关于投资与增长的逻辑。随着 GDP 基数的日益庞大，江苏省乃至全国传统的经济发展模式表现出四个"难以为继"：土地空间供给难以为继；能源资源供给难以为继；人口人才供给难以为继；生态环境承载难以为继。因此，转变传统的经济发展模式，强化创新驱动发展、持续深化改革扩大开放、坚持生态优先绿色发展已成为江苏高质量发展的模式选择。

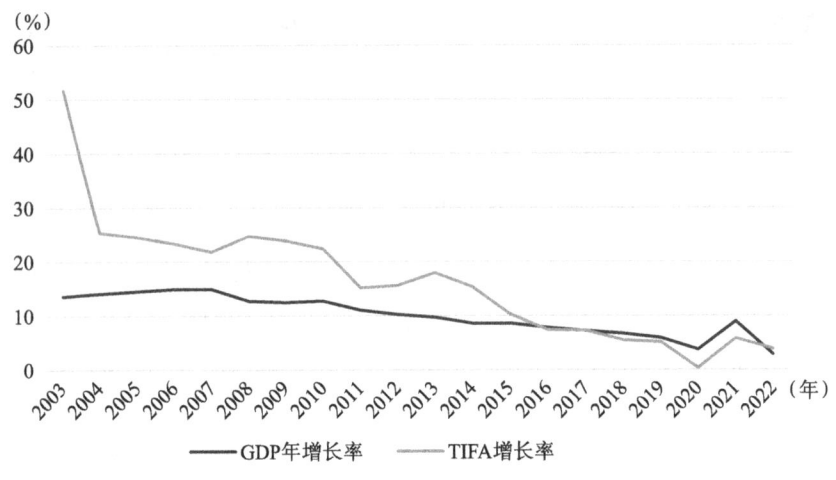

图 20-1　江苏 GDP 和名义 TIFA 增长率趋势

2. 江苏省 TIFA 投资率和投资贡献率分析。从江苏省投资率和投资贡献率的历史数据看，如表 20-3 和图 20-2 所示，江苏省的投资率呈现小幅的倒"U"形变动趋势，投资贡献率则存在着较大幅度的波动。

表 20-3　　　　江苏 2003—2022 年投资率与投资贡献率　　　　（单位:%）

年份	名义 TIFA 投资率	实际 TIFA 投资率	名义 TIFA 投资贡献率	实际 TIFA 投资贡献率
2003	42.06	43.42	97.11	123.41
2004	44.24	46.20	55.63	61.81
2005	45.06	48.11	48.76	57.91
2006	47.41	48.34	61.03	49.35
2007	47.21	50.25	46.32	61.33
2008	49.44	52.24	61.17	62.21
2009	54.97	54.46	103.49	66.24
2010	56.02	59.67	61.26	104.34
2011	54.65	58.11	47.06	49.56
2012	57.45	57.31	85.58	52.65
2013	61.29	61.74	97.73	108.73
2014	64.69	65.07	101.54	100.51
2015	64.90	65.69	67.05	72.38
2016	64.21	64.65	56.05	53.31

续表

年份	名义 TIFA 投资率	实际 TIFA 投资率	名义 TIFA 投资贡献率	实际 TIFA 投资贡献率
2017	62.04	64.25	42.42	59.18
2018	60.27	61.31	39.47	33.28
2019	59.84	59.81	52.57	40.44
2020	57.60	57.88	4.27	4.92
2021	53.37	55.96	23.55	35.59
2022	52.92	53.89	43.42	27.30

注：由于统计局已不再公布 2017 年之后的固定资产投资具体数值，因此 2017 年之后的数据均为按照实际增长率计算的数据。考虑到 2017 年之后全国范围内统计数据开始"挤水分"，因此表中数据与真实值相比有所高估。

根据投资率（IR）和投资贡献率（IBR）的计算公式，如果 TIFA 和 GDP 增长保持相对稳定的增长，投资率和投资贡献率也应该基本相同。但是，由于经济的波动，造成了投资率和投资贡献率在某一段时间内背离。这也是为什么本报告在依靠历史数据确定投资贡献率时，要事先假定在某一段时间内经济运行保持平稳。此时，投资贡献率会相对维持在一个比较狭窄的区间波动。

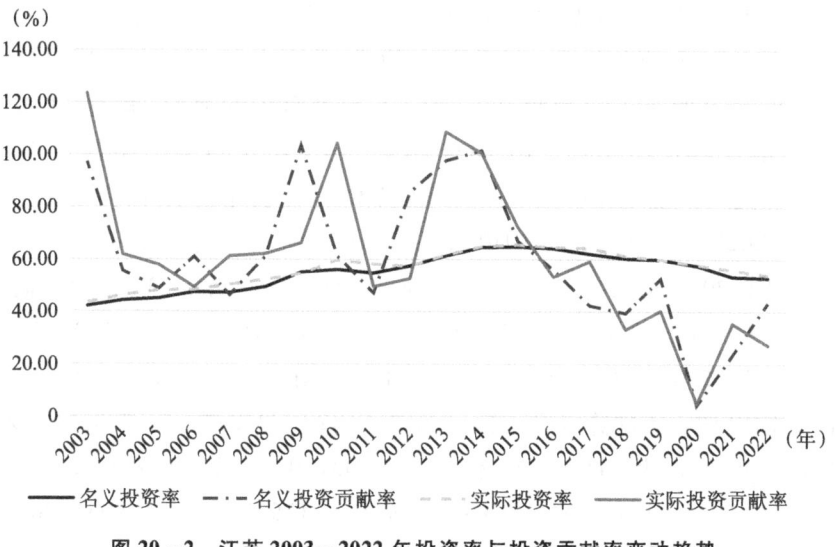

图 20-2 江苏 2003—2022 年投资率与投资贡献率变动趋势

3. 江苏省"十四五"期间 GDP 预测。由于我国政府在做年度政府工作报告或者规划报告时总会预设一个经济增长目标，因此本报告可以假定经济增长预期目标（GIR）是已知的。

情形1：设定2023年江苏省经济增长率为6.6%。

根据江苏省统计局发布的数据，2023年上半年江苏经济增长率（预测GIR）为6.6%。假定2023年全年江苏经济增长率均为6.6%，按照《江苏省国民经济和社会发展第十四个五年规划和二〇三五远景目标纲要》，假设2024年和2025年年均增长率相同，则2024年、2025年年均增长率需要保持在4.65%。此时，使用2018—2022年名义GDP增长率的算术平均值（名义GIR1）、2020—2022年名义GDP增长率的算术平均值（名义GIR2）和预测GIR算出的2023年江苏省GDP分别为132080.52亿元、132322.53亿元和130985.39亿元，因此2023年GDP区间为［130985.39，132322.53］；使用2019—2023年名义GDP增长率的算术平均值（名义GIR1）、2021—2023年名义GDP增长率的算术平均值（名义GIR2）和预测GIR算出的2024年江苏省GDP分别为141696.57亿元、144031.06亿元、138223.16亿元和138476.42亿元，因此2024年GDP区间为［138223.16，144031.06］。以此类推，2025年江苏省GDP分别为152419.12亿元、150140.15亿元、148286.42亿元和150729.48亿元，因此2025年GDP区间为［148286.42，152419.12］。

情形2：设定2023年江苏省经济增长率为5.0%。

按照江苏省十四届人大一次会议的《政府工作报告》以及审议的全省2023年国民经济和社会发展计划草案，2023年预期经济增长5%左右。因此，假定2023年全年江苏经济增长率均为5%，按照《江苏省国民经济和社会发展第十四个五年规划和二〇三五远景目标纲要》，假设2024年和2025年年均增长率相同，则2024年和2025年年均增长率需要保持在5.45%。此时，使用2018—2022年名义GDP增长率的算术平均值（名义GIR1）、2020—2022年名义GDP增长率的算术平均值（名义GIR2）和预测GIR算出的2023年江苏省GDP分别为132080.52亿元、132322.53亿元和129019.38亿元，因此2023年GDP区间为［129019.38，132322.53］；使用2019—2023年名义GDP增长率的算术平均值（名义GIR1）、2021—2023年名义GDP增长率的算术平均值（名义GIR2）和预测GIR算出的2024年江苏省GDP分别为141696.57亿元、144031.06亿元、139272.31亿元和139527.49亿元，因此2024年GDP区间为［139272.31，144031.06］。以此类推，2025年江苏省GDP分别为152419.12亿元、150140.15亿元、149411.95亿元和151873.55亿元，因此2025年GDP区间为［149411.95，152419.12］（见表20-4）。

表 20-4　　　　江苏省 2023—2025 年 GDP 规模预测　　　（单位：亿元、%）

年份	名义GDP1	名义GDP2	实际GDP1	实际GDP2	名义GIR1	名义GIR2	预测GIR	GDP 增长率、预测增长率说明
2023	132080.52	132322.53	130985.39	130985.39	7.49	7.69	6.60	按 2023 年上半年增长率
2023	132080.52	132322.53	129019.38	129019.38	7.49	7.69	5.00	按省十四届人大一次会议审议的全省 2023 年国民经济和社会发展计划草案的增长率
2023	132080.52	132322.53	129756.63	129756.63	7.49	7.69	5.60	按 5 年平均的增长率
2023	132080.52	132322.53	129183.21	129183.21	7.49	7.69	5.13	按 3 年平均的增长率
2023	132080.52	132322.53	129633.76	129633.76	7.49	7.69	5.50	按"十四五"规划年均增长目标
2023	132080.52	132322.53	129383.66	129383.66	7.49	7.69	5.30	按"十四五"规划年均增长目标（2023 年、2024 年、2025 年均相同）
2024	141696.57	144031.06	138223.16	138476.42	7.28	8.85	4.65	按"十四五"规划年均增长目标（2023 年增长指数为 106.6，2024 年、2025 年增长率相同）
2024	141696.57	144031.06	139272.31	139527.49	7.28	8.85	5.45	按"十四五"规划年均增长目标（2023 年增长指数为 105，2024 年、2025 年增长率相同）
2024	141696.57	144031.06	138876.08	139130.54	7.28	8.85	5.15	按"十四五"规划年均增长目标（2023 年增长指数按 5 年算术平均为 105.6，2024 年、2025 年相等）
2024	141696.57	144031.06	139183.96	139438.99	7.28	8.85	5.38	按"十四五"规划年均增长目标（2023 年增长指数按 5 年算术平均为 105.13，2024 年、2025 年相等）
2024	141696.57	144031.06	138941.88	139196.46	7.28	8.85	5.19	按"十四五"规划年均增长目标（2023 年增长率为 105.5，2024 年、2025 年增长率相同）

续表

年份	名义GDP1	名义GDP2	实际GDP1	实际GDP2	名义GIR1	名义GIR2	预测GIR	GDP增长率、预测增长率说明
2024	141696.57	144031.06	139076.11	139330.94	7.28	8.85	5.30	按"十四五"规划年均增长目标（2023年、2024年、2025年均相同）
2025	152419.12	150140.15	148286.42	150729.48	7.57	4.24	4.65	按"十四五"规划年均增长目标（2023年增长指数为106.6，2024年、2025年增长率相同）
2025	152419.12	150140.15	149411.95	151873.55	7.57	4.24	5.45	按"十四五"规划年均增长目标（2023年增长指数为105，2024年、2025年增长率相同）
2025	152419.12	150140.15	148986.88	151441.48	7.57	4.24	5.15	按"十四五"规划年均增长目标（2023增长指数按5年算术平均为105.6，2024年、2025年相等）
2025	152419.12	150140.15	149317.18	151777.22	7.57	4.24	5.38	按"十四五"规划年均增长目标（2023增长指数按5年算术平均为105.13，2024年、2025年相等）
2025	152419.12	150140.15	149057.48	151513.24	7.57	4.24	5.19	按"十四五"规划年均增长目标（2023年增长率为105.5，2024年、2025年增长率相同）
2025	152419.12	150140.15	149201.47	151659.61	7.57	4.24	5.30	按"十四五"规划年均增长目标（2023年、2024年、2025年均相同）

注：名义GIR1是指近5年名义GDP增长率的算术平均值；名义GIR2是指近3年名义GDP增长率的算术平均值；名义GDP是根据名义GIR求得，2024年、2025年的名义GDP1是根据名义GIR1求得；2024年、2025年的名义GDP2是根据名义GIR2求得；实际GDP是根据预测GIR求得，2024年、2025年的实际GDP1根据名义GDP1和预测GIR求得，2024年、2025年的实际GDP2根据名义GDP2和预测GIR求得。

同理，本报告总结了2023年增长率分别为5.60%（5年平均的增长率）、5.13%（3年平均的增长率）、5.50%（"十四五"规划年均增长目标）、5.30%（"十四五"规划年均增长目标，且2023—2025年增速相同）时的GDP取值范围，如表20-5所示。

表20-5　　　　江苏省2023—2025年GDP规模预测　　　（单位：亿元、%）

年份	2023	2024	2025
情形1：GDP预测取值范围	[130985.39，132322.53]	[138223.16，144031.06]	[148286.42，152419.12]
情形1：预测增长率	6.6	4.65	4.65
情形2：GDP预测取值范围	[129019.38，132322.53]	[139272.31，144031.06]	[149411.95，152419.12]
情形2：预测增长率	5.0	5.45	5.45
情形3：GDP预测取值范围	[129756.63，132322.53]	[138876.08，144031.06]	[148986.88，152419.12]
情形3：预测增长率	5.6	5.15	5.15
情形4：GDP预测取值范围	[129183.21，132322.53]	[139183.96，144031.06]	[149317.18，152419.12]
情形4：预测增长率	5.13	5.38	5.38
情形5：GDP预测取值范围	[129633.76，132322.53]	[138941.88，144031.06]	[149057.48，152419.12]
情形5：预测增长率	5.50	5.19	5.19
情形6：GDP预测取值范围	[129383.66，132322.53]	[139076.11，144031.06]	[149201.47，152419.12]
情形6：预测增长率	5.30	5.30	5.30

综合表20-5描述的6种情形，可知"十四五"期间，2023年如果江苏省预期GDP增长率在5.00%—6.60%，则预期GDP将达到12.90万亿—13.23万亿元。为了实现"十四五"期间年均增长目标，2024年和2025年预期GDP增长率在4.65%—5.45%，2024年预期GDP将达到13.82万亿—14.40万亿元；2025年预期GDP将达到14.83万亿—15.24万亿元。

4. 江苏省"十四五"期间名义TIFA预测。预测江苏省全社会固定资产投资规模，关键是要先确定投资增长率（IIR）。根据投资增长率（IIR）的公式，确定当期IIR需要先确定当期经济增长率（GIR）、当期投资贡献率

（IBR）和上一期的投资率（IR）。可见，重点需要关注两个参数，即当期的经济增长率和投资贡献率。其中 GIR 数据，依然参照预测 GDP 过程中的六种情形。而在经济运行保持平稳的情况下，投资贡献率（IBR）也会相对维持在一个比较狭窄的区间内波动。然而，图 20-2 表明，江苏的投资贡献率其实是有比较大的波动的，这就是本报告的预测过程为什么要放在经济运行平稳的假设背景下开展。因此，本报告仍然通过历史的投资贡献率（IBR）数据对将来进行估计。为了确保预测数据的准确性，本报告分别使用 IBR 近 5 年和近 3 年的平均值进行了多种组合的测算，其中 IBR 分别使用名义 GDP 和实际 GDP 进行计算。

然后根据多种组合的 GIR、IBR、IR 数据，首先计算出 2023 年的投资增长率（IIR），然后根据公式，计算出 2023 年的 TIFA，再计算 2023 年的投资率（IR），最后按照此计算步骤，滚动计算 2024 年和 2025 年的 TIFA。预测结果如表 20-6 所示。

表 20-6　　江苏省 2023—2025 年名义 TIFA 规模预测　　（单位：亿元、%）

年份	名义TIFA1	名义TIFA2	实际TIFA1	实际TIFA2	名义IIR1	名义IIR2	实际IIR1	实际IIR2	GDP 增长率、预测增长率说明
2023	67982.48	67233.35	67325.80	66863.26	4.54	3.39	3.53	2.82	按 2023 年上半年增长指数 106.6
2023	67982.48	67233.35	66769.33	66418.91	4.54	3.39	2.67	2.14	按省十四届人大一次会议审议的全省 2023 年国民经济和社会发展计划草案的增长率
2023	67982.48	67233.35	66978.00	66585.54	4.54	3.39	3.00	2.39	按 5 年平均的增长率
2023	67982.48	67233.35	66815.70	66455.94	4.54	3.39	2.75	2.19	按 3 年平均的增长率
2023	67982.48	67233.35	66943.22	66557.77	4.54	3.39	2.94	2.35	按"十四五"规划年均增长目标（年均 105.5）
2023	67982.48	67233.35	66872.43	66501.24	4.54	3.39	2.83	2.26	按"十四五"规划年均增长目标（2023 年、2024 年、2025 年均相同）
2024	70991.55	70773.63	68989.47	68599.11	4.43	5.27	2.47	2.60	按"十四五"规划年均增长目标（2023 年增长指数 106.6，2024 年、2025 年增长率相同）

续表

年份	名义 TIFA1	名义 TIFA2	实际 TIFA1	实际 TIFA2	名义 IIR1	名义 IIR2	实际 IIR1	实际 IIR2	GDP 增长率、预测增长率说明
2024	70991.55	70773.63	68687.90	68420.74	4.43	5.27	2.87	3.01	按"十四五"规划年均增长目标（2023年增长指数105，2024年、2025年增长率相同）
2024	70991.55	70773.63	68801.24	68487.89	4.43	5.27	2.72	2.86	按"十四五"规划年均增长目标（按5年算术平均2023年=105.6，2024年、2025年相等）
2024	70991.55	70773.63	68713.11	68435.69	4.43	5.27	2.84	2.98	按"十四五"规划年均增长目标（按3年算术平均，2023年=105.13，2024年、2025年相等）
2024	70991.55	70773.63	68782.37	68476.72	4.43	5.27	2.75	2.88	按"十四五"规划年均增长目标（2023年增长率为105.5，2024年、2025年增长率相同）
2024	70991.55	70773.63	68743.94	68453.96	4.43	5.27	2.80	2.94	按"十四五"规划年均增长目标（2023年、2024年、2025年均相同）
2025	73890.50	71963.67	70576.22	69608.82	4.08	1.68	2.30	1.47	按"十四五"规划年均增长目标（2023年增长指数106.6，2024年、2025年增长率相同）
2025	73890.50	71963.67	70559.77	69611.88	4.08	1.68	2.73	1.74	按"十四五"规划年均增长目标（2023年增长指数105，2024年、2025年增长率相同）
2025	73890.50	71963.67	70564.95	69610.20	4.08	1.68	2.56	1.64	按"十四五"规划年均增长目标（按5年算术平均2023年=105.6，2024年、2025年相等）

续表

年份	名义TIFA1	名义TIFA2	实际TIFA1	实际TIFA2	名义IIR1	名义IIR2	实际IIR1	实际IIR2	GDP 增长率、预测增长率说明
2025	73890.50	71963.67	70560.82	69611.45	4.08	1.68	2.69	1.72	按"十四五"规划年均增长目标（按3年算术平均，2023年=105.13，2024年、2025年相等）
2025	73890.50	71963.67	70564.00	69610.44	4.08	1.68	2.59	1.66	按"十四五"规划年均增长目标（2023年增长率为105.5，2024年、2025年增长率相同）
2025	73890.50	71963.67	70562.18	69610.97	3.91	1.68	2.64	1.69	按"十四五"规划年均增长目标（2023年、2024年、2025年均相同）

注：名义 IIR1 是基于近 5 年名义 GDP 增长率的平均值和投资贡献率的算术平均值测算的结果；名义 IIR2 是基于近 3 年名义 GDP 增长率的平均值和投资贡献率的平均值测算的结果；实际 IIR1 是基于预测的 GDP 增长率和近 5 年实际的投资贡献率的平均值测算的结果；实际 IIR2 是基于预测的 GDP 增长率和近 3 年实际的投资贡献率的平均值测算的结果。

同理，本报告总结了 2023 年 GDP 增长率分别为 6.60%、5.00%、5.60%、5.13%、5.50% 和 5.30% 时的 TIFA 取值范围，如表 20-7 所示。

表 20-7　　江苏省 2023—2025 年名义 TIFA 规模预测　　（单位：亿元、%）

年份	2023	2024	2025
情形1：TIFA 预测取值范围	[66863.26, 67982.48]	[68599.11, 70991.55]	[69608.82, 73890.50]
情形1：预测增长率	6.60	4.65	4.65
情形2：TIFA 预测取值范围	[66418.91, 67982.48]	[68420.74, 70991.55]	[69611.88, 73890.50]
情形2：预测增长率	5.00	5.45	5.45
情形3：TIFA 预测取值范围	[66585.54, 67982.48]	[68487.89, 70991.55]	[69610.20, 73890.50]
情形3：预测增长率	5.60	5.15	5.15
情形4：TIFA 预测取值范围	[66455.94, 67982.48]	[68435.69, 70991.55]	[69611.45, 73890.50]

续表

年份	2023	2024	2025
情形4：预测增长率	5.13	5.38	5.38
情形5：TIFA预测取值范围	[66557.77, 67982.48]	[68476.72, 70991.55]	[69610.44, 73890.50]
情形5：预测增长率	5.50	5.19	5.19
情形6：TIFA预测取值范围	[66501.24, 67982.48]	[68453.96, 70991.55]	[69610.97, 73890.50]
情形6：预测增长率	5.30	5.30	5.30

综合表20-7描述的6种情形，可知"十四五"期间，2023年如果江苏省预期GDP增长率在5.00%—6.60%，则预期TIFA将达到6.64万亿—6.80万亿元。为了实现"十四五"期间年均增长目标，2024年和2025年预期GDP增长率为4.65%—5.45%，2024年预期TIFA将达到6.84万亿—7.10万亿元；2025年预期TIFA将达到6.96万亿—7.39万亿元。

（二）投资增长惯性分析

1. 逻辑曲线参数初始值估计方法。投资增长惯性是考虑在没有外界干扰的情况下，投资受内在的生长动力推动，沿着自身的特征曲线趋势变动过程，且这种变动具有可预测性。在江苏省全社会固定资产投资预测分析中，本研究借鉴逻辑曲线模型预测法（Method of Logistic Curve Model Forecsating）进行预测分析。

逻辑曲线模型预测法是根据预测对象具有逻辑曲线变动趋势的历史数据，拟合成一条逻辑曲线，通过建立逻辑曲线模型进行预测的方法。逻辑曲线又通常称为皮尔生长曲线（Pearl - Reed Growth Curve），其一般模型为：

$$Y = \frac{K}{(1 + e^{\alpha - rt})}$$

式中，Y 为因变量，K, α, r 分别为参数，t 为时间。令 Y 的二阶导数为零，可得到逻辑曲线的拐点（$\alpha/r, K/2$），即该曲线在一定范围内近似于以拐点（$\alpha/r, K/2$）为对称点的S形曲线，表现为初期增长缓慢，随后增长迅速，达到一定程度后增长率较低直至平稳发展。因此，逻辑曲线被用于生命周期中投入期、成长期和成熟前期的预测。

采取非线性优化方法，对上式取对数：

$$\ln[(K-Y)/Y] = \alpha - rt$$

采用四点法估计 K 值，选取数据序列的 4 个点 $t1$、$t2$、$t3$、$t4$，并且 $t1 + t4 = t2 + t3$，代入皮尔曲线一般模型可得：

$$K = \frac{Y_1 Y_4 (Y_2 + Y_3) - Y_2 Y_3 (Y_1 + Y_4)}{Y_1 Y_4 - Y_2 Y_3}$$

根据上面求得的 K 值，即可求得初始值向量为 $x_0 = (K_0, \alpha_0, r_0)$。

2. 逻辑曲线参数优化过程。由于逻辑曲线方程不能化为简单的线性方程形式，因此在优化过程中需要使用非线性优化。具体如下：

Y 的拟合值 $\hat{y}_i = [K/(1 + e^{\alpha - rt_i})], i \in (1, 2, \cdots, m)$；令 $f_i(x) = \hat{y}_i(x) - Y_i$，$x = (K, \alpha, r)^T$；于是，$\min F(x) = \sum_{i=1}^{m} f_i^2(x)$。其矩阵形式为：

$$\min F(x) = f^T(x)f(x)$$
$$\Delta F(x) = g = 2J^T f$$
$$\Delta^2 F(x) = T = 2J^T J$$

其中，J 为雅可比矩阵。

如果 Tk 为满秩，按照 Guass - Newton 算法过程，则相当于求解线性方程组 $T_k p_k = -g_k$，求得搜索方向 pk；否则，直接取搜索方向为负梯度 $p_k = -0.5\Delta F(x_k) = 2J_k^T f_k$，然后直接搜索，反复迭代，直到满足要求精度。

按照 Levenberg - Marquardt 算法，若 $g_k = 0$，则以达到极小值点而中止计算；若 $g_k \neq 0$，则可以迭代求解方程 $(T_k + \alpha I_k)p_k = -g_k$，式中 Ik 为单位矩阵，α 的取值使得搜索方向 pk 在 Guass - Newton 和负梯度之间，从而解得搜索方向 pk。可以证明，如果 pk 满足条件：

$$F(x_k + p_k) \leq F(x_k) + \beta g_k^T p_k, \beta \in (0,1)$$

则 $x_{k+1} = x_k + p_k$ 将收敛，反复迭代直到到达许可精度。如果条件不满足，则改变 α 的取值，重新计算搜索方向 pk，直到符合精度为止。由于 Guass - Newton 法对初始点的要求较高（否则将得不到收敛点），因此选用 Levenberg - Marquardt 算法更合适。

3. 江苏省固定资产投资的预测分析。以江苏省 2003—2017 年全社会固定资产投资年度值为参照数列，本课题绘制了江苏省历年全社会固定资产投资的散点图，从数值上看，给定数据具有一定的非线性性质。因此，本报告分别考虑用三次多项式、马尔萨斯模型、Logistic 模型进行拟合，拟合结果如图 20 - 3 中实线拟合线所示。

如果以 2018—2022 年 TIFA 增长率计算得出的 2003—2022 年全社会固定

资产投资年度值为参照数列,进行三次多项式、马尔萨斯模型、Logistic 模型进行拟合,拟合结果如图 20-3 中实线拟合线所示。

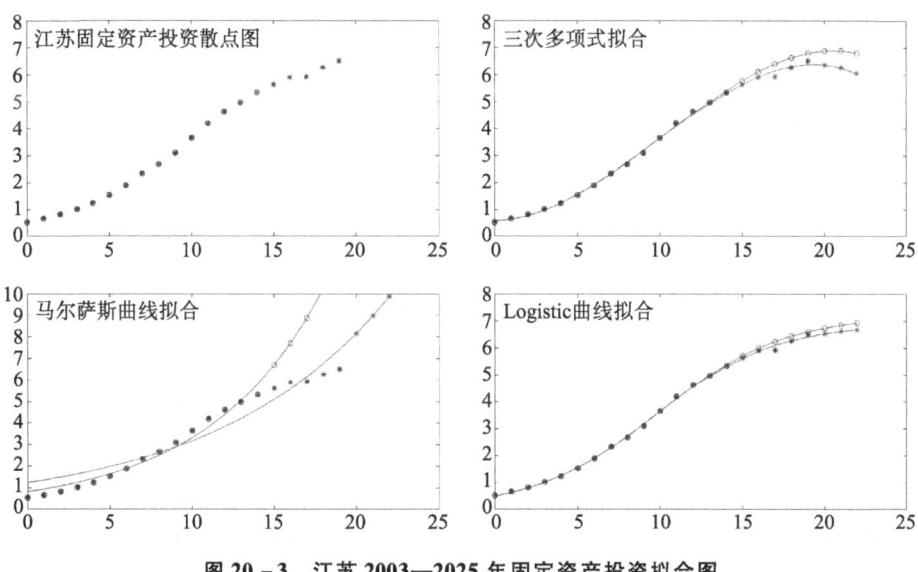

图 20-3　江苏 2003—2025 年固定资产投资拟合图

从拟合结果看,Logistic 模型拟合均方误差最小,且更符合常理。因此,本报告认为 Logistic 模型更为合理。

具体地,运用 Logistic 曲线的基本原理,设定固定资产投资的增长规律为:

$$Y = \frac{K_m}{\left(1 + \frac{K_m}{K_0}e^{-rt}\right)}$$

其中,K_m、K_0、r 是待拟合的参数。

根据江苏省 2003—2022 年全社会固定资产投资年度值,拟合并经过 Levenberg - Marquardt 算法优化的拟合结果如表 20-8 所示。

表 20-8　　　江苏固定资产投资规模的 Logistic 曲线拟合　　(单位:万亿元,%)

年份	TIFA 规模实际值	TIFA 拟合值(2003—2017 年)	TIFA 拟合值(2003—2022 年)	残差(2003—2017 年)	残差(2003—2022 年)	残差率(2003—2017 年)	残差率(2003—2022 年)
2003	0.5233	0.4943	0.4806	-0.0554	-0.0427	-10.5900	-8.1598
2004	0.6557	0.6299	0.6167	-0.0393	-0.0390	-6.0008	-5.9478
2005	0.8165	0.7983	0.7867	-0.0223	-0.0298	-2.7300	-3.6497

续表

年份	TIFA 规模实际值	TIFA 拟合值（2003—2017 年）	TIFA 拟合值（2003—2022 年）	残差（2003—2017 年）	残差（2003—2022 年）	残差率（2003—2017 年）	残差率（2003—2022 年）
2006	1.0069	1.0048	0.9960	-0.0021	-0.0109	-0.2071	-1.0825
2007	1.2268	1.2542	1.2498	0.0223	0.0230	1.8206	1.8748
2008	1.5301	1.5502	1.5512	0.0131	0.0211	0.8585	1.3790
2009	1.8950	1.8937	1.9009	-0.0007	0.0059	-0.0362	0.3113
2010	2.3184	2.2828	2.2956	-0.0154	-0.0228	-0.6623	-0.9834
2011	2.6693	2.7109	2.7278	0.0156	0.0585	0.5838	2.1916
2012	3.0854	3.1679	3.1851	0.0267	0.0997	0.8666	3.2313
2013	3.6373	3.6395	3.6522	0.0006	0.0149	0.0166	0.4096
2014	4.1939	4.1101	4.1122	-0.0200	-0.0817	-0.4764	-1.9481
2015	4.6247	4.5638	4.5493	-0.0132	-0.0754	-0.2847	-1.6304
2016	4.9663	4.9870	4.9506	0.0042	-0.0157	0.0839	-0.3161
2017	5.3277	5.3700	5.3079	0.0079	-0.0198	0.1490	-0.3716
2018	5.6173	5.7070	5.6170	0.0160	-0.0003	0.2843	-0.0053
2019	5.9038	5.9963	5.8782	0.0157	-0.0256	0.2654	-0.4336
2020	5.9215	6.2395	6.0944	0.0537	0.1729	0.9069	2.9199
2021	6.2650	6.4404	6.2702	0.0280	0.0052	0.4469	0.0830
2022	6.5030	6.6039	6.4114	0.0155	-0.0916	0.2386	-1.4086

以 2003—2017 年数据为参照，拟合曲线均方误差为 0.1538，平均绝对残差为 -0.72%。拟合公式为：

$$\hat{Y} = \frac{7.2131}{1 + 13.5926 e^{-0.2628 t}}$$

据此，预测 2023—2025 年江苏省全社会固定资产投资分别为：6.7353 万亿元、6.8400 万亿元和 6.9228 万亿元。

以 2003—2022 年数据为参照，拟合曲线均方误差为 0.2638，平均绝对残差为 -0.68%。拟合公式为：

$$\hat{Y} = \frac{6.9117}{1 + 13.3814 e^{-0.2708 t}}$$

据此，预测 2023—2025 年江苏省全社会固定资产投资分别为：6.5234 万亿元、6.6115 万亿元和 6.6803 万亿元。

本报告将两组拟合曲线所拟合的数值分别作为 TIFA 预测值范围的上下限，即 2023 年预测 TIFA 范围为 6.5234 万亿—6.7353 万亿元，2024 年预测 TIFA 范围为 6.6115 万亿—6.8400 万亿元，2025 年预测 TIFA 范围为 6.6803 万亿—6.9228 万亿元。

（三）投资效益分析

1. 投资效果指数（CIY）与增量资本产出率（ICOR）。投资效益是投资作为一种经济活动所必须考虑的经济指标。一般来说，投资规模的盲目扩大或者低水平重复建设都将导致投资效益的严重下滑。因此，对投资率、投资效果指数和 ICOR 等指标进行比较分析，并根据预测增长率，确定既保持经济稳定增长，又有良好经济效益的合理投资率区间。

国民经济投资效果系数，建成投资效果系数（Coefficient of Investment Yield，CIY），反映一定时期内国民经济（或地区）投资总额与社会产品增量之间的比例关系，表示单位投资增加的 GDP。定义为：

$$CIY_t = \frac{GDP_t - GDP_{t-1}}{I_t}$$

国民收入增加额既能反映经济效果又能间接地在一定程度上反映社会效果，在一定程度上反映的是投资的社会经济效果。

与投资效果系数相似的一个指标是增量资本产出率（Incremental Capital - Output Ratio，ICOR），它指资本形成总额和支出法 GDP 增量的比值，投资效果系数和增量资本产出率互为倒数。一般来说，投资效果系数小于 1，而增量资本产出率大于 1。ICOR 的值越大，说明实现一单位 GDP 增量所需的资本就越多，因此投资效率就越低下，这也是一个比较直观的投资效益指标。

根据表 20-1 和表 20-2 的数据，本报告选择投资率（IR）、投资效果系数（CIY）和增量资本产出率（ICOR）三个指标对江苏与全国及长三角地区其他省市进行比较，结果如表 20-9 所示。

表 20-9　　全国、江苏与沪浙皖 IR、CIY 和 ICOR 指数

年份	全国			江苏			上海			浙江			安徽		
	IR	CIY	ICOR	IR	CIY	ICOR	IR	CIY	ICOR	IR	CIY	ICOR	IR	CIY	ICOR
2003	0.39	0.29	3.43	0.42	0.53	1.88	0.37	0.40	2.48	0.49	0.49	2.03	0.33	0.34	2.95
2004	0.41	0.37	2.71	0.44	0.45	2.20	0.38	0.43	2.35	0.50	0.36	2.74	0.38	0.42	2.36

续表

年份	全国			江苏			上海			浙江			安徽		
	IR	CIY	ICOR	IR	CIY	ICOR	IR	CIY	ICOR	IR	CIY	ICOR	IR	CIY	ICOR
2005	0.43	0.31	3.18	0.45	0.50	1.99	0.38	0.31	3.20	0.50	0.27	3.74	0.44	0.22	4.62
2006	0.44	0.33	3.04	0.47	0.38	2.62	0.37	0.36	2.78	0.50	0.35	2.87	0.54	0.23	4.29
2007	0.44	0.43	2.34	0.47	0.47	2.12	0.34	0.52	1.94	0.45	0.44	2.27	0.64	0.28	3.53
2008	0.45	0.34	2.94	0.49	0.40	2.47	0.33	0.34	2.91	0.44	0.31	3.18	0.71	0.23	4.28
2009	0.52	0.16	6.21	0.55	0.23	4.34	0.32	0.24	4.18	0.47	0.17	6.02	0.83	0.15	6.67
2010	0.53	0.29	3.44	0.56	0.36	2.74	0.29	0.43	2.35	0.45	0.43	2.35	0.87	0.21	4.84
2011	0.49	0.32	3.15	0.55	0.32	3.11	0.25	0.42	2.37	0.45	0.36	2.78	0.76	0.24	4.10
2012	0.52	0.18	5.56	0.57	0.18	5.49	0.25	0.18	3.95	0.51	0.18	5.61	0.84	0.13	7.50
2013	0.56	0.17	6.06	0.61	0.18	5.46	0.24	0.34	2.97	0.56	0.17	5.98	0.90	0.12	8.30
2014	0.58	0.14	7.38	0.65	0.15	6.64	0.24	0.34	2.91	0.61	0.13	7.73	0.97	0.09	11.30
2015	0.59	0.11	8.96	0.65	0.15	6.53	0.24	0.25	3.93	0.63	0.14	6.96	1.02	0.05	18.59
2016	0.58	0.13	7.55	0.64	0.13	7.59	0.23	0.44	2.25	0.64	0.14	7.29	1.03	0.09	10.92
2017	0.55	0.19	5.39	0.62	0.17	5.83	0.22	0.42	2.39	0.60	0.17	5.88	0.99	0.12	8.69
2018	0.53	0.18	5.60	0.60	0.14	7.26	0.21	0.40	2.47	0.59	0.18	5.66	0.96	0.13	7.56
2019	0.52	0.13	7.64	0.60	0.10	10.31	0.21	0.25	4.06	0.60	0.13	7.67	0.97	0.08	12.63
2020	0.52	0.05	19.49	0.58	0.07	14.22	0.23	0.11	9.06	0.61	0.06	16.89	0.99	0.03	30.93
2021	0.48	0.25	4.08	0.53	0.25	4.06	0.22	0.49	2.04	0.59	0.24	4.24	0.97	0.11	9.14
2022	0.48	0.11	9.51	0.53	0.09	11.43	0.21	0.11	9.45	0.62	0.08	11.96	1.00	0.06	18.09

注：由于统计局已不再公布2017年之后的固定资产投资具体数值，因此2017年之后的数据均为按照实际增长率计算的数据。考虑到2017年之后全国范围内统计数据开始"挤水分"，因此表中2017年之后的数据与真实值相比有所高估。

本报告选择ICOR作为投资效益的具体数量指标确定投资率和投资规模的合理区间。如图20-4展示了全国与长三角地区三省一市的增量资本产出率趋势图。可知，全国与长三角地区三省一市增量资本产出率虽然数值上大小不同、波动较大，但是变动趋势基本一致。其中，2009年、2015年和2020年出现三个波峰，表明此三年投资效率较低，主要原因可能是因为受到2008年金融危机、2015年中国经济增长"换挡"、2020年疫情冲击的影响。

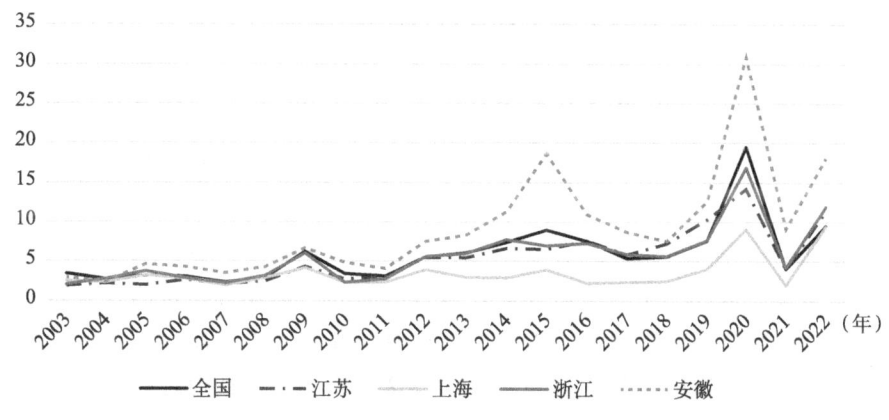

图 20-4　全国与长三角增量资本产出率趋势

2. 通过 ICOR 的合理取值确定投资率范围。如图 20-4 所示，只要在某一段时间内，投资效果系数不发生明显下降或者 ICOR 明显上升，都可以看作固定资产投资效益较好。因此，对某一地区投资效益的判断可以主要从本地区的历史数据来分析。首先，可以通过合理分析投资效益指标确定投资率上限。

从投资率的计算公式可以推导出：

$$IR_t = \frac{I_t}{GDP_t} = \frac{I_t}{GDP_t - GDP_{t-1}} \times \frac{(GDP_t - GDP_{t-1})/GDP_{t-1}}{[1 + (GDP_t - GDP_{t-1})/GDP_{t-1}]}$$

$$= ICOR_t \times \frac{GIR_t}{1 + GIR_t} \times 100\%$$

因此，如果 GIR 已知，并假定 ICOR 的值小于所定义阈值的情况下，投资率的上限可以由上式确定，且可知，IR 是 ICOR 和 GIR 的增函数。本报告分别计算了江苏省 ICOR 的 3 年平均值、5 年平均值，得出 2023—2025 年江苏省 ICOR 的取值区间为 [9.46, 9.90]。根据上文预测 GIR，可知 2023 年江苏省预测 GIR 区间为 [5.00, 5.60)，2024 年和 2025 年江苏省预测 GIR 区间为 (5.15, 5.45]，因此，本报告可以预测 2023 年 IR 取值范围为 [45.05, 52.5]；2024 年和 2025 年 IR 取值范围为 [46.33, 51.17]。因此，根据表 20-5 预测的 GDP 规模，可知，2023 年预测 TIFA 规模为 5.8115 万亿—6.9458 万亿元；2024 年预测 TIFA 规模为 6.4028 万亿—7.3685 万亿元；2025 年预测 TIFA 规模为 6.8707 万亿—7.7983 万亿元。

（四）重大项目支撑

固定资产投资的载体是具体的投资项目，不同规模的投资项目在固定资产投资总额中所占的比例形成了投资项目的规模结构。一般地，投资项目规模结构指大中小型项目投资在固定资产投资中的比例构成，或指重大项目和普通项目在全社会固定资产投资中的比例构成。其中，大型项目的标准一般相对固定，而重大项目的标准则较为灵活，各地区标准不尽相同。

重大项目的投资建设往往会对地区的经济、民生、形象等方面产生重要影响。比如，对经济发展具有直接的投资拉动作用；对文教体卫等公共项目的投资有助于区域民生高质量发展；通过对科技、基建等项目的投资打造区域性地标，树立城市形象等。重大项目在时间和空间上的凝聚点虽然相对集中，但其产生的影响力是持续和明显的。这种影响力往往通过拉动后续固定资产投资、拉动民间社会投资、风险投资等来实现。因而，重大项目的功能一是体现在对投资的支撑作用，二是对固定资产投资结构和产业结构的改善和调整。

重大项目的选择以及相应的投资安排属于政府投资决策的重要内容，在固定资产投资规模中占重要比重。虽然这一比重在相邻年度之间有时有波动，但是由于项目建设的连续性，按滚动方式计算，在一段时间（如5年）内这一比例基本稳定。同时，对投资项目结构进行研究可以基本判断固定资产投资的总体态势。因此，通过对重大项目投资的分析，可以在总体上把握其对固定资产投资的支撑作用（见表20-10）。

表20-10　　　　江苏省重大项目投资占比　　　　（单位：亿元,%）

年度	2015	2016	2017	2018	2019	2020	2021	2022	2023
GDP	71255.93	77350.85	85869.76	93207.55	98656.82	102807.68	117392.36	122875.6	/
GDP增长率	8.60	7.80	7.20	6.70	5.90	3.70	8.90	2.80	/
全社会固定资产投资（TIFA）	46246.87	49663.21	53277.03	56173.22	59038.05	59215.17	62649.65	65030.33	/
全社会固定资产投资增长率	10.27	7.39	7.27	5.50	5.10	0.30	5.80	3.80	/
TIFA占GDP比重	64.90	64.20	62.04	60.27	59.84	57.60	53.37	52.92	/
重大项目投资金额	4900.78	5000.56	5133	5240	5360.25	5554.87	5530	5592.06	5670.28

续表

年度	2015	2016	2017	2018	2019	2020	2021	2022	2023
重大项目数量	200+20	200+20	210+20	228+20	226+20	230+28	220+20	227+37	220+45
重大项目投资增长率	0.63	2.04	2.65	2.08	2.29	3.63	-0.45	1.12	1.40
重大项目投资占TIFA比重	10.60	10.07	9.63	9.32	9.08	9.38	8.83	8.60	/
重大项目投资占GDP比重	6.88	6.46	5.98	5.62	5.43	5.40	4.71	4.55	/

由于2017年之后的固定资产投资数据无法准确获得，而GDP的数据是准确的，且2023—2025年GDP数据可以在合理范围内进行预测。因此，可以用重大项目投资占GDP的比重的历史数据（2015—2022年）来对重大项目投资数据进行预测。从图20-5中可知，TIFA占GDP比重、重大项目投资占TIFA比重、重大项目投资占GDP比重基本上处于平稳小幅下降趋势。其中，由于TIFA数据是高估数据，因此TIFA占GDP比重比真实值大（高估）、重大项目投资占TIFA比重比真实值小（低估），而重大项目投资占GDP比重则是相对准确的。因此，本报告选用重大项目投资占GDP比重的变化规律对2023—2025年重大项目投资规模、TIFA规模进行预测。根据重大项目投资占GDP比重的变化趋势的平稳性，分别选用2015—2022年重大项目投资占GDP比重的环比下降速率的8年平均值、5年平均值和3年平均值进行测算2023—2025年重大项目投资占GDP比重数值的预测。

根据表20-5关于2023—2024年GDP的预测值（剔除2023年GDP预期增长率为6.6%的情形），以及重大项目投资占GDP比重的预测值，可以预测2023—2025年重大项目投资规模范围，结果如表20-11所示。可知，2023年重大项目投资规模范围在5521亿—5702亿元，2024年重大项目投资规模范围在5528亿—5890亿元，2025年重大项目投资规模范围在5617亿—5898亿元。由于2023年江苏省重大项目投资年度计划投资规模的真实值为5670.28亿元，处于预测的重大项目投资规模范围之内，因此本报告关于2023—2025年省重大项目投资规模的预测是基本准确的。

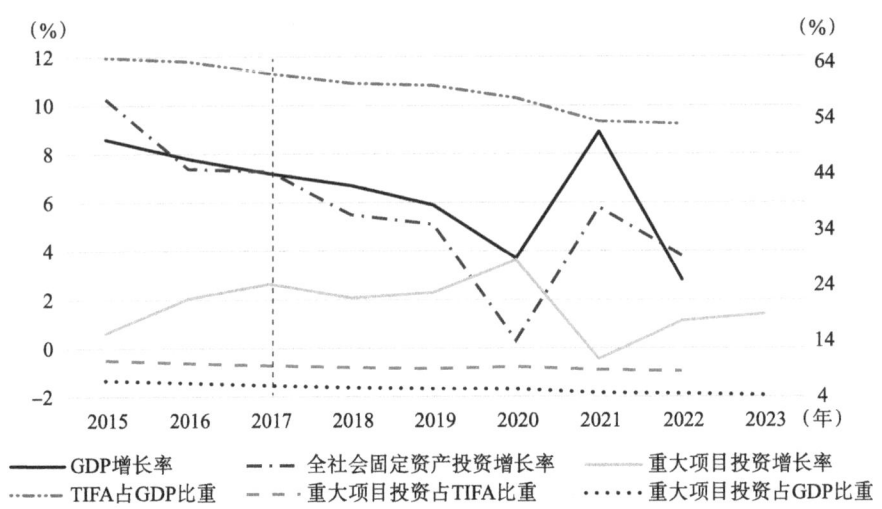

图 20-5　江苏重大项目投资占比与增长率趋势

表 20-11　　江苏省 2023—2025 年重大项目投资规模预测　　（单位：万亿元、%）

年份	2023	2024	2025
GDP 预测区间	[12.90, 13.23]	[13.89, 14.40]	[14.90, 15.24]
重大项目投资占 GDP 比重	(4.28；4.31；4.30)	(4.02；4.09；3.98)	(3.78；3.87；3.77)
重大项目投资占 GDP 比重平均变动速率（8年、5年、3年）	(-6.01；-5.23；-5.58)	(-6.01；-5.07；-7.25)	(-6.01；-5.40；-5.41)
重大项目投资规模预测范围	[0.5521, 0.5702]	[0.5528, 0.5890]	[0.5617, 0.5898]
重大项目投资占名义 TIFA 比重	(8.29；8.41；8.45)	(7.99；8.24；8.16)	(7.70；8.09；7.95)
重大项目投资占名义 TIFA 比重平均变动速率（8年、5年、3年）	(-3.63；-2.19；-1.72)	(-3.62；-1.99；-3.40)	(-3.63；-1.87；-2.57)
TIFA 投资规模预测范围	[6.5337, 6.8782]	[6.7087, 7.3717]	[6.9431, 7.6597]

同理，根据重大项目投资占 TIFA 比重的变化趋势的平稳性，分别选用 2015—2022 年重大项目投资占 TIFA 比重的环比下降速率的 8 年平均值、5 年平均值和 3 年平均值进行测算 2023—2025 年重大项目投资占 TIFA 比重数值的预测。根据已预测的重大项目投资规模，可知 2023 年 TIFA 规模范围在 6.5337 万亿—6.8782 万亿元，2024 年 TIFA 投资规模范围在 6.7087 万亿—7.3717 万亿元，2025 年 TIFA 投资规模范围在 6.9431 万亿—7.6597 万亿元。

二、名义固定资产投资适度规模决策的综合分析

固定资产投资的综合决策需要从国民经济和社会发展的整体出发，根据社会效益最优化的原则，对影响国民经济发展全局的固定资产投资问题进行决策，尤其是对投资的规模决策。固定资产投资规模适度将直接影响经济发展速度、稳定性和投资效益，对国民经济平衡发展起着极重要的作用。

（一）基础假设与模型设定

经济运行的平稳性假设：决策阶段内，整体经济平稳运行，不会因为其他外力的干扰影响自身的内在趋势，即经济运行是一个连续、系统的过程，期间偶有波动，但是在不影响整体趋势的情况下，均可以看作经济是平稳运行的。

1. 经济发展因素。在经济增长目标确定的情况下，投资规模增长率可以通过经济增长率、投资贡献率和投资率计算得出。在国民经济没有发生巨大波动的情况下，一个国家或地区的投资率和投资贡献在某段时间内是基本稳定的，因为通过公式可以计算出维持经济增长幅度所需固定资产投资增长率。

2. 投资增长惯性。固定资产投资的自发增长是在没有重大政策体制变化的前提下，经济自发惯性运行的结果。江苏省作为我国经济重镇，随着国民经济发展水平、人民群众生活水平的提高和人民对美好生活需要的日益增长，导致一方面人民对固定资产的要求越来越高，人均占有的固定资产投资也越来越多，另一方面，社会趋利资本需要积极寻找投资渠道，也会刺激固定资产投资。这两个方面的原因引致固定资产投资在没有政策体制干预的情况下，会沿着一条自身的特征曲线趋势进行变动。

3. 投资效益要求。投资效益是投资作为一种经济活动所必须考虑的经济指标。一般来说，投资规模的盲目扩大或者低水平重复建设都将导致投资效益的严重下滑。因此，对投资率、投资效果指数和 ICOR 等指标进行比较分析，并利用灰色系统理论等分析方法得出既保持经济稳定增长，又有良好经济效益的合理投资率区间。

4. 重大项目支撑。重大项目通常的划分标准是投资额是否满足投资下限要求和投资是否具有良好的社会经济效益。重大项目的主要作用在于促进城

市功能的完善,带动投资结构和产业结构的调整。重大项目投资作为全社会固定资产投资中的重要组成部分,还能起到促进(或引导)全社会固定资产投资稳定增长的作用,是政府实施宏观调控的重要手段。

固定资产投资适度规模决策就是对多方视角所确定的固定资产投资规模进行综合分析的过程。综合上述四个方面的因素所确定的投资规模区间,即可确定最终的固定资产投资适度规模。

定义:inv 表示固定资产投资适度规模;R 表示影响固定资产适度规模确定的约束集,则 $R = \{u1, u2, u3, u4\}$。其中,$u1$ 表示与经济发展因素相关的投资规模;$u2$ 表示投资惯性因素相关的投资规模;$u3$ 表示投资效益因素相关的投资规模;$u4$ 表示与重大项目支撑相关的投资规模。因此,存在固定资产投资的适度规模取值范围为:

$$inv = \bigcap_{i=1}^{5} u_i, \ u_i \in R$$

显然,$inv \neq \phi$。考虑更一般的情况,如果上式为空集,则计算公式还需要进一步完善。

从五个约束条件来看,$u1$、$u2$、$u3$ 分别从经济发展、投资惯性和投资效益约束固定资产投资规模;$u4$ 从重大项目支撑方面约束了固定资产投资的规模,这一约束涉及选址地点和工程进度,实际上反映了固定资产投资在空间和时间上的约束。因此,$u1$、$u2$、$u3$ 可看成是弹性约束,可依据经济增长需求和政策作调整;$u4$ 可视为刚性约束,是确定投资规模的边界条件。

定义 R_1、R_2 分别为弹性约束集和刚性约束集,记为:$R_1 = \{u_1, u_2, u_3\}$,$R_1 \subset R$,$R_2 = \{u_4\}$,$R_2 \subset R$。为了得到固定资产投资适度规模的一般表达式,定义函数 $X_E(u_i)$,记为:

$$X_E(u_i) = \begin{cases} u_i, P(u_i) = 1 \\ X, P(u_i) = 0 \end{cases}$$

式中,X 为全集,即满足固定资产投资的全部取值范围;P 为优先算子,记为:

$$P(u_i) = \begin{cases} 1, \text{当} \bigcap_{i=1}^{4} u_i \neq \phi, u_i \in R \\ 1, \text{当} \bigcap_{i=1}^{4} u_i = \phi, u_i \in R_1 \\ 0, \text{当} \bigcap_{i=1}^{4} u_i \neq \phi, u_i \in R_2 \end{cases}$$

最后的固定资产投资适度规模公式可以表示为:

$$inv = \bigcap_i X_E(u_i), \ u_i \in R$$

（二）名义固定资产投资适度规模

根据前面的计算结果，基于四大支撑因素的固定资产投资规模的预测结果如表20-12所示。

表20-12　　　江苏省2023—2025年TIFA规模预测　　（单位：万亿元、%）

年份	2023	2024	2025
基于经济增长需求的TIFA预测	[6.6419, 6.7982]	[6.8421, 7.0992]	[6.9609, 7.3891]
基于投资增长惯性的TIFA预测	[6.5234, 6.7353]	[6.6115, 6.8400]	[6.6803, 6.9228]
基于投资效益分析的TIFA预测	[5.8115, 6.9458]	[6.4028, 7.3685]	[6.8707, 7.7983]
基于重大项目支撑的TIFA预测	[6.5337, 6.8782]	[6.7087, 7.3717]	[6.9431, 7.6597]

根据上节关于固定资产投资适度规模最优算子和约束集设定，以及表20-12所示的四大支撑因素固定资产投资规模的预测范围，可知在弹性约束集下，2023年优先算子为1，江苏省固定资产投资适度规模为[6.6419, 6.7353]；2024年优先算子为0，江苏省固定资产投资适度规模为[6.4028, 7.3685]；2025年优先算子为0，江苏省固定资产投资适度规模为[6.6803, 7.7983]。由于只有一个刚性约束因素，所以2023—2025年基于重大项目支撑的TIFA预测范围即为在刚性约束集下江苏省固定资产投资适度规模范围。最终根据四大支撑因素确定的江苏省名义固定资产投资适度规模为：2023年为[6.6419, 6.7353]；2024年为[6.7084, 7.3685]；2025年为[6.9431, 7.6597]。

三、省重大项目投资适度规模分析

上文对省固定资产投资适度规模进行了理论上的预测分析。然而，考虑到实际现状，由于2017年后，统计口径的调整以及数据"挤水分"因素的影响，上文关于省固定资产投资适度规模的预测范围是明显高估的。这就需要对上述确定的范围进行适度修正，然后对省重大项目投资适度规模进行预测。

（一）实际的固定资产投资规模（2017—2022年）

根据有关部门提供的数据，2017—2022年省级以及13个设区市重大项目年度计划投资均在 1.8 万亿元，平均每年增长 5.3%，2022 年为 2.349 万亿元，每年实际投资完成率均超过 100%，2022 年实际完成投资 2.4343 万亿元。2018—2022 年，全省项目实际完成投资呈逐年增长态势，占各年度全省固定资产投资的比重分别为 51.9%、55.5%、58.3%、58.1% 和 58%。

据此，可以计算出 2022 年全社会固定资产投资总额实际值约为 4.1971 万亿元，按照 2018—2022 年全社会固定资产投资年度增长率，可以计算出 2017—2021 年全社会固定资产投资总额实际值分别为 3.4364 万亿元、3.6254 万亿元、3.8103 万亿元、3.8218 万亿元和 4.0434 万亿元。

（二）实际的固定资产投资规模（2023—2025 年）

根据中国统计年鉴 2018 和江苏省统计年鉴 2018 的数据，已知江苏省 2017 年全社会固定资产投资总额为 5.3277 万亿元，将其视为统计口径调整和"挤水分"前的名义数据，则 2017 年全社会固定资产投资总额实际值约为名义值 64.51%。因此，本报告按照 65%—70% 的比例关系，对上文预测的省固定资产投资适度规模的名义数据进行折算，结果见表 20-13。

表 20-13　2023—2025 年江苏省固定资产投资适度规模的实际估计

（单位：万亿元、%）

年份	2023	2024	2025
固定资产投资适度规模的名义估计	[6.6419, 6.7353]	[6.7084, 7.3685]	[6.9431, 7.6597]
重大项目投资规模预测范围	[0.5521, 0.5702]	[0.5528, 0.5890]	[0.5617, 0.5898]
省重大项目投资实际值	0.5670	/	/
固定资产投资适度规模的实际估计（按 65% 的比例）	[4.3172, 4.3780]	[4.3605, 4.7895]	[4.5130, 4.9788]
固定资产投资适度规模的实际估计（按 70% 的比例）	[4.6493, 4.7147]	[4.6959, 5.1580]	[4.8602, 5.3618]

（三）实际的省重大项目投资适度规模（2023—2025 年）

根据表 20-11 的结果，本报告按照重大项目投资占实际固定资产投资比重变动的速率（8 年平均、5 年平均和 3 年平均）估计了 2023—2025 年省重大项目投资占实际固定资产投资规模的比重，结果如表 20-14 所示。

表 20-14 2023—2025 年江苏省重大项目投资占实际 TIFA 规模的估计　（单位:%）

年份	省重大项目投资占 GDP 比重	省重大项目投资占名义 TIFA 比重	省重大项目投资占实际 TIFA 比重
2015	6.88	10.60	(15.14, 16.30)
2016	6.46	10.07	(14.38, 15.49)
2017	5.98	9.63	(13.76, 14.82)
2018	5.62	9.32	(13.32, 14.35)
2019	5.43	9.08	(12.97, 13.97)
2020	5.4	9.38	(13.40, 14.43)
2021	4.71	8.83	(12.61, 13.58)
2022	4.55	8.60	(12.28, 13.23)
2023	(4.28;4.31;4.30)	(8.29;8.41;8.45)	(11.84, 12.07);(12.75, 13.00)
2024	(4.02;4.09;3.98)	(7.99;8.24;8.16)	(11.41, 11.77);(12.29, 12.68)
2025	(3.78;3.87;3.77)	(7.70;8.09;7.95)	(10.99, 11.55);(11.55, 12.44)

结合表 20-13 和表 20-14，如果按照 70% 的调整比重对估计的名义固定资产投资进行实际调整，则 2023 年省重大项目投资占实际固定资产投资比重为 11.84%—12.07%，2024 年省重大项目投资占实际固定资产投资比重为 11.41%—11.77%，2025 年省重大项目投资占实际固定资产投资比重为 10.99%—11.55%。此时，2023 年省重大项目投资适度规模范围为 5504.77 亿—5690.64 亿元；2024 年省重大项目投资适度规模范围为 5358.02 亿—6071.20 亿元；2025 年省重大项目投资适度规模范围为 5341.36 亿—6192.88 亿元。

如果按照 65% 的调整比重对估计的名义固定资产投资进行实际调整，则 2023 年省重大项目投资占实际固定资产投资比重为 12.75%—13.00%，2024 年省重大项目投资占实际固定资产投资比重为 12.29%—12.68%，2025 年省重大项目投资占实际固定资产投资比重为 11.55%—12.44%。此时，2023 年省重大项目投资适度规模范围为 5504.43 亿—5691.40 亿元；2024 年省重大项目投资适度规模范围为 5359.05 亿—6073.09 亿元；2025 年省重大项目投资适度规模范围为 5212.51 亿—6193.63 亿元。

按照此结果，可以发现，无论是按照 65% 的调整比重还是 70% 的调整比重，2023—2025 年各年的省重大项目投资适度规模的范围基本一致。因此，本报告将两种结果按照最小最大原则，确定 2023—2025 年省重大项目投资适度规模范围为：2023 年为 5504.43 亿—5691.40 亿元；2024 年为 5358.02 亿—6073.20 亿元；2025 年为 5212.51 亿—6193.63 亿元。在此范围内，可保证省固定资产投资和 GDP 按照预期增长目标发展。

四、省重大项目的规模与结构对稳投资的支撑分析

固定资产投资的载体是具体的投资项目,不同规模的投资项目在固定资产投资总额中所占的比例形成了投资项目的规模结构。因此,对投资项目结构进行研究可以基本判断固定资产投资的总体态势。其中,重大项目投资在固定资产投资规模中占重要比重,通过对重大项目投资的分析,可以在总体上把握其对固定资产投资的支撑作用。

(一)省重大项目类型与年度计划投资

近年来,江苏省坚持大抓项目、抓大项目,重大项目实际投资完成率超过预期计划,实物工作量形成加速,但在重大项目数量上"抓"得较少。

2018—2022 年,省、市两级重大项目年均实施 5400 个,年度计划投资均在 1.8 万亿元以上,平均每年增长 5.3%,年度实际投资完成率均超过 100%;2022 年实施项目总数达到 6348 个,计划投资约达 2.35 万亿元,实际完成投资 2.43 万亿。其中,省级重大项目实施项目稳定在 220—230 个,储备项目 20—50 个;实施项目投资总额稳步提升,2016 年计划投资突破 5000 亿元,2020 年突破 5500 亿元,2023 年达到 5670.28 亿元。其中,2022 年省重大项目实际完成投资超过 6400 亿元,完成率达 115%,实物工作量加速形成。

近五年,省级重大项目数量占省、市两级重大项目数量比重平均不足 5%,实际完成投资占比却高达 26%—30%;省级重大项目平均单体完成投资额近 25 亿元,是省、市两级重大项目平均单体完成投资额的 7 倍。这些数据凸显了省级重大项目的稳定性、示范性和引领性。同时也显示出江苏省"大抓项目、抓大项目"中,对省级重大项目抓的数量较少。

按照重大项目投资的项目类型来看,如表 20-15 所示,省重大基础设施项目、重大产业项目是江苏省扩大有效投资、保证形成更多实物工作量的两大柱石。省级重大基础设施项目稳定性最强,重大产业项目尤其是战略性新兴产业、先进制造业项目的产业链链条长、集群发展和融合集群发展优势突出,乘数效应较大。两类项目对推进我省传统基建和新基建补短板投资、拉动上下游配套项目实施、推动先进制造业集群和战略性新兴产业融合集群发

展作用明显。

表 20-15　江苏省重大项目投资项目类型及年度计划投资（2015—2023 年）

（单位：亿元）

年份	2015	2016	2017	2018	2019	2020	2021	2022	2023
重大项目投资金额	4900.78	5000.56	5133	5240	5360.25	5554.87	5530	5592.06	5670.28
重大项目数量（个）	200+20	200+20	210+20	228+20	226+20	230+28	220+20	227+37	220+45
一、重大创新载体项目	/	/	132.50	97.20	81.88	87.60	91.00	30.00	11.00
研发平台	/	/	38.50	43.20	52.88	71.10	/	/	/
科创园区	/	/	94.00	54.00	29.00	16.50	/	/	/
二、重大产业项目	1780.40	1585.80	1386.31	2252.90	1856.90	2030.28	1945.00	2020.35	1934.30
战略性新兴产业	/	/	666.50	1385.50	1041.80	897.88	/	1302.48	1322.96
制造业/先进制造业	958.20	910.00	180.00	344.00	326.30	662.40	/	478.50	492.70
服务业/现代服务业	822.20	675.80	466.00	467.40	384.30	418.50	/	164.57	83.20
现代农业	/	/	73.81	56.00	104.50	51.50	/	74.80	35.44
三、重大生态环保	270	112.51	168.60	85.00	235.77	294.10	218.00	75.48	61.71
生态保护	/	/	97.10	65.00	136.77	248.10	/	/	/
污染治理	/	/	71.50	20.00	99	46.00	/	/	/
四、重大民生工程	758.07	1184.2	1278.30	822.00	819.90	956.80	1010.00	1303.54	947.50
社会事业	23	19.00	20.50	27.00	46.90	99.80	/	/	/
民生保障	735.07	1165.20	1257.80	795.00	773.00	850.00	/	/	/
安全生产	/	/	/	/	/	7.00	/	/	/
五、重大基础设施	2092.32	2118.05	2166.90	1982.90	2365.80	2186.09	2266.00	2162.69	2715.77
农业水利	209.67	120.70	49.00	51.40	31.00	36.73	/	35.00	111.95
交通	967.78	1041.04	1140.90	1137.00	1511.50	1373.16	/	1551.46	1745.96
新一代（新型）信息基础设施	240.38	263.40	291.00	236.50	158.30	161.00	/	135.65	142.71
能源	674.49	692.91	686.00	558.00	665.00	615.20	/	420.58	715.14

（二）省重大项目投资规模、趋势和类别分析

从规模和趋势上看，江苏省坚持循序渐进、久久为功，省重大项目对固定资产投资支撑依然稳定有力，但年度计划投资强度略有下降。

省重大项目年度计划投资增速从 2018 年的 2.08% 下降到 2023 年的

1.4%；省固定资产投资增速从2018年的5.5%下降到2022年的3.8%，2023—2025年省固投增速或将下降至2%—4%，两者增速均有所放缓。

根据本报告的测算，省重大项目年度计划投资占省GDP的比重，从2018年的5.62%下降到2022年的4.55%，2023年预计为4.28%—4.31%，2024年预计为3.98%—4.09%，2025年预计为3.77%—3.87%；省重大项目年度计划投资占实际固投比重，从2018年的13.32%—14.35%，下降到2022年的12.28%—13.23%，2023年为11.84%—13.00%，2024年为11.41%—12.68%，2025年为10.99%—12.44%。

2018—2022年，省、市两级重大项目历年实际完成投资占省固投比重处于51%—59%，2020年以来这一比重均在58%以上。据此可知，省级重大项目年均实际完成投资占全省固投比重达15%—17%，超过年度计划投资比重为3—5个百分点。因此，省重大项目对我省稳投资、稳增长的支撑依然稳定有力。

从重大基础设施和重大产业项目看，江苏省坚持战略导向、前瞻布局，重大基础设施和重大产业项目对稳投资的作用突出，但也存在项目投资规模与项目结构不匹配的问题。

从表20-15以及图20-6至图20-8中可知，2018—2023年，江苏省重大项目年度计划投资份额最大的领域是重大基础设施项目，平均约占41.48%，其中交通项目占逾六成；其次是重大产业项目，平均约占36.60%，其中战略性新兴产业项目占近六成；重大民生工程项目平均约占17.75%，重大生态环保项目平均约占2.95%，重大创新载体项目平均约占1.22%。这说明，省重大基础设施和重大产业项目是稳重大项目投资，进而稳固定资产投资的主要力量。

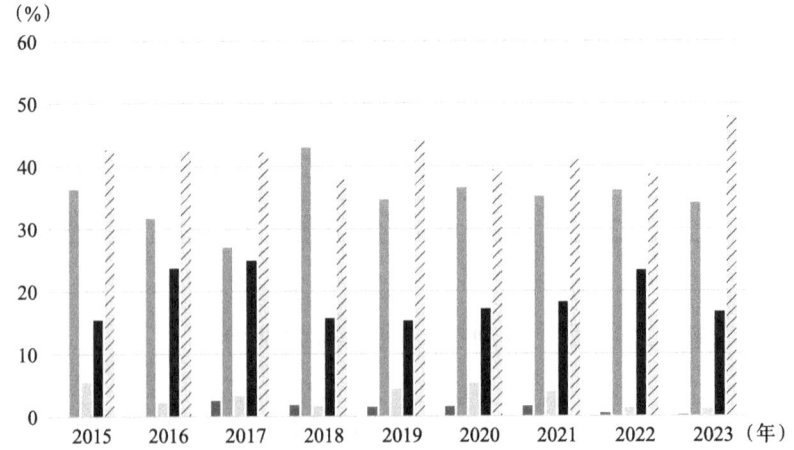

图20-6 江苏重大项目投资类型及占比

从图20-7中可知，战略性新兴产业是省重大项目投资的重点，其次是先进制造业。一方面说明了江苏省迎合国家战略，建设先进制造业集群、大力发展战略性新兴产业、培育新质生产力的决心；另一方面说明了先进制造业集群建设和战略性新兴产业发展持续为全省高质量发展注入新动能，已成为推动江苏经济高质量发展的"新引擎"。

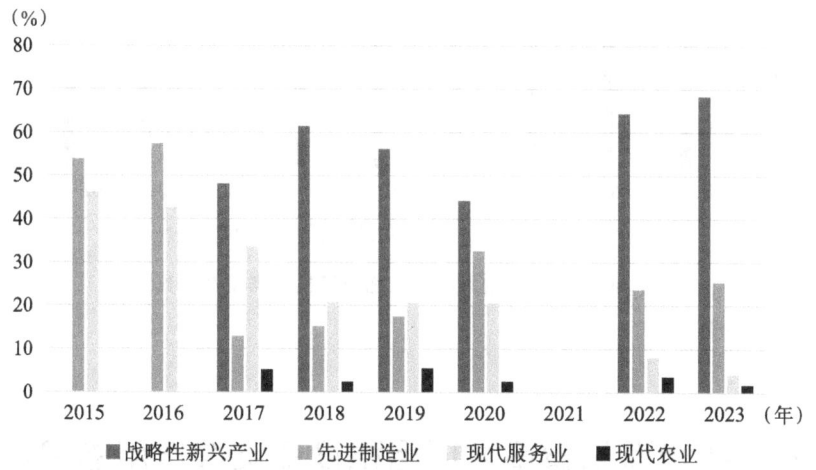

图20-7　江苏重大产业项目投资类型及占比

注：2021年数据缺失。

此外，从图20-8中可知，省重大基础设施项目投资中，交通、能源项目比重大，说明传统基建项目仍然是重大项目投资重点，新型基础设施建设项目比重略有缩减。这主要是因为传统基础设施项目投资量大、带动性强，既是补短板的有力措施，也是提振需求的有效手段。优化综合立体交通网、现代物流网、能源保障网、市政公用设施网、现代水网、新型基础设施网和农业基础设施网等基建项目布局结构，能够极大地提高网络效益。

同时也应该看到，省级重大基础设施项目和重大产业项目实际完成投资占比与省、市两级重大项目结构之间存在不匹配的问题。省、市两级重大项目完成投资中，产业项目占比约62%，年均完成约1.3万亿元，基础设施项目占比约35%，年均完成约0.74万亿元。其中，省级重大产业项目完成投资占全省产业项目完成投资总额年均约15%；省级重大基础设施项目实际完成投资占全省基础设施项目完成投资总额年均约31%。因此，可以判断，省、市两级重大基础设施项目的完成额度主要靠省际重大基础设施项目带动，而相对而言，省级重大产业项目实际完成投资额度在省、市两级重大产业项目中所占份额较少。

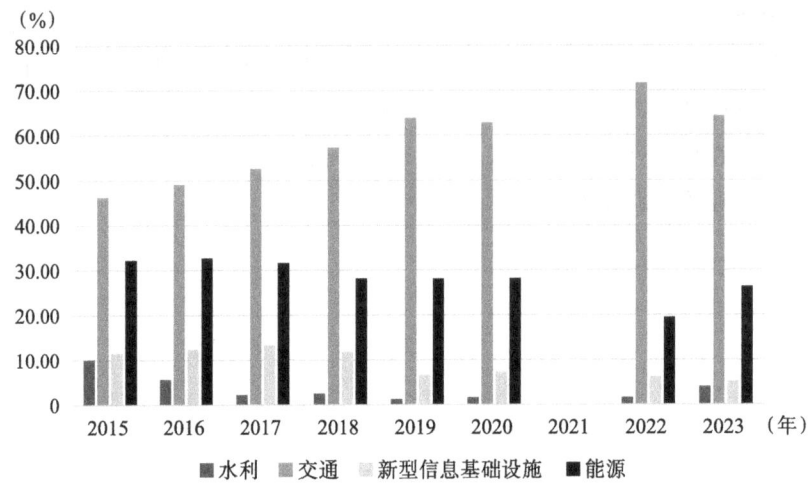

图 20-8　江苏重大基础设施项目投资类型及占比

注：2021年数据缺失。

五、持续强化省重大项目稳投资支撑作用的建议

（一）适时弹性地调整重大项目的申报条件，充分释放重大项目的链式效应、集聚效应、集群效应

目前江苏省重大项目储备充足，形成了"储备一批、建设一批、投产一批"的滚动式发展局面。为了更好地实现甚至超越预期经济增长目标，可参考兄弟省市的经验，在事先充分论证、科学决策基础上，适时弹性地调整省重大项目投资门槛，优化遴选机制，适当扩容项目清单，并允许年中增补具备建设条件的项目，不断优化结构，提升质效。譬如，深圳市把紧抓项目建设作为发展的"一号工程"，在重大项目申报的规模和时间上具有较大弹性空间，对重大项目计划申报的投资规模原则上要求：现代产业类项目，总投资1亿元及以上；基础设施类项目，总投资1亿元及以上；民生改善类项目，总投资5000万元及以上，其中城市更新项目总投资1亿元及以上，并允许年中对重大项目清单进行增补调整。

此外，应健全民间资本项目推介长效机制，依托项目投资在线审批监管平台，在省、市两级重大项目库中，遴选适合民间投资和外商投资的项目，编制鼓励民间投资和引导外资积极参与的项目清单，滚动挖掘推介质态效益好、有稳定预期收益的投资项目，为民间投资和外商投资提供更多机会，以省、市两级优质项目，引导社会预期，吸引更多民间投资、外商投资进入，切实起到带动作用。

（二）强化重大基础设施对稳投资的支撑作用，应更加注重提高其经济效率

省重大基础设施项目的遴选和实施，要以加快构建现代化基础设施体系建设为目的。一是应注重以新技术赋能传统基建，加强对既有基础设施投资的升级改善，满足推进能源革命、建设交通强省的需要。二是更加注重对5G、物联网、人工智能、大数据等新型基础设施的系统布局，为形成以"网力""算力"为代表的新质生产力夯实基础。三是筹备并推进省重大科技基础设施和重大科技创新平台建设，尽快弥补江苏省与安徽、上海等兄弟省市的差距，争取国家筹建的国家实验室和大科学装置布局我省，同时强化长三角科技创新共同体建设，深化重大科技基础设施集群共建共享。四是率先探索民营资本通过基础设施 REITs 等金融工具盘活存量资产，匹配各地市发展需求，提供长期性、可持续性精准投资，提高重大基础设施投资的经济效率。

（三）持续优化产业项目尤其是战略性新兴产业和先进制造业投资结构，为加快构建现代化产业体系筑牢根基

省重大产业项目部署应紧紧围绕培育集群筑峰、创新强基、高端强链、智能升级、绿色转型、壮企强企、布局优化、产业政策协同等目标，强化江苏省产业体系和产业结构的接续性。一是应聚焦"531"产业强链行动、"1650"现代化产业体系、"51010"战略性新兴产业集群、"10+X"未来产业体系，积极对接国家和省重大战略部署，加强前瞻系统谋划，通过经贸洽谈、投资推介、央地合作等形式，招引储备一批产业链条长、带动作用强、未来有望成为新支柱产业的重大产业项目。二是发挥产业项目所属的产业链链条长、乘数效应明显的优势，为民间资本打开"进"的大门，提高"投"的质量，保障"在"的权益，鼓励民间资本设立产业投资基金或与政府产业投资基金开展深度合作。三是率先探索建立跨集群伙伴关系，联合周边兄弟省市共同争创国家级先进制造业集群基地、战略性新兴产业集群基地、产业

融合集群示范区等。四是牵引生产性服务业、重大创新载体项目高质量发展，推动生产性服务业向高端化、专业化、数字化延伸，打造有利于生产性服务业与产业项目融合互促的创新体系。

（四）强化重大项目稳投资支撑应更加重视对就业和消费的拉动效应

经济高质量发展的长期主义价值观要求高质量有效消费、高质量有效投资、高质量对外贸易共同发力。习近平总书记指出，"总需求不足是当前经济运行面临的突出矛盾，必须大力实施扩大内需战略：一是把恢复和扩大消费摆在优先位置；二是通过政府投资和政策激励带动全社会投资"。发挥重大项目投资关键作用的着力点，从供给端看，要通过优化投资结构，促进科技进步、推动产业转型、健全基础设施；从需求端看，要通过扩大投资规模，带动就业、促进消费、稳定增长。

应充分认识到，实施反周期的传统宏观经济刺激政策，对当前经济的结构性问题或是失效的。以往针对传统基建等大项目投资刺激，不仅创造不了太多就业岗位，即便创造出的岗位也不适合青年群体。因此，省重大项目稳投资支撑应更加注重发挥其对就业的直接吸纳作用，以及通过乘数效应对就业的间接促进作用。一是应避免重大项目在市场成熟度高、竞争激烈的领域挤压民间资本生存空间，甚至打压民营资本信心，最终通过影响市场秩序而损失就业。二是应避免在智能化、自动化程度高、劳动替代率较高的领域损失就业，而应积极创造新的就业岗位。三是应避免挤占消费。从大的方面讲，如果储蓄不向消费转化，就只能转向投资。投资形成的生产能力，如果可以通过外需市场消化，那么经济自然会迅速增长，实现繁荣。但是，外需市场支撑不足，内需又提振乏力，就引致新一轮的生产能力过剩，从而制约繁荣。因此，应充分释放重大项目投资通过收入渠道、预期渠道以及财富渠道对居民消费的"挤占"效应。

作者：

王兵，南京大学长江产业发展研究院助理研究员

第二十一章 "小园区"如何展现"大作为":来自江苏基层园区的调查研究

省级以上的产业园区贡献了江苏大约60%的工业经济总量。与此同时,为数众多的传统制造和中小制造企业分布在区县和乡镇的工业园区,在乡村产业振兴和吸纳就业方面发挥重要作用,也面临着更强的转型升级紧迫性。但是,这部分园区的规划、统计、产业定位、空间布局等一系列问题主要是由基层落实实施,省级层面在情况掌握和政策支持方面都处于薄弱环节。挖掘基层乡镇工业园区高质量发展的潜力,有利于提高产业集中度和土地资源利用效率,引导零散工业向集中区转移。通过鼓励与产业集群相关联的项目落户,把基层工业集中区纳入江苏新型工业化战略的重要组成部分,有利于江苏全面建设现代化产业体系。因地制宜加强国家级、省级园区与基层园区的联动发展,加大基层园区的标准厂房、配套服务设施建设,促进共用共享,促进基层环保、安全等政策执行的专业性、协调性和可预见性,对于江苏农村和城镇产业与人口的合理集聚,推动乡村产业振兴和共同富裕的具有重大意义。

一、江苏基层产业园区高质量发展分析:现状、特征与瓶颈

根据江苏省自然资源厅产业园区用地整治提升的试点范围,课题组对四至范围明确的308家省级以下产业园区调查,回收问卷资料126家。除镇江早先已经启动相关工作并初步将省级以下产业园区整合之外,调查回收问卷涵盖12个地级市的所有县区范围,基本可以展现江苏基层产业园区的全貌。

（一）江苏基层产业园区的发展脉络和主要类型

从总体历史脉络来看，江苏省级以下产业园区主要依托乡镇、街道发展而来，苏南地区有的还是依托村镇发展起来的。所以，从地理载体上看，目前省级以下产业园区基本是地处乡镇的工业园，部分位于街道和行政村；从市场主体看，园区市场主体从乡镇企业起步，经历外向型经济、民营经济发展的洗礼，实现了整体能级的提升，呈现出显著的地区差异。

具体而言，可以分为如下类型。

1. 国家级和省级开发区的园中园：在国家级和省级经济开发区规划和发展的过程中，将部分周边的工业园纳入管理、统计和考核范围之内。主要出于以下原因：一是原规划的工业用地逐渐饱和；二是城镇化过程当中产城进一步融合；三是高水平园区的制度和做法进一步复制推广到周边园区，从而在区域发展中形成外溢效应；四是在原来工业集中区的地理位置上，成立更高层次和行政级别的园区，原区域即成为园中园（比如，国家级江北新区设立后，南京浦口、六合的部分产业园区成为园中园）。另一种重要情况是，国家级或省级园区的产业定位总体较为宽泛，为了彰显战略性新兴产业发展的特色，往往会在园区总体框架内设立若干地理尺度较小的园区，专门定位于细分领域的产业。国家级和省级开发区的园中园地处苏南为主，一般地理区位较为优越，经济体量和企业质地上在江苏产业园区中占据重要位置。典型园区：①南京江北新材料科技园：由成立于2001年的南京化学产业园区发展而来，国家级南京江北新区的重要先进制造业转型发展示范区。经过20余年发展，形成以石化、碳一两大产业链为主要支撑，新材料、生命健康产业为发展方向的现代产业体系建成投产各类企业120余家，包括中国石化、德国巴斯夫、美国塞拉尼斯等20多家世界500强、全球化工50强以及细分市场领先企业，主导产业规模、项目集聚度与区域集约开发水平均位居全国同类园区前列，"2022高质量发展化工园区30强榜单"中位居全国第二，其中工业产值近2000亿元，排名第一。②戚墅堰轨道交通产业园：轨道交通产业园系常州经开区园中园，依托轨道交通高技术产品研发中心、轨道交通高技术高新技术分析测试认证中心、轨道交通高技术高新技术系统设计中心、围绕中车"三位一体"产教融合基地、中车戚墅堰所，加快智能制造加快布局，2022年工业销售收入为224.7亿元。

2. 依托原生型产业集聚形成的工业园：在乡镇企业、外向型经济时代形成以"块状经济"为主的产业集群,在载体上多位于工业基础较好镇区工业园,呈现出"一镇一品"的产业特色,在细分行业中体现出较强的生命力。以传统产业为主,但是这部分园区也是江苏产业"特色小镇"发展的重要依托。典型园区:①新店镇工业集中区:如东新店镇大力发展健身器材成为主导产业,工业集中区获批后,引导健身器材企业入区投产,2022年区内总产值达40亿元,其中健身器材产业产值达33亿元,目前健身器材企业产值占区内总产值的70%以上。"江苏健身器材在南通,南通健身器材在新店",新店镇先后被江苏省机械工业联合会评定为"江苏省健身器材之乡",省体育局评为"特色类体育产业基地"等。②溧阳竹箦绿色铸造产业园:竹箦镇于2017年规划建设面积3.91平方千米的绿色铸造科技产业园区,一期核心区建设面积1.2平方千米已基本建成,以"三个百亿元级"(百亿园区、百亿产业、百亿企业)具有国际竞争力和影响力的国家级绿色铸造产业集群(高端制造业基地)为目标。2022年,全镇10家规模铸造相关产业企业生产铸件30.2万吨,实现纳税销售收入35.6亿元,财政贡献份额超过50%,成为江苏省铸造产业转型升级示范基地,是中国铸造协会授予的全国唯一一个"中国绿色铸造小镇",江苏省绿色铸造特色小镇,国家火炬绿色铸造特色产业基地。

3. 区域整合形成的产业集中区:在城镇化和工业化的过程中,地方(乡镇)将基础设施、配套服务体系等资源集中到规划空间,零散的工业布局趋于集中,形成规模效应,产生集聚效应和辐射效应。由于江苏各地工业发展的差距,地处乡镇的产业园区发展数量较多、参差不齐,发展水平相差较大。典型园区:①国家火炬昆山高端装备智能制造产业基地:核心区位于昆山市周市镇内,依靠得天独厚的区位优势和宽松的创新创业政策环境,基地在较短时期内完成了从小到大,从弱到强的发展历程。先后被认定为国家火炬特色产业基地、国家产业集群区域品牌建设试点、江苏省高端装备制造高技术特色产业基地、江苏省信息化与工业化融合示范区等。初步形成智能制造、高端装备、汽车零部件和电子信息四大产业板块。集聚了一批世界500强企业和国内知名企业,截至2022年底,基地主导产业实现销售收入350亿元,吸纳了7万多个就业岗位。②连云港东海房山镇工业集中区:集中区用地功能分有工业用地、商务服务业用地、仓储物流业用地,约5640亩(其中北园1095亩、南园4365亩)。北园主要产业定位为发展循环经济与再生资源等相关方面的产业;南园主要产业定位为发展新材料、木材加工、硅资源加工、纺织服装等以轻工为主的产业。2022年工业销售收入42.48亿元,规模以上企业 22 家，获得"全市工业经济十强镇街"。

4. 新规划的以新兴为主的产业园区：部分地区在转型升级的过程中，除了原有的存量传统产业，新规划用地专门发展战略性新兴产业。典型园区：①常州生命健康产业园：薛家镇传统上以机电产业为主，2010 年底，地处新北区薛家镇的常州生物医药产业园区批准成立，从市、区挑选的第一批园区挂职干部到岗。园区规划面积 11.5 平方公里，总规划用地面积为 9450 亩，园区已供土地 3176 亩，园区企业开票销售收入从 2019 年的 40 亿元增长至 2022 年的 70 亿元，园区先后被认定为中国生物医药特色园区、国家级外贸转型升级基地、科技部百城百园行动园区，最新公布的国家高新区生物医药产业园区综合竞争力排名全国第 21 位。②武进湖塘科技产业园：湖塘镇城工业园一期为湖塘纺织工业园，启动实施已有 20 年，以传统纺织印染企业为主；二期于 2013 年启动建设，占地面积约 2500 亩，分为独立投产企业区和高标准厂房区。其中独立投产企业区共有 45 家企业（宗地企业 18 家），高标准厂房区是湖塘投资建设的湖塘科技产业园。

（二）江苏基层产业园区的现状特征

1. 经济贡献不容小觑，在乡村振兴和城乡协调发展中发挥重要作用。江苏大约 60% 的工业经济总量布局在省级以上的产业园区，说明仍有 40% 的比重位于基层园区和园区之外。从总量看，在我们调查统计的 126 家园区 2022 年工业销售收入 2.43 万亿元，占江苏规模以上企业销售收入的 23.4%。苏南地区民营经济就是脱胎于村镇企业，说明目前先发地区的村镇工业仍然占据相当比重，比如，常州经开区 80% 左右的工业产值来自镇村。从企业看，基层园区也有大企业、优质企业，尤其是苏南的基层园区布局了一批上市公司和跨国公司投资企业。

2. 基层园区是江苏中小企业产业集群的重要载体。改革开放以来，江苏块状经济、"一镇一品"的发展是乡镇工业发展的特色，在城镇化、工业化的过程中演化为基层园区的雏形，特色得到了进一步的彰显。比如：常州横林镇绿色家居产业园区是中国强化木地板之都、钟楼区高新园（邹区）是灯具之都，无锡的新桥工业园（新桥镇）是著名毛纺之城，南通如东新店镇是江苏省健身器材之乡，海门正余机器人小镇是全国少见的以机器人为特色产业园区，泰州姜堰装备园（白米镇）集聚一批石油装备，兴化陈堡工业园是江苏省精密铸锻造产业基地，宿迁沭阳桑墟镇形成了特色板材工业。

第二十一章 "小园区"如何展现"大作为":来自江苏基层园区的调查研究

为促进中小企业高质量发展,提升中小企业产业集群专业化、特色化、集群化发展水平。江苏根据工信部的办法和要求,制定《江苏省促进中小企业特色产业集群发展管理办法》,明确省级特色产业集群培育和认定标准。江苏以县区为申报单位,2023 年共认定的省级中小企业特色产业集群 35 个。课题组通过跟踪了解江苏 35 个中小企业特色集群承载的园区载体,分析集群与园区之间的关系,主要信息如表 21-1 所示。

表 21-1　　　　　　　省级中小企业特色产业集群名单与载体园区

序号	产业集群	载体园区
1	南京市江宁区智能配电设备产业集群	江宁经济开发区(国家级开发区)
2	南京市六合区新能源汽车动力总成产业集群	六合经济开发区(省级开发区)
3	江阴市节能环保集成装备产业集群	江阴临港经济开发区(省级开发区)
4	无锡市高新区(新吴区)物联网 MEMS 传感器产业集群	太湖湾科创城(属于国家级开发区无锡高新区)
5	无锡市锡山区新能源电动车及零部件产业集群	安镇街道大成工业园、羊尖镇工业园、东港镇工业园区(乡镇园区)
6	无锡市惠山区智慧物流装备产业集群	锡山洛社镇工业园区[高新区(筹)](乡镇园区)
7	无锡市滨湖区集成电路设计产业集群	蠡园经济开发区(省级开发区)
8	宜兴市电力电缆及附件产业集群	宜兴官林镇工业开发区(乡镇园区)
9	常州市武进区工业协作机器人产业集群	武进国家高新区(国家级)
10	常州市金坛区新能源(光储一体)产业集群	金坛经济开发区(省级开发区)、直溪工业集中区(乡镇园区)
11	溧阳市新能源电力装备零部件产业集群	溧阳经济开发区(省级开发区)
12	常州市新北区新能源汽车电气设备产业集群	常州国家高新区(国家级园区)
13	常州市天宁区干燥智能装备产业集群	常州天宁区郑陆镇工业集中区(乡镇园区)
14	苏州市虎丘区多肽类生物药产业集群	苏州高新区(国家级园区)
15	常熟市声通信产业集群	常熟经济开发区(省级开发区)
16	昆山市数控机床核心零部件产业集群	昆山市周市镇相关工业园区(乡镇园区)
17	苏州市吴中区机器人智能装备产业集群	吴中经开区、吴中高新区(省级开发区)
18	苏州市吴江区仿真纤维材料产业集群	吴江开发区、汾湖高新区(省级开发区)
19	南通市崇川区集成电路封装与测试产业集群	南通市北高新区(省级开发区)

续表

序号	产业集群	载体园区
20	海安市聚酯离型膜材料产业集群	海安经济开发区（省级开发区）
21	如皋市特高压装备产业集群	如皋经济开发区（省级开发区）
22	东台市特钢材料产业集群	东台时堰镇工业园区、溱东镇工业园区（乡镇园区）
23	射阳县风力发电及装备制造产业集群	射阳港经济开发区（省级开发区）
24	建湖县油气钻采井口装备产业集群	建湖高新区、建阳镇石油装备产业园（乡镇园区）
25	响水县不锈钢产业集群	响水工业经济区（省级开发区）
26	扬州市邗江区数控成形机床产业集群	扬州高新区（邗江区）（省级园区）
27	扬中市中低压智能电气产业集群	扬中高新区（新坝镇）（省级园区）
28	丹阳市车用智能照明及装饰产业集群	丹北镇工业集中区（乡镇园区）
29	泰兴市船用水处理专用设备产业集群	泰兴经济开发区、泰兴高新区（省级开发区）
30	泰州市海陵区晶硅光伏产业集群	泰州市新能源产业园、泰州海陵工业园（省级园区）
31	靖江市轻量化车身零部件产业集群	靖江经济开发区（省级开发区）
32	宿迁市宿豫区橡塑新材料产业集群	宿迁高新区（国家级）
33	沭阳县纺织纤维新材料产业集群	沭阳经开区（省级开发区）
34	泗阳县功能纤维材料产业集群	泗阳开发区（省级开发区）
35	宿迁市宿城区激光装备产业集群	宿城区经济开发区（省级开发区）

资料来源：中小企业集群系江苏省工业和信息化厅评选公布，载体园区系课题组整理。

经过分析，可以得出：①江苏相当比例的中小企业特色产业集群是主要由乡镇工业园区和集中区承载的，包括：锡山区新能源电动车及零部件产业集群、宜兴市电力电缆及附件产业集群、常州市天宁区干燥智能装备产业集群、昆山市数控机床核心零部件产业集群、东台市特钢材料产业集群、丹阳市车用智能照明及装饰产业集群6个，常州市金坛区新能源（光储一体）产业集群也有部分来自乡镇工业园。②以乡镇工业园区为载体的产业集群，通常都已经具有较长的成长历史，表现出较强的集群生命周期。比如，锡山安镇、羊尖、东港三镇的电动车产业，2000年以后从小批量生产转入批量投放市场的起步发展阶段，2006年，锡山电动自行车年产销量达到350万辆左右，占全国的20%和江苏省的75%。整个产业的产出规模达到100亿元，当时占全区工业总产值的12%，已经成为全国最大的电动自行车整车生产基地。2022年，电动车产量达到2200万辆，产业规模约占全国的1/3，产业集群营业收入规模达到662亿元。又比如，20世纪90年代，宜兴市官林镇抓住国家重大工程以及交通、通信和家电等产业发展机遇，配套发展电线电缆产业，逐步发展为全国闻名的"线缆小镇"。作为全国4个电缆产业小镇之一，官林镇逐渐完善电线电缆产业链生态圈建设，到2022年，全镇整个线缆产业配套的相关企业达950家左右，产业规模达1300多亿元。

3. 苏南、苏中、苏北差异大，地处苏北的基层园区较为薄弱。在我们统计的126家省级以下园区中，苏南、苏中、苏北地区分别为72家、40家和14家。①我们本次调研对象的选择标准是工业销售收入前一年达到100亿元或者产业特色明显、对当地经济带动作用较大的基层产业园区，从各地符合条件园区看，苏南四市（南京、苏州、无锡、常州）数量远大于苏北。从一定意义上，相对于国家级和省级产业园区，在基层产业园区层面上，江苏南北差距更大。②从具体的主要经济指标看，苏南各园区规模以上工业企业平均数为77家，中位数为55家；高新技术企业平均数为66家，中位数为25家；省级以上研发机构平均数为16个，中位数为6个；工业销售收入平均数为243亿元，中位数为225亿元。苏中各园区规模以上工业企业平均数为62家，中位数为53家；高新技术企业平均数为27家，中位数为20家；省级以上研发机构平均数为8个，中位数为4个；工业销售收入平均数为136亿元，中位数为96亿元。苏北各园区规模以上工业企业平均数为42家，中位数为35家；高新技术企业平均数为9家，中位数为7家；省级以上研发机构平均数为5个，中位数为2个；工业销售收入平均数为117亿元，中位数为116亿元。

4. 产业门类总体较为分散，需加强区域布局融合。基层产业园区的布局以传统产业为主，根据调研情况，我们通过分析每个产业园区处于前两位的重点产业可以得出以下信息：①产业分布广泛，涉及的重点产业较为分散。在统计的72家苏南园区涉及38个重点产业，40家苏中园区涉及28个重点产业，14家苏北园区涉及15个重点产业，从面上情况看，基层园区的产业分布的差异性要高于国家级、省级园区。②以传统产业为主，新能源、新材料等战略性新兴产业也成为部分园区主导产业。总体看传统产业分布较广，部分符合基层园区的机械制造等产业布局较为集中。苏南园区，占比较高的产业包括大健康产业、机械制造、智能装备等；苏中园区看，占比较高的产业包括大健康产业、机械制造、新材料等；苏北园区，较多是冶炼加工、绿色建材、新能源等。

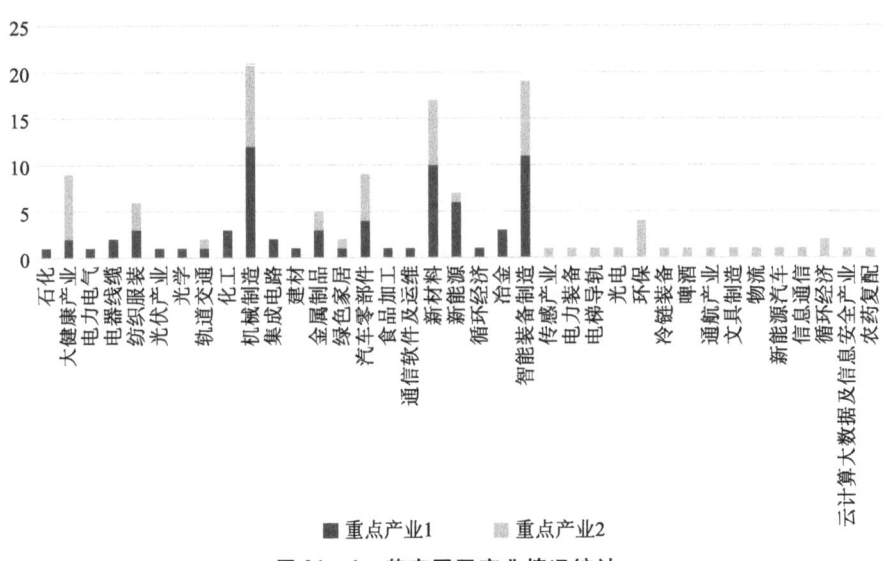

图 21-1 苏南园区产业情况统计

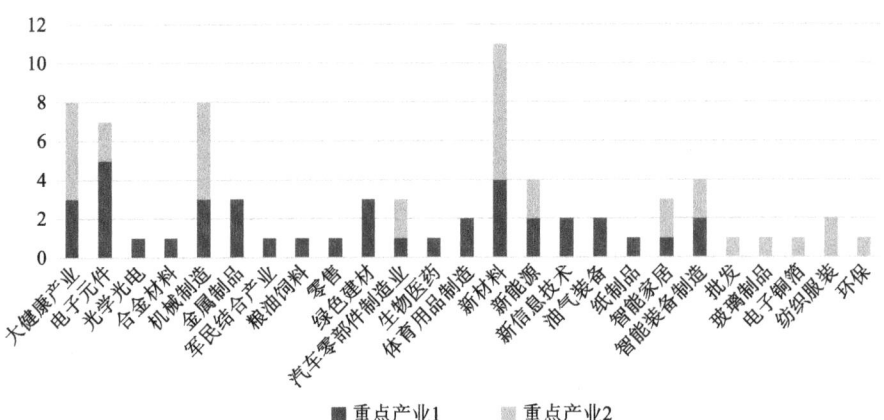

图 21-2 苏中园区产业情况统计

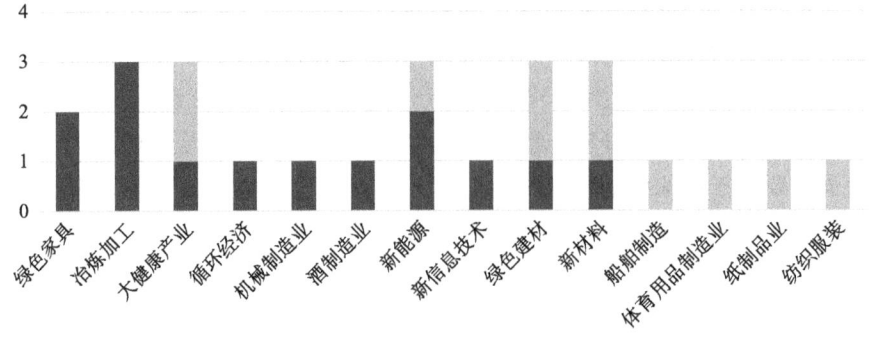

图 21-3 苏北园区产业情况统计

资料来源：课题组整理。

第二十一章 "小园区"如何展现"大作为":来自江苏基层园区的调查研究

江苏提出聚焦"1650"产业体系建设,指的是江苏省在"十四五"时期重点打造 16 个先进制造业集群、50 条重点产业链。调研的样本园区与"1650"的匹配度看:调查的 72 家苏南园区的主导产业涉及 38 个重点产业,其中,与江苏的"1650"中的 8 个先进制造业集群和 20 条重点产业链相联系,包括新能源、新材料等产业集群以及晶硅光伏、先进金属材料、环保装备等 12 条卓越或优势产业链;调查的 40 家苏中园区的主导产业涉及 28 个重点产业,与江苏的"1650"中的 6 个先进制造业集群和 9 条重点产业链相联系,包括新材料、生物医药、高端纺织等 6 个产业集群以及生物药、化学药、品牌服装家纺、化学纤维等 9 个重点产业链;调查的 14 家苏北园区主导产业涉及 15 个重点产业,涉及新能源、高端纺织等产业集群的晶硅光伏、化学纤维等 7 条重要产业链(见表 21-2)。

表 21-2 调查样本园区主导产业与"1650"的匹配度
(分苏南园区、苏中园区、苏北园区)

16 个先进制造业产业集群	50 条重点产业链
新型电力装备	智能电网*√
新能源	晶硅光伏*√○、风电装备√、氢能、储能
物联网	工业互联网、车联网*、传感器√、智能家居
半导体	集成电路*√、新型显示、第三代半导体
高端纺织	品牌服装家纺*△、化学纤维△○
新材料	先进碳材料、纳米新材料*、先进金属材料√△、化工新材料√△○
生物医药	生物药*√△、化学药√△○、中药、医疗器械
高端装备	工程机械*、农机装备、工业母机√、机器人、轨道交通装备√
航空航天	"两机"、大飞机配套、卫星
高技术船舶与海工装备	高技术船舶*、海洋工程装备○
新能源汽车	电动汽车、动力电池*√、汽车零部件√△、氢燃料电池汽车
新一代信息通信	5G、光通信√、先进通信△○
节能环保	节能装备√、环保装备√△
新型食品	预制菜、酿造√○、功能性食品√△
软件与信息服务	工业软件、信创
新兴数字产业	大数据与云计算√、区块链、元宇宙、人工智能

注:√、△、○分别代表苏南、苏中、苏北调查园区涉及的产业链。

(三) 省级以下基层产业园区高质量发展面临的主要困难

1. 要素约束明显，用地是核心约束。尤其是对发展得较早的苏南地区来说，省级以下的基层园区面临着"用地紧张"和"低效用地"并存的双重困境，一是工业用地异常紧张，有限的新增工业用地主要向国家级、省级开发区倾斜；二是仍然存在大量低效用地存在。据了解，在"工改"之前，江阴市亩均税收低于1万元的低效用地有2.5万多亩、没有产出的闲置土地有3.5万亩，主要分布在村镇。常州经开区横林镇占地总面积60%以上的一千多家小微企业税收贡献不足10%。

双重困境下，主要是要通过"腾笼换鸟"向现有存量要空间。但实践中，基层也遇到一些瓶颈导致腾笼换鸟的开发利用难，反映较多的具体情况包括：①集中区内夹杂零星的基本农田、河流、农房等，部分地区永久农田地块面积较小且布局分散，受制于规划红线不能局部微调，导致较大面积的土地难以形成集中开发利用的规模效应；②历史遗留问题处理难，区域内小块国有、集体土地相邻，使土地拆迁后重新规模利用时登记和使用的困难；年代久远的违章建筑拆除后，恢复界限涉及多方面的利益调整；③零星散布低端闲置企业地块处置难度较大。经过数年的经济下行期，部分低端闲置企业往往涉及司法纠纷、无土地证等历史问题，盘活处置难度较大。位于南京溧水和凤台湾机电产业园反映，镇政府拟收储盘活原都能电源、同兴彩钢等企业，总占地约50亩，后因涉及司法纠纷导致资产权属不清而暂停。④部分闲置企业诉求远超拆迁标准，同时协议拆迁与政策性拆迁相比推进手段不多，部分低效用地因缺乏有效的处置手段而搁置。

2. 部分传统产业退化，转型升级的压力较大。江苏基层园区产业升级面临的主要难点：①传统产业集群面临退化。高邮高新区电力装备产业园原为菱塘工业集中区，是全国著名的灯具之乡，主要产品以路灯为主，2012—2016年鼎盛期时"十根灯杆，七根出之菱塘"。但由于路灯市场主要是地方政府市政建设，近年来不少地方政府负债严重，基础设施投资能力乏力，菱塘路灯企业近年来15%没有复工复产，且不少企业陷入地方政府、央国企总包企业之间的三角债。②部分园区高度依赖传统产业的个别企业。张家港南丰工业园冶金产业占90%，处于绝对主导地位，永钢集团一家钢铁企业独大，资源能源依赖重；华西钢铁占华士镇工业园工业销售的70%，园区的发展与个别企业景气程度深度绑定。

3. 基层园区升级改造的资金平衡难度大。江阴"工改"的土地成本大致在120万—180万元/亩，工业供地45万元/亩，"工改"的资金净投入较大。按照产业发展的一般规律，工业园区的改造中长期资金平衡需要依靠优质项目产出，但短期资金平衡仍需依赖商住用地出让。但随着房地产整体行情的下行与低迷，即使是区位条件较好的江阴高新区，2022年整个年度未能顺利推动地块出让，"工改"资金平衡压力加大。另据常州横林镇测算，每亩工业用地拆迁成本超过130万元，再加上红线退让，每亩综合成本高达150万元。横林镇部分工业不在产业园区之内，成片开发后至少拿出40%用于公益性建设，短期内资金平衡的难度更大。这一问题在丹阳市丹北镇调研时也有反映，以丹北镇汽车零部件产业为基础申报成功认定为"省中小企业特色产业集群"，但由于历史原因集群企业并不在园区之内，地方政府认为开发地块的工业与公益比例不合理。

4. 不少园区产业堆砌为主，产业选择的主动权较小。基层园区对照江苏制造业产业集群和产业链的"1650"的战略进行布局，客观上面临"园区选企业，还是企业选园区"，哪一方是主导力量的问题。青阳镇位于江阴市南部区域，考虑到整体规划留白，2007年左右被定义为"不开发区"，2020年提出"锡澄一体化"后才正式开发。青阳镇工业园区定位为"智能装备制造"，面积为5715亩，单个优质项目供地能力在50亩左右，但是项目要求符合智能装备的优质项目非常少，近年落地的质地较好的项目是上市公司武进不锈钢的金属制品项目，镇政府完成招商引资的任务压力较大。

5. 基层园区集聚人才难，普遍面临用工约束。从扬州经济开发区的海信、科龙空调这两家企业了解到，劳务外包的工人占50%以上。在丹北汽车零部件产业园调研时，两家企业反映，一家企业通过劳务劳务外包的人员占70%，另一家占比30%以上。另外，企业与劳务公司结算一般是按照小时数计算，外包人员工资为23—25元/小时，用工成本约6000元/月，外包公司在其中需要赚一定差价。企业反映，外包劳务工人均来自中西部地区省份，人员稳定性较差，另外时薪制管理模式与企业原来的计件制有所冲突，增加管理难度。设计、研发等高端人才缺失，丹北镇具有一定规模零部件的企业，大都在外地设立设计团队。

6. 基层园区也明显受到国际经济波动的影响。即使是劳动密集型的传统产业链也存在外迁压力，比如，丹北汽车零部件产业园的常诚车灯拟针对北美通用的供货到美国投资。目前美国对通用公司补贴为1000美元/台，前提是70%的零部件在美国、加拿大、墨西哥生产。因此，美国整车企业有较强的动力要求零部件企业搬往美国。据企业介绍，出海的中国汽车零部件企业大致20%选择美国本土，80%选墨西哥。墨西哥蓝领工人的工资略高于国内，管理人员与国内相仿。去美国投资的好处还在于可以进一步开拓市场，例如：做车灯的企业由于运输的原因原本只能做小灯，因为大灯、尾灯因为长距离运输的风险难以实施，而到美国设厂之后则可以解决这一问题。

二、国内外中小产业园区发展的经验与借鉴

（一）国际经验

1. 国际典型产业园区的类型。国际上产业园区主要可分为以下三类：一是以"第三意大利"为代表的一般加工型产业园区。这一类产业园区以制造加工业为主，有综合加工型的，也有专门从事某一类产品生产的特色园区。二是以丹麦卡伦堡"工业共生体"为代表的生态工业园。生态工业园是基于循环经济和工业生态学原理建立的一种与生态环境和谐共存的新型工业园。后两类园区对江苏省级以下产业园区具有相对较多借鉴意义。三是以美国的"硅谷"为代表的科技型产业园区。这类园区以高科技产品的研发为主，园区内科研机构、高校和企业相对集中，具有知识密集和人才密集型的特征。

（1）加工型产业园区。较多分布在小城镇，实行家庭包工等形式，生产过程大多是分散的，成为"分散型工业化"地区。典型代表为意大利新兴工业区，为了同西北部传统工业区和至今工业化尚未得到普及的南部加以区别，人们把这个新兴工业区称为"第三意大利"。主要以中小企业、轻工业为主，生产成本低廉、工艺考究、质地优良、款式新颖的轻工业产品，集中了大量同类和相关企业。生产高度专业化，企业仅从事单一的专业化生产，本集中程度低，当地主要行业往往包括数百个中小企业。呈现出"一镇一品"的明显特征，如普拉托的毛纺织业、皮亚琴察的自动化设备、卡尔皮的木工机械、摩德纳的针织品、萨斯索罗的瓷砖、阿雷佐的珠宝等。被称作世界毛纺之都的普拉托，是意大利新兴工业区众多工业小区之一。普拉托成千上万的中小企业以毛纺业为生产的中心内容，形成了一个结构完善、功能齐全的"生产—销售—服务—信息"网络。在独立经营、密切协作的基础上，实现了规模经济生产。

(2) 生态型产业园区。较多位于在生态条件优良、距市中心较远的郊区、小镇。如卡伦堡是位于哥本哈根西部的一个小镇，常住人口在五万人以下，由于常年不冻港口的天然优势，很多大型企业陆续落户于此。在20世纪60年代末，该地一些企业通过交换蒸汽、各种副产品或"废料"得以初步发展。它由发电厂、炼油厂、生物工程公司、石膏材料厂、市政分区供暖系统等五家主要企业组成，通过企业间的工业代谢与共生关系，实现了区域内企业间废弃物的相互交换，减少了资源消耗，减少了废气排放，促进了废物的重新利用。废物相互利用的企业链将以企业生产的副产品用作另一企业的原料，形成能源的不断循环，实现价值的增值，并减少最终废料的排放量，尽量避免破坏环境。政府部门将这种新的工业体系称为"工业共生体系"，通过不断地发展与改进，这种模式也被其他国家纷纷效仿。

(3) 科技型工业园区。一般分布在大都市圈、高等院校、科研院所附近。如美国斯坦福大学在其校园内创办了斯坦福研究园，而后迅速发展成为举世闻名的"硅谷"。硅谷有技术公司万余家，其中60%是以信息为主的集研发、生产和销售为一体的实业公司，40%是服务性第三产业，包括金融、风险投资等公司。美国的128公路、北卡罗来纳三角研究园、明尼苏达高技术密集区、马里兰科学园，加拿大的渥太华电讯谷、技术三角区，英国的中央苏格兰、M4走廊地带，法国的索菲亚·安蒂波利斯科技城、巴黎高技术密集区，日本的筑波科技城，印度的班加罗尔软件园等都是著名的科技型工业园区。

2. 国际产业园区发展的理论支撑。传统上，国际上出口加工区的建设实践与增长极理论的发展在时间上同步。其概念是法国经济学家佩鲁（Francois Perroux）于1955年由抽象经济空间延伸出来的，之后布代维尔（J. R. Boudeville）在1966年将增长极的经济概念转化为地理概念。增长极理论认为，把推动性产业（propulsive industry）嵌入某特定空间可以形成集聚经济，产生增长中心，推动整个区域经济的增长。该理论成为政府在参与产业园区建设、空间选址引导、功能定位和政策制定等方面的基础。

在产业园区研究视角的演进过程中，产业园区承载的活动由早期的纯生产活动逐步演变为生产与生活叠加的综合性活动。例如，福特制的流水线作业和大批量标准化的生产活动集中在出口加工区较大规模的郊区工厂，零部件由单一技能型劳动力进行组装，人本理念的回归使产业园区逐步摆脱唯经济增长论的影响，成为协调从业人员生产与生活活动以及反映从业人员就业、居住、公共服务等共性人本需求的集合体。

现代产业园区趋于成型，并在全球范围内陆续酝酿出现了新的关联理论，比较有代表性的是创新集群理论、可持续发展理论、企业家精神理论等。创新集群是在当地企业和机构近距离的协同作用的基础上发展起来的，是行为主体合作的网络，是促进创新的产业社区，是大学、科研院所、企业、地方政府等机构及其个人之间在长期正式或非正式的合作与交流的基础上所形成的相对稳定的系统。产业创新首先取决于创新型的企业家和科技人才，此外决定于知识学习的过程和企业之间、产学研之间关系的质量、强度及其网络的结构。生态产业园区实践的出现早于可持续发展理论的成型。该类产业园区在建设过程中对于物质与能源交换网络、产业共生体系的构建通常受其自身发展需求驱动和政府参与引导的双重影响，其在全球范围内数量的增长与兴起的过程。可持续发展理论在世界范围内被认可之后，促进了生态产业园区的发展，且涉及生态产业园区的产业、管理、政策等多个方面。企业家精神理论强调企业家的空间分布高度不均衡，地区的企业家密度取决于该地的经济结构和社会价值系统。当某地具有雄厚的经济基础、多样化的经济结构、各种类型的企业构成、良好的基础设施、充足的劳动力供应，在政府对新企业采取激励政策时，本地企业家会涌现出来，进一步吸引外地的企业家。政策不能创造企业家，但可以通过对本地教育长期投资来培养企业家；通过提供风险资本，鼓励企业家留在本地；通过建立孵化器设施，降低创业难度，把企业家集中到一起。政府的税收、法规、管理条例、尊重技术人才等政策，都会影响企业家密度。

（二）国内经验：广东村镇工业集聚区"工改工"

1. 基本做法。改革开放初期，广东借助毗邻港澳优势，大力发展劳动密集型加工企业，农村集体土地以其低成本优势吸引了大量工业企业蜂拥而至，形成"村村点火、户户冒烟"的发展模式，全省数千个村级工业园应运而生。珠三角地区村镇工业集聚区总用地面积约150万亩，占珠三角地区工业用地总面积的31%，而2019年集聚区工业增加产值约617亿元，仅占珠三角地区工业增加值总额的2%。

"工改工"之前主要面临的问题：一是多数地市的村镇工业集聚区底数不清，缺少认定标准，尚未全面掌握村镇工业集聚区的基本情况；二是村镇工业集聚区空间布局混乱，缺乏统一规划，且产业低端、企业设备简陋落后、产业效率不高、环境污染严重、安全隐患多发；三是涉及历史遗留问题多，涉及利益群体多，改造难度大，部分地方政府存在畏难情绪，推进改造的主动性不足；四是改造成本高，单靠村集体力量难以完成，需要依靠市场资金参与，但市场主体因改造项目投资周期长、回报慢，往往投资意愿不强、参与积极性不高；五是政策供给不足，大多数地市已出台的政策未能覆盖现实中各类情形，土地置换、集体土地上建筑物分割登记等方面的政策供给不足，微改造项目缺少明确政策指引。

在此情况下，工业园区矛盾比较突出的顺德等地进行了率先探索，广东省自然资源厅联合省工业和信息化厅、生态环境厅、应急管理厅等部门起草了《广东省村镇工业集聚区升级改造攻坚战三年行动方案（2021—2023年）》。主要包括四项工作内容：一是土地资源盘整。推广顺德区村级工业园改造经验，综合运用规划用地政策，优化升级改造模式，统筹平衡项目改造收益，创新审批服务，强化激励约束机制，优化整合土地资源。二是产业空间再造。进一步明确村镇工业集聚区产业发展方向，有针对性开展招商引资；严格企业准入，推行"工业标准地"供地模式；打造示范园区，发挥带动作用，打造示范园区，提高产业发展质量和效益。三是环境质量提升。严格落实生态环境规划，严格"三线一单"管控。四是安全生产达标。

2. 主要经验。一是因地制宜，提出土地扶持措施。支持成片连片开发、产商住混合开发、提升配套设施占比、允许产权分割等具体的激励政策，建立健全存量工业用地盘活机制。构建历史遗留问题解决机制，通过对改造提升项目作出处罚后按现状用地分类完善手续；对不符合土规的，可申请修改土规；区内指标平衡等方式解决历史遗留问题。

二是下放审批权限，实行并联审批，提高审批效率。为加快村级工业园改造的推进，各地通过下放规划和改造方案的审批权限，提高审批效率。比如：广州市将符合控制性详细规划的村级工业园"工改工""工改新"项目实施方案的审定权下放各区政府实施；东莞市将完善建设用地及征地手续的"工改工"改造方案委托各镇街审批；佛山市南海区"工改工"项目涉及的城市更新单元计划，项目实施方案可由镇（街道）城市更新机构审核同意后报镇（街道）批准。

三是提高税费奖补，发挥市场机制作用。各地级市统筹运用"三旧"改造土地出让、税收等资金对集聚区升级改造项目实施奖补。建立土地绩效评估机制，收取闲置使用费或差别化配置水、电、能等，实施倒逼促改。比如，广州市对闲置土地收取土地使用权出让金20%的闲置使用费，并建立工业用地项目土地利用绩效评估制度，严格控制监督管理；中山市建立落后产能企业甄别认定规则和落后产能企业清单，逐步推进用水、用电、用能、排污权等差别化配置机制。

三、加快基层产业园区高质量发展的政策建议

加快江苏基层园区的高质量发展的政策路径，可以考虑从以下原则出发：一是苏南与苏中、苏北差异化施策。基层园区发展不平衡的状况更加凸显，个性化的问题需要不同的政策工具。二是从改善营商环境的角度多维破解土地、人力、资金等要素约束，在省级权限推动要素自由流动和集约化利用。三是基层园区要与国家级、省级园区联动，避免孤立散状发展。基于上述原则，建议如下。

1. 对苏南地区基层园区的空间改造给予政策供给试点。对江阴等率先发展的苏南地区来说，面临的是"有项目、缺空间、低效用地多"三者并存的矛盾局面，核心是从改善营商环境的角度协助基层拓展存量空间，建立激励机制提升基层园区改造落地水平。近期，自然资源部《关于开展低效用地再开发试点工作的通知》印发，江苏南京、苏锡常四市纳入试点，为江苏进一步在珠三角地区"工改工"政策上总结经验做法，提出试点政策机制的创新思路和路径提供依据。建议：①构建历史遗留问题解决机制。包括：细化边角地、夹心地、插花地等零星低效用地通过国有与国有、集体与集体、国有与集体之间整合、置换方式，实施成片改造；通过对改造提升项目作出处罚后按现状用地分类完善手续，对不符合土规的，可申请修改土规；区内指标平衡等方式解决历史遗留问题。②构建利益统筹协调机制。探索"工改居商"项目反哺"工改工"联动改造的条件和程序，建立工业提升项目容积率、产业用房分割单元转让的调节机制。推动二三产业用地混合（深圳市鼓励工业用地与仓储用地混合使用）、行业主导企业开发新兴产业用地（M0）限定混合用地出售［东莞市新兴产业用地（M0）可混合配置一定比例商业办公（C2）、配套型住宅（R0）和公共服务设施用地，产业用途计容面积≥50%，R0计容面积≤20%，限定出售给入驻企业］、推动单一主体归宗开发等模式。③苏南地区50%—60%的企业在园区之外，支持特色产业集群的所在乡镇规划划定部分工业集中区，参照园区成片开发用地管理。上述政策在自然资源部"局部试点、全面探索、封闭运行、结果可控"的要求下，可在江苏可选择工业密度高、用地矛盾突出的部分乡镇工业园区进行试点，迈出实质性的创新步伐。

2. 支持苏中、苏北地区有效整合，突出重点乡镇工业园区建设。充分意识到在国家的后工业化阶段，苏中、苏北基层乡镇园区不可能再复制苏南的发展路径，更应该朝着优化布局、精减数量、突出重点、做优做强的方向发展。从其他省份看，经过数轮整合，截至2021年底，浙江全省开发区（园区）总数将从1059个整合为134个，江苏扬州等市已经开展前期探索。建议：①乡镇产业园区和工业集中区总体数量进一步整合压缩，根据发展质态、发展潜力、区位特点等标准遴选一批重点发展园区，将乡村产业振兴的要素资源适当聚集，在苏中、苏北地区形成一批具有产业特色和规模的乡镇产业园区。②形成乡镇园区整合相配套的制度安排。将市、县对乡镇转移支付与各地经济发展定位、工业用地指标等相联系，协调均衡乡镇间财力差异，推进区域间基本公共服务均等化。

3. 引导金融资源参与基层产业园区改造。要根据园区改造回报期限长、短期资金平衡难度大，但固定资产明确、经济收益明确的特点，多渠道筹措低成本、可持续的发展基金，为基层园区升级改造提供重要保障。①形成明确园区改造的融资和实施主体。成立或利用现有的平台公司推动实体化运作，提升实施主体的信用和管理水平，提高资金运作能力。②推广江阴"工改"形成的以国家开发银行等政策性金融机构为主融资的经验，充分利用政策性银行资金额度高、利率低、期限长等优势。政府部门遴选一批综合预期收益较好的项目，鼓励银行机构向重大项目给予信贷支持，形成以政策性银行为标杆，其他银行竞相参与的融资格局。③推动地方政府发行"工改工"专项债等方式，积极引入各类低成本资金。探索通过产业地产基金、产业股权基金、融资租赁、收益权信托、资产证券化等方式给予开发主体融资支持。

4. 协调缓解基层园区制造业发展的人力资源约束。劳务派遣在一定程度上促进中西部适龄劳动力向江苏基层园区流动，缓解了传统制造业的用工短缺。但是，外包机构一般收取20%左右的管理费用或服务费用，企业用工成本激增，劳动者权益保障仍有不足，用工问题也是制约江苏乡镇园区产业发展的重要因素。建议：①将江苏与中西部地区的劳务合作纳入对口帮扶的一部分。在省级层面上，新建、加强与对口帮扶城市、劳务输出集中地区开展劳务对接，建立若干东西部地区的劳务协作站，通过跨省务工群众发放交通补贴等方式，减少用工方与工人之间的"中间商"。②加强政府监管和服务双向政策供给，提升劳务派遣公司合规水平。通过政策制定及行业指导维护劳动者合法权益，支持劳务派遣公司为劳动者提供政策咨询、就业指导、技能培训等服务，在整合资源、叠加政策、优化服务，在岗位输送、技能培训、跟踪服务等方面进一步加强企业协作对接。

5. 国家级、省级园区与基层产业园区联动发展。扬州、镇江等地正在实施推进"一区多园"的管理模式，在同一区县行政范围内，以国家或省级园区为主体，整合辐射区位相邻的基层乡镇园区，实施一体化管理的方式统一规划、统一招商，提升乡镇产业园区能力。建议进一步提高政策供给水平，对于部分具备载体空间但招商资源相对弱的，以一体化的思路实现国家级、省级园区与基层园区的联动发展，提升高层级园区的带动水平。①完善通畅合作园区的制度安排。在不同园区落实 GDP 双向核算等问题的基础上，对利用国家级、省级开发园区窗口招商提出市场化指导性框架，打通园区之间利益分配通道等。②加强园区联动合作的考核。对国家级、省级开发区的考核，不仅要作为功能区考核高质量发展的指标，还要显著加大提升在区域协调方面的考核权重，促成共建双方加大协作力度。在总体不改变行政区划的前提下，整合提升为空间相对集中连片的"一个平台"，形成管理运行独立权威的"一个主体"、集中统筹协同高效的"一套班子"，全面推动形成集中统一的体制架构。

作者：

陈柳，南京大学长江产业发展研究院研究员